中国社会科学院文库
哲学宗教研究系列
The Selected Works of CASS
Philosophy and Religion

中国社会科学院创新工程学术出版资助项目

中国社会科学院文库·哲学宗教研究系列
The Selected Works of CASS · Philosophy and Religion

创建"中国价值"

——社会主义核心价值体系研究

To Create "The Chinese Value"
—Study on Socialist Core Value System

孙伟平 等 著

社会科学文献出版社
SOCIAL SCIENCES ACADEMIC PRESS (CHINA)

国家社会科学基金重点项目"建设社会主义核心价值体系研究"（08AZX011）

《中国社会科学院文库》
出版说明

　　《中国社会科学院文库》（全称为《中国社会科学院重点研究课题成果文库》）是中国社会科学院组织出版的系列学术丛书。组织出版《中国社会科学院文库》，是我院进一步加强课题成果管理和学术成果出版的规范化、制度化建设的重要举措。

　　建院以来，我院广大科研人员坚持以马克思主义为指导，在中国特色社会主义理论和实践的双重探索中做出了重要贡献，在推进马克思主义理论创新、为建设中国特色社会主义提供智力支持和各学科基础建设方面，推出了大量的研究成果，其中每年完成的专著类成果就有三四百种之多。从现在起，我们经过一定的鉴定、结项、评审程序，逐年从中选出一批通过各类别课题研究工作而完成的具有较高学术水平和一定代表性的著作，编入《中国社会科学院文库》集中出版。我们希望这能够从一个侧面展示我院整体科研状况和学术成就，同时为优秀学术成果的面世创造更好的条件。

　　《中国社会科学院文库》分设马克思主义研究、文学语言研究、历史考古研究、哲学宗教研究、经济研究、法学社会学研究、国际问题研究七个系列，选收范围包括专著、研究报告集、学术资料、古籍整理、译著、工具书等。

中国社会科学院科研局

2008 年 12 月

目　　录

导　论

2006 年 10 月，中国共产党十六届六中全会第一次提出建设"社会主义核心价值体系"，其基本内容包括"马克思主义指导思想、中国特色社会主义共同理想、以爱国主义为核心的民族精神和以改革创新为核心的时代精神、社会主义荣辱观"。这是在全球化、信息化时代背景下，在中国特色社会主义实践不断走向深入的过程中，中国共产党领导中国人民坚定信念，深化改革，应对面临的各种挑战和问题，自觉探索社会主义的本质和中国特色社会主义发展方向、发展道路的结晶。它体现了中国共产党和中国人民的文化自觉和价值自觉。

社会主义核心价值体系是立足于共产主义价值信仰和社会主义市场经济基础之上的价值系统。它集中体现了社会主义意识形态的本质属性，体现了最广大人民的根本利益，决定着社会主义的发展方向、体制制度和根本任务，在中国特色社会主义理论体系中处于统摄、支配和主导地位。在改革进入"深水区"和"攻坚阶段"之时，建设社会主义核心价值体系和树立社会主义核心价值观，是当代中国面临的紧迫任务和艰巨课题。

一　基于价值观调查的研究背景

自中国开启改革开放的历史进程以来，在商品经济（社会主义市场经济）的推动下，古老的中国社会正在发生急剧变迁。伴随经济和社会的急剧转型，中国的文化、价值观（价值体系）以及人们的社会心理等都经受了剧烈的冲击，经历了空前激烈、快速的转型。在社会主义初级阶段，当代中国社会价值观呈现复杂、多样、多变的新面貌，表现出许多前所未有的新特点、新趋势。

　　为了弄清和把握当代中国社会转型时期广大民众价值观的总体状况与发展趋势，我们通过精心设计调查问卷，慎重选择调研地区，并注意覆盖社会不同阶层、群体，对中国社会不同地区、不同群体的价值观进行了比较广泛的抽样调查。抽样调查主要通过两种方式实施：一是设计和发放调查问卷，并对调查结果进行统计和分析；二是课题组主要成员进行实地考察，对不同地域、性别、学历、职业的相关人员进行访谈等。在历时一年多的调研过程中，我们共制作和发放问卷10000份，收回约8000份，其中经过认真筛选，获得有效问卷6707份[1]，掌握了大量宝贵的第一手资料，为研究当代中国社会的价值观奠定了比较坚实的基础。[2]

　　通过比较系统的调查，以及对经专业统计公司统计的数据进行分析，我们认为，大体上可以用三个词语——"多元并存、互相竞争、新旧交替"——概括当代中国社会价值观的基本状况。

　　（1）"多元并存"。所谓"多元并存"，或者说"多样并存"，是指在共时态意义上，当今中国社会中同时存在多元、多样、复合的价值观念，如传统与现代、左与右、中与西、旧与新、落后与先进、保守与激进等多种价值观并存共处。而各种价值观同时交织存在，竞相发挥作用，不可避免地会产生一系列价值矛盾、价值冲突，并且，这些价值矛盾、价值冲突呈现日益尖锐化和普遍化之势，调适、解决的难度很大。

　　以价值观的核心——信仰为例。通过问卷调查方式，我们对当代中国民众的信仰状况进行了抽样调查。调查结果如表1所示。

表1　当代中国民众的信仰状况

选项	人数	占比（%）
社会主义、共产主义	2645	39.8
科学、无神论	1652	24.9
儒家学说	467	7.0

---

[1]　由于个别的有效问卷出现了弃答某一具体问题或回答不符合规范等情况，因此，不同问题的有效问卷数可能会稍有出入，不尽相同。

[2]　关于调查情况和对于调查结果的全面分析，请参见孙伟平主编《当代中国社会价值观调研报告》，中国社会科学出版社，2013。

选项	人数	占比（%）
佛教	497	7.5
道教	92	1.4
基督教	81	1.2
伊斯兰教	100	1.5
其他宗教	29	0.4
没有任何信仰	1083	16.3

从表 1 可以看出，虽然选择"社会主义和共产主义"者比例不小，达到 39.8%（有效问卷 6646 份），但仍然可以看出当代中国社会信仰状况的显著特点，即逐渐走向多元化或多样化。而且，这里还需要注意两点：一是宗教信仰在中国社会中有进一步蔓延的趋势，教徒人数呈现不断增长的态势，特别是在中青年和具有较高文化程度的人群中，教徒人数呈现不断增加的趋势；二是在中国社会转型时期，过去正统的信仰正在"淡化"，而新的信仰尚未全面确立，很多人的信仰出现了"真空"。例如，有 1083 人（占 16.3%）坦然地选择了"没有任何信仰"。"信仰缺失"已经成为一个值得忧虑的问题。此外，在访谈中，还有一些人坦诚地表示，他们在进行选择时，内心实际上比较迷惘和困惑，并没有经过充分、审慎的思考，只是下意识地做出了选择而已。严格地说，这类选择并不代表虔诚的"真信"，相反可能是"信仰危机"的另一种表现，这类群体是比较容易滑向"信仰缺失"的。中国人的信仰问题已逐渐成为当今的一道难题。

（2）"互相竞争"。所谓"互相竞争"，是指在"多元并存"、风云激荡的价值观图景中，既有对旧的、传统的、保守的价值观念的顽强沿袭，以及对确立新的价值观念的或明或暗的抵抗，又有新的、先进的价值观念伴随着社会结构的整体转型过程而富有生机地成长；其中，还包括旧的、传统的、保守的价值观被破除，新的、先进的、与改革开放和社会主义现代化建设实践相适应的价值观念尚未完整确立而留下的"价值真空"，以及这一"价值真空"中各种价值观的渗透和较量。这种"互相竞争"的局面导致当代中国社会价值观面临着"变革"和"建设"的双重任务。

以人们对金钱的看法为例（见表 2）。

表2 人们对金钱的看法（可多选）

选项	人数	占比（%）
人生价值要用"含金量"（金钱多少）来衡量	799	11.99
有钱能使鬼推磨	1464	21.97
钱是实现人生价值的手段	2640	39.62
钱乃身外之物	1644	24.67
富贵如浮云，金钱如粪土	765	11.48
钱不是万能的，但没有钱是万万不能的	4215	63.25

改革开放不仅极大地解放了生产力，而且也"解放"了人们的观念和思想。在商品经济特别是社会主义市场经济的冲击下，人们对于金钱的态度正在发生引人注目的变化。在问卷调查（有效问卷6664份）中，代表传统价值观的"富贵如浮云，金钱如粪土"，选择比例仅为11.48%，排名最后，说明鄙视金钱的文化传统正在消解。而受资本主义价值观影响，与市场经济的消极效应相联系的"有钱能使鬼推磨"，选择比例达21.97%，"人生价值要用'含金量'（金钱多少）来衡量"，选择比例为11.99%，比选择"富贵如浮云，金钱如粪土"的比例高。当然，更多的人比较正确地认识到金钱在市场经济建设中的作用，在现实生活中能够比较理性、客观地看待它。例如，选择"钱不是万能的，但没有钱是万万不能的"的比例达到了63.25%，选择"钱是实现人生价值的手段"的比例为39.62%，选择"钱乃身外之物"的比例为24.67%。这一调查充分表明，当今社会传统的、西方的与社会主义的价值观之间，正在进行激烈的竞争和较量。

再来看一看人们对权力的看法，如表3所示。

表3 人们对权力的看法（可多选）

选项	人数	占比（%）
权力意味着责任、付出	3847	57.79
有权就有一切	1611	24.20
官大一级压死人	1896	28.48
权力与腐败相连	2317	34.81
有权不用，过期作废	696	10.46
权力大的人可以拥有特权	1208	18.15

　　从表3可以看出，关于权力的看法是多元化、互相交锋的。在问卷调查（有效问卷6657份）中，超过一半的人认为，"权力意味着责任、付出"，这是一种正确的、合理的权力观，具有"为人民服务"的性质。但同时，28.48%的人选择"官大一级压死人"，18.15%的人选择"权力大的人可以拥有特权"，这明显反映了封建主义"官本位"价值观的影响。同时，24.20%的人选择"有权就有一切"，10.46%的人选择"有权不用，过期作废"，这可以说是封建主义与资本主义相交织的权力观。此外，还有34.81%的人选择"权力与腐败相连"。对于这一选项，可以从不同视角进行正（权力导致腐败，因而应该反对和警惕腐败）、反（因为拥有权力，难免腐败）两方面的解读。可见，要正确认识权力，完善权力的制约和监督机制，搞好社会主义政治文明，尚需付出艰苦的努力。

　　（3）"新旧交替"。所谓"新旧交替"，是指在历时态意义上，当代中国社会价值观正在经历广泛、深刻且激烈的变革，而变革的总体走势和发展方向是除旧布新、推陈出新，实现从传统价值观以及"左"倾时代保守僵化的价值观，向与社会主义市场经济和现代化建设实践相适应的新型价值观的转型。而且，还应该注意到，在中国历史乃至世界历史上，这一价值观转型的广度和深度都是前所未有的，有时甚至是脱胎换骨、惊心动魄的，不啻于整个社会的一次"灵魂深处的革命"。

　　以关于"什么样的生活最幸福"的调查为例（见表4）。

表4　什么样的生活最幸福（可多选）

选项	人数	占比（%）
A. 老婆孩子热炕头	1224	19.1
B. 有钱有权有地位	1813	28.3
C. 行动自由，可以做自己喜欢的事情	4041	63.1
D. 身体无痛苦，心灵无纷扰	3641	56.8
E. 事业有成，为社会做出了贡献	3539	55.2
F. 其他	80	1.2

　　"什么样的生活最幸福"这一问题，揭示了人们对于自己的生活理想的理解和追求。从调查数据（有效问卷6408份）看，绝大多数人选择了C、D、E项，即将自由的生活、心灵的宁静以及事业的成功作为自己的理

想生活的标准。封建社会传统的小农经济条件下盛行的"老婆孩子热炕头"的生活理想，选择者只有19.1%，已经完全不占社会的主流了，而充满资本主义色彩的"有钱有权有地位"的"成功"标准，所占的比例也不是太高，仅为28.3%。与经济上的富足，权力、地位上的满足相比，改革开放以来的现代中国人更注重自己的切身感受、自身价值的实现，以及自己内心的平静和安宁。这是改革开放以来，社会变得日益理性、宽容的结果，是社会主义市场经济条件下人们的价值主体意识日益觉醒、价值主体地位日益确立的典型体现。

总体来说，无论是从社会的宏观图景看，还是从个体的精神世界看，当代中国都同时存在中国传统的价值观念、从西方传入的价值观念、过去社会主义革命和建设年代（包括"左"的年代）形成的一套价值观念，以及在改革开放实践中萌芽和新生的新型价值观。这些来自不同时代、不同地域、不同方面，内容不尽相同、要求不相一致的价值观，在当代中国社会中将会长期并存、互相竞争，并且，在现实生活中，它们还会经常普遍地引发交锋、碰撞和冲突。咀嚼改革开放以来的历史，20世纪80年代初由"潘晓来信"引发的关于人生观问题的大讨论，"大学生张华勇救掏粪老农不幸遇难"事件导致的关于人的价值的大争论，改革开放以来对"以阶级斗争为纲"和"政治挂帅"的拨乱反正，对时间、金钱、效率、效益（"时间就是金钱，效率就是生命"）的重新思考，对"贫穷不是社会主义"和"平均主义不是社会主义"的新认识，"发展是硬道理"、"致富光荣"和"共同富裕"之类新理念的提出，围绕中国应该以何种姿态崛起、如何对待世界文化遗产的争论，以及近年来对"小悦悦事件"和"老人倒地无人敢扶"等冲击道德底线事例的全民大反思，都深刻地体现了传统与现代、旧与新、西与中之间的价值差异、价值矛盾、价值冲突的无处不在。或者说，这一切新事件、新现象、新矛盾、新冲突，本身就是不同价值观之间激烈交锋、反复碰撞、深刻变革的结果。

众所周知，价值观是文化的核心和灵魂，也是民族、国家的精神支柱，更蕴含着相应价值主体的目的、利益和追求，指引着相应价值主体前进的方向，因而并非可有可无，甚至须臾不可或缺。在全球化、信息化时代，在社会主义初级阶段和社会主义市场经济建设历程中，在这样一幅色彩斑斓、光怪陆离、不断变幻的价值观图景面前，必须确立一套与中国特色社会主义实践相适应的核心价值体系和核心价值观，团结、引领、激励全国人民投身到实现"国家富强、民族振兴、人民幸福"的"中国梦"的伟大事业中去。

二　建设社会主义核心价值体系的意义

深入开展社会主义核心价值体系研究，积极培育和践行中国特色社会主义核心价值观，适应了全球化、信息化时代中国社会主义市场经济发展要求、社会主义民主政治建设要求、社会主义先进文化建设要求和社会主义思想道德建设要求，具有十分重要的理论价值和实践意义。

社会主义核心价值体系是中国特色社会主义思想理论建设的有机组成部分，是创造"中国特色、中国风格、中国气派的马克思主义"新形态的新课题。社会主义核心价值体系、核心价值观是在社会思想理论中居统摄地位、起指导作用的价值理念，它从价值层面回答了"什么是社会主义、怎样建设社会主义"这一重大问题。它是社会主义的生命之魂，也是社会主义的精神自我，它彰显了社会主义本质的价值维度，表达了社会主义特有的精神气质。如果没有对社会主义核心价值观的自觉，就不可能真正弄清什么是社会主义，建设社会主义也就没有方向。社会主义核心价值体系是在马克思主义中国化理论不断丰富发展、社会主义理论与实践逐步完善的背景下提出来的。改革开放30多年来，中国共产党坚持把马克思主义中国化，走出了一条中国特色社会主义道路，先后创立了邓小平理论、"三个代表"重要思想、以人为本的科学发展观，以及"中国梦"等一系列重大战略思想。这些马克思主义中国化的理论成果，包括社会主义核心价值体系，是中国特色社会主义理论体系具有中国特色和时代特征的重要组成部分，决定着中国特色社会主义的发展方向和价值取向。

同时，建设社会主义核心价值体系，也是中国特色社会主义文化建设的根本，和谐文化建设的根本，精神文明建设的根本。核心价值体系或核心价值观是文化软实力的灵魂，是决定某一文化的性质和方向的最深层次的要素。一个国家的文化软实力当然包括许多方面，但最为根本的，还是其核心价值体系或核心价值观的吸引力、凝聚力和感召力。社会主义核心价值体系是在史无前例的中国特色社会主义实践中，不断汲取中华民族优秀传统文化、不断吸收世界优秀文明成果、通过解放思想和大胆创新而来的，这就决定了社会主义核心价值体系既具有很强的创造性和感召力，也具有很强的包容性和整合性。在社会主义文化强国建设历程中，只有抓住了社会主义核心价值体系这个根本，才能保证社会主义文化大发展大繁荣的方向，切实提升社会主义精神文明建设的水平，全面提升中华民族的文化软实力；才能树立全社会的和谐理念，培育全社会的和谐精神，营造全社会的和谐舆论氛围，塑造全社会的和谐心态，维护国家的和谐稳定和长治久安。

社会主义核心价值体系是在中国社会转型时期、价值观深刻变革的时代具有指导意义的价值导向。培育、践行社会主义核心价值体系、核心价值观，有效整合各种社会意识，是社会系统得以正常运转、社会秩序得以有效维护的重要途径。当今世界正处在文化、价值观深刻调整和变革的时代。随着时代的发展和社会生活的深刻变化，世界文化、文明正处于深刻的转型中，东西方之间、传统与现代之间、发达国家与发展中国家之间、社会主义与资本主义及封建主义之间，不同文化和价值观之间的碰撞和冲突表现得越来越明显，文化价值观的变革、转型已经成为一种时代性、世界性的思想文化现象。由于中国正处于社会主义初级阶段，处在改革开放深入推进、从计划经济向社会主义市场经济转型时期，因而文化、价值观变革、转型的广度和深度显得尤为突出。在互相竞争的多样化价值观面前，在大量存在的信仰危机、理想缺失、价值失范面前，在日益普遍的价值矛盾和价值冲突面前，建设中国特色社会主义这一空前伟大的事业，要求我们坚定共产主义价值信念和理想，增强理论的自主性和自觉性，建设一套与中国特色社会主义实践相适应的核心价值体系，以引领社会思潮，尊重差异，包容多样，最大限度地形成社会思想共识，并凝聚全国人民的目标和意志，唤起广大民众建设中国特色社会主义事业的热情。如果不能在建设中国特色社会主义核心价值体系方面取得突破，听任那些腐朽堕落、冲击道德底线的言行肆无忌惮地泛滥，那么，无论是民族、国家的前途，还是普通百姓的命运，都将是暗淡、可悲的。

建设社会主义核心价值体系，是目前世界上渐具影响力的中国道路、"中国梦"的应有之义，是中华民族特别是中国共产党自立于世界的思想理论前提。在当代世界经济全球化、政治多极化、文化多元化的背景下，各种思想文化之间的交流、交融、交锋更加频繁，文化在综合国力竞争中的地位和作用更加凸显，越来越多的国家把提高文化软实力作为发展战略的重要内容。从一定意义上说，谁占据了文化发展的制高点，谁拥有了强大的文化软实力，谁就能够在激烈的国际竞争中争取主动，赢得先机。而文化的核心是价值观，价值观的吸引力、凝聚力、感召力是文化软实力竞争的主阵地。众所周知，当今世界正处在文化和文明的转型期，世界正在依照价值观而进行定位和划分，以至于有亨廷顿的"文明的冲突"之说，以至于有"价值观外交"、"价值观结盟"甚至"为价值观而战"，文化价值观前所未有地凸显了其重要性。文化价值观方面的独立与自觉，已经成为一个民族、国家自立自强的根本性课题。如果缺乏具有中国特色、符合中国国情的社会主义核心价值体系、核心价值观，那么，中国特色就是不明确的，中国道路就是不确定的，"中国形象"就是模糊的。如果这样，那么也就不可能对内获得广大民众的认同，凝聚全国人民的目标和意志；在对外交往中，则不可能占据宣传舆论上的主动，占据道义上的"制高点"，从而赢得世界人民的尊重、承认和支持。

在全球化、信息化时代，在国际共产主义运动处于低潮的背景下，一个民族、国家，特别是像中国这样历史悠久、拥有独特文化、仍处在发展中的社会主义大国，是根本不可能简单照搬世界上任何一种现成的发展模式的。中国特色社会主义建设是一项前无古人的开创性事业，单纯复古（如"复兴儒家传统"和"复兴道家传统"等），或依傍外国（如"全盘西化"，或者不加分析地"与西方接轨"），甚至简单模仿或复制别人的经验和道路，都是不可能有出路的。中国社会主义革命和建设的艰辛而曲折的历程已经从正反两个方面提供了经验教训。毛泽东在探索中国革命的道路时一再强调，马克思主义必须与中国具体国情相结合，必须加以"中国化"，必须坚持独立自主、自力更生，走马克思主义与中国实际相结合的道路。邓小平一再强调，"各国必须根据自己的条件建设社会主义。固定的模式是没有的，也不可能有。墨守成规的观点只能导致落后，甚至失败"①。中国社会主义革命和建设都要坚持实事求是的原则，"走自己的

---

① 《邓小平文选》第3卷，人民出版社，1993，第292页。

路"。他谆谆告诫我们,"这是我们吃了苦头总结出来的经验"①。

因此,我们必须坚定地依靠当代中国人民,解放思想,实事求是,弘扬以爱国主义为核心的民族精神和以改革创新为核心的时代精神,独立自主地探索具有中国特色的社会主义发展道路。在这一富于时代感的建设过程中,要坚决地、不妥协地反对本本主义和教条主义(包括"土教条"、"洋教条"和"马教条"),对于所面对的一切重大问题和挑战,都不寄希望于从古今中外的典籍和文献中"发现"现存的答案,而要坚持以改革、创新的方式解决面临的一切问题。这要求我国从执政党到普通民众特别是思想理论界自立自强,意识到自己肩负的伟大历史责任,具有强烈的自主创新意识,在中国特色社会主义实践基础上,自觉形成具有中国特色的发展理念,提出具有中国特色的发展理论,确立自身的价值评价标准,在吸取古今中外文明成果的基础之上,建设一套适合中国文化传统和现实国情的中国特色社会主义价值体系。具体地说,就是要在全球化、信息化、市场经济、民主政治条件下,以史无前例的中国特色社会主义实践为基础,在进一步推进马克思主义中国化、创造"中国特色、中国风格、中国气派的马克思主义"新形态的过程中,建设一套以马克思主义为指导、以人类基本价值为基础、与中国传统价值观相衔接、适合中国具体国情的中国特色社会主义核心价值体系。这是一项长期、艰巨的历史任务。

三 研究思路、研究方法及主要内容

根据马克思主义中国化的本真精神和马克思主义价值哲学的基本原理,根据中央有关社会主义核心价值体系的权威论述,研讨在什么基础上,依据什么原则,沿着什么路径,怎样进行社会主义核心价值体系建设,是本课题的宗旨和使命。

就基本思路而言,社会主义核心价值体系的研究应该注重如下几点。

(1)以价值和价值观本身的理论结构为线索。马克思主义既是基于自然规律、社会历史发展必然性的真理性学说,也是反映无产阶级和劳动人民根本利益、实现全人类解放和自由全面发展的价值学说。这为社会主义

---

① 《邓小平文选》第3卷,人民出版社,1993,第95页。

核心价值体系建设提供了现实的实践基础、思想资源，提供了基本的价值立场、价值原则。马克思主义（共产主义）价值观和中国特色社会主义共同理想，是居于核心地位的信念、信仰和理想；以爱国主义为核心的民族精神和以改革开放为核心的时代精神，与传统价值观、西方价值观的精华相衔接，并立足时代，着力于创新；社会主义荣辱观则针对当前的"道德失范"和道德危机，提供了具体的价值取向和行为规范。这几个方面是相互交织、相互影响和相互作用的，构成了一个完整的价值观体系，必须立足中国特色社会主义实践，运用综合思维系统地进行分析和把握。

（2）以马克思主义普遍真理与中国特色社会主义的具体价值实践的关系为线索。马克思主义是中国共产党的指导思想，是具有普遍性的基本原理，但是，它"来到"中国，必须与中国具体实践相结合，必须适合中国文化和中国国情，即必须由中国同志加以"中国化"。中国特色社会主义共同理想是共产主义理想在社会主义初级阶段的具体化，是当代中国社会共同的价值目标。以爱国主义为核心的民族精神和以改革开放为核心的时代精神，解决了马克思主义的民族性、时代性问题。社会主义荣辱观则是马克思主义在当代中国的具体价值要求、价值规范，是社会主义新道德的鲜明体现。社会主义核心价值体系落实到中国共产党人和广大人民身上，特别是落实到公职人员身上，可以具体化为"全心全意为人民服务"的要求。

（3）由于马克思主义本身就是人类历史上的一种先进的价值体系，因而上述两个方面是完整的，也应该是统一起来的。建设社会主义核心价值体系既应该立足价值论研究的理论成果，从理论上加强论证，增强学术说服力，也应该以马克思主义中国化的具体进程、基本内容为依据，以中国特色社会主义实践为对象，增强时代感和现实针对性，提升理论为现实服务的能力。当然，还应该在国内外现有理论研究和相关国情调研的基础上，务实、系统、整体地推进相应的研究和具体建设进程。

就研究方法而言，社会主义核心价值体系的研究应该依据马克思主义唯物史观的基本原理，运用马克思主义价值哲学的立场、观点和方法，并结合中国特色社会主义实践的历史进程而展开。除此之外，在研究过程中，还应该特别注重运用如下一些方法。

（1）抽样调查的方法。弄清中国社会价值观的现实情况和变化趋势等事实性情况，是科学地进行价值观建设和加强思想理论工作的必要基础、前提和出发点。调查要注重从价值观的不同维度、不同侧面，在抽样调查和访谈的基础上，通过统计、分析和研讨，基本把握当代中国社会不同地区、不同群体、不同年龄人群的价值观现状，深入分析当代中国社会价值观的基本特征和发展趋势。在抽样调查的过程中，要特别注意考虑在人生重要关头影响人们选择的那些重要因素；挖掘生活中实质性地决定人们的思考和行为倾向性的因素；注意考察传统价值观的命运、影响以及变迁情况；注意人们对西方价值观的引入、适应情况；等等。

（2）理论反思的方法。反思是对理论自身之"思"。研究与宣传存在一定的区别，不能简单地"照本宣科"，人云亦云。本书需要反思国内30多年来价值和价值观问题研究的主要范式、学术进展以及存在的问题，反思当代中国社会价值观建设面临的严峻问题和挑战，反思近年来关于社会主义核心价值体系研究的成就和不足，并在此基础上，阐明推进社会主义核心价值体系建设应具备的理论视野、问题意识、基本方略和逻辑方法。

（3）比较的方法。全球化、信息化时代的一个显著特征，就是跨文化交流成为"常态"，不同文化价值观之间的矛盾、碰撞和冲突司空见惯。例如，在当代中国，中国传统价值观、西方资本主义价值观和马克思主义价值观都在竞相发挥作用，争夺各自的"势力范围"。因此，建设社会主义核心价值体系必须考虑它们的存在和影响，弄清"精华"和"糟粕"之所在。因而，本研究必须在归纳、概括中国传统价值观、西方资本主义价值观和马克思主义价值观的基本内容与主要特征的基础上，直面时代变迁和生活实践提出的问题和挑战，运用比较的方法，分析和探索当代中国社会主义核心价值体系和核心价值观建设的可能路径、思想资源。

（4）分析和综合的方法。深入分析社会主义核心价值体系四个方面的基本内容和辩证关系，将之从学理上整合成为一个结构完备、逻辑缜密的科学体系，是本研究的基本任务。目前学术界从四个方面分别进行的研究比较多、比较深入，但是，将其作为一个有机整体加以把握则存在明显的不足，需要从学理上进行突破。此外，还要分析当代中国价值观多样化的现实，综合考虑价值观的多样性和统一性的关系问题，并立足中国特色社会主义实践进行"综合创新"，着力提炼社会主义核心价值观。

就结构而言，本书关于社会主义核心价值体系的研究是一个具有逻辑关系、层层递进的统一的整体。

导论主要阐述社会主义核心价值体系研究的背景和意义，说明基本的研究思路和方法。

第一章重在从学理上阐释价值、价值观、价值体系、核心价值观、核心价值体系、社会主义核心价值观、社会主义核心价值体系等基本概念，为后续研究奠定理论基础。

第二章旨在对社会主义核心价值体系的研究状况进行归纳和总结，并分析既有研究已经取得的成果，讨论研究中存在的诸多问题和不足，并对今后的研究进行展望。这是我们进一步开展社会主义核心价值体系研究的前提。当然，由于我们也一直投身于这项研究，并产生了一些阶段性成果，因此，这也可以说是学者们及社会各界相互启迪、激荡思想的互动过程。

第三至第五章旨在对中国传统价值观、西方资本主义价值观、马克思主义价值观及其中国化发展进行全面的梳理、扼要的归纳和深入的剖析。这是开展社会主义核心价值体系建设的资源和基础。我们的基本立场和态度是，必须立足自我，坚持"扬弃"的态度，"古为今用"，"洋为中用"，并在中国特色社会主义实践中加以创造性发展。这三章是本书比较有特色的部分。

第六章旨在立足时代，分析时代和社会实践的发展对社会主义核心价值体系提出的问题和挑战；同时，立足价值观的基本理论结构，探讨当代中国社会价值观的现状以及转型的深层特征和发展趋势，并在此基础上，分析和探讨社会主义核心价值体系建设的可能路径，以及应该注意的若干关系。这项研究承继了我们一以贯之的研究成果，我们认为，"创建论"是唯一可能且具有"战略意义"的路径选择。

第七章紧紧围绕社会主义核心价值体系的基本内容——包括马克思主义的指导思想（灵魂）、中国特色社会主义共同理想（主题）、以爱国主义为核心的民族精神和以改革创新为核心的时代精神共同构筑的"中国精神"（精髓）以及社会主义荣辱观（基础）——进行深入的分析，并讨论这些基本内容之间的内在逻辑关系。本章也是本书的重点。

第八章讨论在具体的历史的生活实践中，如何切实落实社会主义核心价值体系和社会主义核心价值观。尽管对此问题可能存在争议，而且问题本身应该保持开放性，但我们在考察中国社会主义革命和建设的历史并征求专家学者意见的基础上认为，应该具体落实到毛泽东、邓小平等提出和倡导的"为人民服务"价值观之上。普通群众应该恪守职业道德，做到"为人民服务"；党员领导干部则应该坚持更高标准，努力做到"全心全意为人民服务"。这一观点是本书颇具特色的研究成果。

第九章讨论在全球化、信息化时代，在中国社会主义初级阶段和社会主义市场经济背景下，价值观的差异、多样化与宣传、倡导科学、合理、先进的价值观之间的辩证关系。实际上，如何有效解决"一统就死，一放就乱"的问题，一直是当代中国价值观建设面临的一个理论和实践难题。

结语旨在对本研究成果的内容进行简明扼要的总结，并重点说明应该从哪些方面着手，科学建构社会主义核心价值体系，切实践行社会主义核心价值观，推进中国特色社会主义建设进程，实现中华民族伟大复兴的"中国梦"。

第一章
价值、价值观与价值体系

基本概念的确定、明晰是有效的科学研究的前提。深入研讨社会主义核心价值体系，必须厘清一些相关的基本概念，如价值、价值观、价值体系、核心价值体系等。做好这一工作，可以为社会主义核心价值体系的研究奠定坚实的学术基础。

一 价值及其基本特性

"价值"并不神秘，在社会生活实践中，人们几乎时刻都在与"价值"打交道。不过，真正弄清"价值"的含义，并不是一件容易的事。例如，目前学术界关于价值的定义众说纷纭，有人甚至认为，"价值就是价值"，根本就"不可定义"。我们则立足可知论，认为"价值"是可以认识的。但只有立足科学的实践观，从具体的历史的人出发，深入人们的现实的价值活动过程，才能正确把握价值现象的本质和规律，深刻洞悉价值世界的奥秘。

（一）价值的本质与根据

价值是与人们熟知的事实相对应的哲学范畴。事实与价值都是实践—认识活动中主客体关系的一个基本侧面的客观内容。所谓事实，是指主客体关系中作为人们的实践和认识活动对象的客观存在状态。所谓价值，则是在实践—认识活动中，客体是否合乎主体的目的、是否满足主体的利益和需要的关系，它表现为客体对主体的有用性或意义。如果说事实表征的是对象世界的现实状况、"实然状态"，是人类活动的客观基础和可能性空间，那么，价值表征的则是人的主体尺度，是人的超现实、理想化的"应然状态",它内含着人们的一切活动的目的、动力和激情。

实践基础上的客体对主体的作用是形成价值关系的客观前提和基础。这种作用主要通过客体的属性或功能表现出来。客体的属性或功能是形成一定价值的必要条件和构成要素,决定着客体是否可能满足主体的需要以及可能满足什么需要。马克思指出,"但是一物之所以是使用价值,因而对人来说是财富的要素,正是由于它本身的属性。如果去掉使葡萄成为葡萄的那些属性,那末它作为葡萄对人的使用价值就消失了"[①],"珍珠或金刚石所以有价值,是因为它们是珍珠或金刚石,也就是由于它们的属性"[②]。客体具有能够满足主体需要的属性或功能,它才成为人们生存、生活和发展所必需的对象,才对人们具有潜在的或现实的意义。例如,如果葡萄的口味太差,不包含人体所需要的营养成分,它就不可能成为人们的食品。当然,客体的属性或功能本身还不是价值,只有当客体的属性和功能确实满足了一定主体的相应需要时,这一客体才对主体产生现实的价值。

人是价值世界生成的主体性根据。一切价值都是相对人而言的,只有人才是价值主体。在人与人类出现之前,在人的活动之外,世界不过是按照自然规律运行的"自在之物",并无所谓好坏、得失、利害、善恶、美丑可言。只有在劳动创造了人或者说人出现以后,事物在人们的活动中成为被利用的对象,满足人们的一定需要,帮助人们实现自己的理想,超越自我,才形成了事物与人们之间的价值关系。例如,在野地里长着一株葡萄,当没有人"占有"和消费葡萄时,虽然"使葡萄成为葡萄的那些属性"依然存在,但是,"葡萄对人的使用价值"并不存在。只有当一定的人真正"占有"和消费葡萄时,葡萄才现实地满足人们的需要,呈现对人们的价值。

人的需要是价值形成和表现的主体尺度。人的需要是复杂而有层次的,并且随着人的发展,人的需要一直处于动态发展过程之中。一般说来,只有较低层次的需要得到基本的满足,人们才可能产生高一层次的需要,并为满足高一层次的需要而奋斗。马克思指出,"忧心忡忡的穷人甚至对最美丽的景色都没有什么感觉"[③]。因为,忧心忡忡的穷人衣食无着,

---

① 《马克思恩格斯全集》第 26 卷,人民出版社,1974,第 139 页。
② 《马克思恩格斯全集》第 26 卷,人民出版社,1974,第 176 页。
③ 《马克思恩格斯全集》第 42 卷,人民出版社,1979,第 126 页。

连最基本的生存与生理需要都尚未满足，这种情况下是不会产生审美等较高层次的需要的。一定层次的需要得到满足之后，往往就会"消失"或暂时"消失"，不再作为需要而存在；这时往往又会产生新的更高层次的需要。客体对于主体不断提升的需要的满足，使客体呈现对于主体的不断丰富、发展的价值。当然，人的需要的产生、发展或消失，需要满足的程度与状况，不是随心所欲的。一方面，它要受社会历史条件与人们的社会实践的制约。任何需要都具有历史性、实践性，产生于人们具体的历史的生活实践过程中。正是实践活动创造出来的不断发展着的需要，规定了一定对象对于人有没有价值、有什么价值，以及这种价值关系有何变化。另一方面，它又取决于人的本质力量发展的程度，取决于人的素质与能力的积累程度。马克思指出，"对象如何对他说来成为他的对象，这取决于对象的性质以及与之相适应的本质力量的性质……因为我的对象只能是我的一种本质力量的确证"①，"从主体方面来看：只有音乐才能激起人的音乐感；对于没有音乐感的耳朵说来，最美的音乐也毫无意义，不是对象……因为任何一个对象对我的意义（它只是对那个与它相适应的感觉说来才有意义）都以我的感觉所及的程度为限"②。如果一个人不具备相应的素质和能力，那么，既不可能产生和意识到相应的需要，也不可能在需要与需要的满足以及满足的程度之间建立必要的桥梁和纽带，即现实地确立一定的价值关系。而人的需要越丰富，能力越强，自由与全面发展的程度越高，也就越能与更广泛、更深入的对象建立价值关系。

人们的社会实践是价值产生的源泉，是主客体之间价值关系形成和变化的根据。价值形成于实践基础上的主客体相互作用的过程之中，是客体与主体、主体的需要之间的内在统一。主客体关系是在人们具体的历史的实践活动中形成的。当人还没有真正成其为人、主体和客体还处于没有分化的状态的时候，并不存在所谓价值问题。劳动实践创造了主体、客体以及主客体之间的关系，创造了人类丰富多彩的价值世界。在劳动实践过程中，客体的某些属性与主体的某种需要相契合，实际地构成满足或不满足的价值关系，这才"创造"出了价值。这正如列宁所指出的，实践是"事

---

① 《马克思恩格斯全集》第 42 卷，人民出版社，1979，第 125 ~ 126 页。
② 《马克思恩格斯全集》第 42 卷，人民出版社，1979，第 125 ~ 126 页。

物同人所需要它的那一点的联系的实际确定者"①。

人的实践活动是一种价值创造活动，是一种遵循人的价值尺度、满足人的需要的物质性活动。马克思指出，人的活动与动物的本能活动存在本质区别："动物只是按照它所属的那个种的尺度和需要来建造，而人懂得按照任何一个种的尺度来进行生产，并且懂得处处都把内在的尺度运用于对象；因此，人也按照美的规律来构造。"② 这说明人的活动具有两个尺度：一个是客体（对象）的尺度，要求人们了解、掌握世界的本质和规律，获得关于世界的经验、知识和真理，即要遵循合规律性的"真理原则"；另一个是主体（人）的尺度，要求人们依照自身的目的、需要和能力进行价值评价、选择，创造和实现价值，即要遵循合目的性的"价值原则"。在实践活动中，人们按照自己的需要和意志改造对象，使对象成为满足自己需要的"为我之物"；同时也逐渐改造了人自身，使人不断得以发展和提升。

人的社会实践是一种继承性和创造性相统一的活动，它使人的价值活动具有历史的超越性。在不断发展的社会实践活动中，客体处于动态发展过程中，主体及其需要也处于动态发展过程中，因而主客体之间的价值关系也必然处于动态发展过程之中，不断得以丰富和拓展。主客体之间的这种动态发展的价值关系，体现了实践基础上主体的历史发展状况，体现了客体主体化过程的性质和程度，体现了主体"自由自觉活动"的理想性和超越性。因此，从人的具体的价值世界可以判断一个人自由全面发展的程度。

在历史与现实中，常常有人割裂实践基础上主客体相统一的价值关系，走向两个错误的极端。

一方面，有些人不懂得价值的属人性，将价值单纯归结为客体，或者归结为客体的属性或功能。例如，某些旧唯物主义者认为，价值就是具有价值的客观事物本身或者事物固有的某种属性。客观唯心主义则把某种精神实体客观化，如柏拉图将"理念世界"、经院哲学将"上帝"视为价值之源和价值本身。这种观点将价值与事实相混淆了，它的错误在于撇开主

---

① 《列宁选集》第 4 卷，人民出版社，2012，第 419 页。
② 《马克思恩格斯选集》第 1 卷，人民出版社，1995，第 47 页。

体和主体尺度，仅仅从客体的角度解释价值。它根本无法说明，为什么同一事物对于不同主体，或者对于不同时间、条件、状态下的同一主体，会具有不同的价值。

另一方面，有些人则离开客体，将价值仅仅归结为人的主观因素，视为人的情感、欲望、兴趣等的产物。如罗素认为，"当我们断言这个或那个有'价值'时，我们是在表达我们的感情"①，"根本不可能找到任何可以证明这个或那个具有内在价值的论据"②；艾耶尔认为，价值陈述"不是在实际意义上有意义的陈述，而只是既不真又不假的情感的表达"③；培里（Perry）认为，"价值最终必须被看作是欲望或兴趣的函数"④；等等。这是价值本质问题上的一种典型的唯心主义观点。这类观点完全从人的精神与心理状态理解和规定价值，割裂了价值与客体之间的关系，否定了价值的客观性和确定性，从而不可避免地走向了价值主观主义和相对主义。

（二）价值的存在形态

价值普遍地存在于人类社会生活之中。在人们的生活实践中，客体的存在形态和属性十分复杂，其历史发展存在多种多样的可能性；主体的需要和能力各不相同，并且复杂而多变。因此，主客体之间价值关系的存在形态也是丰富的、多样化的。我们可以从不同角度，依据不同的标准，例如，依据价值客体是事物还是人，对价值的存在形态进行分类。

所谓事物的价值，就是物质或精神文化现象作为客体，满足人们的不同需要的价值。在人们的社会生活中，事物最常见的价值有两种基本类型。

一种是物质价值，即对象以其物质形态满足人的物质性需要、对人的生存和发展有利的价值。例如，满足人的生理需求、物质享受、安全保障、经济利益、生态条件等方面需要的价值。它典型地表现为物质层面的权益，如功利、效益、财富、权力、安全保障，等等。

---

① 〔英〕罗素：《宗教与科学》，徐奕春、林国夫译，商务印书馆，1982，第 123 页。
② 〔英〕罗素：《宗教与科学》，徐奕春、林国夫译，商务印书馆，1982，第 127 页。
③ 〔英〕艾耶尔：《语言、真理与逻辑》，尹大贻译，上海译文出版社，1981，第 116 页。
④ R. B. Perry, *General Theory of Value: Its Meaning and Basic Principles Construed in Terms of Interest*, Longmans, Green and Company 55 Fifth Avenue, New York, 1926, p. 81.

另一种是精神价值，即对象满足人的精神、心理、文化等需要的价值。它包括如下几种基本形式。①真。真是主观与客观统一、主体的内在尺度符合客体的外在尺度的情形，即达到合规律性。真本来属于认识论、真理观的问题，但由于掌握和运用真理是人类生存、发展和完善的基本前提，因此真对人具有极其重要的、多方面的价值，从这个意义上说，真也是一种价值。真的价值表现在：它有利于人们合理地把握外部世界、满足人们的认知需要、促进人们的理性能力的提高、为人们的行为提供依据和指导。追求真理，为真理而献身，是人类崇高而伟大的信念，也是重要的价值取向和追求。②善，即人们的行为合乎自己或他人的目的与需要，有利于调节和创造良好的人与自然、人与人、人与自身的关系的价值。善的价值表现形式丰富多样，如公正、诚实、仁爱、善良、正直、勇敢，等等。③美，即满足人们的审美需要的价值。美的本质在于合规律性和合目的性的统一，在审美体验中，人的本质力量在客观对象中得到了合乎人性的实现或对象化，使人产生或愉悦或狂喜或神清气爽或超凡脱俗的审美效果。

相较于事物的精神价值，物质价值具有更为基础性的意义，它是产生和实现其他一切价值的前提。马克思、恩格斯指出，"因此我们首先应当确定一切人类生存的第一个前提，也就是一切历史的第一个前提，这个前提是：人们为了能够'创造历史'，必须能够生活"①。人们首先必须从事吃、穿、住等物质资料的生产，然后才能从事军事的、政治的、文化的以及其他方面的活动。只有在一定的物质生产基础之上，只有在物质需要得到满足之后，才可能产生和满足人们精神层面的需求，才可能逐步改变混沌、愚昧、迷信、落后的状况。否则，"那就只会有贫穷、极端贫困的普遍化；而在极端贫困的情况下，必须重新开始争取必需品的斗争，全部陈腐污浊的东西又要死灰复燃"②。也就是说，追求物质价值甚至物质享受是必要的。但是，仅仅追求功利等物质价值，甚至将其奉为最高价值，如声称"人生价值要以含金量来衡量"，则是低俗的，是对人和人的人格、尊严的贬损。而求真、臻善、达美，则是进一步满足人们的精神、心理、文

---

① 《马克思恩格斯选集》第1卷，人民出版社，1995，第78~79页。
② 《马克思恩格斯选集》第1卷，人民出版社，1995，第86页。

化需要的价值。它们意味着对人们的人格和尊严的肯定，意味着对人们自身的进一步提升。物质价值和精神价值（真、善、美）体现了人生奋斗的不同层次，体现了人生奋斗各个方面的目标和理想，它们之间相互影响、相互作用，最后统一和升华到一个更高层次的人生境界，即自由。

所谓人的价值，就是具体的历史的人及其活动对作为主体的人的价值。在人类活动中，人既可以是主体，又可以是客体，是主客体之间的统一。作为客体的人及其活动满足作为主体的人的需要，就表现出相应的丰富复杂的价值。对于任何一个人及其活动来说，往往存在个人价值和社会价值之分。个人价值是个体及其活动对于个体自身的价值，是人通过自己的活动满足自身的需要。社会价值是个体及其活动对于社会的价值，是人通过活动满足社会的需要，或对社会做出的贡献。人作为自主、有目的的"存在物"，自身需要有意义，需要有终极关怀，人应该努力实现自己的个人价值，成就和完善自我。贬斥人的个人价值是一种反人性、不人道的做法。但是，人毕竟是社会的人，每个人都是组成社会的一个要素，是处于社会相互作用之网上的一个纽结；每个人只有在社会中，通过社会性的实践活动才能实现自己的个体价值和社会价值。马克思、恩格斯指出："个人怎样表现自己的生活，他们自己就是怎样。"① 个人在社会中生活、表现自己，他的个人价值也就是他的社会价值，或者说个人与社会相统一的价值。为人民服务，为社会奉献，为人类造福，不仅与人的自我完善、自我实现不相冲突，而且还是人自我完善、自我实现的根本途径。因此，任何人在社会生活中，都必须正确处理个人价值与社会价值、索取与贡献的关系，把实现自己的个人价值与社会价值有机统一起来，并在此基础上，自我克制，努力奋斗，在为社会做贡献的过程中，实现自身的最大价值。

无论是事物的价值，还是人的价值，其存在的基本形态都是多样化、历史性的。不仅有真实价值与虚假价值、正价值与负价值、高价值与低价值之分，还有潜在价值与现实价值、瞬时价值与永恒价值等不同状况。多种多样的价值形态在各种不同条件下彼此相伴而生，相互交织在一起，并不断地变化、发展，构成了人类纷繁复杂、动态发展的价值世界。例如，在生活实践中，人们不断通过自己的活动，将各种潜在价值实现出来，成

---

① 《马克思恩格斯选集》第 1 卷，人民出版社，1995，第 67～68 页。

为对人具有现实意义的价值；赋予瞬时价值以历史意义，升华为对人具有永恒意义的价值。

在人们的生活实践活动中，价值的存在形态不仅复杂多变，而且对于主体来说，还可能彼此分离，相互对立。有时人们面临的不同价值形态之间，甚至可能发生激烈的矛盾与冲突。例如，在现实生活中，事物的功利价值和道德价值、人的个人价值与社会价值等之间，就经常存在各种各样的矛盾，有时导致人们顾此失彼，无所适从，甚至发生不同程度的冲突。所谓"鱼和熊掌不可兼得"和"忠孝不能两全"，就是典型的价值矛盾与冲突的情形。这要求人们深刻理解价值的本质、特性和客观基础，尊重差异，包容多样；特别是在客观环境和现实条件提供的可能性范围内，根据人们自身的目的、利益、需要和能力，科学合理地进行价值评价与选择，努力化解其间的矛盾与冲突，实现或达到一种有机的和谐状态。

（三）价值的基本特性

价值的存在形态多种多样，但不同存在形态的价值之间有着一些共同的特性。一般而言，价值具有如下基本特性。

1. 价值的主体性与客观性

价值既具有主体性，又具有客观性，是主体性和客观性的统一。

价值具有主体性，即价值本身的特点直接与价值关系中的主体和主体规定性相联系，它直接表现和反映着主体的需要和能力，是一种以主体尺度为尺度、依主体不同而不同的关系。价值的主体性主要从如下方面表现出来。一方面，任何客体对于不同主体的价值都可能不同。由于每一主体所处的时代、所担当的社会角色不同，需要和能力不同，因此同一对象往往可能与不同主体建立不同的价值关系，即价值"因人而异"。在现实生活中，我们常常发现这样的情况：对一些人是好的、有益的东西，对另一些人却是坏的、有害的；对一些人是善的、美的东西，对另一些人却未必是善的、美的。例如，中国第一次国内革命战争期间，对于湖南农民运动，地主阶级认为是"痞子运动"，"糟得很"，而广大农民和革命者却认为"好得很"，由衷地欢迎和热情地参与。在历史与现实中，主体有许多层次和各种各样的类型，如民族、宗教、国家、地区、阶级、阶层、企业、群体、个人，等等，同样的对象对于他们来说，其价值往往表现出相应的独特内容，具有诸如民族性、宗教性、地域性、阶级性、群体性、个人性（或狭义的个性）等特征。另一方面，对于每一个主体来说，某一事物对于他的价值可能是多方面、多层次的。在现实社会中，任何主体自身都存在复杂的结构，具有多方面、多层次的利益和需要，而且，同一主体在不同方面的素质和能力也不一样，因而客体与同一主体常常建立多方面、多层次的价值关系。以一块平常的石头来说，它总是具有多方面的属性和功能，这些属性和功能与人的某些方面的需要、能力相对应，就可能对同一个人产生不同方面的价值。例如，满足人们建筑房舍方面需要的价值，满足建桥修路方面需要的价值，写字作画时作为镇纸的价值，危急时刻作为武器自卫的价值，满足人们艺术审美需要的价值，等等。这块石头到底具有哪些价值，取决于人的需要和能力发展的状况与程度：人的需要层次越低、能力越低，石头的价值就越单一；人的需要层次越高、能力越高，石头的价值就越多样。这正如马克思指出的，人的本质力量、包括人的感觉是随着生活实践的发展而不断丰富发展的，"只是由于人的本质的客观地展开的丰富性，主体的、人的感性的丰富性，如有音乐感的耳朵、能感受形式美的眼睛，总之，那些能成为人的享受的感觉，即确证自己是人的本质力量的感觉，才一部分发展起来，一部分产生出来"①。也正因如此，人的本质力量、人的需要和能力等越是自由、全面发展，人越能获得和创造丰富多样的价值。

价值不仅具有主体性，而且具有客观性。首先，价值作为主客体之间的一种关系，存在于主体和客体的相互作用过程之中。事物是否对人具有价值，不是由主体和主体的需要单方面决定的，它同时也取决于客体是否具有满足主体需要的性质或功能。其次，主体的需要和需要被满足的程度也不是随心所欲的，而是受具体的社会历史条件和主体的社会实践制约并随其发展而发展的。不能脱离具体的社会历史条件、脱离人们的社会实践，主观地谈论人的需要和需要的满足。再次，人的需要具有客观性。它本质上是人的生存、发展及其条件的客观性，是社会历史意义上的客观性。无论是人的生理需要，还是人的心理需要，也无论是人的物质性需要，还是人的精神性需要，在根本上都与人的社会存在相联系，与人的社

---

① 《马克思恩格斯全集》第 42 卷，人民出版社，1979，第 126 页。

会实践以及在这种社会实践中的发展相联系，都有着它自身不依赖于人和人的主观意志的客观性和必然性。从人的需要的客观性方面理解价值，才能够真正从主体和客体的整体关系的角度，理解价值是一种客观的相互作用及其结果。最后，价值是客观存在的，它不以主体是否评价以及如何评价它为转移。评价可以把握价值，但不能创造价值。因此，强调价值的主体性，并不否认价值的客观性，客体对主体是否有价值，有什么样的价值，不是由主体单方面地、主观地决定的，它具有不以人的意志为转移的客观性。必须尊重价值的这种客观性，才能正确地把握它。

2. 价值的相对性与绝对性

价值既具有相对性，又具有绝对性，是相对性和绝对性的统一。

价值的相对性是指价值的时效性和条件性。它表明，主客体之间的价值关系不是固定不变的，而是随客体、主体和主客体关系的变化而变化的；主客体之间具体的价值关系因时而异、因地而异，"一切以时间、地点、条件为转移"。一方面，任何事物都处在不断的发展过程中，人的需要、能力等主体尺度也处于动态发展之中。客体对于主体的价值，既可能因为客体的变化而变化，也可能随着主体和主体尺度的变化而变化。例如，一位跋涉在沙漠中口渴难耐的旅人，一杯洁净的水是他最大的需要，有时甚至可能会关系他的生死；但是，当他重返随处可以取得净水的环境时，这杯净水的价值就会显得微不足道。人们的许多切身体验鲜活地表达了对价值时效性的意识，如对"雪中送炭"的赞美、对"雨后送伞"的调侃，等等。另一方面，在不同的时间、地点和条件下，主客体之间的价值关系也不同。例如，大家都承认诚实是美德，说谎是不道德的。在正常情况下，这当然没有问题。但一旦情况发生了变化，具体的价值关系也会随之变化。例如，医生对濒临死亡的绝症病人隐瞒病情，警察通过制造假象而诱捕犯罪嫌疑人，军人在战场上巧施计谋欺骗敌军，甚至像"望梅止渴"之类的自我欺骗都是可以理解的，甚至是道德上容许的。价值的这种时效性、条件性表明，人类价值生活是具体的、历史的，处在一个不断超越过去、向未来创造生成的动态过程之中，必须一切以时间、地点和条件为转移，具体问题具体分析。

价值是相对的，又是绝对的。价值的相对性与主张世界上无所谓真假、善恶或美丑之分的相对主义不同，它认为相对之中有绝对，相对与绝对不可分。相对主义虽然看到了价值的主体性，看到了价值是相对于人和人的需要来说的，但夸大了价值的相对性、不确定性，否定了价值的确定性、绝对性。一方面，承认价值的客观性，也就在一定意义上承认了价值的确定性、绝对性。虽然价值在不同主体之间可能是相对的，但是，对于每一特定的价值主体来说，事物有无价值和有什么价值却是确定的。虽然有人因为愚昧无知，或者受人蒙蔽，"是非颠倒"、"善恶不分"、"美丑不辨"、"不知好歹"，但是，"是非"、"善恶"、"美丑"、"好歹"对于这一价值主体仍然在一定时间、条件下是确定的，可以通过评价弄清楚。另一方面，对于主体间和统一的最高主体（如人类）来说，价值具有共同性和统一性。价值关系是一种社会关系，具有社会性。任何人作为"人"，作为社会大家庭的一个成员，因为属于共同的物种（类）而具有共同的尺度，因为人自身的社会性和相互依存关系而具有共同的利益和需要。在一个社会中，任何人只有在互动的社会关系中，才能健康地生存、生活和发展，才能实现自我的价值，同时也为他人的价值实现创造条件。这要求人们在交往、互动过程中，超越自身狭隘的私利，抑制各种可能膨胀的贪欲，在诸多共同的目的、利益和需要引导下，从整体和全局的视角看待问题，相互为对方的价值实现提供条件，达到双赢、共赢之类皆大欢喜的结果。

总之，价值的主体性与客观性、相对性与绝对性并不矛盾，并不一定冲突。在人们具体的、历史的社会实践的基础上，它们是相互联系、相互依存、相互作用、辩证统一的。那些执其一端、片面地加以绝对化的观点是错误的。如主观主义认为，价值没有客观性，纯粹是人的主观情绪、情感、态度、意志等的产物；相对主义认为，一切价值都是相对的，"公说公有理，婆说婆有理，天下无公理"。这类观点曲解了价值的本质，否认了价值的客观性和绝对性，割裂了价值的主体性与客观性、相对性与绝对性之间的辩证关系，既经不起理论上的认真推敲，也不符合价值生活的实际情况。

二　价值观及其功能

价值观是人们基于社会生活实践，通过对各种各样的价值进行评价而形成的思想观念。价值观一旦形成，就渗入人们的一切价值活动之中，是人们进行价值评价、选择、创造的导向和依据。价值观是人们的世界观、人生观的重要组成部分。世界观、人生观、价值观三者之间相互交织、相互影响、相互作用，对人们的思想和行为进行指导，产生或直接或间接的影响。只有解放思想，实事求是，与时俱进，树立适应科技进步和社会发展的先进价值观，才能抵制各种愚昧、腐朽、落后的价值观的侵蚀，使自己的思想和行为合乎时代和社会的要求，合乎最广大人民群众的根本利益，推进人与社会的持续、协调、自由、全面、和谐发展。

（一）价值观及其根据

所谓价值观，亦称价值观念，就是人们基于生存、发展和享受的需要，在社会生活实践中形成的关于价值的总观点、总看法，是人们的价值信念、信仰、理想、标准和具体价值取向的综合体系。价值观作为人们关于事物是否具有价值、具有什么价值的根本看法，是人们区分好坏、利弊、得失、善恶、美丑、正义与非正义、神圣与世俗等的观念，是人们特有的关于应该做什么和禁止做什么的约束性规范。

价值观的外延十分广泛。一方面，它是一个生活气息浓郁的概念，存在于人们的日常生活实践的方方面面，渗透于人们日常的饮食起居、婚丧嫁娶、为人处世、待人接物、学习工作、娱乐休闲等活动之中；另一方面，它作为一定民族、宗教、国家、地区、阶级、阶层、群体等的精神、原则、规范和标准，是一定社会意识系统的有机组成部分，是构成一定文化系统的深层结构。经济价值观念、政治价值观念、法律价值观念、道德价值观念、宗教价值观念、文学价值观念、艺术价值观念、军事价值观念等属于具体层次上的价值观念；而它们在一般理论层次上，可以进一步形成理论化、系统化的价值观体系，如社会主义价值观体系就是由社会主义的经济价值观念、政治价值观念、法律价值观念、道德价值观念、宗教价值观念、文学价值观念、艺术价值观念、军事价值观念等构成的。

根据唯物史观的基本原理，任何人的价值观都不是先天固有的，也不是头脑中主观自生的，而是后天在一定的社会环境、社会活动中逐步形成的。只要我们"始终站在现实历史的基础上，不是从观念出发来解释实践，而是从物质实践出发来解释观念的形成"①，那么，作为一定社会意识系统的有机组成部分，任何人的价值观都是建构在一定的社会经济基础之上的，是一定时代人们的社会存在、社会实践、生活经历的产物和表现，是一定时代文化传统、生活方式、风俗习惯、社会心理等因素潜移默化地濡染和熏陶的结果。这正如马克思、恩格斯所说："思想、观念、意识的生产最初是直接与人们的物质活动，与人们的物质交往，与现实生活的语言交织在一起的。……意识在任何时候都只能是被意识到了的存在，而人们的存在就是他们的现实生活过程。"② "观念的东西不外是移入人的头脑并在人的头脑中改造过的物质的东西而已。"③

具体而言，影响价值观形成和变革的因素比较复杂，主要包括如下两个方面。

一方面，价值观的形成与变化有其深刻的社会历史根据。从社会历史的角度分析，任何人的价值观都不是无缘无故形成的，它来自他所生活的那个社会，是一定社会的时代特征、文化传统、生产方式、生活方式、风俗习惯、社会心理等因素潜移默化地濡染和熏陶的结果。同时，一定的社会又常常以其上层建筑的力量，通过"国家机器"、家庭和学校教育、社会舆论、利益机制的调整以及各种社会约束机制，有目的、有计划地灌输、渲染、传递某种特定的价值观，矫正与这种价值观不相符合、不相协调的思想和行为，将人们的思想和行为纳入该社会鼓励和许可的范围之内，从而维护该社会的秩序、稳定和可持续发展。其中，教育——包括家庭教育、学校教育和社会教育——在将一个人培养成该社会的合格成员的过程中，具有举足轻重的基础性作用。当今中国社会价值观的混乱与无序，是与邓小平所讲的改革开放以来"最大的失误"——"教育的失误"——密切相关的。

另一方面，主体的社会生活实践的形式和经历是价值观形成的主体根据。价值观直接反映着主体的实际生存状态，反映着主体的社会地位和立场，反映着主体的利益、需要和意志等。一定主体的价值观来自该主体的生活实践的形式和经历，是该主体在价值活动中多次实践反馈的观念积淀

---

① 《马克思恩格斯选集》第1卷，人民出版社，1995，第92页。
② 《马克思恩格斯选集》第1卷，人民出版社，1995，第72页。
③ 《马克思恩格斯选集》第2卷，人民出版社，1995，第112页。

与内化。从主体自身的角度看，人们的阶级立场、社会地位、生存方式、生活经历，以及利益、需要和自我意识等，都是影响其价值观形成和变化的基本因素。其中，主体的需要和自我意识是其价值观形成的两个直接的前提条件。需要是形成价值观的客观前提，价值观就建筑在主体的需要系统之上，是基于主体的需要从而对主客体之间的价值关系进行反思、整合而成的观念系统。不同的人的需要不同，价值观往往也不尽相同。人的需要的多方面、多层次性，决定了价值观的多方面、多层次性；人的需要的社会历史性，决定了价值观的社会历史性。主体的自我意识是价值观形成的主观条件。只有当一个人或一个群体在生活实践活动中，不仅正确地掌握了客观对象，而且通过自我意识掌握了自身，把主客体区分开来，才能形成需要意识，并在生活实践活动中，以此为尺度评价客体，经过无数次的反复而形成某种价值观。可见，一定主体的价值观是以其社会生活实践为基础，在主体需要的驱动下，在自我意识的引导下，逐步形成的。它的形成是一个历史过程。

价值观一旦形成，又具有一定的"相对独立性"。作为文化系统的深层结构，它具有相对的稳定性或历史延续性，在相当长的时期内会自觉或不自觉地发挥作用，影响和支配人们的思想和行为。在社会文化系统中，一定社会的价值观经过长期的历史传递和文化心理积淀，就会形成一定的文化传统。经过教育和熏陶，这种文化传统可能会长期"占据"人们的头脑，自觉或不自觉地影响、支配人们的思想和行为，而不会随着社会的变化而迅速地相应发生改变。在社会变革时期，文化传统因为其"惰性"，可能演变成一种"巨大的保守力量"，"像梦魇一样纠缠着活人的头脑"，阻碍人们的思想和行为与时俱进。

但是，价值观的稳定性或历史延续性是相对的。任何价值观都是一定时代的产物，是一定时代人们的社会生活实践的产物和表现，它必然会随着时代和社会生活实践的发展而发展、变革而变革，并随时接受人们的社会生活实践的检验、修正和完善。马克思、恩格斯指出，"人们的观念、观点和概念，一句话，人们的意识，随着人们的生活条件、人们的社会关系、人们的社会存在的改变而改变"①。在社会平稳发展时期，人们有时

---

① 《马克思恩格斯选集》第 1 卷，人民出版社，1995，第 291 页。

可能感觉不到价值观的存在，只是自觉或不自觉地听从它的导引。而在社会变革时期，由于不同价值观经常发生碰撞，新旧价值观常常产生矛盾、发生冲突，价值观的比较、反思、批判、变革就会随之提上日程。通常的情况是：刚开始变革的时候，社会价值观出现多元、紊乱和失序的情况，许多人感到迷惘困惑、茫然失措、无所适从。这时，维护旧秩序的价值观和反映历史进步要求的价值观发生激烈的冲突，旧的价值观日益暴露出严重的缺陷，陷入深深的危机之中，而某些新的价值观则逐渐显示出强大的生命力，逐渐受到人民大众的认同和拥护。最后，经过理性的论证特别是实践的检验，人们逐渐选择和接受新的价值观，从而完成价值观的新旧交替。这种情况不只出现在历史上社会形态发生重大变革之时，即使在同一社会形态中，当社会生活发生巨大变革的时候，也可能会出现。例如，在中国当前改革开放、中国特色社会主义建设进程中，价值观的变革、转型就已经成为一个紧迫的时代课题，人们对之已经有了深刻的感受。

（二）价值观的结构

价值观涉及的内容十分丰富，结构也非常复杂。从其历史存在和现实表现来说，它往往包括如下内容：价值信念、信仰、理想，它决定人们的社会立场和为之追求、奋斗的目标；价值标准，它影响和制约人们的价值评价与选择；具体的价值旨趣、价值取向和态度；调节人的心理、精神状态的情绪、情感、意志等因素。其中，价值信念、信仰和理想是一定价值观最基本、最典型的表现形式。

当然，以上只是从表象上来刻画的，价值观的某些深层次的内容未能表现出来。实质上，学术界在价值观的内在结构上一直众说纷纭、莫衷一是。我们通过比较、分析相关学者的成果，并结合自己的研究，认为价值观的结构可以从如下一些方面加以把握。

1. 价值主体的定位和自我意识

世界上并不存在抽象的"无主体"的价值观念。任何价值观都是一定主体的价值观，即它"是谁的、为了谁的"价值观。"是谁的、为了谁的"价值观，就以谁的地位、立场、目的、利益、需要等为根据，就反映和代表谁的目的、利益、需要和意志，并以之为价值标准。例如，当代中国人的价值主体意识是否觉醒？价值主体地位是否确立？这是了解当代中国社会价值观的现状和发展趋势的首要环节，也是建设社会主义核心价值体系的前提性问题。

主体意识是价值观的核心和灵魂。构成任何一种价值观的前提都是确立相应的价值主体；而每一价值主体确立自己价值观的基础，则是要充分认识自己和自己的社会地位、历史使命。主体意识首先即主体"自我定位"的意识。例如，"我是谁？""我从哪里来，要到哪里去？""我与他人、社会是什么关系？""我在社会生活中扮演什么角色？""我有什么样的权利、责任和义务？"等等。只有当价值主体对这些内容有了明确的意识，才能说拥有了自己的价值观的立足点和出发点；价值主体地位则是价值主体意识的外化和客观要求，价值主体意识与价值主体地位的结合是价值观发挥作用的基础和前提。

2. 关于社会结构和秩序的信念、信仰和理想

在一定的价值观体系中，价值信念、信仰和理想是最基本、最典型的表现形式，它们是价值观的支柱和核心。

价值信念是人们在生活实践中关于事物一定会按照某种可预知状态发展变化的观念，是人们对某种现实或观念抱有深刻信任感的精神状态。价值信念所揭示的内容总是同人们应当持有的态度和应当采取的行动有关，例如，"真理终将战胜谬误"，"正义必胜，非正义必败"，"善有善报，恶有恶报"，等等。价值信念能够凭借足够的知识而形成，但往往是在知识未达到的地方起作用。价值信念的思想基础应该科学、合理，只有反映了客观规律和历史必然性的价值信念才是一定能够实现的信念，也才是值得人们为之奋斗的信念。

价值信仰是价值信念的进一步发展和强化，是人们的价值信念的一种对象化表现。价值信仰具有明确的对象指向性，这种对象既可能是人格化的神，如上帝耶和华，也可能是一定的思想观念体系，如共产主义。价值信仰使人的整个精神活动以它为核心，形成一种完整的精神导向，并调动各种精神、心理因素为它服务。价值信仰是人生的"主心骨"，在人们的精神活动中居于统摄地位，是人们的价值意识活动的调节中枢。一个人处在"信仰缺失"的状态，就如同没有灵魂一样；即使是信仰的偏差，也可能造成人生道路和社会发展的方向性错误。①

价值理想是以一定的价值信念和信仰为基础的价值目标体系。这种目标体系以关于个人或社会的未来形象为标志，为人们的价值追求提供着自觉的典范或"样板"。价值理想是价值信念、信仰中最高价值目标的具体形象，是具体实践着的价值信念、信仰。不同的人可能有不同的理想状况。有的层次高，有的层次低；有的自觉，有的盲目；有的鲜明，有的模糊；有的严整，有的凌乱……他们的价值理想同知识、理智紧密结合在一起，成为指导和推动生活实践活动的精神力量源泉。价值理想的培育、确立和追求，是人们的精神生活的最高层次。崇高人生理想的追求和实现，是人们的生命的最高自我价值；崇高社会理想的追求和实现，则是人们的生命的最高社会价值。古往今来，一切仁人志士正是在为崇高理想而奋斗的过程中，成就了人生的伟业，也为社会做出了杰出贡献。②

3. 本位价值的认定

一般说来，在一个成熟的价值观体系中，必然会逐渐形成一种特殊的价值，它在该体系中最为关键、最为重要，甚至可以成为其他各种价值的"通项"，即其他价值都可以与它换算，当其他价值与之冲突时，最终往往要服从于它。这种特定的价值就是所谓"本位价值"。例如，在封建宗法等级制度下以"官级"为标志的"权本位"价值，在资本主义私有制下以商品交换关系为实质的"钱本位"价值，等等，就是相应价值观体系中的"本位价值"。

一个社会或一个群体是否形成以及形成什么样的本位价值，是相应主体特有的共同的生产和生活方式本身明确或成熟的表现。本位价值是现实生活中某一丰富、复杂的价值体系的高度凝缩，是社会价值系统的集中标志，也是社会价值共识的形象表达。本位价值的形成和改变，反映了社会价值体系发展和演变的历史特征，如果人们能够清晰地把握它，并弄清它的基本内容和特征，则有助于深入地认识和把握一定的社会共同体或社会

---

① 当然，价值信仰也有自觉与不自觉、科学与不科学、先进与落后等区别。要形成自觉的、科学的、先进的信仰，需要自觉地以先进的世界观和方法论为指导，以人类的全部科学和文明成果为基础，在一定社会历史条件的基础上，经过长期的理论或实践探索，努力总结、把握、反省和提炼人类自身的本质力量和生存发展方向。

② 参见李德顺《邓小平人民主体价值观思想研究》，北京出版社，2004，第313～316页。

群体。

4. 价值规范的立场和选择

人是一种社会化的生命存在，其本质是一切"社会关系的总和"（马克思语）。社会生活中的各种价值规范，包括经济规范、政治规范、法律规范、道德规范、文化习俗等，是由社会生活的结构和秩序所规定的人的行为准则、规则系统，并在相应的领域起着评价标准的作用。如经济规范是人们判断经济行为恰当与否的根据，政治规范是人们从政治上评价政治行为的标准，法律和道德规范分别以"硬的"或"软的"方式，充当着判断人的言行正当与否的依据，等等。

一定的规范反映出相应主体的权利、责任和义务。价值规范总是具体的、历史的，由相应主体的目的、利益和需要决定，具有鲜明的主体特性。如经济规范的契约和交换性质，政治规范的阶级性和阶层性，法律规范的国家意志性，道德规范的民族历史性或行业群体性，等等。在一定社会中，价值规范往往是多元化、多样化、动态化的，如一个人对一定规范理解的方式和程度如何，自觉执行的程度如何，处理具体规范的方式如何，如何对待规范之间（如经济规范与道德规范之间、家庭角色规范与社会角色规范之间等）的冲突，等等，都不是整齐划一的。生活实践中价值观的矛盾、冲突和变革，往往在这一层面上表现得最明显、最直接、最强烈。[①]

5. 价值评价和导向机制

价值评价是人们在把握对象的基本信息的基础上，根据自己的目的、利益、需要、兴趣等尺度，对对象的好坏、利弊、善恶、美丑等加以评定、估量，或者说，对对象有没有价值、有什么价值进行判断、比较。在社会生活实践中，人们几乎每时每刻都在进行着各种各样的评价，如判断是非，分辨善恶，审察美丑，评估利害，衡量得失，褒贬社会，品头论足，自我反省，表明态度，宣泄感情，等等。价值导向是对特定主体认为什么是好、什么是坏，应该做什么、不应该做什么等的倾向性、指导性意见和约束性、强制性要求。

---

① 李德顺将价值观的一般结构概括为如下五个方面：主体的历史方位感、社会秩序信念、社会规范意识、价值实践意识和价值本位意识。他认为，这五个方面的内容有机联系在一起，构成了人们心目中的"价值坐标系统"（参见李德顺《新价值论》，云南人民出版社，2004，第286~289页）。

总体而言，价值评价、导向机制是一个十分复杂的系统。在不同的历史时期，或者在不同的环境和条件下，价值评价、导向机制的侧重点和倾向性不尽相同，有时甚至可能迥然相异。一般说来，价值评价、导向机制包括权威评价系统（"圣贤"、专家、管理者、教育者等）和大众、市场评价系统。或者更具体、细致地说，包括政府、专家、市场、媒体、社会舆论以及个人的评价等，是这些力量组成的一个相互关联、相互作用的综合体系。价值评价导向机制既表征着一定价值观的内容和特征，又是相应价值观发展、变革的促进因素和推动力量。

目前，与中国社会转型相适应，价值评价、导向机制正处在深刻的重组、变革过程中，至少权威评价系统与大众、市场评价系统的共存是不争的事实。在新的时代背景和社会条件下，权威评价系统是否愿意实现其观念转变和角色转换？如果愿意，那么又如何实现其观念转变和角色转换？各种评价、导向因素之间如何"有机结合"，发挥其积极的效应？什么样的方法才是恰当的、有效的评价和导向方法？这些问题都迫切需要我们在中国特色社会主义价值体系建设中进行研究，加以解决。

（三）价值观的功能

作为时代和社会生活的反映，作为一种典型的社会意识形式，人们以价值信念、信仰、理想为核心的价值观一旦形成之后，又会对人们的社会生活实践产生能动的反作用。价值观的社会作用范围十分广泛，具有普遍性。它往往渗透到人们的社会生活的各个领域，贯穿于每一活动的始终。具体地说，价值观的作用表现在如下一些方面。

首先，价值观是社会文化体系的灵魂。文化价值观反映了相应主体的根本利益和需要，表达了相应主体的信仰、信念和理想，在一定文化系统中居于统摄和核心地位。例如，对于一个民族国家来说，价值观包含着建设什么样的社会、国家和世界的总体构想，是一个国家的主心骨，是一个民族的文化灵魂，是相应人民的精神支柱。这正如云杉指出的："文化的灵魂是什么，就是凝结在文化之中、决定着文化质的规定和方向的最深层的要素，就是核心价值观。有什么样的价值观，就有什么样的文化立场、文化取向、文化选择。讲软实力、文化力，从根本上取决于核心价值观的生命力、凝聚力。"①

其次，价值观是人的社会化的重要内容。人是一种"文化动物"，人的本质在于社会性，个人的成长和社会化过程就是通过学习，不断接受和消费各种社会文化，由"生物人"成长为"社会人"的历史过程。而社会化的结果，是人们接受和掌握一系列经济、政治、宗教、道德、法律、文化等观念，形成一定的社会思想方式和行为方式，逐渐形成自己明确而坚定的价值观。在一个社会中，一个人是否拥有明确而坚定的价值观，是判定其心理是否成熟、人格是否健康的标志，即判断一个人是否"成人"的标志。

再次，价值观是社会群体或组织的黏合剂，是人们的社会认同的核心内容。在一个社会群体或组织中，价值观表现为一定社会对什么是好、什么是坏，什么有利、什么有害等的评价性判断，表现为一定社会对应该追求什么和舍弃什么、应该提倡什么和反对什么等的规范性判断。社会组织通过这些共同的价值规范和价值尺度把人们凝聚在一起，并通过教育、宣传、惩罚和制裁等手段，把这些观念灌输和传递给个人，内化为个人的思想和行为规范，对个人的思想和行为产生或显或隐的影响。

最后，价值观是人们内心深处的评价标准系统，是人们的价值追求、取舍模式。一方面，它表现为价值信念、价值信仰、价值理想，凝结为一定的价值追求、价值目标，对人们的思想和行为具有定向、指导和调节作用，并提供人们活动的目标、动力和激情；另一方面，表现为价值尺度、评价标准，成为主体判断客体有无价值、有什么价值的观念模式和框架，是一定主体进行价值评价和选择的"天平"和"尺子"，是人们做出价值判断、决策的思想根据。

综合来看，价值观是人们内心之中的一个内涵丰富的观念系统，在人们的价值活动中发挥着目标确立、手段选择、评价标准、行为导向和情感激发等作用。个人的价值观构成其世界观、人生观的核心内容，是其社会生活和活动的指示器，制约着人们的思想和行为。社会的价值观是社会文化体系的核心和灵魂，是社会意识形态的主导成分，是社会群体或组织的黏合剂。

---

① 云杉：《文化自觉　文化自信　文化自强——对繁荣发展中国特色社会主义文化的思考》，《红旗文稿》2010 年第 17 期。

一般说来，正确、健康的价值观对社会具有积极的引导作用。"一个社会不应局限于物质生产和经济交流。它不能脱离思想观念而存在。这些思想观念不是一种'奢侈'，对它可有可无，而是集体生活自身的条件……没有价值体系，就没有可以再生的社会集体。"① 错误的价值观则可能误导人们的行为，令人们付出代价，甚至导致社会共同体或政权的覆亡，阻滞历史的进步。例如，马克思就曾经将价值观念的重要性上升到关乎时代兴替的高度："如果从观念上来考察，那么一定的意识形式的解体足以使整个时代覆灭。"② 当然，与科学知识（包括科学规律）发挥作用的方式相比较，价值观发挥作用的方式具有自身不同的特点。科学知识（包括科学规律）常常以强制性的方式规范人们的思想和行为。而价值观对人们的作用大多数时候是自发的，它积淀、内化在人们的心灵深处，渗透到哲学、科学、文学、艺术、宗教、法律、制度以及风俗习惯之中，不知不觉地、潜移默化地影响着人们的思想和行为。而且，价值观的存在和作用往往表现于已有科学知识的范围之外，科学理论、知识和方法并不能包含、代替价值观的作用。在历史与现实中，往往存在这样的情况：越是在科学知识达不到的地方，价值信念、信仰和理想就越具有不可替代的作用，对人们的思想和行为越是产生深刻且持久的影响。

三 价值观、价值体系与核心价值体系

核心价值体系是一个国家、社会得以存在和发展的灵魂，是精神文化建设的核心、目的和枢纽。在中国社会主义革命和建设历史上，社会主义核心价值体系的提出，"是一个历史性的变化，是党和国家在社会主义理论和实践方面的一大突破。它代表着中国特色社会主义事业所含有的一种文化觉醒和文化自觉"③。倡导、践行中国特色社会主义核心价值体系，概括、提炼社会主义核心价值观共识，不仅对于筑牢中国特色社会主义建设的思想理论基础，凝聚全国人民的目标和意志，而且对于中国特色社会主

---

① 〔法〕吉尔·利波维茨基、〔加〕塞巴斯蒂安·夏尔：《超级现代时间》，谢强译，中国人民大学出版社，2005，第111页。
② 《马克思恩格斯全集》第30卷，人民出版社，1995，第539页。
③ 李德顺：《社会主义核心价值与当代普世价值》，《学术探索》2011年第5期。

义建设，对于中华民族在世界上的"和平崛起"，形成干事创业的合力，都具有重大意义。

（一）价值观与价值体系

价值观是人们对主客体之间价值关系的能动反映，它一旦形成，又具有一定的独立性，能够反过来指导、规范、约束人们的思想和行为。在人们的思想意识中，价值观往往不是孤立的、单一的。正如卢西恩·派伊所指出的："文化价值观总是成簇的价值观，它们在不同的时期可以有不同方式的组合，因而产生不同的效果。"[①] 在一定的历史条件下，价值观以不同的方式、形式组合在一起，甚至构成一个有机的系统，这就是所谓"价值体系"。构成价值体系的价值观主要存在于人们的观念层次，但也有可能会积淀在人们的心理层面上。而一旦进入人们的心理层面，相应的价值观就显得更加深刻和稳定，发挥的作用也可能更为强大和持久。

与价值本身一样，价值体系也具有鲜明的主体性，是一定主体（包括社会共同体和个人）立足自身的性质，特别是自身的利益、需要等主体因素，对主客体之间的价值关系进行评价而形成的一种观念体系，它集中反映了相应主体的目的、利益、需要、情绪、情感等。价值观有自觉和不自觉之分，但是，任何一个成熟的社会都会根据自己的立场、使命、环境和条件，提出合乎自己的利益和需要、具有自己的性质和特点的核心价值体系。

价值体系属于社会意识的范畴，而且是社会意识的本质体现。它受一定社会的生产方式、基本制度以及人们的利益、需求等的制约，是由一定社会的信念、信仰、理想、价值标准、价值取向、价值评价机制等因素构成的社会观念体系。由于一定社会的意识形态往往是复杂、多元的，因而在一个社会内部，可能存在多元化、多样化的价值体系，并展开一定的竞争。也就是说，在任何一个社会中，都可能有前一社会形态的价值体系的残余、目前占统治地位的社会形态的价值体系，以及新的未来社会形态的价值体系同时并存、相互竞争。

任何一个民族国家的存在和发展，都需要依赖一定的社会核心价值体

[①] 转引自〔美〕塞缪尔·亨廷顿、劳伦斯·哈里森主编《文化的重要作用——价值观如何影响人类进步》，程克雄译，新华出版社，2010，第303页。

系或主导价值体系的强力支撑。如果缺乏这种强有力的支撑，那么，一个国家就可能失去发展方向，就可能缺乏凝聚力和活力，就可能缺乏社会认同的基础，就可能难以实现稳定。当然，如果社会环境和条件发生了实质性的变化，特别是生产方式发生了实质性的变化，那么依据唯物史观社会存在决定社会意识的原理，国家的核心价值体系也应该与时俱进，相应地进行调整和变革，甚至进行革命性的创造性重建。

（二）核心价值观与核心价值体系

核心价值观与核心价值体系是两个内在相关联的概念。

什么是核心价值观？回答这一问题必须注意到一个事实，即人们的具体的、历史的价值观是十分复杂的，往往存在许多种类和层次。例如，从层次上看，至少存在两个不同层次的价值观：一是一般价值观，二是核心价值观。核心价值观是与一般价值观相对而言的，是更为基础、更为重要的价值观。由于一般价值观的多元、易变性质，其并不适合被统治者用来引导、规范、约束人们的行为，更由于"统治阶级的思想在每一时代都是占统治地位的思想"①，因而统治阶级往往会提炼出反映自己的根本利益、在该社会占主导地位的价值观。这表现出来就是该社会的核心价值观。

在一个社会的价值观体系中，不同价值观的地位并不相同，有些价值观处于主导或支配地位，有些价值观则处于相对的从属地位，还有些价值观处于依附地位。当然，也有一些价值观，例如，人们喜欢吃什么、穿什么，有什么具体的爱好，形成了什么样的择偶标准等，则对于任何一个社会来说几乎都无关大局，尽可以"放任自流"，由个人"独裁"。核心价值观是一个价值观体系中居于基础性地位或支配性地位的主导观念，它标志着一个价值观体系的性质。一般价值观是由核心价值观派生出来并受其影响和支配的价值观。一般说来，对一个价值观体系而言，只要处于主导地位的核心价值观没有发生变化，那么，整个社会的价值体系就仍然是稳固的。

核心价值观与价值观一样，也具有鲜明的主体性。不同主体（宗教、民族、国家、地区等）的核心价值观并不一定相同，有时因为文化传统和具体情况不同，甚至可能大相径庭、针锋相对。例如，社会主义中国的核

---

① 《马克思恩格斯选集》第 1 卷，人民出版社，1995，第 98 页。

心价值观就不同于西方资本主义国家的核心价值观。这是由中国的特殊国情和历史文化传统所决定的。从文化传统来说，中国历史文化悠久，是中华文化和东亚文化的发祥地，是东亚文化和"东亚价值观"的代表。从现实来说，当今的中国是世界上最重要的社会主义国家，是国际共产主义运动的希望之所在。在一定意义上甚至可以说，"只有中国才能救社会主义"，中国的发展状况是国际共产主义运动发展水平的标志。因此，以不断深化的中国特色社会主义实践为基础的"当代中国社会主义核心价值观"，在世界上必然引人注目，影响深远。①

那么，什么是核心价值体系呢？所谓核心价值体系，就是在一定社会的多元价值体系中，居于核心地位、起着主导和统领作用的社会价值体系。一个民族、国家的核心价值体系，是该民族、国家文化中最稳定的内容，是该民族、国家文化的灵魂，是绝大多数公民的思想指南、行为规范和评价尺度。

一般说来，核心价值体系与核心价值观之间存在本质联系。一方面，核心价值体系涵盖核心价值观。核心价值观是从该社会的价值观体系中提炼出来的，是最深刻、最基本、最重要的价值理念，是核心中的核心。如果说核心价值体系是基础、载体，那么，核心价值观就是内核、精髓，前者决定后者，后者的形成离不开前者。另一方面，核心价值观是对核心价值体系的价值前提、原则、理念、宗旨及精神的进一步抽象"提纯"，从而具有更大的普适性。对于任何一个社会而言，核心价值体系与核心价值观在各自随时代发展变化而变化的过程中，二者之间又发生交互作用。一般而言，核心价值观作为核心价值体系的内核与精髓，更为稳定，然而它又会随着核心价值体系发生根本变动而或迟或早、或快或慢地发生变化。这不仅是理论上的提炼与抽象，更多的是在鲜活的社会生活实践中完成的筛选与沉淀，最终凝练为被广大人民群众认同与践行的核心价值观。反过

---

① 我们认为，中国特色社会主义核心价值观的提炼，必须以马克思主义特别是以中国特色社会主义理论为指导，立足于中国特色社会主义实践，在借鉴人类一切优秀文化成果的基础上，通过持续的自主创新进行提炼。其主要内容有：必须坚持从人出发，以人为本，将人视为人和人的活动的最高目的，即"人本"；在全体社会成员之间平等、合理地分配社会政治利益、经济利益和其他利益，即"公正"；在一个社会共同体或群体内部，人们就公共事务平等地进行商议、选择和决策，即"民主"。参见孙伟平《论中国特色社会主义核心价值理念》，《湖北大学学报》（哲学社会科学版）2011 年第 3 期。

来，这种核心价值观又对核心价值体系具有能动的整合作用，可以将之整合成一个主旨鲜明、体系贯通、内在和谐的逻辑整体。

总之，核心价值观是凝缩的价值观，是一种文化的灵魂，而核心价值体系则是以核心价值观为基础构成的整体结构。在一个社会的多样化价值观体系中，总有一种处于主导、支配地位，反映现实生活和社会发展内在要求以及统治阶级根本利益的基本价值体系，即该社会的核心价值体系。核心价值体系是引领人们的思想行为、社会的精神风尚、社会的发展方向的灵魂，是社会秩序稳定与国家兴旺发达的决定性因素。核心价值体系不仅作用于经济、政治、文化和社会生活的每一个方面，而且对每位社会成员的世界观、人生观以及思维方式和行为方式都施加着深刻的影响。核心价值体系往往能够有效地制约非核心、非主导的社会价值体系作用的发挥，能够保障社会经济制度、政治制度、社会制度、文化制度的稳定和发展。因此，社会核心价值体系关系着一个国家的兴衰，关系着一个社会的治乱进退，是任何国家都不可漠视、放任不管的；相反，世界上大多数有理想、有抱负的国家都会竭尽全力地开展核心价值体系建设，以维护自身的可持续发展，增强自身的"文化软实力"。

（三）社会主义核心价值观与社会主义核心价值体系的内在关系

什么是社会主义核心价值观？显然，社会主义核心价值观是社会主义价值体系中最基础、最核心的部分，是反映社会主义本质和建设规律的价值信念、信仰、理想、原则、标准和取向。在社会主义初级阶段，社会主义核心价值观是处于主导地位的价值观念，代表着社会主义核心价值体系的基本特征，体现着这一价值体系的基本价值取向。

什么是社会主义核心价值体系？社会主义核心价值体系就是社会主义核心价值观体系，是社会生活中居于统治和引导地位的社会价值观体系。社会主义核心价值体系是观念形态的东西，是立足于社会主义经济基础之上的价值系统，集中反映了社会主义意识形态的本质属性，反映了社会主义经济、政治和文化制度的要求，体现着社会主义的发展方向和前进趋势。它决定着社会主义的发展原则、发展模式、制度体制和目标任务，在社会主义价值目标中处于统摄和支配地位。

建设社会主义核心价值体系是社会主义精神文明建设的核心内容，即要在全社会普遍地建构、培育具有中国特色的社会主义价值观体系。不过，这种把社会主义核心价值体系与社会主义核心价值观等同起来的做法，引起了学术界广泛的争论。在讨论过程中，人们逐渐达成一个共识：社会主义核心价值体系不能简单等同于社会主义核心价值观。在此基础上，关于两者之间的关系，学术界形成了以下四种具有代表性的观点——当然，四种观点的区分并不严格，它们之间实质上存在交叉甚至包含关系。

第一种观点认为，核心价值体系是在一个国家或地区占主导地位的社会价值体系，是一个由内核、层次和边沿等部分所构成的完整、丰富的价值观系统；核心价值观是社会价值观体系中起主导和支配作用的价值观，它是整个核心价值体系的"内核"。作为内核，"核心价值观是人们在长期的社会生活实践过程中抽象出来的，它具有高度的概括性、简约性、包容性、稳定性、持久性、渗透性以及可近而不可即性。也就是说，核心价值观的词语表达应当是极其简约明确而又极富包容性，寥寥数词便可以包容和指导一个庞大的价值体系，并且可以渗透到价值体系的各个层次中去"①。

第二种观点与第一种观点有相近之处，也认为社会主义核心价值观是社会主义核心价值体系的"内核"，但其研究的视角有所区别。第一种观点把社会主义核心价值体系作为一个整体加以研究，认为社会主义核心价值观是其中的一个部分，而第二种观点则倾向于把社会主义核心价值体系与社会主义核心价值观作为"两个主体"进行"关系研究"。② 后者认为，社会主义核心价值体系是社会主义核心价值观的基础和前提，是社会主义核心价值观形成和发展的必要条件。社会主义核心价值观是社会主义核心价值体系的高度概括和最高抽象，体现社会主义的价值本质，决定社会主义核心价值体系的基本特征和基本方向，引领社会主义核心价值体系的建构。二者相互区别，各有侧重，但又是相辅相成、有机统一的。③

① 张利华：《试析中国特色社会主义核心价值体系的结构与内涵》，《中国特色社会主义研究》2007 年第 4 期。
② 参见李建华、周谨平《社会主义核心价值体系中的核心价值观研究综述》，《湖南城市学院学报》2010 年第 1 期。
③ 参见戴木材、田海舰《社会主义核心价值体系建设需要深化研究的若干理论问题》，《马克思主义研究》2009 年第 9 期。

第三种观点立足价值哲学的视角和理论认为，核心价值体系具有两重性：就其对象化而言，它体现着"为我而存在的关系"，具有能满足社会主体的需要、符合社会主体的利益的精神价值；就其具体化而言，它本质上仍然是社会价值观念，具有社会价值观念的能动作用，体现社会主体的价值追求和价值取向。核心价值体系与核心价值观分属于两个范畴，前者属于物质范畴，后者属于意识范畴，二者是被反映与反映的关系。而在社会历史领域，核心价值体系与核心价值观同属于社会意识范畴，但核心价值观是"对思想的思想"，是对核心价值体系的概括和提炼，体现着核心价值体系的自觉，因而不能把两者直接等同起来。①

第四种观点认为，社会主义核心价值体系是由四个方面的内容构成的一个有机统一的整体，而把四个方面的内容联系、贯通起来的就是核心价值观念。核心价值体系与核心价值观念是框架与实质、结构与要素、形式与内容的关系。社会主义核心价值体系决定了社会主义核心价值观念的意识形态性质和民族形态；社会主义核心价值观念则反映着社会主义核心价值体系的价值追求、价值理想、价值取向和价值规范。②

综合来看，学者们比较一致的看法是，不能将社会主义核心价值体系与社会主义核心价值观完全等同起来。两个概念既相互区别，又相互联系，构成一个相互依存、相辅相成、辩证统一的有机整体。严格地说，二者是相互区别的。社会主义核心价值体系是社会主义意识形态中那些反映社会主义经济、政治和文化制度要求，体现社会主义发展方向和趋势的核心思想意识的总和，而社会主义核心价值观则是对社会主义核心价值体系核心内容和精神实质的高度凝练及抽象概括。社会主义核心价值体系是社会主义核心价值观的基础和前提，是其形成和发展的必要条件，而社会主义核心价值观是对社会主义核心价值体系的反映、提炼和概括，是社会主义核心价值体系的"本质"、"内核"和"灵魂"，是社会主义价值体系中最基础、最核心的部分。从具体内容来看，社会主义核心价值体系是一个

---

① 参见陈新汉《论核心价值体系》，《马克思主义研究》2008 年第 10 期；《核心价值体系及其与核心价值观的关系》，《红旗文稿》2012 年第 8 期。

② 参见韩震《公平正义的和谐社会与核心价值观念》，《中国社会科学》2009 年第 1 期；《"民主、公正、和谐"体现了社会主义的核心价值追求——兼论社会主义核心价值观的凝练及其原则》，《红旗文稿》2012 年第 6 期。

由四个方面构成的观念体系；而社会主义核心价值观则是这种核心价值体系的集中体现，如"人本、民主、公正、和谐"等基本的价值理念。[①] 但从根本上说，社会主义核心价值观与社会主义核心价值体系是一致的、统一的，它们都体现了社会主义的本质和核心价值追求，是中国特色社会主义理论不可或缺的重要组成部分。在中国特色社会主义实践中，培育和弘扬社会主义核心价值观和建立社会主义核心价值体系是一个相辅相成、有机统一的历史过程，绝不能人为地割裂开来。

[①] 参见孙伟平《论中国特色社会主义核心价值理念》，《湖北大学学报》（哲学社会科学版）2011年第3期。

第二章
社会主义核心价值体系研究状况述评

2006 年 10 月，中国共产党十六届六中全会提出："建设和谐文化，是构建社会主义和谐社会的重要任务。社会主义核心价值体系是建设和谐文化的根本。"① 这是中国共产党首次提出"社会主义核心价值体系"概念，由此拉开了社会主义核心价值体系研究的序幕。2007 年 10 月，党的十七大报告指出："建设社会主义核心价值体系，增强社会主义意识形态的吸引力和凝聚力。社会主义核心价值体系是社会主义意识形态的本质体现。要巩固马克思主义指导地位，坚持不懈地用马克思主义中国化最新成果武装全党、教育人民，用中国特色社会主义共同理想凝聚力量，用以爱国主义为核心的民族精神和以改革创新为核心的时代精神鼓舞斗志，用社会主义荣辱观引领风尚，巩固全党全国各族人民团结奋斗的共同思想基础。"② 2012 年 11 月，党的十八大报告指出："社会主义核心价值体系是兴国之魂，决定着中国特色社会主义发展方向。要深入开展社会主义核心价值体系学习教育，用社会主义核心价值体系引领社会思潮、凝聚社会共识。"③ 2013 年 11 月，党的十八届三中全会强调："紧紧围绕建设社会主义核心价值体系、社会主义文化强国深化文化体制改革，加快完善文化管理体制和文化生产经营机制，建立健全现代公共文化服务体系、现代文化市场体系，推动社会主义文化大发展大繁荣。"④ 中国共产党从发展战略的角度提

① 《十六大以来重要文献选编》（下），中央文献出版社，2008，第 660 页。
② 《十七大以来重要文献选编》（上），中央文献出版社，2009，第 26 页。
③ 胡锦涛：《坚定不移沿着中国特色社会主义道路前进　为全面建成小康社会而奋斗》，人民出版社，2012，第 31 页。
④ 《中共中央关于全面深化改革若干重大问题的决定》，人民出版社，2013，第 4 页。

出，要建设社会主义核心价值体系，推动社会主义文化大发展大繁荣，增强中国特色社会主义道路自信、理论自信、制度自信，努力实现中华民族伟大复兴的中国梦。

一 社会主义核心价值体系提出的现实背景和理论来源

"社会主义核心价值体系"是新时期中国共产党的重大理论创新之一，凝聚了全党、全国人民的智慧。"建设社会主义核心价值体系"是中国共产党面临国际国内新情况新形势作出的重大战略决策，顺应民心，合乎民意，引领时代潮流和社会风尚。当然，社会主义核心价值体系的提出有着错综复杂的现实背景，有着丰富深刻的理论来源。只有弄清楚这一点，才能更加准确、深入地理解和践行社会主义核心价值体系。

（一）社会主义核心价值体系提出的现实背景

任何重大的思想和理论问题，都源于重大的时代和现实问题。"社会主义核心价值体系"集中体现和表征了当代中国的价值诉求，同时也反映出当代中国和当今世界在思想价值领域的复杂现状。一方面，随着经济、政治、文化全球化和中国特色社会主义事业蓬勃发展，多元价值观的碰撞、冲突甚至斗争日趋常态化、严峻化；另一方面，由于中国正处在改革开放、建设社会主义市场经济的急剧变迁时期，文化价值观变革与转型的广度和深度显得尤其突出。建设社会主义核心价值体系，凝心聚力，才能在世界潮流中保持战略定力，从而积极稳妥地推进全面深化改革的各项战略部署。

1. 社会主义核心价值体系提出的国际背景

当今世界，综合国力的竞争不仅仅是经济、政治和军事力量的比拼，文化软实力的较量在激烈的国际竞争中愈显突出。意识形态、文化、民族精神等都是国家软实力的重要组成部分，在国家软实力的诸多因素中，文化发挥着越来越重要的作用。党的十七大报告指出，"当今时代，文化越来越成为民族凝聚力和创造力的重要源泉、越来越成为综合国力竞争的重要因素"①，建设社会主义文化强国、提高文化软实力是我们的一项重要任务。面对复杂的国际形势和激烈的国际竞争，面对形形色色的"中国威胁论"与"中国崩溃论"的干扰，当代中国必须继承和发扬中华民族的优秀文化和传统美德，推进马克思主义中国化、时代化、大众化，高度重视、切实提高以文化为核心的软实力。

　　学者们认为，构建社会主义核心价值体系，是应对国际格局变化和科学技术发展提出的新挑战的需要，是抵制西方资本主义国家"价值观输出"的需要。"国际环境复杂多变，世界仍然很不安宁。综合国力竞争日趋激烈，尤其发达国家在政治对话、经济发展和科学技术上占有明显的优势，霸权主义和强权政治仍然存在并有新的表现，一些地区的局部冲突、争端和热点问题不断涌现，传统安全威胁和非传统安全威胁互相交织在一起。"② 西方发达国家以经济、政治、科技、军事实力为后盾，所谓的霸权主义、强权政治在文化价值和意识形态领域表现为控制"文化话语权"和"文化领导权"，这也导致后发国家，包括中国，面临非常严重的"非传统安全威胁"。有学者从经济全球化的角度分析了当代中国面临的外部压力。"经济全球化对国家主权提出了挑战，在竞争中会放大后发国家的劣势，会影响国民的自尊心和自信心，甚至会削弱国家、民族意识。"③ 很显然，国际形势的风云变幻是不以我们的意志为转移的。无论是"中国威胁论"，还是"中国崩溃论"，从根本上说都不过是一套价值观和意识形态领域的斗争说辞。社会主义核心价值体系既根植于中国文化传统，又海纳百川，是马克思主义在中国不断发展、创新、进步的思想精华，是这个时代的人类性与民族性相统一的价值旨趣和精神家园。

2. 社会主义核心价值体系提出的国内背景

　　改革开放以来，中国发生了翻天覆地的变化，经济社会发展进入一个重要战略机遇期，但同时也进入了一个矛盾凸显期。市场经济、全球化作为一把双刃剑，既给中国社会主义建设带来了难得的机遇，同时也提出了严峻的挑战。"我国已进入改革发展的关键时期，经济体制深刻变革，社会结构深刻变动，利益格局深刻调整，思想观念深刻变化。这种空前的社

---

① 《十七大以来重要文献选编》（上），中央文献出版社，2009，第 26 页。
② 李前进：《社会主义核心价值体系提出的社会历史条件论析》，《前沿》2010 年第 4 期。
③ 参见江传月《论建设社会主义核心价值体系》，《兰州学刊》2008 年第 7 期。

会变革，给我国发展进步带来巨大活力，也必然带来这样那样的矛盾和问题。"① 面对机遇和挑战，面对社会主义市场经济和改革、稳定、发展所面临的新情况、新问题，必须主动把握机遇，积极迎接挑战，提出既符合时代发展要求又表达人民心声的价值体系和价值观念，凝聚人心，增强向心力与活力，加快全面建设小康社会步伐。因此，提出和建设社会主义核心价值体系，是当代中国面临的一项重要的时代课题。

通过构建社会主义核心价值体系，一方面可以"用中国特色社会主义理论体系武装全党、教育人民"，提高人民群众的思想素养和文化素质；另一方面可以"牢牢掌握意识形态工作领导权和主导权，坚持正确导向，提高引导能力，壮大主流思想舆论"，增强民族凝聚力，提高国家软实力。廖小平认为，在现代社会条件下，"中国社会价值观发生了深刻变迁，主要表现为从一元价值观向多元价值观、从整体价值观向个体价值观、从神圣价值观向世俗价值观、从精神价值观向物质价值观的转变，以及社会核心价值的解构与建构的辩证运动"②。冯平、汪行福等从现代性的角度认为，"中国正处于'现代化运动与中华文明复兴'、'社会主义与资本主义'、'民族国家与全球化趋势'三大张力之中。这三大张力彰显出确立中国未来发展方向所面临的三大难题，是我们认清中国在当代世界历史中的位置，把握中国发展的历史趋势的思想坐标。为解决难题，需要建立'复杂现代性'理念，并以此作为分析中国面临挑战的分析框架和探寻中国未来发展方向的方法论原则。同时，需要建立与'复杂现代性'相应的思维方式，构建当代中国社会发展的核心价值"③。

国际和国内两大背景密切相关，我们不能彼此孤立地看待和对待。国际上的价值思潮多元化与国内价值观的多样化、世界范围的现代化运动与中国本土的价值观念变化，无时无刻不在发生着一定程度的"化学反应"。国际背景与国内背景相互影响、相互呈现、相互作用。同样，也正是在这个意义上，建设中国特色社会主义核心价值体系，不仅是当代中国复兴中

---

① 《十六大以来重要文献选编》（下），中央文献出版社，2008，第649页。
② 廖小平：《改革开放以来价值观变迁与核心价值的建构》，《天津社会科学》2013年第6期。
③ 冯平、汪行福等：《"复杂现代性"框架下的核心价值建构》，《中国社会科学》2013年第7期。

华文明和"中国现代性"崛起的需要，也是中华文明和"中国现代性"探索不同于西方的人类文明新形态的需要。这一探索对于世界文化和文明的多样化、和谐发展而言，意义重大。

（二）社会主义核心价值体系的理论来源

社会主义核心价值体系的理论来源主要有三个方面：马克思主义价值观、中国传统文化价值观以及西方资本主义价值观。其中，马克思主义价值观，包括其中国化发展，是其根本来源。

张雷声专门论述了马克思主义和社会主义核心价值体系的理论关系问题："在任何社会中，社会意识可以多样化，而社会主流意识形态则只能'一元化'。在当代中国，主流意识形态只能是以马克思主义为指导的社会主义意识形态。马克思主义内在地规定了社会主义核心价值体系的理论性质、理论内涵和命题形式。"[①] 罗文东、谢松明从社会的价值观念和占统治地位的核心价值体系的关系入手，认为"马克思主义所阐明的科学的世界观、人生观、价值观，是我们建设社会主义核心价值体系的根本理论基础"[②]。马克思主义是社会主义核心价值体系的思想之基、理论之源。

李德顺、孙美堂从马克思主义价值论的历史发展线索和内涵逻辑的角度，系统梳理了社会主义核心价值体系的"前世今生"。他们认为："马克思主义价值论的形成和发展，大体经历了马克思恩格斯的理论奠基、西方马克思主义的价值探索、社会主义价值实践与理论总结、中国特色社会主义价值观奠基和当代确立等阶段。马克思恩格斯关于劳动及'两个尺度'，关于人的需要和利益，关于政治经济学中的价值问题，以及关于政治、道德、艺术、宗教、审美、社会文化理想的论述，都包含着丰富的价值论思想。列宁关于实践标准、社会主义道德、党性和阶级性等理论，在马克思主义价值论中同样具有经典意义。西方马克思主义流派众多，其价值思想主要表现在对'物化'和'异化'现象的批判反思与倡导'人道主义'两大方面。毛泽东的价值观主要体现为人民主体思想，邓小平则重新阐释了利益、富强与社会主义价值诉求的关系。当今中国思想理论界则以实践

---

① 张雷声：《马克思主义与社会主义核心价值体系》，《高校理论战线》2011年第5期。

② 罗文东、谢松明：《马克思主义是社会主义核心价值体系的灵魂》，《思想理论教育导刊》2008年第1期。

唯物主义为理论基础、以社会主义核心价值体系为核心内容，进行了积极的探索。"① 社会主义核心价值体系是对马克思主义价值论的继承和创新，是新的时代条件下立足中国国情的当代中国价值观念。孙伟平、张传开主编的《改革开放与社会主义核心价值体系建设》一书还系统地梳理了当代中国涌现出来的新的时代精神，譬如抗洪抢险精神、载人航天精神、抗震救灾精神等，来深化对社会主义核心价值体系的认识和理解。

中华文明是每一位炎黄儿女身上天然的"标记"，融入我们的血液之中，影响着我们的思想和行为。因此，中国传统文化必然是社会主义核心价值体系的重要思想来源。"天行健，君子以自强不息；地势坤，君子以厚德载物"（《周易》），"士不可以不弘毅，任重而道远"（《论语》），"君子和而不流"（《礼记》），"以家为家，以乡为乡，以国为国，以天下为天下"（《管子》），"勿以恶小而为之，勿以善小而不为"（《三国志》），"鞠躬尽瘁，死而后已"（《后出师表》），"先天下之忧而忧，后天下之乐而乐"（《岳阳楼记》），"惟进取也故日新"（《少年中国说》）……这些中国传统文化深深地映现在以爱国主义为核心的民族精神和以改革创新为核心的时代精神之中，清晰地体现在以"八荣八耻"为主要内容的社会主义荣辱观之中，深刻地反映在社会主义核心价值体系的具体内涵之中。

中国传统文化代代相传、不断发展，形成了中国传统价值观。它主要体现在儒家、道家、佛教的传统思想文化之中。例如，儒家始祖孔子的"仁"。它的根本出发点是"爱人"，也就是尊重人、爱护人，以人为本，舍己为人，实际就是如何做人的道理。由此派生出的礼、义、诚、信、廉、耻、孝等，成为世代中国人的基本道德准则。儒家在财富分配方面崇尚"不患寡而患不均，不患贫而患不安"，在社会治理方面坚持"和为贵，和而不同"的和谐价值观。在处理马克思主义和儒学的关系方面，方克立提出"主导意识"与"支援意识"的关系说，这是对"一元主导"与"多元兼容"思想的具体发挥。对儒家传统思想的"扬弃"，即"取其精华、去其糟粕"，能够对社会主义核心价值体系形成有力的理论补充和思想支撑。关于老庄道家价值观，孙伟平把它概括为："'人道合一'的价值

---

① 李德顺、孙美堂：《马克思主义价值论发展探析》，《中国特色社会主义研究》2013 年第 6 期。

主体意识；'道法自然'、以'道'为本位价值；'齐善恶'等相对主义价值标准；'绝圣弃智'、'无为而治'的价值行为取向；'反者，道之动；弱者，道之用'的价值实践方略；返璞归真、'小国寡民'的素朴价值理想。"① 关于佛教价值观，孙伟平依据价值观的基本理论结构，在"缘起说"、"四圣谛"与"涅槃说"等佛教义理的基础上把它概括为："'诸行无常'、'诸法无我'、'一切皆空'的'超主体（人）'意识；'一切皆苦'、克己忍耐、业报轮回的价值取向意识；虚无性、相对性、差异性的善恶标准和评价标准；'止持戒'与'作持戒'相辅相成的价值规范意识；注重获得'慧解脱'的修习、践行等的价值实践意识；断除妄惑、灭尽烦恼、求得'涅槃'的价值理想境界。"② 无论是道家的"清净无为"，还是佛教的"庄严国土，利乐有情"，它们一直都以价值观念的形式引导、教化民众，都劝导人心向善，杜绝恶行，这与社会主义核心价值体系是内在融通的，都有必要、有条件成为民族精神与时代精神的重要载体。

马克思的"世界历史理论"敏锐地洞见到当今世界的经济、政治、文化全球一体化。在近现代中国，特别是改革开放以来，西方社会价值观对我们产生了广泛影响。对于资本主义价值观，我们首先应该看到，它与封建主义的价值观相比，有一定的历史进步性。早在 100 多年前，马克思和恩格斯就肯定过一个基本事实："资产阶级在它的不到一百年的阶级统治中所创造的生产力，比过去一切世代创造的全部生产力还要多，还要大。"③ 资本主义所创造的积极成果，包括它的某些合理的价值观，是全人类共同的精神财富，对此要大胆吸收。当代中国价值观建设绝对不能无视或者完全回避西方价值观，而是要批判性"扬弃"，创造性转化，"拿来"为我所用。戴木才等认为："自由、平等、博爱、人权、民主、法治等价值理念，不仅是资产阶级联合无产阶级反对封建专制的思想理论武器，也是无产阶级用来反对资产阶级剥削和压迫的思想理论武器。资本主义价值理念的缺陷，不在于价值理念本身，而在于这些价值理念表现为资产阶级性质和它的虚假性。无产阶级革命和资产阶级革命的区别，不在于无产阶级要彻底地抛弃和反对这些价值理念，而是要在真正的意义上实现这些价

---

① 孙伟平：《老庄道家价值观论纲》，《中国人民大学学报》2012 年第 3 期。
② 孙伟平：《佛教价值观的六个基本要义》，《河北学刊》2013 年第 6 期。
③ 《马克思恩格斯选集》第 1 卷，人民出版社，1995，第 277 页。

值理念，使之更加具有真实性、现实性，并日益完善。"① 资本主义价值观从根本上只能流于形式和说教，只是代表资产阶级的利益。如在资本主义私有制下，所谓的自由只可能是"资本的自由"。我们需要警惕的是，资本主义价值观和封建主义价值观相互纠缠，"钱本位"和"权本位"相互勾结，已经成为建设社会主义核心价值体系的严重障碍和"毒瘤"。

二　社会主义核心价值体系的内容

社会各界围绕社会主义核心价值体系的基本内容以及内在结构进行了热烈研讨，在整体上取得了比较一致的看法，但在具体内容的理解和阐释上，则呈现"百花齐放、百家争鸣"的景象。

其一，关于马克思主义指导思想。马克思主义不是空洞的口号和僵死的教条，必须坚持马克思主义的科学本质，即随着社会环境的不断变化和社会发展的不同阶段具体问题具体分析，不断发展与创新。李佃来从意识形态、理论、方法三个维度，论证了马克思主义的必要性、深刻性和科学性。② 梅荣政认为，马克思主义指导思想之所以是社会主义核心价值体系的灵魂，关键在于"它提供了科学的世界观，提供了认识、改造客观世界和主观世界的立场、观点、方法，提供了建设社会主义的理论基础和行动指南，提供了激励全国各族人民为振兴中华而团结奋斗的思想基础和精神动力"③。世界观、人生观、价值观三者是统一的，人的行动听从于人的思想。只有坚持马克思主义指导思想，才能形成科学的世界观，心往一块想，拧成一股绳，形成正确的人生观和价值观；才能把全国各族人民的聪明才智聚集起来，真正运用到社会主义现代化建设中去。

其二，关于中国特色社会主义共同理想。袁贵仁认为，共同理想作为社会主义核心价值体系的主题，是历史和人民的正确选择，是中国共产党

① 戴木才、田海舰：《社会主义核心价值体系建设需要深化研究的若干理论问题》，《马克思主义研究》2009 年第 9 期。
② 参见李佃来《社会主义核心价值体系的马克思主义基础》，《学习与实践》2012 年第 11 期。
③ 梅荣政：《马克思主义指导思想是社会主义核心价值体系的灵魂》，《高校理论战线》2007年第 3 期。

实践和理论发展的必然结果。① 共同理想具有广泛的包容性和强烈的时代感召力。李爱军在对中国特色社会主义共同理想进行学术综述时发现，人类社会发展历程和科学社会主义理论都充分说明，中国特色社会主义共同理想具有历史的必然性与理论的必然性，"既体现了历史观和价值观的统一、合规律性与合目的性的统一，又体现了共性和个性的统一、人类发展的普遍规律和民族发展道路的统一"②。坚定中国特色社会主义共同理想，源于对中国制度和中国道路的自信。中国特色社会主义事业取得的伟大成就，雄辩地证明了这一理想的科学性。

其三，关于以爱国主义为核心的民族精神和以改革创新为核心的时代精神。民族精神是一个民族在长期的共同生活和共同的社会实践基础上形成和发展的，为民族大多数成员所认同和接受的思想品格、价值取向和道德规范，是一个民族的心理特征、文化传统、思想情感等的综合反映。中华文明源远流长，爱国主义一直是这种文明形态的重要表现和载体。晏子曰："利于国者爱之，害于国者恶之。"岳飞曾说："以身许国，何事不敢为？"文天祥诗云："人生自古谁无死，留取丹心照汗青。"……如此种种，不胜枚举，早已深植于中国人的内心之中。孙伟平等在《现时代的精神境遇》一书中认为："以改革创新为核心的时代精神，是马克思主义与时俱进的理论品格、中华民族自强不息的民族精神与改革开放和建设中国特色社会主义实践相结合的成果。它已经融入经济、政治、文化、社会和生态文明建设的方方面面，成为不断创造中国特色社会主义新成就的精神力量。改革创新的时代精神包含真理性、时代性、民族性、开放性和实践性等特点。"③ 民族精神和时代精神辩证统一，相互衬托、相互依存。缺失民族精神，时代精神就没有载体；缺失时代精神，民族精神就会固化，失去活力。民族精神和时代精神就像一双筷子，谁也离不开谁，它们相互依存，共同进退。

其四，关于社会主义荣辱观。学者们在对"八荣八耻"逐条解读的同

---

① 参见袁贵仁《价值观的理论与实践——价值观若干问题的思考》，北京师范大学出版社，2006，第 56 页。

② 李爱军：《中国特色社会主义共同理想研究述评》，《中共贵州省委党校学报》2013 年第 1 期。

③ 孙伟平等：《现时代的精神境遇》，黑龙江教育出版社，2013，第 296 页。

时，普遍认为，"八荣八耻"是对社会主义荣辱观基本内涵的准确概括。它引导人们正确处理个人与集体、国家，个人与他人的关系，并针对市场经济条件下的拜金主义、享乐主义、见利忘义、损公肥私、不讲诚信、欺骗欺诈等消极不健康的社会道德现象和社会公害，提出了鲜明的是非善恶观。就具体内容来说，它既体现了社会主义道德规范与时俱进的实践品格，又体现了社会主义道德与中华传统美德的无缝对接，具有很强的思想性、指导性和现实针对性。"它从具体的行为规范出发，用简洁有力的语言告诉人们，在社会主义社会中，什么是光荣，什么是耻辱，鲜明地指出我们应该坚持什么，反对什么，倡导什么，抵制什么，为每个共产党员和公民都提供了应该遵循的价值取向。"① 社会主义荣辱观彰显和突出了社会主义、爱国主义、集体主义的时代风尚和社会主旋律，对社会主义道德规范的概括达到了体现时代性、把握规律性、富于创新性的新高度。

除了对社会主义核心价值体系具体内容的分条解析外，学术界还尝试从整体上进一步丰富其内涵。主要的代表性观点如下。

（1）人的全面发展说。马克思主义的精神旨趣是实现人的解放，人的自由全面发展是社会主义最核心的、最本原的价值基础。黄斌对此分析认为："一是从对资本主义批判的视角，揭示追求人的全面发展是社会主义的根本价值所在。二是从社会主义价值观构建的视角，确定人的自由全面发展是社会主义价值的核心。三是从人自身发展的视角，揭示了人的全面发展在人类发展史中的最高价值。"② 社会主义核心价值体系，是关于人的全面发展的理论体系。姜建成从经济社会发展与人的全面发展的关系来重释社会主义核心价值体系，认为："经济社会发展是人的全面发展的前提和基础，而人的全面发展则是经济社会发展的根本目的。以人的全面发展统领当代中国经济社会全面协调可持续发展，使经济社会发展的路径与中国特色社会主义的性质相一致，使经济社会发展的结果与人的全面发展的目标相统一，是贯彻落实科学发展观的内在要求。实现人的全面发展既是人类社会长远的奋斗目标，更是发展中国特色社会主义的现实价值追求。"③

---

① 钟明华、黄荟：《社会主义核心价值观内涵解析》，《山东社会科学》2009 年第 12 期。

② 黄斌：《人的全面发展与社会主义价值体系的当代构建》，《社会主义研究》2006 年第 5 期。

③ 姜建成：《促进人的全面发展：经济社会发展的价值依归》，《社会科学战线》2009 年第 2 期。

（2）人的尊严说。龚群认为："人的尊严实现是社会基本成员千百年来的最基本精神需求，社会主义制度的建立就是要保障人人享有的最基本的尊严需求，社会主义核心价值体系对于人的尊严的实现提供了价值保障。劳动是人类生存的最基本的生产活动，体面劳动是实现人的尊严需求的现实途径。"① 贺来的专著《有尊严的幸福生活何以可能》从哲学上专门探讨了"尊严"问题，认为只有把人当成全面、丰富、"活生生"的存在，一个人才能过上有尊严的幸福生活。

（3）文明和谐说。陈章亮认为："社会主义核心价值体系是和谐社会的核心与和谐文化的根本；社会核心价值体系与和谐社会统一于中华文明。"② 作为思想的"社会主义核心价值体系"和作为现实的"和谐社会"都根植于中华文明。建设社会主义和谐社会，离不开社会主义核心价值体系的指导和指引。朱天奎认为："社会主义对资本主义的超越就在于实现了社会的和谐发展。"③ 和谐不是没有矛盾，而是能够正确地认识矛盾、合理地解决矛盾，使社会处于辩证的良序运动之中。资本主义不是人为地取消、忽视矛盾，就是不顾一切、不负责任地转嫁危机。只有社会主义实现了历史性和价值性的统一，努力尝试达到文明和谐发展。

除此之外，学者们还试图进一步从社会主义核心价值体系中提炼核心价值理念。韩震提出，"民主、公平、和谐"是社会主义核心价值理念，"它们（民主、公平、和谐）代表着中国特色社会主义的理想和追求，也应该是中国人民对人类世界未来发展的贡献。我们必须有比欧美资本主义更广阔的全球视野、更博大的文化胸襟、更深沉的人类终极关怀，引领人类社会的发展方向"④。孙伟平提出，"人本、公正、民主"是中国特色社会主义核心价值理念。人本，即以人为本，将人视为人和人的活动的最高目的；公正，即在全体社会成员之间平等、合理地分配社会政治利益、经济利益和其他利益；民主，即人们就公共事务平等地进行商议、选择和决策。⑤

---

① 龚群：《论人的尊严与社会主义核心价值体系的内在关系》，《教学与研究》2010 年第 9 期。
② 陈章亮：《文明：社会核心价值与社会和谐的统一》，《红旗文稿》2007 年第 6 期。
③ 朱天奎：《社会和谐是中国特色社会主义的核心价值》，《社会主义研究》2006 年第 1 期。
④ 韩震：《民主、公平、和谐——论社会主义核心价值理念》，《中国特色社会主义研究》2011 年第 2 期。
⑤ 参见孙伟平《论中国特色社会主义核心价值理念》，《湖北大学学报》（哲学社会科学版）2011 年第 3 期。

马俊峰提出,"富裕、民主、公正、和谐"是中国特色社会主义的核心价值理念。"中国特色社会主义的核心价值理念,不是某个人、某个阶层、某个政党的价值理念,而是整个中国社会的价值理念;其基本性质或特质不是封建主义,也不是资本主义,而是社会主义;它立足于当代中国实际,是社会主义初级阶段的基本国情;它的主体是当代中国人民大众。中国特色社会主义的核心价值理念是:富裕、民主、公正、和谐。"① 江畅提出,"富裕、和谐、公正、法治、民主、自由、责任、德性、智慧、优雅"是中国特色社会主义核心价值理念,"人民幸福"是中国特色社会主义终极价值目标,"马克思主义、社会主义、爱国主义、共产党领导、依法治国、以人为本、科学发展、改革创新、公平正义、明荣知耻"是中国特色社会主义基本价值原则。②

三　社会主义核心价值体系的结构与特征

社会主义核心价值体系四个方面的内容,相互联系、相互贯通、相互促进,是一个有机统一的整体。2006 年 12 月,李长春在全国宣传部长会议上指出:马克思主义指导思想是社会主义核心价值体系的灵魂。中国特色社会主义共同理想是社会主义核心价值体系的主题。民族精神和时代精神是社会主义核心价值体系的精髓。社会主义荣辱观是社会主义核心价值体系的基础。③ 这是对社会主义核心价值体系整体把握的纲领性思想。

(一) 社会主义核心价值体系的结构

社会主义核心价值体系的四部分内容相互联系、有机统一,构成其最基本结构。以此为前提和基础,学术界还进行了更深层次的探讨。

袁贵仁认为,社会主义核心价值体系不仅层次清晰,而且结构严谨。关于"灵魂","坚持马克思主义,务必坚持中国共产党的领导,务必坚持中国特色社会主义发展道路,一体三面,不可分割";关于"主题","中

---

① 马俊峰:《富裕、民主、公正、和谐:中国特色社会主义的核心价值理念》,《湖北大学学报》(哲学社会科学版) 2011 年第 3 期。
② 参见江畅《论中国特色社会主义核心价值理念》,《社会科学战线》2012 年第 10 期。
③ 《十六大以来重要文献选编》(下),中央文献出版社,2008,第 788 ~ 791 页。

国特色社会主义共同理想是全党全国各族人民团结奋斗的旗帜";关于"精髓","民族精神和时代精神是中国特色社会主义在经济全球化、政治多极化、文化多元化的世界潮流中勇立潮头的标志";关于"基础","社会主义荣辱观,与社会主义市场经济体制相适应、与社会主义法律规范相协调、与中华民族传统美德相承接、与人类文明发展趋势相一致,构成了当代中国人进行经济、政治、文化生活的基本思想前提,全面生动体现了中华文明和人类文明发展的最新成果"①。

叶小文认为:"社会主义核心价值体系基本内容的四个方面,本身就呈现出层次性。马克思主义指导思想是最高层次,共同理想、民族精神和时代精神是中间层次,荣辱观是基础性层次。在践行的过程中,不同的社会群体有着不同的层次定位、不同的要求。"② 基础、精髓、主题、灵魂是一个从低到高的有序性建构,是一个由低层次到高层次梯度上升的过程。社会主义荣辱观是基石,是最基本的社会道德内涵。马克思主义是最高统摄,具有统领其他方面的功能,是其他三个部分的方向指南。从根本的思想前提到价值理想信念和当代精神,再到基本的行为规范,构成了一个层次分明、井然有序的理论系统。

张利华提出了一个"同心圆"模型。"社会主义核心价值体系有完整的结构。其内核就是核心价值观,围绕核心价值观由里到外有若干层次,有伦理价值观、政治价值观、经济价值观、社会生活价值观等。每一个层次都有特定的内涵和功能。核心价值观主导和支配各个层次的价值观,各个层次的价值观折射和反映核心价值观,并互相影响和渗透。"③ 巩建华在"同心圆"模型的基础上提出社会主义核心价值体系的"金字塔"模型。④如果说"同心圆"是二维平面的社会主义核心价值体系模型,那么"金字塔"则是三维立体的社会主义核心价值体系模型。站在人类文明史的高度,社会主义核心价值体系用马克思主义价值观这一与时俱进的思想,立足中国国情,实现了对中国传统价值观、社会大众价值观、人类普适价值

---

① 参见袁贵仁《十七大精神笔谈:建设社会主义核心价值体系》,《中国社会科学》2008 年第 1 期。

② 叶小文:《社会主义核心价值体系贵在践行》,《中央社会主义学院学报》2010 年第 5 期。

③ 张利华:《试析中国特色社会主义核心价值体系的结构与内涵》,《中国特色社会主义研究》2007 年第 4 期。

④ 参见巩建华《论社会主义核心价值体系的结构》,《学习与实践》2008 年第 8 期。

观和西方社会价值观的积极扬弃与超越，是当代中国在价值观领域的集大成"金字塔尖"。

（二）社会主义核心价值体系的特征

在前面的评述中，我们已经认识到："灵魂"、"主题"、"精髓"和"基础"是对社会主义核心价值体系具体内容的精确定位和高度概括。现将学术界对其整体特征的几种代表性观点归纳如下。

（1）三特征说。干成俊认为，社会主义核心价值具有先进性、和谐性和实践性的特征。第一，无论是马克思主义还是共同理想，无论是民族精神和时代精神还是社会主义荣辱观，都在中国特色社会主义理论和实践事业中展现出先进性。第二，马克思主义是灵魂，共同理想是目标，民族精神和时代精神是动力，"八荣八耻"是规范，相辅相成、相伴相生，即和谐性。第三，建设社会主义和谐社会、践行社会主义核心价值体系，关键在落实，即实践性。[1] 李建华等认为："社会主义核心价值体系的基本属性应体现在三个方面：普遍性与民族性、单元性与复合性、保护性与扩展性。即社会主义核心价值体系应具有普遍价值理念，民族精神的精华，道德单元构成，道德单元与道德意识、实践的复合，保护性'硬核'，自我完善与不断创新等属性。"[2] 李晓娟认为，社会主义核心价值体系具有理论性与实践性、继承性与超越性、总体性与具体性相统一等特征。[3]

（2）四特征说。田海舰认为，鲜明的主导性、广泛的包容性、强烈的时代性、独特的民族性是社会主义核心价值体系的四个重要特征。[4] 张传开认为，社会主义核心价值体系体现了四个统一：先进性与广泛性的统一，民族性与世界性的统一，稳定性与开放性的统一，理想性与现实性的统一。[5] 王永明认为，社会主义核心价值体系具有客观规律性、包容性、

① 参见干成俊《论社会主义核心价值体系的鲜明特色》，《安徽师范大学学报》2008 年第 1 期。

② 李建华、孙彤：《社会主义核心价值体系的基本属性》，《道德与文明》2009 年第 2 期。

③ 参见李晓娟《社会主义核心价值体系的内在逻辑及其特征》，《重庆社会科学》2008 年第 1 期。

④ 参见田海舰《社会主义核心价值体系的基本特征》，《思想政治工作研究》2007 年第 6 期。

⑤ 参见张传开《建设社会主义核心价值体系的方法论思考》，《求是》2007 年第 20 期。

公共性和先进性等特征。① 廉永杰、周家荣通过对社会主义核心价值体系的价值论分析，认为它具有内容体系的先进性、主体指向的人本性、继承发展的开放性、实践运作的创造性这四个鲜明特征。②

（3）五特征说。罗哲认为，社会主义核心价值体系具有五大特征。其一，主导性。"社会主义核心价值体系追求中国特色社会主义共同理想，弘扬民族精神和时代精神，倡导社会主义荣辱观，集中反映了当代社会最基本的价值取向和行为准则，具有明确的主导性。"其二，现实性。"社会主义核心价值体系是在当今时代各种思潮相互激荡、各种文化相互交融、各种观念相互碰撞的时代背景下提出来的，具有很强的现实针对性。"其三，包容性。"社会价值观的多样化为促进创造活力的迸发提供了条件，也为充实社会主义核心价值体系提供了丰富资源。"其四，超越性。"社会主义核心价值体系源于一般价值体系，又高于一般价值体系，是对社会主义一般价值体系的哲学概括和理论升华。"其五，开放性。"开放性体现了马克思主义的本质要求，也为马克思主义伴随实践和时代的发展而不断与时俱进提供了源泉和动力。"③ 庄锡福则提出了另外的五个基本特征："高度的超越性、强烈的实践性、巨大的激励性、强大的整合性、鲜明的系统性。"④

（4）六特征说、七特征说。陈留根认为，社会主义核心价值体系具有六大特征：高度的整合性、显著的实践性、博大的包容性、递进的层次性、独特的民族性、宽广的开放性。⑤ 倪荫林认为，开放变动性、可实践性、层次通联转化性、内容叠跃前进性、主体楔形增大性、社会理想目标和道德人格目标的统一性等是社会主义核心价值体系的特征，它们由其基本内容结构决定。⑥ 白海若认为，社会主义核心价值体系具有主导性、先

---

① 参见王永明《社会主义核心价值体系的基本特征》，《重庆社会科学》2008年第9期。
② 参见廉永杰、周家荣《社会主义核心价值体系的价值论分析》，《党政论坛》2008年第5期。
③ 罗哲：《社会主义核心价值体系的基本特征》，《光明日报》2007年11月27日，第5版。
④ 庄锡福：《论社会主义核心价值体系的基本特征》，《社会主义研究》2008年第5期。
⑤ 参见陈留根《社会主义核心价值体系的内涵特征及功能》，《安徽理工大学学报》（社会科学版）2012年第1期。
⑥ 参见倪荫林《试论社会主义核心价值体系的结构及其特性》，《岭南学刊》2008年第5期。

进性、科学性、现实性、包容性、民族性和开放性七个基本特征。①

（5）八特征说。韩振峰认为，社会主义核心价值体系具有科学性、时代性、系统性、导向性、建设性、批判性、继承性和创新性八大基本特征。② 黄钧儒认为："社会主义核心价值体系具有阶级性、理论性、科学性、实践性、价值性、相对独立性和绝对主导性、民族性时代性和历史继承性、创新性和开放性等一系列基本特征。这些特征是社会意识形态本质特征的体现，全球化进程中'两制'核心价值冲突和国内多样化状态使这些特征更加鲜明突出。梳理、归纳、研究社会主义核心价值体系的特征，有利于充分发挥其社会功能，增强社会主义意识形态的吸引力和凝聚力。"③

无论是三特征说、四特征说、五特征说，还是六特征说、七特征说、八特征说，从其分析来看，都有一定道理，往往只是视角不同，分析的层次有别。综观这些观点，可以发现它们之间的一致性：首先，社会主义核心价值体系和其他价值体系、思想观念相比具有巨大的超越性、优越性和先进性。其次，社会主义核心价值体系立足中国实际，凝聚中国共识，弘扬中国精神，具有鲜明的时代性、现实性和科学性。最后，社会主义核心价值体系既与中华文明一脉相承，又充分吸收世界文明优秀成果，因此具有包容性、传承性和创新性等特点。

四 社会主义核心价值体系研究的理论视角

社会主义核心价值体系是党在新时期思想理论建设的重要成果，凝聚着全体中华儿女的理想与智慧。社会主义核心价值体系内涵丰富、涉及广泛，一方面有助于我们深化对中国特色社会主义理论的理解，坚定对中国特色社会主义道路的信心；另一方面为我们的思想理论研究确立了新的"场域"，也提出了新的要求，多学科、宽视角、全方位的综合研究成为可能和必然。从学科视角来说，对社会主义核心价值体系的研究主要包括哲学、马克思主义理论、政治学、社会学、心理学、教育学等。从哲学学科

---

① 参见白海若《社会主义核心价值体系的特征探析》，《人民论坛》2011 年第 24 期。
② 参见韩振峰《简论社会主义核心价值体系的基本特征》，《攀登》2010 年第 6 期。
③ 黄钧儒：《社会主义核心价值体系特征研究》，《贵州社会科学》2008 年第 12 期。

内部来看，又主要包括价值哲学、唯物史观、政治哲学、经济哲学、文化哲学、人民主体性、日常生活理论、实践哲学、解释学等具体视角。

在价值哲学方面，大家从价值论基础理论、社会主义价值观、社会主义核心价值观、核心价值理念、社会价值观冲突等方面对社会主义核心价值体系进行理论阐释和比较研究。李德顺的《价值论——一种主体性的研究》奠定了国内价值哲学的基础。该书运用马克思主义的立场、观点和方法，立足哲学的存在论、意识论、实践论，对价值现象的本质和存在、价值意识表现形式和现实实践形态、价值的本质和特征、价值分类及其方法、各种具体的价值类型、价值意识与价值观念、评价与评价标准、社会评价科学化的可能性与方法论原则、价值与真理、当代价值观念变革和文明冲突等重大问题进行了全面系统研究。① 张兴祥探讨了价值、核心价值以及价值体系等概念之间的关系，认为在价值多元化、复杂化问题凸显的新形势下，必须对社会主义核心价值做出清晰、准确的界定。在此基础上，他从四个层面分析了社会主义核心价值体系的内涵和外延，并从中提炼、归纳出相应的核心价值。② 李崇富从主客观关系入手，认为："客观事实是第一性的，观念形态的东西是第二性的，一切价值观念都是对其客观的价值关系或价值事实的能动反映。从根本上说，社会主义核心价值体系是根源于和服务于社会主义实践及其社会现实的。"③

在唯物史观方面，刘苍劲认为："社会主义核心价值体系是中国共产党以唯物史观总结中国社会主义革命和建设的历史经验教训的理论成果，社会主义核心价值体系是唯物史观在中国特色社会主义建设新时期的新发展。"④ 唯物史观既是一种科学的历史观，又是一种科学的世界观。世界观不仅是对世界的根本观点和根本看法，而且是对人的根本性反思。在某种意义上，哲学即人学。"唯物史观关于社会历史主体的理论，尤其是人的自由而全面发展的理论，是社会主义核心价值体系提出的树立社会主义荣

---

① 参见李德顺《价值论——一种主体性的研究》，中国人民大学出版社，2013。
② 参见张兴祥《价值、核心价值与社会主义核心价值体系建设》，《江淮论坛》2008 年第 3 期。
③ 李崇富：《建设社会主义核心价值体系从观念到现实的思考》，《江西社会科学》2007 年第 2 期。
④ 刘苍劲：《论社会主义核心价值体系与唯物史观》，《马克思主义与现实》2007 年第 3 期。

辱观、促进人的自由和全面发展的理论依据。"① 唯物史观坚持主观与客观的统一、历史与逻辑的统一，以此奠基科学的世界观和方法论。社会主义核心价值体系的出发点是"现实的人及其历史发展"，其根本旨趣在于实现"人的全面发展"，即人的解放。

在部门哲学方面，关于社会主义核心价值体系的研究"全面开花"。就政治哲学来说，有学者认为，"社会主义核心价值体系作为马克思主义中国化的最新理论成果，为当代中国马克思主义政治哲学理论体系的建构提供了价值导向和规范性标准。无论是政治人性的理论预设，政治道德与政治理性的价值属性，政治平等、政治民主和政治自由的逻辑发展，还是政治正义的永恒追求，政治文明的现实建构，无不体现社会主义核心价值体系内在层次的价值意蕴"②。在经济哲学方面，有专家从马克思主义价值论的经济学内涵入手，剖析社会主义核心价值体系的经济功能，首先指出价值信念在经济生活中扮演着重要角色，发挥着重要作用，进而指出社会主义核心价值体系与市场经济价值观念的内在融合性，从而更好地发挥价值体系对人们经济活动等日常行为的指导作用和约束作用。③ 在文化哲学方面，对社会主义核心价值体系的讨论非常热烈，普遍认为建设社会主义核心价值体系是推进文化强国的重要举措，"社会主义核心价值体系是当代中国现代化历史境域中文化自觉的'中国式话语'，是'中国模式'、'中国道路'在文化意识上的合理性阐释，因而能引领和主导社会主义文化"④。

在重要的哲学问题领域方面，关于社会主义核心价值体系的研究同样是"百花争艳"。特色突出且具有代表性的观点如下。①从本体论上研究社会主义核心价值体系，突出强调它的"人民主体性"。陈新汉认为，主流价值观的危机源自人民主体性的缺失；权力运行的基本矛盾只有依靠人民主体性才能得到根本性解决；在建设社会主义核心价值体系中坚持人民

---

① 参见袁立新《论社会主义核心价值体系的哲学基础》，《滁州学院学报》2007年第5期。
② 邓伯军：《社会主义核心价值体系的政治哲学解读》，《河南科技学院学报》2010年第1期。
③ 参见李隽隽《构建社会主义核心价值体系刍议——基于价值观念的经济功能视角》，《求实》2008年第2期。
④ 罗诗钿：《论文化自觉机制的三重意蕴与社会主义核心价值体系建构》，《内蒙古社会科学》（汉文版）2013年第2期。

主体性要求把"人的世界和人的关系还给人自己"①。②通过生活世界理论探讨社会主义核心价值体系建构机制。邹小华、胡伯项认为，生活世界关涉人的存在意义和价值问题，价值体系的培养和认同不仅依赖于阐释、论证、宣传和教育，更依赖于真正融入人的生活实践。通过公共生活的重建从而形成生活世界的"良序"和"良俗"，从而引领社会思潮、凝聚社会共识。② ③赵元明立足于实践哲学，阐释了社会主义核心价值体系和社会主义制度的内在关系。"社会主义核心价值体系的实践指向，就是坚守社会主义制度。"③ 社会主义制度并不是什么形而上学的玄想和教条，而是通过实践落实于实际行动中的活的马克思主义。核心价值体系必须体现社会主义本色。④用解释学的方法探讨社会主义核心价值体系建构机制。石开斌认为："'理解'是社会主义核心价值体系建构的前提；'对话'是社会主义核心价值体系建构的路径选择；'视域融合'是社会主义核心价值体系建构的归宿。"④"理解"、"对话"和"视域融合"的三部曲，既是解释学的基本方法，同时也表征着当代哲学的重大转变，即从本质主义到后形而上学的改变。这已经深刻地影响到核心价值体系建设等一系列人类活动。

对社会主义核心价值体系的研究，除了哲学学科的努力外，其他学科也开展了广泛研究，取得了比较丰硕的成果。其主要的代表性观点如下。

在马克思主义理论方面，有学者认为，社会主义核心价值体系关系到党的执政基础，两者是统一的、一致的。这具体表现为："一是社会主义核心价值体系建设是巩固党的执政基础的内在要求。社会主义核心价值体系是党的根本性质的要求和体现，是党获得自我认同与合法性的重要思想基础和途径。同时，社会主义核心价值体系建设有利于党对意识形态建设规律的把握。二是党的执政基础建设推动社会主义核心价值体系建设的发展。从政党产生的原因、政党的本质、政党的构成要素等方面看，党的执政基础建设推动社会主义核心价值体系建设的发展；从国外政党意识形态

---

① 参见陈新汉《论社会主义核心价值体系的人民主体性》，《哲学研究》2011 年第 1 期。
② 参见邹小华、胡伯项《构建社会主义核心价值认同的日常生活世界》，《南昌大学学报》（人文社会科学版）2013 年第 1 期。
③ 赵元明：《试析社会主义核心价值体系的实践指向》，《人民论坛》2013 年第 20 期。
④ 石开斌：《社会主义核心价值体系的解释学建构》，《党政论坛》2009 年第 8 期。

调整的启示看，党的执政基础建设在社会主义意识形态的调整中推进社会主义核心价值体系建设的发展。三是社会主义核心价值体系建设对党的执政基础建设具有能动作用。社会主义核心价值体系建设有利于巩固和发展党执政的意识形态基础，有利于巩固和发展党执政的自身基础和群众基础。"① 在思想政治教育方面，有学者认为，社会主义核心价值体系使思想政治教育在内容上有了新发展，更加容易获得社会成员的接受和认同。反过来，使大学生认同、践行社会主义核心价值体系，又构成了高校思想政治教育的重要任务。"尊重差异、包容多样"，通过把社会主义核心价值体系的科学内涵阐发出来，动之以情、晓之以理，才能使社会主义核心价值体系真正在青年朋友中"生根发芽"。

在政治学方面，周和义撰文《建设社会主义核心价值体系的政治学解读》认为，社会主义核心价值体系与政治文明、和谐社会建设的关系不言而喻。道德的力量与法的力量，形而上的力量与形而下的力量，道器之统一，是推动社会主义政治文明和加强党的建设的重要方式。"核心价值体系的灌输，有利于形成社会主义公民文化，进而发展社会主义政治文明。灌输社会主义核心价值体系，有利于整合政治合法性资源，因而有利于探索执政党的执政规律，进而为和谐社会建设提供保障。"② 还有学者从政治学的角度，从巩固和扩大社会主义核心价值体系大众化社会心理基础的重大意义、现状分析和实现路径三个维度进行系统研究，从而得出结论："实现社会主义核心价值体系大众化实施主体与接受主体之间的有效对接，厘清社会主义核心价值体系从理论形态向实践形态转化的具体途径，引导和重构适合社会主义核心价值体系生存和发展的社会心理基础，才能不断增强社会主义核心价值体系的吸引力与凝聚力，最大限度地形成社会思想共识。"③

在社会学方面，郑杭生从主文化、亚文化、反文化的区分的角度来研究社会主义核心价值体系，认为社会主义核心价值体系作为主文化是和谐

① 高军：《论社会主义核心价值体系建设与党的执政基础建设》，《思想政治教育研究》2010年第4期。
② 周和义：《建设社会主义核心价值体系的政治学解读》，《学校党建与思想教育》2007年第12期。
③ 章剑锋：《政治学视阈下社会主义核心价值体系大众化的社会心理基础研究》，《中国青年研究》2012年第3期。

文化建设的根本。不过，我们在相当长一段时间，明显地表现出"对主文化强调不够，对亚文化引导不够，对反文化抵制不够"，从而给社会经济政治文化等各方面带来很大的负面影响。令人欣慰的是，社会主义核心价值体系的提出，为加强主文化的建设，防止"主文化疲软症"指明了方向、提供了强有力的支撑。① 有学者从社会转型和社会群体价值取向分化的角度研究认为，"价值错位"、"价值不平衡"和"价值迷惑"是我国经历社会转型期的三大价值观难题。个人的权利意识增强，社会的集体责任意识减弱，从而导致传统的社会行为规范"失灵"，价值观念多元化、复杂化，甚至存在大量的恶意渗透、颠覆的风险，因此，"强化社会主义集体意识，改革宣传内容与形式，转变意识形态建设思路，是促进社会主义核心价值体系完善，保证我国社会稳定、经济持续健康发展的重要途径"②。

在心理学和教育学方面，有学者指出："根据社会心理学的态度理论，社会主义核心价值体系认同是人们对社会主义核心价值体系较一贯、较稳定持久的心理反应倾向，由认知、情感、意向三部分构成的一种内在心理结构。社会主义核心价值体系认同生成机制是在传播者、传播方式、认同主体、传播情景等影响因素的共同作用下，人们的心理活动过程历经服从、同化、内化三个阶段，人们的心理态度经由被动的、功利的服从发展为主动的、自愿的赞同，最终形成对社会主义核心价值体系的信仰。"③ 俗话说"强扭的瓜不甜"，如何能够让人们认知、认同、实践社会主义核心价值体系，是问题的关键所在。通过宣传教育，使之认知、认同，内化为人们的自觉行动和理想追求。

五 建设社会主义核心价值体系的途径和意义

社会主义核心价值体系是兴国之魂，决定着中国特色社会主义的发展方向。深入开展社会主义核心价值体系学习教育，用社会主义核心价值体

---

① 参见郑杭生《关于指导思想和共同理想的几点思考——从社会学视角分析社会主义核心价值体系》，《学术研究》2006 年第 12 期。

② 张卫、王振卯：《社会主义核心价值体系的社会学向度——兼论当前主要社会群体的价值取向》，《江海学刊》2007 年第 6 期。

③ 邹国振：《社会主义核心价值体系认同的生成机制探析——以社会心理学的态度理论为分析工具》，《毛泽东思想研究》2012 年第 2 期。

系引领社会思潮、凝聚社会共识，具有重要意义。

（一） 建设社会主义核心价值体系的途径

马克思曾说过："哲学家们只是用不同的方式解释世界，问题在于改变世界。"① 实践观点是马克思主义的核心观点。社会主义核心价值体系从来就不是书斋里的理论，而是需要不断"现实化"的活的思想。关于如何有效地建设社会主义核心价值体系，学术界展开了深入探讨。

（1）从意识形态理论入手探寻建设社会主义核心价值体系的路径。学者们认为，核心价值体系在思想上层建筑中居于主导地位，建设社会主义核心价值体系要与加强意识形态宣传教育紧密结合。陈新汉认为，第一，"'核心价值体系是意识形态的本质体现'就意味着，核心价值体系是'硬核'，而意识形态则是'保护带'"；第二，"社会核心价值观念之所以能够在众多社会价值观念中居主体地位和起主导作用，从根本上说，是由于其具有两个品格即体现人文精神的时代特征和赢得社会中大多数人的认同"；第三，建设社会主义核心价值体系关键在于把它内化为"国民信仰"。② 王伦光认为："社会主义核心价值体系要被国民认同并自觉追求，主要取决于国民对社会主义核心价值体系的'内化'程度，取决于国民价值追求的自觉程度。价值自觉对践行社会主义核心价值体系具有导向意义，自觉提炼、自觉引导、自觉认同、自觉信仰和自觉实践是践行社会主义核心价值体系的有效路径。"③ 侯惠勤认为，建设社会主义核心价值体系是"我国意识形态建设的第二次战略性飞跃"，"意识形态本质上是集团性话语，它并非个人从生活实践中自发形成的，从这个意义上说，其本质确实是'灌输'。但是，最佳的'灌输'是使国家的需要转化为公民个人的追求"，要在意识形态的理性认知和情感认同上双管齐下，积极促成"内外共生"。④

（2）从认同机制入手研究建设核心价值体系的路径。吴佩芬、杨永志

---

① 《马克思恩格斯选集》第 1 卷，人民出版社，1995，第 57 页。
② 参见陈新汉《论核心价值体系》，《马克思主义研究》2008 年第 10 期。
③ 王伦光：《社会主义核心价值体系实践路径研究——基于价值自觉视角》，《浙江社会科学》2012 年第 12 期。
④ 参见侯惠勤《我国意识形态建设的第二次战略性飞跃》，《马克思主义研究》2008 年第 7 期。

对目前我国社会主义核心价值体系认同上存在的问题进行了系统分析，概括为："一是对社会主义核心价值体系认知模糊；二是对社会主义核心价值体系认同存在'一刀切'现象；三是对社会主义核心价值体系的认同缺乏情感支撑；四是对社会主义核心价值体系存在口头认同与行为外化脱节的现象。"针对存在的问题，他们提出了五条建设性意见："一是以利益为突破口来推进社会主义核心价值体系认同；二是通过相关的制度建设来保障社会主义核心价值体系的贯彻落实；三是发挥社会主义核心价值体系作用要坚持先进性与广泛性的统一；四是采取灵活多样、喜闻乐见的方式引导人们认同社会主义核心价值体系；五是将社会主义核心价值体系融入大众精神文化产品的生产和消费之中。"① 郭建新认为，社会主义核心价值体系的道德认同的实现路径主要有三：一是"以经济建设的核心价值导向推动价值认同"，二是"以道德价值认同形成核心价值体系实践的共识"，三是"强势引导（政府）与三位一体（家庭、学校和社会）相结合的道德认同的路径"②。具体到大学生思想道德教育，陈延斌认为，社会主义核心价值体系寓于大学生思想道德教育的关键在于提高教育的实效性，制定全方位、全过程的整体规划，在树立共育理念、畅通主辅渠道、创新教育载体、强化践行环节、构建长效机制等方面下功夫。③

（3）从理论和实践的关系入手探讨建设社会主义核心价值体系的方法。颜晓峰系统地研究了社会主义核心价值体系的实践转化机制，认为"建设社会主义核心价值体系，是一个从实践到理论、从理论到实践的双向转化过程，是在建设中转化、在转化中建设的过程"。其具体表现是"从理论向心理转化"，"从评价向行为转化"，"从规范向示范转化"④。核心价值体系只有成为人们的日常规范和行为准则，真正"落地生根"，才能"枝繁叶茂"、"开花结果"，才能真正达到建设的预期实效。叶小文认为，真理既有理论逻辑的力量，又有现实实践的品格。"无论在哪个时代、

---

① 吴佩芬、杨永志：《推进对社会主义核心价值体系的认同》，《中国国情国力》2013 年第 9 期。

② 参见郭建新《论核心价值体系道德认同的依据和路径》，《马克思主义研究》2009 年第 11 期。

③ 参见陈延斌《社会主义核心价值体系寓于大学生思想道德教育实效性论略》，《道德与文明》2009 年第 6 期。

④ 参见颜晓峰《促进社会主义核心价值体系的实践转化》，《党建》2007 年第 6 期。

哪个场合，真正能起作用的核心价值体系，都要贴近实际、贴近生活、贴近群众。社会主义核心价值体系作为一个逻辑完整、内容丰富的理论体系，只有转化为全社会的不同群体的群体意识和自觉行动，才能形成凝聚力。这就需要'求同存异'，需要'和而不同'。"① 求同存异、和而不同，不仅表现在思维中，更表现在现实中，因此社会主义核心价值体系贵在践行。

（4）从引领社会思潮角度研究如何加强社会主义核心价值体系建设。建设社会主义核心价值体系，必须发挥党和政府的主导作用，坚持"系统推进"，引导社会思潮。当前我国正处于全面深化改革、社会转型的关键期，不同社会阶层和利益群体竞相发声，社会思潮必然多样化，呈现"多元"、"多层"、"多变"的复杂情况。强势群体和弱势群体之间、干群之间、雇主管理阶层和雇员薪资阶层之间、白领和蓝领之间、代与代之间无论在思想观念还是在现实利益方面都面临差异和摩擦。在一部分社会群体和个人中，世界观颠倒、价值观扭曲、道德观缺失，个人主义、官僚主义、拜金主义、享乐主义盛行，特别是部分党员领导干部"四风"问题严重，社会影响极坏，后患无穷。上梁不正下梁歪。建设社会主义核心价值体系首先要求党员领导干部切实践行，以身作则方能教育、引导他人，进而把社会主义核心价值体系变成普通民众的社会意识，蔚然成风。任平从文化领导权的角度提出"一体两翼"的文化路径："一体就是通过'社会主义核心价值体系'建设，积极回应社会主义初级阶段文化矛盾的挑战。所谓两翼，其一是在人民内部的非对抗性文化矛盾中建立文化统一战线，其二是在不断扩大社会主义思想共识的基础上建设和谐文化。"② 去粗取精、去伪存真，发展先进文化、支持健康文化、改造落后文化、抵制腐朽文化，警惕西方"和平演变"，掌握主动权和领导权。

（5）从古代中国和现代西方主流价值文化建构经验入手寻找建设社会主义核心价值体系的方法。中国传统文化践行的第一原则是"内圣外王"。庄子曰："是故内圣外王之道，暗而不明，郁而不发，天下之人，各为其所欲焉，以自为方。"孔子曰："克己复礼为仁。一日克己复礼，天下归仁

---

① 叶小文：《社会主义核心价值体系贵在践行》，《中央社会主义学院学报》2010 年第 5 期。
② 任平：《论中国特色社会主义的文化矛盾与马克思主义文化领导权》，《马克思主义研究》2009 年第 5 期。

焉。为仁由己，而由人乎哉?"《大学》中的"格物、致知、诚意、正心、修身、齐家、治国、平天下"就是内圣外王的具体途径。格物、致知、诚意、正心、修身，是"内圣";齐家、治国、平天下，是"外王"。个人、家庭、社会、国家、天下，把个人的价值追求和整体的价值体系有机统一起来，这既是社会主义核心价值体系的真实内涵，又是践行社会主义核心价值体系的有效方法。在学习西方近现代主流价值体系制度化、法律化的经验方面，江畅认为："在构建我国主流价值文化的过程中，关键是要进一步明确地走依宪行政之路，将民主与法治结合起来，将主流价值体系方案的制订与宪法的修订结合起来。一方面，要将宪法修订的过程变成全民对主流价值体系方案形成共识的过程，变成集中全社会智慧完善主流价值体系方案的过程;另一方面，要将主流价值体系的主要内容（终极目标、核心理念和价值原则）制度化和法律化，使之成为国家意志，成为具有权威性和约束力的政治规范。"① 在建设社会主义核心价值体系的过程中，无论"古今中西"，都是人类社会的共同精神财富，都可以"为我所用"。

（二）建设社会主义核心价值体系的意义

建设社会主义核心价值体系，适应社会主义市场经济、民主政治、先进文化、和谐社会、生态文明"五位一体"发展要求，有助于实现中华民族伟大复兴的中国梦，具有重要的理论和现实意义。

（1）建设社会主义核心价值体系，是中国特色社会主义在价值层面的新总结、新概括和新高度。赵存生认为："建设社会主义核心价值体系体现了我们党对马克思主义的价值理论、思想道德建设和精神文明建设理论的丰富和发展，是我们党建立在对社会主义价值观念系统认识和把握基础上的理论创新。"② 社会主义核心价值体系是在不断汲取中华民族优秀传统文化、不断吸收世界优秀文明成果的实践中创新发展而来的，这就决定了社会主义核心价值体系具有很强的创造力、感召力和包容性、整合性。建设社会主义核心价值体系，是中国特色社会主义文化建设的根本，和谐文化建设的根本，精神文明建设的根本。吴向东认为："社会主义核心价值

---

① 江畅:《西方近现代主流价值文化构建的启示》,《人民论坛·学术前沿》2012 年第 14 期。
② 赵存生:《牢固树立社会主义核心价值体系》,《思想理论教育》2007 年第 1 期。

体系是在探索建设中国特色社会主义过程中提出的一个崭新概念，它既破除了社会主义实证化的思维方式，彰显了社会主义本质的价值维度，又摒弃了社会主义伦理化的思维方式，在历史与价值、价值与制度的辩证关系中把握社会主义价值和社会主义，从而将对社会主义本质的认识推进到新的时代高度。"① 提出和建设社会主义核心价值体系，是中国共产党的又一次重大的理论创新。

（2）建设社会主义核心价值体系，有利于不断增强"三个自信"。李景源认为："核心价值体系概念的提出，不仅凸显了中国发展观念上的理性自觉，而且对中国道路所涵盖的历史独创性给予了充分的肯定。只有把核心价值体系和中国的发展道路问题结合起来，才能为中国未来的发展提供源源不断的思想资源。作为当代中国的实践主题和理论主题，中国特色社会主义必然是价值体系的核心。"② 长期以来，所谓"中国崩溃论"、"中国威胁论"、"中国发展前景不确定论"等屡见不鲜、此起彼伏。撒切尔夫人曾预言中国的改革不会成功，其立论依据是中国没有新自由主义价值观念，发展不了市场经济。然而，经过30多年的改革开放，当今中国已经发生了翻天覆地的变化。国民经济持续快速发展，综合国力和国际影响力大大增强。经济总量跃居世界第二，仅次于美国；进出口贸易总额世界第一；"中国制造"逐渐走向"中国创造"。2004年雷默发表《北京共识：论中国实力的新物理学》，认为"北京共识"将取代"华盛顿共识"。"中国模式"越来越引起全世界关注。习近平总书记提出"加强顶层设计和摸着石头过河相结合"，核心价值体系既是一种"顶层设计"，又是在不断摸索中发展完善。社会主义核心价值体系与中国精神、中国道路交相辉映。

（3）建设社会主义核心价值体系，有力地应对和抵御西方价值体系冲击。侯惠勤认为，建设社会主义核心价值体系是我国意识形态建设的"第二次战略性飞跃"。我国正处于社会转型时期、价值观深刻变革的时代，人们的价值主体意识普遍觉醒，各层次价值主体的主体地位逐步确立，并发生了从单一主体向多层次主体的转变，传统与现代、中与西、左与右等

---

① 吴向东：《社会主义核心价值体系：社会主义本质的彰显》，《教学与研究》2009 年第 7 期。

② 李景源：《核心价值体系与中国发展道路》，《马克思主义研究》2010 年第 5 期。

多元价值观并存共处。特别是中西意识形态的斗争，并没有随着冷战的结束而结束，反而花样翻新，层出不穷。西方以意识形态之名行维护国家利益之实，"文明的冲突"、"和平演变"不曾远离，持续发酵。张峰认为："当前我国同西方敌对势力的斗争主要集中在意识形态领域。意识形态是西方敌对势力对我实施西化、分化的前沿。我们同各种敌对势力在意识形态领域的斗争，本质上是社会主义价值体系与资本主义价值体系的较量。"① 资本主义价值观念的核心是个人主义，利益至上；社会主义价值观念的核心是集体主义，人的全面发展。他们所谓的"普适价值"只不过集中反映和代表资产阶级的利益，建立在对后发国家、无产阶级的新殖民和剥削的基础上。马克思说，"但是理论一经掌握群众，也会变成物质力量。理论只要说服人，就能掌握群众；而理论只要彻底，就能说服人。所谓彻底，就是抓住事物的根本"② 弘扬和建设社会主义核心价值体系，要认清各种"杂音"、"怪论"，揭示它们的本来面目，以理服人，凝心聚力，弘扬社会正能量，树立社会新风尚。

（4）建设社会主义核心价值体系，有利于动员群众，为实现中华民族伟大复兴的中国梦凝聚力量。价值观是有力量的，有时这种力量会令人惊异，难以理解。只要想想那些为信仰、为理想抛头颅、洒热血的仁人志士，就不难承认这一点。王伟光认为，加强社会主义核心价值体系建设，不仅能够坚定理想信念，塑造正确的人生观、价值观、道德观，而且能够转化成发展中国特色社会主义的强大物质力量。③ 任何事物都蕴含着思想和现实两个维度，建设社会主义核心价值体系不仅有助于在思想上教育人民群众，而且有助于中国特色社会主义事业发展。对此，韩庆祥提出"五个需要"："一是建设社会主义市场经济的需要；二是建设和谐文化的需要；三是弥补转型时期价值真空和纠正价值错误的需要；四是引领中国特色社会主义各项建设的需要；五是提高中国软实力，防止西方价值'渗透'的需要。"④ 面对国际国内两个大局，面对全面深化改革的关键期，加

---

① 张峰：《如何应对西方价值体系的冲击？》，《前进论坛》2011年第8期。
② 《马克思恩格斯选集》第1卷，人民出版社，1995，第9页。
③ 参见王伟光《大力推进社会主义核心价值体系建设》，《光明日报》2012年3月15日，第11版。
④ 韩庆祥：《论建设社会主义核心价值体系的现实意义》，《中国党政干部论坛》2007年第10期。

强社会主义核心价值体系建设责任重大、意义深远。

六 社会主义核心价值体系研究的总体评价

当前，社会主义核心价值体系研究已经成为学术界、理论界的热点、焦点和重点，取得了相当全面、丰富的研究成果。然而，由于多方面的原因，例如问题本身的复杂性，加之研究时间仍然偏短，因而目前的研究也存在许多问题和困难。如果要在理论上真正取得突破，还有待广大学者和社会各界人士解放思想、群策群力，进行创造性开拓。

（一）社会主义核心价值体系研究的主要成就

通过前述的梳理、归纳，我们发现，近年来学界对于社会主义核心价值体系的研究主要集中在以下几个热点问题上：①社会主义核心价值体系提出的国际国内背景；②社会主义核心价值体系的理论渊源；③社会主义核心价值体系的具体内涵；④社会主义核心价值体系的结构及相互关系；⑤社会主义核心价值体系的特征；⑥研究社会主义核心价值体系的学科视角；⑦研究社会主义核心价值体系的问题视角；⑧建设社会主义核心价值体系的途径；⑨建设社会主义核心价值体系的重要意义。

应该说，对于上述热点问题的探讨，已经涌现出了大量的研究成果。在前述各节，我们已经进行了扼要的梳理和评介。从总体上看，无论是成果的质量还是数量、研究的内容还是形式、研究的广度还是深度，抑或研究所依托的学科和队伍建设，都取得了长足的进步，为今后继续拓展和深化社会主义核心价值体系研究、社会主义核心价值观研究、马克思主义价值论研究等打下了扎实基础。

从研究的方式看，学者们坚持马克思主义指导思想，坚持理论联系实际，从多学科（主要包括哲学、马克思主义、政治学、社会学、教育学、心理学、文化学等）视野研究社会主义核心价值体系，在跨学科的意义上呈现视域融合，相互促进。而且，不同学科内部也在努力进行深入挖掘。例如，哲学学科涉及社会主义核心价值体系研究的具体领域就包括价值论、唯物史观、人学、政治哲学、经济哲学、文化哲学、实践哲学、解释学、现代性、日常生活理论等，学者们从不同领域开展的探讨已经产生了多样化的成果，并对哲学价值论的研究产生了新期待、提出了新要求。

就具体的研究方法来说，有学者把它概括为五种基本类型："引申性解读；整体性考量；结构性剖析；关联性延伸；建构性尝试。"① 学者们通过研究方法的探索与创新，对社会主义核心价值体系的理论基础、理论内容、理论功能，以及建设社会主义核心价值体系的规律、途径、意义等进行了比较全面系统的研究，为建设社会主义核心价值体系、推动社会主义文化大发展大繁荣、实现中华民族伟大复兴的中国梦，从理论的视角提出了一些具体的思路和做法。这对今后的进一步拓展式研究具有启迪意义。

（二）社会主义核心价值体系研究的不足

尽管社会主义核心价值体系研究取得了可喜的成绩，但仍然存在诸多不足。社会主义核心价值体系本身的概念系统十分庞大，理论内涵特别丰富，加之与当代中国国情密切相关，涉及面特别广，涉及的问题也特别复杂，并非一朝一夕可以完全研究透彻。在已有的研究基础之上，必须结合中国特色社会主义实践，再接再厉搞好进一步的研究工作。

关于社会主义核心价值体系理论基础的研究，还有待深度耕耘。一方面，改革开放 30 多年来，中国特色社会主义事业取得了举世瞩目的成就。"哲学是时代精神的精华。"社会主义核心价值体系正是以理论的形式对当代中国特色社会主义发展方向所进行的高度概括。如侯才从现代性的角度提出"中国现代性"，认为："在有关'现代性'的世界话语体系中，'欧美现代性'曾一直独居统治地位，被描述为'全球现代性'的代表或主要标志，甚至被直接等同于'全球现代性'。而中国现代化建设所取得的巨大成就，实际上意味着一种新现代性，即'中国现代性'在世界历史上的形成和初步确立，意味着既有世界'现代性'话语体系的重释和改写。"② 作为时代主题的"中国现代性"是社会主义核心价值体系的应有之义。另一方面，当今中国正处在全面深化改革、社会转型的关键时期，利益主体多元化、利益来源多样化、利益诉求全面化导致价值观念多样化，并且在全球化时代，意识形态斗争仍然存在，价值观冲突有增无减，社会主义核

---

① 龙静云、熊富标：《社会主义核心价值体系研究综述》，《学校党建与思想教育》2009 年第 14 期。

② 侯才：《"中国梦"与"中国现代性"的塑造》，《理论视野》2013 年第 6 期。

心价值体系面临着新旧价值观、中外价值观等矛盾冲突。马克思主义不是书斋里的学问，社会主义核心价值体系研究必须直面现实，只有正确把握国际国内两个大局，才能正确理解社会主义核心价值体系的真实内涵。

对于社会主义核心价值体系与马克思主义价值观的关系、与中国传统价值观的关系、与西方资本主义价值观的关系，尽管有所涉及，但是深入挖掘还不够。列宁曾经指出："聪明的唯心主义比愚蠢的唯物主义更接近于聪明的唯物主义。"① 对于研究社会主义核心价值体系而言，要真正理解马克思主义基本理论是我们的看家本领，中国传统文化是我们生息繁衍的"土壤"；还要学会与现代西方文明包容互鉴，吸收和借鉴人类创造的一切优秀文明成果。西方资本主义经过几百年的发展，业已形成了以"自由、平等、博爱"或"自由、民主、人权"等为口号的核心价值观。社会主义核心价值体系作为对资本主义核心价值体系的扬弃和超越，必须研究资本主义核心价值观所反映的时代问题及规律性的逻辑演进。对于各种错误思想，我们要敢于"亮剑"，从理论上驳倒之、战胜之；对于他人的先进经验，我们要"不耻下问"，学习之、借鉴之。简单的肯定和否定，都是苍白的、不合适的，也是不负责任的。毕竟，理论只有彻底，才能说服人；只有说服人，才会变成现实力量。

关于社会主义核心价值体系理论内容的研究，还有待提高。马克思主义指导思想是社会主义核心价值体系的灵魂。中国特色社会主义共同理想是社会主义核心价值体系的主题。民族精神和时代精神是社会主义核心价值体系的精髓。社会主义荣辱观是社会主义核心价值体系的基础。② 四个方面内容的精确概括和精准定位给理论研究工作提供了指导性思路，但学界的实际研究参差不齐，问题较多：有的理解不到位，有的东拼西凑，有的过度解读，有的无限拔高……对于"灵魂"、"主题"、"精髓"和"基础"四者之间关系问题的理解，牵强附会的比较多，不少在内容和逻辑上呈现为"两张皮"。在研究的视野方面，虽然在哲学、马克思主义理论、政治学、社会学、教育学、心理学等学科领域已经开展了比较丰富的探索，但大多仍然局限于各自学科、各自领域的"一亩三分地"，真正做到

---

① 《列宁全集》第55卷，人民出版社，1990，第235页。
② 《十六大以来重要文献选编》（下），中央文献出版社，2008，第788~791页。

跨学科"融会贯通"的凤毛麟角。"社会问题从未使自己服从于某个学科的逻辑，或者按照某些专家的意图来呈现自己。如果哪门学科的专家敢于断言一种社会问题的性质，那么他必定高估了自己的神性，而低估了问题所具有的复杂性和'无限性'。总之，社会问题，总是整体性给予的，每一件事都是联系的多个因素之中的一环，我们无法使现实问题按照学科来给予或者提出。"① 社会主义核心价值体系研究需要跨学科、多角度立体推进。

关于如何在实践中践行社会主义核心价值体系，还有待进一步探索。张志丹认为："在实践路径上，尚需从政治价值观、经济价值观、文化价值观、社会价值观、生态价值观等展开，着力集中研究社会主义核心价值体系引领我国'五大建设'的实践路径与操作机制。"② 社会主义核心价值体系表征的是中国的发展理念和主导价值观念，和国家建设、社会生活的方方面面息息相关。社会主义市场经济建设、社会主义民主政治建设、社会主义先进文化建设、社会主义和谐社会建设、社会主义生态文明建设，都离不开社会主义核心价值体系的指引。因此，如何聚焦、提炼社会主义核心价值观或核心价值理念，逐步达成全民族的价值共识，如何提炼和践行具体的政治价值观、经济价值观、社会价值观、文化价值观、生态价值观，构成了践行社会主义核心价值体系的具体内容。另外，在建设社会主义核心价值体系的过程中，学者们主要从党和政府主导、意识形态教育、引领社会思潮、民众认同机制等方面进行探讨，但缺少了一个重要维度，即自我批判的维度。学者们在研究践行机制的时候，总是把自己置于道德的制高点上，实际上，践行社会主义核心价值体系首先在于党员领导干部率先垂范，在于党员干部、社会管理者、精英阶层、强势群体践履笃行。俗话讲："火车跑得快，全靠车头带。""车头"不作为、乱作为，不践行、搞破坏，社会风气不可能好，"火车"不可能正常运行，甚至很可能"脱轨"。当前正在开展的党的群众路线教育实践活动，正是一种自我批评、自我反省，取得了良好的社会反响。正人先正己，践行社会主义核心价值体系必须首先从"我"做起。

① 罗卫东：《跨学科社会科学研究：理论创新的新路径》，《浙江社会科学》2007 年第 2 期。
② 张志丹：《国内关于社会主义核心价值体系研究综述》，《马克思主义研究》2009 年第 11 期。

（三）社会主义核心价值体系研究的未来展望

鉴于当前社会主义核心价值体系研究中存在的缺陷和不足，学术界应该整合多学科力量，共同努力，形成合力，尝试从以下几个方面进行突破。

（1）对社会主义核心价值体系的现实背景和理论基础进行"地毯式"研究。社会主义核心价值体系的提出有着丰富复杂的时代背景，表征的是当代中国的时代精神。面向时代和现实，不能只是简单地罗列时事，而是要通过反思、批判、扬弃，提炼出现象背后的本质，论证时代对社会主义核心价值体系建设的挑战和社会主义核心价值体系的时代性。另外，关于社会主义核心价值体系与马克思主义价值观、中国传统价值观、西方资本主义价值观等的关系问题的研究，不能流于表面，需要深入挖掘其内在关系。

（2）深入解读、深刻领会社会主义核心价值体系的理论内涵，准确理解和把握它的结构、特征、功能和意义。在研究过程中，一方面不能人云亦云，照搬照抄文件和领导讲话；另一方面也不能为了创新而标新立异。真理的生命力来自历史和逻辑的统一。社会主义核心价值体系从中国特色社会主义实践中来，是"立国之基"和"兴国之魂"，必须是体现中国特色社会主义本质、能够引导中国特色社会主义发展方向的观念。要立足实际，着力提炼反映和凸显属于社会主义核心价值体系的独有、特有、标志性的议题和话语系统，特别是提炼社会主义核心价值理念。

（3）进一步探寻建设社会主义核心价值体系的规律和途径，更好地发挥理论对实践的指导作用。社会主义核心价值体系，关键在践行。在一些研究者看来，探讨如何建设社会主义核心价值体系没有学术含量，以为不值得做。这实际上大错特错。观念和理论的最终目的不是"解释世界"，而是"改造世界"。能够找到更有效地建设、践行社会主义核心价值体系的途径，建立践行社会主义核心价值观的长效机制，功莫大焉。

（4）建设核心价值体系、建构主流意识形态，是古今中外共同面临的话题，应该学习、继承、发扬古代中国在思想道德建设方面的有效方法，应该总结和借鉴国外在核心价值体系建设方面的有益做法与经验。在国外，通常是把核心价值体系制度化或生活化于广大民众的日常行为中去，政党活动、媒体宣传、国民教育、民间组织等多途径全方位协同发力，这值得我们深入地跟踪分析，努力学习借鉴。

（5）在全球化、信息化时代，面向生活现实，充分尊重和运用现代科技手段积极培育、宣传、践行社会主义核心价值体系。特别是随着人们日常生活的网络化、信息化，要善于利用各种新媒体、新组织形式，充分发挥人民群众自主教育、自主建设的强大力量。

（6）在研究方法上，既要加强学理分析，又要切入实际问题。一方面，立足时代，立足文化传统，立足中国特色社会主义实践，对社会主义核心价值体系进行系统性分析和合理性论证。另一方面，要理论联系实际，立足于我们正在做的事情，以实际问题的解决为中心，着眼于理论的运用，着眼于对现实的反思，着眼于新的实践和新的发展。

（7）加强学术交流和跨学科对话。社会主义核心价值体系是对现实的理论升华，从建设初衷和实际效果来看，它不应独属于某一学科，不能局限于某一研究领域。因此，我们至少可以从哲学、马克思主义理论、政治学、社会学、经济学、法学、教育学、心理学、文化学等多学科，从价值论、唯物史观、辩证法、部门哲学（政治哲学、经济哲学、文化哲学等）、伦理学、现代社会批判理论、日常生活理论等多视角交流互鉴，共同推进，逐渐消除分歧，达成更多共识。

最后，我们还应该清醒地意识到，社会主义核心价值体系、核心价值观建设是一项艰巨、复杂的系统工程，不可能一蹴而就，它的建设必然是一个与时俱进的历史过程。我们必须持之以恒，有打持久战的准备，必须解放思想，付出艰苦卓绝的努力。在建设的过程中，不能急功近利，不要苛求责备，而应该以宽容的心态、务实的做法，循序渐进、踏踏实实地进行创造。

第三章
中国传统价值观及其基本特质

历经数千年的辛勤创造和积累，中国的历史文化资源极其丰富，传统文化价值观（包括儒、释、道价值观）源远流长；同时，其对国人深入骨髓、根深蒂固的影响也挥之难去。这注定了中国人民因袭的"传统包袱"往往特别沉重。在当今中国特色社会主义核心价值体系建设过程中，面对如此厚重的历史文化传统价值观，既应该吸收和光大其精华，更好地格物致知，安身立命，为中国改革开放和社会主义现代化建设贡献精神资源和力量；与此同时，也应该时刻警惕传统价值观中的糟粕（例如封建等级制、"权本位"价值观）在新的形式和外衣下死灰复燃，"像梦魇一样"纠缠国人的头脑和灵魂，成为中国改革开放和社会主义现代化建设的思想障碍。

一 "人"的定位与"官本位"

文化价值观的主体是人。每一种文化价值观都把主体本身的地位、状况、权力和使命等问题置于首要位置，对它做出或明或暗的回答，并以之作为一切思考和选择的出发点。考察中国传统文化价值观的取向、特征，亦不例外，即应以它如何审视"人"的地位和状况，主张如何看待世界和人生，以及要求人们如何看待和把握自己等问题作为切入点。

（一）天人关系与"敬天畏命"

人是否从来就是自立自主的？人能否扼住自己命运的咽喉？或者说，人的地位和命运是否服从于某种在人之上、社会以外甚至超乎自然界的神圣力量？这是任何一种文化、任何一个价值主体都经常会遇到的问题。这一问题表明，在茫茫宇宙时空之中，人需要确立自己的位置，寻找自己的归宿。也只有这样，人才能在精神上有一个安身立命的基础。

或许是出于对神秘莫测的大自然的恐惧，或许是由于在种种外力面前，早期人类无法"扼住自己命运的咽喉"，先民们不约而同地找到了隐藏在自然物中或隐藏在大自然背后的"神"。事实上，在世界文化史上，最早出现的也总是图腾、祭祀、迷信、宗教等现象。例如，处于石器时代的人们，就曾将诸如狮、虎、蛇、鹰、龙等作为图腾，加以崇拜。我国古代也不例外。时至今日，"龙"依然是中国民族文化的一个象征。

皈依、信奉神灵，能够使人有所敬畏、有所寄托、有所"依靠"，但神灵的价值并不限于此。当社会出现私有财产、产生权力分化之后，或有意或无意，借助神的力量消除异己、巩固自己的统治，则成为统治者们惯用的伎俩。从奴隶制时代开始，中国就有以神权论证王权的"君权神授"说。早在夏代就已经出现了对神的崇拜，相传夏禹本人就把祭祀神鬼作为确立其权威的手段；禹的儿子启也依例行事，把自己的权力说成由神所授，并由此开始中国的君权世袭制。殷商统治者更是以崇拜鬼神为能事。"殷人尊神，率民以事神。"① 年成的丰歉、城邑的兴建、战争的胜负、官吏的黜陟等，都要通过占卜来请示神或祈祷于神。殷商统治者还进一步设计、创立了一个众神之长——上帝，号称其祖先是上帝的子孙，即所谓"天命玄鸟，降而生商"②。盘庚并以此训示他的下民："汝有戕则在乃心，我先后绥乃祖乃父；乃祖乃父乃断弃汝，不救乃死！"③ 到了周代，"神"开始向更抽象的"天"转化。周代统治者提出"以德配天"的"天命观"："皇天无亲，惟德是辅。"④ 当殷商之汤王有德时，故"天命归殷"；而后来殷纣王无德，"乃早坠厥命"，"天命"于是归周。

在中国文化史上，儒家创始人孔子也十分推崇"以德配天"的天命观。孔子极少谈论鬼神。他以自己特有的智慧，提出"敬鬼神而远之"，主张优先弄清和考虑人自身的问题："未能事人，焉能事鬼？"⑤ 这一思想

① 《礼记·表记》，引自李学勤主编《十三经注疏·礼记正义》，北京大学出版社，1999，第165页。
② 《诗经·玄鸟》，引自周振甫译注《诗经译注》，中华书局，2002，第547页。
③ 《尚书·盘庚》，引自慕平译注《尚书》，中华书局，2009，第91页。
④ 《左传·僖公五年》，引自《春秋左传集解》，上海人民出版社，1977，第255页。
⑤ 《论语·先进》，引自张燕婴译注《论语》，中华书局，2006，第157页。

看似简单，实则很了不起，提升了人的地位。当然，孔子也未直接肯定"人是万物的尺度"，他主要是继承了周朝的理论和方法，大谈"天命"，要人们"敬天畏命"，服从"天"的意志和安排。他仍然认为，只有让人们保持这种神圣的敬畏感，社会才能得到安宁。孟子则更直接地说"顺天者存，逆天者亡"①，强调天命、天意不可违。

后世占主导地位的思想家们大致遵循了孔子的这一思想，主张一切考虑都要因"天"而及"人"，天为主，人为客。"天人感应"、"天人合一"、"天人合德"等具有神秘主义色彩的形而上学理论，大同小异，都是如此。如《淮南子》说："四时者，天之吏也。日月者，天之使也。星辰者，天之期也。虹蜺彗星者，天之忌也。"汉代董仲舒的天人感应说认为"人副天数"，"人理之副天道也，天有寒有暑，夫喜怒哀乐之发与清暖寒暑其实一贯也。喜气为暖而当春，怒气为清而当秋；乐气为太阳而当夏；哀气为太阴而当冬，四气者，天与人所同有也"。董仲舒的重点是强调封建纲常与天理的一致性，认为天是人的原本，人是天的副本，由此而论证"王道之三纲，可就之于天"②。

不过，如果我们认真审视便会发现，有时，统治者或思想家们真实的想法往往并非如此，甚至可能完全相反。人们真实所做的，可能并不是"替天行道"，而是"借天行道"。或者说，我们很难用"天"推出人有什么，反倒是由"人"推及"天"有什么，由个人而推及天下有什么。古代思想家们所做的都不过如此。他们正是把人的行为感情外推而解释各种自然现象，把家庭、家族外推于社会而解释国家结构，从而，君臣亦如"父子"，"四海之内皆兄弟也"；"国家"者，家即国、国即家也（当然是对皇帝而言）；于是，"孝长"和"忠君"就是一理，天意必不可违……有些思想叛逆者大胆戳穿了这一惊天大秘密，认为"天视自我民视，天听自我民听"，"民之所欲，天必从之"③。归根到底，"天"只不过是人的代理和化身！这成为人们蔑视皇权、否定既定秩序、争取自由的强大思想

---

① 《孟子·离娄上》，引自万丽华、蓝旭译注《孟子》，中华书局，2006，第151页。
② 《春秋繁露·基义》，引自（清）苏舆撰《春秋繁露义证》，钟哲点校，中华书局，1992，第351页。
③ 《尚书·泰誓》，引自李民、王健撰《尚书译注》，上海古籍出版社，2012，第157、153页。

武器。

可见，自古以来，中国就有两种迥然不同的"天人合一"观。一种是"人合于天"，天是主宰，统治者用这种思想愚弄、恐吓、禁锢百姓，加强其统治。例如，以神秘主义、宗教迷信、个人崇拜等作为统治之术，以神旨神意美化统治者，是长期以来封建社会等级制的理论基础，是封建统治者愚民政策的通行做法。直到今天，还常有人别有用心地装神弄鬼，宣称自己是某佛转世、某神附体，以欺骗愚弄百姓；更有一些人大搞个人崇拜，宣称某人生来就是"天才"，肩负着某种重大的使命……不管形式上多么新奇，玩弄的却不过是一套"老把戏"。另一种则是"天合于人"，其中人是主宰。随着社会的发展，民智的开启，更多的人从"敬天畏命"、顺从苟安中解脱出来。他们悟透了"天"和"命"的本质，其实不过是自然和社会的运行法则、规律、秩序。掌握它们是人们自己必须履行的义务。因此，人们的主体意识逐渐觉醒，开始自觉地用科学的世界观、人生观和价值观武装自己，努力用自己的眼睛看世界，用自己的头脑思考问题，做自己的新生活的主人。这种反思和觉醒是当代中国文化价值观的主流，已经接近"人民群众是历史的创造者"这一唯物史观的基本原理了，并为确立当代中国人民的价值主体地位奠定了基础。

（二）人己关系与群体本位

"天人"论回答了人在宇宙中的存在问题，"人己"论则进一步，试图解决人在社会中的存在问题，特别是人与人、人与社会的关系问题。

人与人、人与社会的关系是极其复杂的。每一个人都不可能孤立地生存、生活在世界上，而必须与无数的人发生直接或间接的关系。而这无数的个人都可以简化为"两个人"——"自己"与"他人"。因此，人们需要弄清楚什么是自己，什么是他人，"（自）己"与"（他）人"之间是一种什么样的关系。

中国古代先哲早就意识到了这一问题，并且给予了不同于西方传统的回答。他们发现了另一个关键性的概念——"群"，并用"群"这一概念回答了"己与人"的关系问题。

儒家学说一向重视"群"，强调一种"族群主义"的人生定位，强调"能群"是人之为人的根本。如荀子曾经指出："（人）力不若牛，走不若马,而牛马为用,何也?曰:人能群,彼不能群也。"那么,"人何以能群?曰:分。分何以能行?曰:义。"①也就是说,人之所以能驾驭牛马,是因为人能组成群体、社会;人之所以能组成群体、社会,在于人能以礼划分等级;而实行等级秩序的保障,则在于仁义道德。与这种"族群主义"相联系的价值取向,一方面,必然会重群体,依赖群体,强调个人对群体的责任、义务、服从和牺牲;另一方面,必然会轻个体,认为人人都应该"群而忘己"、"无我",等等。根据这样的群体原则,任何人甚至天子、诸侯都应该"群而忘己"。如董仲舒说:"独身者,虽立天子诸侯之位,一夫之人耳,无臣民之用矣。如此者,莫之亡而自亡也。"②也就是说,如果不遵守群体至上的原则,即使是群体的首领、天子、诸侯,也不过是个"独身者"、"一夫之人"(孤家寡人)而已,就没有人会服从他、为他所用,从而自取其辱、自取灭亡。

初看起来,这种"族群主义"在理论上是很明确、很彻底的。常常有人把它等同于社会主义制度下的集体主义,认为中国自古就有"集体主义传统",甚至认为它是社会主义集体主义的源泉。但是,如果我们认真分析,那么可能需要厘清的问题就太多了。只要我们不是"想当然",不是简单地望文生义,而是独立地实事求是地进行分析,注意如下两个问题,那么就会发现,儒家的"族群主义"与社会主义的"集体主义"存在实质区别,完全不能混为一谈。

其一,这是一种什么样的群体?谁是这个群体的代表?在中国长期的封建社会中,实行的是宗法等级专制统治。在这一体制中,"群体本位"的实质是"家族本位"。"国"不过是放大了的家,个人完全从属于家庭、家族和"放大"了的国家。"家长主义"是这种族群主义的实质。皇帝作为最大的"家长",雄居金字塔形权力结构的顶端,天下乃一人之天下,"溥天之下,莫非王土;率土之滨,莫非王臣"③。所有个体包括各级官僚,仅仅是君主实现其个人目的、满足其个人需要与欲望的手段。而各级官僚

---

① 《荀子·王制》,引自(清)王先谦撰《荀子集解》,沈啸寰、王星贤整理,中华书局,2012,第162页。
② 董仲舒:《春秋繁露·仁义法》,引自(清)苏舆撰《春秋繁露义证》,钟哲点校,中华书局,1992,第252页。
③ 《诗经·北山》,引自周振甫译注《诗经译注》,中华书局,2002,第335页。

与其"子民"，家长、族长与其家族成员的关系，也大致与此相类似。因此，这种"群体"绝不是马克思所说的"真实的集体"——"自由人的联合体"，它们之间存在本质的区别。①

其二，在群体中，个人处于何种地位？人与人之间是什么关系？一般而论，与"家长"的绝对权力相联系的，必然是众人的人格从属地位。也就是说，这种族群主义要求每一个人都"忘己"、消融于群体之中。也正是在这一点上，社会主义的集体主义与族群主义常常被混淆，从而架空集体中之个人，以集体代替个人。结果必然是依等级、辈分形成普遍的"下对上"的人格从属关系、依赖关系。董仲舒的"三纲五常"就极能说明问题。陈独秀曾指出："儒家三纲之说，为一切道德政治之大源：君为臣纲，则民于君为附属品，而无独立自主之人格矣；父为子纲，则子于父为附属品，而无独立自主之人格矣；夫为妻纲，则妻于夫为附属品，而无独立自主之人格矣。率天下之男女，为臣，为子，为妻，而不见有一独立自主之人者，三纲之说为之也。缘此而生金科玉律之道德名词——曰忠，曰孝，曰礼——皆非推己及人之主人道德，而为以己属人之奴隶道德也。"② 概而言之，这种族群主义及其道德，无外乎以维护"别尊卑、明贵贱"的等级制度为本义，根本排斥人的独立自主性，阻碍人们唤醒独立自主的主体意识。

无论是以上哪一个方面，都和社会主义的集体主义存在云泥之别。事实上，这种传统的"族群主义"往往导致道德虚伪，即所言与所行、对人与对己、对上与对下持双重标准。让占人口大多数的普通老百姓"忘己"，恰恰是为了少数特权人士的"专己"、"利己"。③ 它不仅不能起到维护国家社会共同利益的作用，反而，助长了少数人的"自我中心主义"，是一种打着"公"字旗号的恶性膨胀的极端个人主义！有兴趣的读者不妨想一想，古往今来的官场黑暗、官吏腐败、当权者的堕落，哪一个纯粹是"为了集体"、"为了百姓"？正因为如此，中国古代的族群主义在近代启蒙和

① 由于本质上是以家族方式为根据的"群体"，并将其推广到国家社会，那么也就决定了它必然有两大特征：一是以宗法等级权力为核心的"权力本位"；二是以个人之间伦理关系为内容的"伦理主义"道德原则，而不是以社会公共关系为内容的社会化道德原则。

② 陈独秀：《一九一六年》，《青年杂志》1916年第1卷5号。

③ 诚然，"家长"们有时也不得不"忘己"，不得不克制自己，但那正如荀子所警告的，多半是怕会导致"无臣民之用矣"。

现代革命运动中，必然地遭到批判和唾弃。

随着现代社会人们的主体意识的觉醒和马克思主义学说的传播，中国人的"人己观"或"群己观"发生了深刻的变化，正在逐渐形成新的现代"人己观"或"群己观"。五四运动以来，特别是新中国成立 60 多年来，这种变化首先表现在"人"从家庭走向社会。随着封建社会的瓦解，旧式的家族本位也瓦解、消失了。而随着社会主义在中国的胜利，广大人民群众当家作主，成了国家的主人。当然，这个"主人"怎么当，普通个人如何能够承担这一重任，需要一个探索、实践的过程。在过去国家高度集权的计划经济体制下，采行自上而下的管理方式，人们作为承担了一定责任、具有一定权利的工作单位的成员，与整个国家发生着不可分割的联系。任何个人都从属于一定的"单位"，个人必须完成单位分配的任务，对单位负责，同时在单位享受一系列政治经济待遇；几乎个人的一切事情都与单位息息相关，如工作、收入、福利、养老、身份、地位、前途、荣誉，甚至个人纠纷与家庭矛盾等都要诉诸单位解决。有单位就有了一切，没有单位则意味着被社会遗弃。这种"单位本位"的文化相较家族本位有着显著的进步：日常生活社会化的程度大大提高，个人之间实现了原则上的平等，人们的独立自主意识得到肯定，团结合作成为单位发展的积极动力，等等。但是，由于体制本身的缺陷，也由于旧观念的影响并未完全消除，它在实践中还未能与旧的封建主义传统彻底划清界限，从而造成了一些不良后果：仍然存在滋生新的"家长主义"（官僚主义以及对权力的过分服从）的土壤；存在轻视群众个人利益、欲求的倾向；个人对单位的过分依赖关系导致缺少竞争动力，责任感不强，"吃大锅饭"成为理所当然；劳动态度消极，效率低下，导致长期"共同贫穷"；等等。这个时期人们同样把"群而忘己"、"公而忘私"等作为主要的道德导向，比较看重个体的道德觉悟，而不是从体制改革和制度建设的层面去理解这些口号的意义，从而难以分清社会主义的集体主义与旧式族群主义的界限。

改革开放 30 多年的经验表明，要适应时代的发展，确立合理的人与人之间的关系，调动最大多数人的积极性，增强社会主义中国的凝聚力，仅仅靠人们"忘己"、"无私"是不够的。邓小平强调："不讲多劳多得，不重视物质利益，对少数先进分子可以，对广大群众不行，一段时间可以，长期不行。革命精神是非常宝贵的，没有革命精神就没有革命行动。但是，革命是在物质利益的基础上产生的，如果只讲牺牲精神，不讲物质利益，那就是唯心论。"① 因为，仅仅强调"忘己"、"无私"，不仅会使人忽视自己的权利，而且也难免使人漠视、丢弃自己的责任。因此，问题的关键还在于解决人们如何"有己"和如何正确对待"己与人"之间的关系问题。只有在彼此平等、互相尊重的基础上，实现应有的社会权利与社会责任的统一，才能够协调彼此之间的关系，并且在共同利益的前提下，自觉结成马克思所说的"真实的集体"——"自由人的联合体"。也只有在"真实的集体"之中，才能确立健全的社会主义体制和科学的集体主义精神，形成先进、合理的社会主义核心价值观念。

（三）"官本位"与人的异化

制度文化是文化的重要组成部分。一个社会采行什么样的制度，往往内蕴着相应的价值原则和价值追求。在中国，封建宗法等级制度的历史特别悠久，长达几千年，这必然在传统文化价值观领域烙下深深的印记，并深刻地影响一代又一代中国人的思想、心理和行为。长期浸淫在这种制度中的一个直接后果，就是封建主义"官本位"现象的普遍存在，以及它在社会各个层面根深蒂固，难以简单消除。

所谓"官本位"，就是以权力和获得了公共权力的人（"官"）为本位，一切服从于官级地位的价值取向和文化心理。它具有如下主要表现和特征。

（1）普遍行政化的社会体制。为了便于高度集权、实行自上而下的统一管理，在全社会力求形成一种格局，将社会上的一切都纳入国家行政系统的体制结构：将所有的人、所有的组织和部门，都分别归入行政序列，规定其等级，划分其行政权限，并最终服从统一的行政控制。对于几乎所有人来说，这意味着他们的身份只有"已入仕"、"未入仕"和"待入仕"的差别，任何人都只有随时听从行政指挥的义务。马克思说过："归根到底，小农的政治影响表现为行政权支配社会。"② 在以自给自足的小农经济为主导的社会形态中，这种情况有一定的历史必然性。

---

① 《邓小平文选》第 2 卷，人民出版社，1994，第 146 页。
② 《马克思恩格斯选集》第 1 卷，人民出版社，1995，第 678 页。

（2）个人权力或"长官意志"至上。在单一行政化的社会体制中，社会实行的不是整体的规则、秩序、法理的统治，而是个人相对随意的统治；不是依法定规则和程序进行决策和管理，而是听凭"长官意志"随时决定。规则和程序甚至常常可以因人（尤其是皇帝）而异，或因人（尤其是皇帝）而易。在这种高度集权的体制中，一事当前，各级官员个人的素质如何、品德如何，甚至于性格如何、心情如何，往往具有重要的甚至决定性的作用。概而言之，整个社会实行的不是现代社会通行的"法治"，而是典型的因人而异的"人治"。

（3）自上而下的单向隶属关系。在金字塔形的权力结构中，等级森严，秩序分明，不过，官员之间的分工并不意味着相应的权力与相应的责任达到统一，相反，他们的"级别"具有更为实质性的意义："用人权是最大的权力"——管人比干事更吸引人，更令人羡慕。上下级之间不是针对做事而形成的双向、合理运行关系，而是下级完全隶属于上级，一切听命于上级，"官大一级压死人"。对于下级官员来说，一切只对能决定其个人前途和命运的上级官员负责。官员们的前途命运如何，并不完全取决于他们的综合素质如何、工作态度如何、工作业绩如何，相当程度上取决于他们与其他人（上级官员）之间的"关系"如何，能否得到其赏识。许多时候，这甚至成为决定仕途命运的"第一要素"，人们见怪不怪。

当然，封建主义"官本位"的具体表现远不止于此。观察中国社会可以发现，"官本位"并非只存在于"官场"，甚至在民间社会也有非常巨大的影响。实质上，"官本位"并不是一个空洞的观念，它早已深入社会的各个领域、各个层面，深入广大民众的心底。在实际社会生活中，它是各种具体权益、地位和荣誉的分配原则和分配秩序，因此对广大民众具有普遍的诱惑力。在历史上，我们不难找出许多求官"成瘾"甚至变态疯狂的实例。

历史发展到今天，虽然人们越来越认同"民主"、"法治"的价值，但人们对"官本位"的追求仍然颇有市场，有时甚至有变本加厉之势。且不说人们对官场趋之若鹜（持续的"公考热"可为明证），将做（更大的）官作为自己的"事业"，对于"入仕"和职位的升迁重视有加，甚至"跑官"、"要官"和"买官"、"卖官"也屡禁不止。至于将企业、学校、科研单位、NGO、群众团体，乃至公园、寺庙等非行政系列的部门，一律赋予行政级别（部、局、处、科级等）的举动，也是理直气壮、堂而皇之的。虽然近年来企业、高校、科研单位等"去行政化"的呼声一浪高过一浪，但总是"雷声大，雨点小"，推进颇为艰难。实际上，许多当事人对此毫不关心，更遑论坚决抵制，而且还感到坦然和荣幸，许多人乐此不疲，趋之若鹜。如果普通百姓真的弄清楚了自己身边有多少省部级、司局级、县处级和乡科级机构，又有多少相应的省（部）长、司（局）长、县（处）长和科（乡）长，恐怕大多都会被吓一跳的。而如此庞大的一个群体长期在我们身边"行官势，摆官腔，打官话"（鲁迅语），自然而然地会造成一种舆论环境，一种社会"趋势"。

历史地看，"官本位"的产生和存在并非偶然，而是有其社会基础和一定的合理性的。然而，"官本位"仅仅是在一定时期、一定层面上难以避免的，它并不是永远合理并且永远要存在的。今天之所以有许多人认为它是合理的，并不是因为它本身合理，而是经过长期的、人为的普遍化加强，并渗透到人们的思想深处之后，人们已经"习惯"了，从而不假思索地以为它是合理的。这样的合理很容易成为一种"恶的文化"和不良传统，给社会发展和人的进步造成严重的扭曲。因此，在这里，我们有必要认真反思、充分揭露"官本位"的巨大危害。

（1）封建主义"官本位"实质上是一种"人本位"，然而，它是一种扭曲、异化了的人本位。也就是说，它不是以全体人民或大多数人为本位，也不是以每一个具体的历史的人为本位，而是仅仅以人的某个方面（执掌公共权力）为本位，因而实际上是一种"权本位"。权力，原本是人们依据一定的"契约"，"让渡"出来实现自己目的的一种手段。然而，在历史长河中，在特定的情况下，它却成了"目的"本身，而人自己则不知不觉变成了它的手段。这必然造成"入仕"者人格分裂、扭曲，价值观混乱、颠倒之类后果。这种根本上的扭曲、颠倒就是所谓"异化"——人彻底地否定了自己，外在的权力成了人自己的主宰。

（2）封建主义"官本位"是一种单纯地崇拜权力、服从权力的制度，它自身缺少有效的对权力进行制约、监督和检验的机制，并且，它自身往往也不能自动地形成这样的机制。因为，它最终只能靠上对下的"人治"管理，这种管理一般取决于少数为官者的素质和修养，而相关群体、社会大众则难以普遍、有效地参与进来。当然，也不是完全没有来自社会的监督，只是"参与"的途径有限，参与的效果没有保障。因此，"官本位"

作为"绝对的权力",自身缺乏足够的反省和纠错机制,因而也就无法避免"绝对的腐败"。历史或许并不讨人喜欢,但确实已经反复证明了这一点。

(3)长期奉行封建主义"官本位"的一个必然结果,是"公权私化"。"公权私化"是一切官吏腐败的共同根源,也是其典型表现和特征。"公权私化"在官场上造成以权力为中心的人身依附关系。在这一体制中,人们从盲目地崇拜权力、追求权力,转向崇拜和依附一定权势的拥有者,即掌管权力的个人。这个人往往掌握着官场的"游戏规则",掌握着下属的升迁、沉浮和命运。掌管权力的个人往往运用权力,使其他人依附于自己(成为"谁的人"),使自己凭借权力而成为"公家的化身",私意而有公名,公权而被私化。"一朝权在手,便把令来行"就是这种现象的具体表现。至此,民族国家的前途、命运,以及一切公共利益,都可能成为虚假的符号,只有当权者个人的利益和意志,才是人们真实的关注所在。

(4)长期奉行封建主义"官本位"还有一个"副产品",即官场上通行的各种"潜规则",包括各种各样的变态、堕落和腐败现象,难免进一步推向相对淳朴的民间社会,不断污染、腐蚀民间社会。例如,全社会的单一行政化,也就意味着农、工、商、学等百业都依照官场的模式,以行政化方式来处理不属于行政体系的事务,以行政化的是非为是非,以行政化的好恶为好恶。长期、反复这样强化,必然限制人们的个性化、多样化发展。长此以往,还将导致各种"官场病",导致"去行政化"十分艰难,导致整个社会生活的单一化和文化价值观的贫乏化。

如果我们更深入细致地进行分析就会发现,"官本位"导致的社会毒瘤还有许多,危害或许远比人们想象的深重。江泽民指出:"官僚主义,在很大程度上源于我国封建社会形成的'官本位'意识。所谓'官本位',就是以官为本,一切为了做官,有了官位就什么东西都有了,'一人得道,鸡犬升天'。这种'官本位'意识,流传了几千年,至今在我国社会生活中仍然有着很深的影响。一些共产党员和党的领导干部,也自觉不自觉地做了这种'官本位'意识的俘虏,于是跑官要官、买官卖官的现象出来了,弄虚作假、虚报浮夸、骗取荣誉和职位的现象出来了,明哲保身、但求无过、不思进取、一切为了保官的现象出来了,以权谋私的现象出来了。当前,'官本位'意识的要害,就是对党和国家的事业不负责,对民族和人民的利益不负责，只对自己或亲属或小团体负责，其危害极大。因此，对于历史上遗留下来的'官本位'意识，必须狠狠批判和坚决破除。"① 在当代中国建设社会主义核心价值体系、建设社会主义民主政治的进程中，通过观念变革、体制改革和廉政建设破除"官本位"，是中国共产党及其领导的人民政府面临的基本课题。否则，就不可能确立社会主义核心价值体系的主导地位，建成中国特色社会主义的民主政治和先进文化，实现"国家富强、民族振兴和人民幸福"的"中国梦"。

二　人情关系模式及其危害

与西方以个人为本位，追求个体自主、个人自由、个性解放以及个人利益最大化不同，中国传统价值观以群体、关系为本位，崇尚礼制，追求和谐，中国社会是世界上最讲人情、关系、面子的人情社会、关系社会。人情、关系、面子，既体现着中国社会的传统价值和"民间智慧"，又在中国社会的现实运作中扮演着非常重要的角色。不了解中国人情、关系的性质、意义和运作方式，就不可能真正了解中国社会与文化，不可能在与中国人打交道时有所作为，更不可能在中国文化价值观改造方面取得实质性突破。

（一）人情社会

中国人十分重视血缘、地缘、学缘、业缘等关系，重视群体内部的团结与和谐，要求对外交往、待人接物以礼相待，"和为贵"。中国社会以血缘、地缘、学缘、业缘等关系为基础，特别是以家庭、家族为本位，并把家庭家族关系不断放大，从而视国也为"家"，四海之内皆是一家，四海之内皆是兄弟，从而使整个世界构成了一个以家庭、家族亲情关系网为基础的"人情社会"。

"何谓人情？喜、怒、哀、惧、爱、恶、欲，七者弗学而能。"② 人情的存在与力量毋庸置疑。"人非草木，孰能无情！"任何人都逃不出一个

---

① 《江泽民文选》第 3 卷，人民出版社，2006，第 133 页。
② 《礼记·礼运》，引自李学勤主编《十三经注疏·礼记正义》，北京大学出版社，1999，第 689 页。

"情"字。父子之亲、夫妻之爱、师生之恩、同窗之谊、老乡之情、朋友之义、战友之交……凡此种种，都是人所具有的自然或社会情感，都是人之必需的生命原动力。而且，人生于天地之间，必须依仗相互之间的情感关怀才能排解孤独寂寞，必须依靠相互之间情感的支撑才能求得生存发展。元好问一句"问世间，情是何物，直教生死相许？"道出了多少人的心声，被千古吟唱，让人深深体会到"情义无价"。当然，"情义"也可能是一种责任、一种义务、一种负担，当然也可能是一种可以交易的资源。如果一个人被指控"无情无义"、知恩不报，或以怨报德、恩将仇报，那么，这既是一件很"没有面子"的事情，而且他很可能被该社会圈子所鄙视、抛弃。

由人情而"人情社会"，或者说"人情社会"得以出现、存在，有其深刻的社会历史根源。除了中国社会以家庭、家族为本位，强调社会建构在一种天然的血缘情义之上外，至少还有两个方面的原因。

一方面，长期自给自足的以家庭为基本单位的小农经济极其脆弱，迫使人们必须团结互助、互相协作，以抵御各种不测的天灾人祸。人们长期生活在一个比较小的区域里，安土重迁，彼此都不陌生，是一个熟人社会。而环境、条件又特别艰苦，生活往往十分艰难。各种天灾人祸频仍，需要帮助、救助，或共渡难关是常有的事。因为有各种形式的互相帮助、救助，因为有人为他人或团体牺牲，因而就有相互依靠的情义，就有讲义气、知恩报恩的义务。同时，在社会生活中，为了防止人们之间因争斗而变得冷酷无情，使大家的利益受损，儒、释、道家等都提倡寡欲、节欲和制欲，倡导"无争"、"忍让"和"和谐"，认为"忍一时风平浪静，退一步海阔天空"，"和气生财"，"家和万事兴"，号召人们和谐相处，宁静度日，极力避免矛盾和纷争。

另一方面，传统社会长期是一个人（权）治社会，而非法治社会。这在相当程度上为人情留下了周旋的空间。在儒家社会金字塔形的权力结构中，且不说"朕即是法"，就是任何一级官员，对于"子民"都具有"裁判权"，加上"刑不上大夫"等特权存在，官官相护等现象难以禁绝，"子民"们的命运全得看官员是"青天"还是昏官、赃官。法家虽然主张"依法而治"，重视刑律的实施，用惩罚作为维持社会秩序的手段，但是，法家强调的"依法而治"也有一个先决条件，即以君主的"人治"权威为基础。这种"依法而治"与今天的"法治"存在本质性的区别。更何况，在中国漫长的历史中，法家很少占据统治地位，法家思想也基本没有成为社会的指导思想。而在人治社会中，人情、面子就是资源，就是资本，就是权力！任何人都处在一张巨大的人情关系之网中，"有情"就能"熟人好办事"；"酒杯一端"，常常就能"政策放宽"；拥有"人情"、"面子"，就能在社会上"吃得开"。

"人情大于王法"，是自古以来一条不成文的规矩。咀嚼历史，我们可以找到许许多多法为情所困的实例。毕竟，谁都不愿做无情无义、为人所不齿，或为人嘲笑讥讽的怪物。能坚持"法不容情"、"大义灭亲"者，毕竟凤毛麟角。①

总之，中国社会是一个举世公认的人情社会。人情是社会的黏合剂，人情是社会的润滑剂，它包含着一系列社会的潜规则。如果欠了人情债不还，人们往往会很不安，害怕遭到他人的非议，被人瞧不起、说闲话。甚至，如果还人情太迟，还必须加上一定的"利息"，超额偿还，否则，便是不懂事，很没面子。人们的言行怎样才符合这些潜规则，几乎处处皆是学问，正如《红楼梦》里所说的，"世事洞明皆学问，人情练达即文章"。如果少不更事，遇事还得专门请教他人，找长辈、"高人"指点。这也可见人情社会之丰富内涵。

（二）关系社会

关系是理解中国社会结构、理解中国人心理与行为的核心概念之一。在中国社会乃至世界汉字文化圈，"关系"的使用频率都很高。在儒学看来，个人不是孤立或独立的实体，而是社会的、互动的、关系的存在；儒学的五伦（君臣、父子、夫妇、兄弟、朋友）就是以家庭家族关系为轴心、处理人与人之间关系的基本规范；儒学的目标是实现人与人之间关系的和谐，乃至实现天下大同。从"自家人"、"不是外人"到四海之内皆兄

---

① 正因为在社会交往中崇尚"合情、合理"，因而在历史与现实中，在制定政策时，在制定约束人们行为的伦理道德规范、法律法规时，主要考虑做到"因天理，顺人情"。"法不外乎人情"，"法合众人之情"，成为大多数国人的共识。只有与天合、与情理合的道德、法律规范，人们才可能容易接受，才可能自觉遵守。那些没有人情味甚至不合情理的道德、法律规范，总是很难得到人们的理解和敬服，甚至有人会设法故意去嘲弄、违反它。所以，如果有人犯了被认为不合情理的法，总会有许多人出来打抱不平，站出来呼吁、说情。联想到传统文化之法必须"因天理，顺人情"，这也就不足为怪了。

弟、天下一家，以亲情、人情、关系为基础，中国社会形成了一个复杂的"关系社会"，许多学者说中国是"关系本位"、"关系至上主义"。

根据马克思的说法，人的本质是其一切社会关系的总和。任何人在社会中都会与他人建立某种社会关系，人与人之间的关系是人把握自己和社会的基本方面。但是，我们这里所说的"关系"，尽管也属于人的"社会关系"，却又具有特别的含义，即一种通过交换而建立并加以维持的、具有"相互帮忙"、"相互关照"、"相互提携"义务的私人性质的关系。感情和"面子"是表示关系强度的两个主要指标。

通过既有的血缘关系（包括同姓关系）、同乡地缘关系和业缘关系，以及后来建立的种种关系，如姻亲关系、同学关系、战友关系、同事关系、朋友关系等，一个人在一生中不断地建立自己的动态"关系网"。这一"关系网"对于每个人都十分重要，是人生可以依赖、依靠的对象。一个建立了广泛社会关系的人，是一个在社会上受到信任的所谓"有面子"、"吃得开"甚至"路子广"的人，是一个手里掌握了重要的社会资源、必要时可以"左右逢源"的人；而如果一个人成年以后还没有编织起自己的"关系网"，没有什么"有用"的关系，那么，这个人就不会为人所看重、所信任，而且遇到困难时也难以寻求有效的帮助。因此，关系的建立、发展、维持和利用，是人一生中至关重要的活动内容。①

"关系"的实质是"有用"，即当人们需要的时候能够"管用"。在"官本位"社会中，权力是最为稀缺的资源，官吏的级别具有至高无上的意义，"官大一级压死人"，因此，最有用的关系是一种特殊的关系，即"官系"（与权力或掌握权力的官吏的关系）。权力的大小、与权力有无关系、"关系"的远近好坏、关系的"软硬度"与"关系"的密切程度，常

---

① 对于如何建立和维持这种关系，人们积累了许多成熟的技巧，几乎发展成一门高深的"学问"——"关系学"。相关的著作、文章汗牛充栋。有些经验和技巧简直就是高深莫测的"艺术"。有好事之徒曾将之总结为如下途径和方法：袭（承袭已有的关系资源）、认（主动与他人确认共同的关系基础，如认干爹、干妈、干儿子、干女儿等）、拉（本来没有关系，或既有关系不深，从而想方设法拉近）、钻（通过形形色色的手段接近实权人物、实利人物）、套（套近乎、套交情、"套磁"等）、扩（将关系网扩展至关系的关系、关系的关系的关系……）等等。通过这类活动，每个人都可以建立一个互动的关系"网络"，并通过讲义气、尽义务，维持情面，包括彬彬有礼，不使人难堪、丢脸面，这个网络便会充满生机与活力。

常决定着一件事情能否办成、某件事情能否"摆平",同时也决定着办事的质量和效率。中国俗语云:"一人得道,鸡犬升天。"也正因为如此,拥有实权官员的身边,总是"人潮汹涌",而一旦去职,又会感叹世态炎凉。

值得注意的是,随着改革开放和社会主义市场经济的发展,"关系网"有了一个明显的新动向,即日益将关系向经济、金钱领域延伸。例如,建立和维持家族式的企业,通过关系打通关节立项和融资,企业家和官吏建立非正式联系,通过各种关系拓展业务,利用关系构筑营销网络,"出事"后通过各种关系"摆平",等等。同时,在复杂的"关系网"中,具有传统文化色彩的人情味、侠义气正在减少,而为传统文化所不齿的功利心和"铜臭味"日益增加。本来,"穷在闹市无人问,富在深山有远亲",经济利益本就是人情关系的潜在基础和目标指向;现在,没有共同的经济利益或金钱(或权、色等)的大量投入,往往很难建立和维持庞大的"关系网"。当然,一个人身处"关系网"中,也会想方设法得到相应的回报,特别是经济利益的回报。关系网的这种"经济化"、"金钱化"性质和趋势,导致它所具有的负面效应日益凸显。曾经或正在泛滥的官商勾结、权钱交易等腐败行为,以及现实中日益增多的见利忘义、过河拆桥、"有奶就是娘"等不道德现象,就可充分诠释这一点。

(三) 人情、关系泛滥的危害

"人非草木,孰能无情?"本来,注重人情,"有人情味",让人与人之间充满情义、充满爱意,看重关系,注意人与人之间关系的协调与和谐,人与人在需要时互相提携与帮助,这不仅无可厚非,而且可以说是文化传统中的优良品质。但问题的关键在于,人不可能对任何人都产生同样的"情",也不可能与任何人都建立同样的关系。

人情与关系都是有差等的,儒家人伦学说对此有清晰的论述。如孔子"爱有差等"之说认为,人之爱是从亲子关系、兄弟关系,渐次扩及夫妇、朋友以及其他人的,即从血缘关系向非血缘关系推及的。费孝通先生在20世纪40年代出版的《乡土中国》中曾提出"差序格局"理论。他发现,中国人的人情关系范围并不是指固定的团体,更不像想象的那样,完全以家族体系为标准,而是"好像把一块石头丢在水面上所发生的一圈圈推出去的波纹。每个人都是他社会影响所推出去的圈子的中心。被圈子的波纹所推及的就发生联系。每个人在某一时间某一地点所动用的圈子是不一定相同的"①。这个圈子以"己"为中心，具有很大的伸缩性，"社会关系是逐渐从一个一个人推出去的，是私人联系的增加"②，"一圈圈推出去，越推越远，也越推越薄"③。他还指出，这种"差序格局"并不是西方式的个人主义，而是一种特有的"自我主义"：在西方的个人主义原则中，"个人是对团体而说的，是分子对全体。在个人主义下，一方面是平等观念，指在同一团体中各分子的地位相等，个人不能侵犯大家的权利；一方面是宪法观念，指团体不能抹煞个人，只能在个人们所愿意交出的一分权利上控制个人。这些观念必须先假定了团体的存在"④。个人在团体中的角色必须代表团体、服从团体。而"在我们中国传统思想里是没有这一套的，因为我们所有的是自我主义，一切价值是以'己'作为中心的主义"⑤。从孔子"推己及人"、"己欲立而立人，己欲达而达人"的原则，到后来"修齐治平"的口号，强调的都是这样一种逻辑：要以自己为中心，以个人为发端，然后推广开来，应用于他人和社会。

根据费孝通先生的这种"差序格局"理论、"自我主义"人情模式，我们可以分析人情关系模式所具有的危害。

第一，"有人情，讲关系，但无原则，欠公正。"按照"差序格局"理论、"自我主义"人情模式，人们必然对自己"圈子内"和"圈子外"的人采用不同的标准，差等对待。对于"圈子内"的"自己人"，有情有义，情真意切，极尽关照、呵护、包庇之能事，恨不得"两肋插刀"；而对于"圈子外"的"外人"，则认为"非我族类，其心必异"，因而冷酷无情，事不关己，高高挂起，甚至不讲公平、不讲道义，损人利己。此外，既然有圈子，那么就难免阻碍与圈外的正常交往。既然有圈子内、圈子外的差别，那么，原则、公正往往就被弃在一边。只有在有情有义的圈子内，才会是一个真正的"人情社会"、"关系社会"。

第二，"有人情，讲关系，但求利益，混真假。"任何人的关系结构、

---

① 费孝通：《乡土中国》，江苏文艺出版社，2007，第27页。
② 费孝通：《乡土中国》，江苏文艺出版社，2007，第32页。
③ 费孝通：《乡土中国》，江苏文艺出版社，2007，第29页。
④ 费孝通：《乡土中国》，江苏文艺出版社，2007，第30页。
⑤ 费孝通：《乡土中国》，江苏文艺出版社，2007，第30页。

"圈子"都不是固定不变的。随着人和人活动的变化，它本身具有很大的伸缩性，经常根据具体情形进行调整。这种调整，除了受各人认同、遵守的道德底线的制约（如孝敬父母、不违父训等）外，则往往视自己具体情况的变化，特别是视"自己"的利益和需要而定。例如，某个人虽然原不是自己"圈子内"的人，但当有用得着之处时，便不妨通过"拉"关系，使其进入"圈子内"，从而达到"与人方便，自己方便"的目的；相反，有的人虽然早就是或早应是"圈子内"的人，诸如亲戚、同学、同事之类，但因为对自己没有用处，便毫不犹豫地将其排除在外。"势利眼"的诀窍就在于设法钻进更有势力的圈子，紧密结交一些用得着的人，并尽力躲开那些用不着的人，避免麻烦，不做"蚀本生意"。可是，在这种因循功利、见风使舵、变化莫测的关系文化中，纯洁、真诚的情义和关系，又怎能不受污染和损害呢？又怎能历经风雨、经受时间的考验呢？

第三，"有人情，讲关系，但无是非，助腐败。"关系是一个人情共同体，也是一个利益共同体，因而，"礼尚往来"，你对我好，我也对你好，拉帮结伙、"裙带风"就大成气候。当然，人情、关系是以人的需要、好恶等为转移的。"是亲三分向"——当一个人掌握权力的时候，难免偏向自己的圈子，并为之谋取利益，或使之免受制约。近年来有种现象十分普遍，即那些有"硬关系"、"硬后台"做支撑的人（主要包括有靠山的官吏、"衙内"、"佳丽"等），常常仗势欺人，无法无天，无所畏惧，凌驾于政策和法律之上。若"时运不济"，被动了"真格"，往往"拔出萝卜带出泥"，一查就是一个"窝案"。也正因为如此，一旦"有事"，"后台们"总是打起十二分的精神，纵容包庇，让大事化小，小事化了；即使不幸事情败露，无可挽回，也尽量让它"法不责众"，不了了之。

第四，"有人情，讲关系，但损人格，失尊严。"人情、关系有圈内圈外之分，"靠"着圈子讨生活，似乎是天经地义的事。俗话说"在家靠父母，出门靠朋友"，活脱脱反映了这种"人人都被他人靠，人人也都靠他人"的心理习性、思维方式和行为方式。正因为要互相"靠"，因而任何人一旦陷入了人情关系网络，在方便自己的同时，也"迫于情义"或"完全出于情义"，肩负着对圈子内他人的要求做出回应的社会责任。互相依赖、互相"靠"的结果，是谁都不可能拥有独立的人格与尊严。这在官场上表现得最为突出。置身官场，人情、关系与帮派、党争往往密切联系在一起。在一个圈子之中，往往有一个中心或若干个首领。某某在这一"圈子内"，就是属于这一中心或首领的人，他们也常常自认甚至自己声明："我是×××的人。"是与不是"×××的人"之间往往存在实质性的差别，它决定着升迁荣辱，决定着"有事"发生时，有没有人在上面"罩着"，帮助自己"摆平"，渡过难关。因为"靠"着这个圈子，依附于圈子的中心或某个首领，所以个人的人格便无法挺拔独立，当然也免不了有尊严受损的时候。对此，孟子道出了其实质："人之所贵者，非良贵也。赵孟之所贵，赵孟能贱之。"毕竟，取之于人，必受制于人。

第五，"有人情，讲关系，但坏规矩，乱法治。"既然要讲人情、讲关系，那么人们在生活、做事过程中，考虑的往往是人情上是否过得去，是否有面子，是否"争了脸面"，或是否给了他人面子，是否让他人丢了面子。撕破脸面，当面揭短，恶语相向，不给人留面子，让他人"丢脸"，既是对他人的莫大羞辱，也是极其无礼的行为。至于事情本身是否应该做，如此做事是否合乎法律法规，是否遵守了做事的规矩、规则、程序，即是非如何、是否合法，则往往考虑不多，或考虑的时候也大打折扣。这也正是"人情大于王法"的意蕴所在。求助人情和关系也是国人做事时的心理和行为趋向。调查显示，国人在做任何事情时，倘若稍遇阻碍、困难，就会向人情、关系方向想办法。虽然西人也深谙其道，正如培根所言，"一个人无能为力时，又没有朋友，就该退出历史舞台了"，但国人比之西人是有过之而无不及。长期顺着人情、关系的思路做事，法治、规则必然会被抛在一边。似乎只要能够办成事，如何做事可以忽略不计。久而久之，人们自然养成了"重成事，不管规矩"、"重目的，不择手段"的习惯，即使是应该依法、依程序去办的事，依法、依程序也能够办成的事，也愿意找找关系，托托人情，将之"快速"、"方便"地办好。即使"前门"开着，人们也习惯于"走后门"，找捷径。

上述种种表现，说明了关系的"差序格局"、"自我主义"人情关系模式的实质性危害。囿于传统文化或实际情况，在法律的限度内，我们并不反对，甚至提倡事情做得"合乎情理"、"关系和谐"，但在社会主义社会，首要应该考虑的只能是社会的公平和正义，只能是法律和道德的基本规范、要求。公正的法治实际上是成本最小、最终对人人有利的处事模式，也是最合乎社会主义公平和正义的模式。今天，我们欣喜地看到，由于社会主义民主、法治日渐深入人心，日渐成为制度，人们越来越清醒地意识到上述人情、关系模式的危害，其市场越来越受到限制。只有在破除上述人情关系模式的基础上，我们才可能成功地建设中国特色社会主义这一新型社会形态。

三　中国传统价值观的基本倾向

中国传统价值观是复杂而丰富的，弄清其核心的价值取向颇为不易。不过，如果我们仔细体味，似乎可以发现它比较明显地呈现如下一些倾向。

（一）重道轻器

在中国哲学中，"道"是一个最高的范畴，是先天地生的万物本原，是一切事物的永恒规律。老子说："有物混成，先天地生，寂兮寥兮，独立不改，周行而不殆，可以为天下母。吾不知其名，强字之曰'道'，强为之名曰'大'。"[①] 作为"天下母"，"道生一，一生二，二生三，三生万物"[②]。孔子和儒家虽然主要讲伦理政治哲学，很少论说这样的"天道"，但是，他们并不否认"天道"，而是将"天道"落实为"人道"，如人世的最高原则、治国的根本原则等。

那么，什么是"道"？"道"是与"器"相对而言的，"道""器"关系历来很复杂，人们一直众说纷纭。《周易·系辞上》曰："形而上者谓之道，形而下者谓之器。"所谓"道"，即"形而上者"，是万物与人性之本原，是治理国事之本；作为一种学问，"道"是"一语已足包性命之原，而通天人之故"的原理之学。而所谓"器"，即"形而下者"，是各种派生的、有形的或具体的事物，是有利于物质发明和实际生活之末；作为学问，则是指气学、光学、化学、数学、天学、地学、电学等"后天形器之学"。

中国文化传统向来重"道"而轻"器"。因为道是根本，其他一切是道的外在表现，器则是从生、从属的东西，是"末"，因而重本轻末、重

---

① 《老子》第二十五章，引自陈鼓应注译《老子今注今译》，商务印书馆，2003，第169页。
② 《老子》第四十二章，引自陈鼓应注译《老子今注今译》，商务印书馆，2003，第233页。

道轻器是有道理的。①"重道轻器"者们反复强调，要"以道御器"，要让器服从于道，服务于道。著名寓言故事《庖丁解牛》告诉人们："以神喻，不以目视"（用心从精神上把握，不靠用眼睛去看）的"道"，是比技艺（"器"）更高的境界。就是说，洞悉、掌握了大道的人，天机藏于内心，善于精细地体察一切，能够高屋建瓴，可以凭借"运用之妙"，"运斤成风"，不动声色地完成任务，顺应吉凶，达到目的。这显然是一种极高的水平，一种超凡的境界。自古以来，中国人骨子里就很向往这种境界。如王国维在《人间词话》中提出"境界说"，把境界分为"有我之境"与"无我之境"，进而认为，古今成大事业、大学问者，都必须努力，不断提升自己的境界。② 在他看来，人生与境界是融为一体、合而为一、不可分开的。这种境界思维默默地铸造了中国人奔放、洒脱的精神气质，但也正因为其高远、玄妙，它往往止于一种"高妙"的理想。

"重道轻器"原则有其合理性和重要意义。毕竟，"道"涉及根本道理、方向、道路、原则等大问题。这些问题如果不认真加以解决，就会犯大错误、出大问题，付出惨痛的代价。对于今天的中国来说，唯一正确的根本之"道"，就是人民群众的根本利益和为人民服务的价值观。忽视了这一点，也就违背了最根本之"道"。"重道轻器"的积极意义，主要在于强调求道是民族国家发展的根本，是人的生命的意义和价值之所在。古人云："朝闻道，夕死可矣。"多少年来，正是这种求道和"朝闻道，夕死可矣"的精神，激励着一代又一代志士仁人矢志追寻，甚至抛头颅、洒热血，不惜为真理而献身。中国革命年代那些为共产主义事业奋斗、牺牲的人们，就是为其所认可的"道"——共产主义价值理想——而献身的人。因而，无论如何，我们不能否定"求道"的价值和意义，不能无视"道"而盲目地发展。但同时，如果我们将理想与现实、理论与实际对照起来考察，就不能不注意到"重道轻器"的内在缺陷和历史局限性。

第一，它把"道"与"器"简单割裂开来，只看到道高于器、道统摄

---

① "重道轻器"的传统在中国历史上根深蒂固。例如，在人生原则方面，孔子明确主张"君子谋道不谋食"，"君子忧道不忧贫"，讲究"安贫乐道"的"孔颜乐处"，即使处在"一箪食，一瓢饮，在陋巷，人不堪其忧"的境地，也不改其志、"不改其乐"。为道"造次必于是，颠沛必于是"，须臾不离，甚至为道有千人阻，也要排除万难，勇往直前。

② 王国维：《人间词话》，上海古籍出版社，1998，第2页。

器的一面，没有看到道寓于器、依赖于器的一面；只强调要重道，却没有反思道从何来，道欲何为；只讲究"以道御器"，却不懂得具体的道原生于器、必须接受器的实际效果检验；等等。这样就难免产生很大的片面性。例如，由于"重道轻器"，又把道仅仅理解为"大道理"和道德原则，似乎只有重视政治、道德才是重道，而关心经济发展、研究科学技术、改善民生等都与道无关。例如，它导致轻视科学技术、生产创新等，甚至说技艺是"小人"的事业，视之为"奇技淫巧"、"雕虫小技"，为君子所不齿。① 受此影响，科学技术研究在中国长期没有得到统治者应有的鼓励和重视，特别是自近代以来，中国根本就没有产生真正意义上的现代科学、实验科学。落后挨打之后，人们才痛定思痛，对此进行深刻的反思，才拨乱反正，引进"赛先生"。

第二，它所承认的思想境界，至多表现了少数"君子"们的兴趣和志向，而且，只有更为少数如"庖丁"那样修养极高、能够"运用之妙，存乎一心"的人，才能达到这一境界。对于大多数人来说，这种要求则是遥不可及的。将这些作为社会的理想和原则时，难以避免的是脱离实际，脱离群众的日常生活。而"不接地气"，不关心广大普通百姓的疾苦，更不尊重生活实践和民生问题，为后来的统治者以求"道"为名牺牲大多数人的现实利益甚至"以理杀人"提供了口实。

第三，它所体现的思维方式是一种主观先验的思维方式：对"道"的研究和阐述不注重科学的论证，也不利于哲学和人文科学的发展；对"道"的实践和贯彻，只讲究"运用之妙，存乎一心"，即过分依赖人们的个人能力、直觉和智谋，不重视将其具体化为社会的普遍精神、理念、方法、规则、程序，等等。因此，它在社会生活中也只是支持"人治"而非法治的理论。尽管孔子认为应该是"人能弘道，非道弘人"，但实际的结果总是南辕北辙，"认人不认（道）理"，"重成事不重立规矩"，成为影响深远的社会风尚。这不能不说是观念本身的缺陷所致。

第四，有人进一步认定，中国重"道"，西方重"器"，"中国物质文明建设虽然落后，但精神文明建设却领先西方"。如近代学者王韬在比较

---

① 如《礼记·王制》中说，"凡执技以事上者"，"不与士齿"；"作淫声、异服、奇技、奇器以疑众，杀。"

中西文化时就认为,"形而上者中国也,以道胜;形而下者西人也,以器胜"。这可以说是一种想当然的、一厢情愿的臆测和判断。事实上,按照"重道轻器"的原则,中国并未在"道"的探索和实践方面取得更杰出的成就,我们今天遵循的"道"——马克思主义或共产主义学说,还是从西欧经俄国引进的。①

总之,"道"本身不是先验的、一成不变的简单公式和僵化教条,不能绝对化、凝固化和庸俗化。从历史上看,当"重道"原则被加以抽象、片面地理解,特别是被绝对化了的时候,往往比只知"重器",即只从眼前现实出发、目光有些短浅但脚踏实地的思想境界,造成更大的危害,令人们付出更大的代价。中国"文化大革命"时期,"左道"盛行,就给中国人民留下了深刻的历史教训:当时不仅把高度政治化、道德化的"道"片面地当作唯一的"道",用以排斥经济、科技、业务等国计民生之"道",而且对政治、道德之"道"本身,也采取了非常不负责任的实用主义态度,只求服务于一时的阶级斗争的需要,却缺乏科学、客观、认真的研究和建设,任凭少数人随心所欲甚至别有用心地解释,使马克思主义、社会主义之"道"屡遭曲解,结果导致整个国家"道器两伤",国民经济处于崩溃的边缘,人民生活长时间异常艰辛,中国共产党和政府的威信也受到损害。这种深刻的历史教训永远值得人们深思、记取。②

(二) 注重实用

与西方文化相比较,中国文化传统具有浓厚的"实用"精神和风格。自古以来,中国就提倡并造就了发达的"经世致用之学"。造就中国人精神气质的《周易》甚至把"有用"作为"神"来看待,即"利用出入、民咸用之谓之神"③。在历史与现实中,人们总体上并不欣赏那种空疏的"玄学",并不欣赏那些坐而论道之士,并不欣赏那些中看不中用的"两足书橱"或"书蠹",而更注重现实的"生活"和"行动",关注"行动"

---

① 究其原因,大致是因为,一方面,"道"比较玄奥,难以操作,难以深入现实,难以被后人实行;另一方面,它也没有使对道的探究有新的突破,如没有使中国后来产生像马克思主义那样持久地影响世界之"道",反而不得不面对后来中国思想文化的落伍,面对经济、政治、军事落后导致的被动挨打和屈辱。

② 参见李德顺、孙伟平、孙美堂《家园——文化建设论纲》,黑龙江教育出版社,2000。

③ 《周易·系辞上》,引自郭彧译注《周易》,中华书局,2006,第371页。

的效果和意义，关注在事功方面取得不朽成就的英雄。"无事袖手谈心性，临危一死报君王"、"两耳不闻窗外事，一心只读圣贤书"遭到批判。由于科学的实证精神不够，这导致了许多文化后果，如轻学理、重技术（如数学之重算、不重证），即使理论也倾向实用而缺乏思辨，以想象代替实验，等等。

在传统文化中占据主导地位的儒家学说十分重视世俗社会生活，重视入世，重视事功，"本体、道、无限、超越即在此当下的现实生活和人际关系之中"[①]。至于中国其他思想学说，也有类似实用主义倾向。如墨子说："言足以迁行者，常之；不足以迁行者，勿常。不足以迁行者常之，是荡口也。"[②] 就是说，凡理论学说需要改良人的行为，始可推崇。韩非子说："夫言行者，以功用为之的彀者也。……今听言观行，不以功用为之的彀，言虽至察，行虽至坚，则妄发之说也。是以乱世之听言也，以难知为察，以博文为辩。其观行也，以离群为贤，以犯上为抗。"[③] 狭隘的功用主义跃然纸上。

中国古代科学技术曾经辉煌灿烂，但若仔细分析便不难发现，它们大都与实用相关，如天文历法、中医理论与实践、四大发明（指南针、造纸术、印刷术、火药）、纺织技术等等。许多科学技术成果虽然已经包含着某些重要理论，却往往未从理论上加以深究，而遗憾地与科学原理的发现失之交臂。例如，中国古代的指南车蕴含着自动控制的原理，但它始终只是皇家仪仗队的摆设；"被子熏炉"装有现代陀螺的方向支架装置，但它只为达官贵人所享用；……同时又由于历史上统治者的愚蠢短视，如视科学技术为奇技淫巧、雕虫小技，因而很少有人真正对开展科学研究感兴趣，也很少设立机构专门花费时间和财力去发展它，以致西方近代科学日益走向理性、抽象、分析之后，中国就明显地开始落伍，一些曾经在古代领先的科学技术门类也先后衰落了。

至于实用政治权术、实用道德说教、实用人际关系学……乃至日常饮食文化，也都十分发达。只是，中国历史上发展出了世界上最精奥的实用政治权术，却没有关于权力本身的系统思考，缺乏关于体制、机制的理性

① 李泽厚：《中国古代思想史论》，安徽文艺出版社，1994，第307页。
② 《墨子·贵义》，引自吴毓江撰《墨子校注》，孙启治点校，中华书局，2006，第671页。
③ 《韩非子·问辩》，引自（清）王先慎撰《韩非子集解》，钟哲点校，中华书局，1998，第394~395页。

反思与建构；统治者往往可以依据国情，吸取外来的有利的政治策略和价值观，但往往拒绝外来的系统理论，也对形成或信奉系统的"确定的理论"不感兴趣，特别是在对其"道统"形成威胁的情况下。中国发展出了举世闻名的饮食文化（包括酒文化、茶文化），"吃"得有滋有味，"喝"得举世叹服，历史上却一直缺乏科学系统的营养学……

当然，传统文化价值观的实用品格和倾向，最典型地体现在信仰或宗教上。众所周知，宗教是人类一种神圣的、难以调和的信仰和感情，往往具有强烈的排他性。在世界历史上，甚至在当今世界上，不同教义、教派之争（背后往往是经济和政治利益之争），刀光剑影，纷争不息，有时甚至杀得尸横遍野，血流成河。而中国则很少因为宗教信仰大开杀戒。对于宗教，中国社会往往以实用为导向，表现出一种令人瞠目的"多变性"、"调和性"、"包容性"、"不严肃性"。例如，中国社会居然可以超越教义、教派之争，兼容儒教、道教、佛教、基督教、伊斯兰教等于一炉，甚至将孔子、关公、观音、耶稣、释迦牟尼等的神像供于一堂。

"多变性"、"包容性"的宗教导致中国各类庙宇林立，"神"、"仙"众多。并且，他们之间往往各有分工，各自分管不同的具体领域，如地神管土地，谷神管农桑，山川神管水旱瘟疫，风雨神管日月星辰，等等。有些人供奉这些神、仙的目的，大都在于实用的"求"，而不一定是虔诚的"信"。既然众神在列，各有所长，因而人们"求"神多无定规，往往以实用态度对待之，认为"心诚则灵"。"平时不烧香，临时抱佛脚"成为一种普遍的文化现象。当有求于诸神时，随时随地各取所需予以参拜，而并不觉得有何不妥。例如，为了求前程，就去拜文曲星；为了求子嗣，就去拜观音（送子娘娘）；为了求财，就去拜财神赵公明；……有时见了阎王、小鬼的画像都拜，求其别纠缠自己和家人。如果要让人信奉某种已有的或新创立的宗教，最有效的方式不是许诺，就是恐吓，而只是因为相信许诺或慑于恐吓而信教，明显地都是实用心理的表现。

顺应文化的实用品格，各种宗教也往往投其所好，竭力向实用方向发展，满足相应的实用需要。例如，道教之所以在中国具有广泛影响，就与其注重人的现实生命、注重实用不无关系。道家认为，生命是宇宙中最为宝贵的，在天地万物中，"人命最重"；在一切善行中，"寿最为善"。《太上老君内观经》说："道不可见，因生而明之；生不可常，用道以守之，若生亡，则道废。道废，则生亡。生道合一，则长生不死，羽化成仙。"①道家以长生成仙为最高目标，主张敬畏生命，"好生恶杀"。为了达到目标，道教甚至设计、发明了各种实用道术。中国许多人对道教的了解，往往与这些道术的传播息息相关。例如，道教通过长生术、炼丹术，希望为人长生不老、长生不死提供具体帮助；通过炼金术、黄白术，企图点铜成金，满足人们发财致富的欲望；它甚至通过房中术、采补术等，为人们满足阴阳平衡和性的需要助力；……人们在追求或实践各种道术的同时，不知不觉也成为道教的拥趸。

艰苦修行以成佛成正果，进入"极乐世界"，是广大佛教徒的最高愿望。而到了中国，"出世"的得道成佛便有了"入世"的实用的变通方式。这典型地表现在"顿悟成佛"的禅宗之广泛流行。经年累月的念经、打坐、修行，日积月累的佛性修炼，让许多有心信佛的人觉得门槛太高，令崇尚实用的中国人感到过于烦琐、困难。于是，六祖慧能灵机一动，创立了"教外别传，不立文字，直指人心，见性成佛"的禅宗。禅宗大大简化了由凡转佛的过程，强调"不修而修"，"前念迷即凡夫，后念悟即佛"②，顿悟见道，立地成佛。它运用比附性、融合性、内向性思维，讲究"快速成佛"、"顿悟成佛"，只要众生排除杂念，返归清净自性，就可立时"如桶底子脱"，"顿悟"而成佛。这种方式简单、方便、快速、实际、"有效"，于是禅宗很快为大众接受，广泛传播开来，并深刻地渗透到中国文学、艺术以及日常生活之中，形成一种神秘的"禅文化"。

缺乏理性的宗教精神、虔诚的宗教信仰，"平时不烧香，临时抱佛脚"的实用宗教态度，使当下中国的信仰问题，成为一个具有世界意义的研究课题。宗教意识和宗教感的缺乏，乃至一般的"信仰缺失"，是当今中国社会价值观令人头疼之处，这易于导致人们做人做事缺乏原则感、敬畏感和自觉的理性归属意识，在精神上容易产生迷惘、混乱和波动，有些人甚至可能因为"无所畏惧"而自甘堕落，无所不为，无所不用其极。医治当今国人屡屡突破道德"底线"的痼疾，实在是社会主义核心价值体系建设

---

① 《太上老君内观经》，载《道藏》第11册，文物出版社、上海书店出版社、天津古籍出版社，1988，第397页。

② 《坛经·般若品第二》，引自陈秋平、尚荣译注《金刚经　心经　坛经》，中华书局，2007，第150页。

首要的问题。

　　或许，追求、讲究实用并非什么缺点或错误。毕竟，人是世界上的一种现实的存在，具有许多现实的需求和欲望，人们的现实生活实践是最值得关注、最应该关注的内容。让人的活动服从人的实用价值目的和目标，无可指责，天经地义。甚至不以"用"为指向的思想和行为，其动机倒值得我们警惕和怀疑。但这里的关键在于，对事物之"用"应有一个科学、准确、长远的理解，不能只考虑一时一地的"小用"，还要考虑对社会人生的"大用"；不能只强调工具性的"效用"，还要包含对社会人生的深层次关怀，对人自身和社会的塑造与提升；……况且，由于具体主体的情况不尽相同，"有用"与否还必须与具体主体相联系才有意义，不能一概而论，简单地包办代替。

（三）偏重阴柔

　　阴阳是中国思想文化中的一对核心范畴。《周易·系辞上》云"一阴一阳之谓道"，认为阴阳的相生变化、交互作用是宇宙间的根本规律。阴阳五行学说也被古代思想家作为解释一切宇宙、社会和人生现象的权威理论。

　　"阴"、"阳"从字面上说，本来是山的南北两面，山北背阳寒冷，山南向阳温暖。战国以来，阴阳概念的含义被大大拓展了，几乎无所不包、无所不在，凡动、热、强壮、明亮、公开、亢进、有力、向外者为"阳"，凡静、冷、柔弱、晦暗、隐蔽、减退、无力、向内者为"阴"；凡光明、正大、公开、运动、生长、向上等为"阳"，凡晦暗、内隐、静止、向下等为"阴"。阳的特征是"刚"，其中包含了刚健、正直、坚强、进取和有为等含义；"阴"的特征是"柔"，含有委婉、隐忍、曲折、退守和虚无等含义，也即所谓"阳刚而阴柔"。阴阳彼此对立又相互依存，"刚柔相推而生变化"。

　　"阳刚文化"曾经是中国值得骄傲的理想精神境界。《周易·象传》云"天行健，君子以自强不息"，"地势坤，君子以厚德载物"，主张将天地之正气定位为民族精神气质。孟子主张"养吾浩然之气"的大丈夫气概："居天下之广居，立天下之正位，行天下之大道；得志，与民由之；不得志，独行其道。富贵不能淫，贫贱不能移，威武不能屈，此之谓大丈夫。"[①] 墨家

---

① 《孟子·滕文公下》，引自万丽华、蓝旭译注《孟子》，中华书局，2006，第125页。

"尚力"（崇尚人自己的力量）、"非命"（否认外在命运），主张依靠自己的力量，艰苦奋斗。……多少年来，这种"阳刚文化"渗透于中国大地，使中华民族在各种艰难困苦面前，自强不息，顽强生存，发展壮大；同时，也造就了张骞、苏武、班超、史可法、左宗棠、谭嗣同等无数"阳刚英雄"，他们以博大的胸怀、豪迈的气概、果敢的行动，通过艰苦卓绝、不屈不挠的奋斗，在史册上留下了不朽的壮丽诗篇。

但"阴柔文化"更是源远流长，其代表可推老子的道家学说。老子不厌其烦地推崇"柔弱"："反者道之动，弱者道之用"[1]，"天下之至柔，驰骋天下之至坚"[2]。他认为"柔弱胜刚强"："人之生也柔弱，其死也坚强。草木之生也柔脆，其死也枯槁。故坚强者死之徒，柔弱者生之徒。是以兵强则灭，木强则折。强大处下，柔弱处上。"[3]"天下莫柔弱于水，而攻坚强者莫之能胜。以其无以易之。弱之胜强，柔之胜刚，天下莫不知，莫能行。"[4]刘向《说苑·敬慎篇》中记载了这样一个故事：老子的老师常枞（又作商客）临死时，"张其口而示老子曰：'吾舌存乎？'老子曰：'然。''吾牙存乎？''亡矣。'常枞曰：'子知之乎？'老子曰：'夫舌之存也，岂非以其柔耶？齿之亡也，岂非以其刚耶？'"老子已深知柔存刚亡、柔弱胜刚强之理。因此，老子坚信柔弱处世的价值，倡导"致虚极，守静笃"，通过无为而达到无不为。至于庄子以及后期道家，更主张以"心斋"、"坐忘"（忘记人己、物我的一切区别，停止身心的一切活动），达到"形如槁木，心如死灰"之境界。

其他文化价值观也多尚柔。例如，佛教以止恶、行善、忍耐、超脱、解脱、来世回报等为内涵，其不抗争、"尚柔"就不用说了。儒家思想虽主入世，追求事功，主张内圣而外王，但其内涵、气质和精神也明显"尚柔"。从词源上说，"儒之古训为柔"。《说文》的释义为："儒，柔也，术士之称。从人，需声。"据胡适考证，"凡从需之字，大都有柔弱或濡滞之义"[5]。从起源上说，"儒"之名起于亡国后的殷士，"此种遗民的士，古

---

① 《老子》第四十章，引自陈鼓应注译《老子今注今译》，商务印书馆，2003，第226页。
② 《老子》第四十三章，引自陈鼓应注译《老子今注今译》，商务印书馆，2003，第239页。
③ 《老子》第七十六章，引自陈鼓应注译《老子今注今译》，商务印书馆，2003，第332页。
④ 《老子》第七十八章，引自陈鼓应注译《老子今注今译》，商务印书馆，2003，第339页。
⑤ 胡适：《胡适之说儒》，陕西师范大学出版社，2005，第32页。

服古言，自成一个特殊阶级；他们那种长袍大帽的酸样子，又都是彬彬有礼的亡国遗民，习惯了'犯而不校'的不抵抗主义，所以得着了'儒'的诨名。儒是柔儒之人，不但指那逢（褒）衣博带的文绉绉的样子，还指那亡国遗民忍辱负重的柔道人生观"①。"'儒'本来是亡国遗民的宗教，所以富有亡国遗民柔顺以取容的人生观，所以'儒'的古训为柔儒。"② 虽然孔子对儒学进行了改造，"他把那有部落性的殷儒扩大到那'士以为己任'的新儒；他把那亡国遗民的柔顺取容的殷儒抬高到那弘毅进取的新儒"，建立了"刚毅威严、特立独行的新儒行"③，但儒家尚柔的品格仍然在相当程度上存留了下来。例如，从思想基础上说，儒家建立在以家庭、家族为本位的宗法等级制上，因而特别强调"事亲之孝"、"事主之忠"，强调柔性的人身依附甚至绝对服从。从思想取向上说，儒家尚德不尚力，谋道不谋器，而道德是一种"软力量"，儒家以道德作为入世方略，这也极富阴柔品格。从儒家的道德修行上说，它强调敬天顺命之类信仰，倡导身心上的"寡欲"、"无欲"主张，并要求人们为人处世中庸和谐、彬彬有"礼"，这明显也是阴柔取向的。正因为如此，阴柔可称为传统文化的主向度，儒道因其阴柔而有相通之处。④

"阴柔文化"之普遍滋生、泛滥于中国，主要还在于中国长期奉行权威主义、专制集权统治。中国汉代董仲舒"独尊儒术"，以《周易》和孔子学说为基础，将阴阳刚柔加以人格化的阐述，形成了一种影响深远的"理论"。董仲舒提出"贵阳而贱阴"的原则，并将其与"王道之三纲"联系在一起，认为君臣、父子、夫妻等之间的关系，就是阳与阴的关系："丈夫虽贱皆为阳，妇人虽贵皆为阴……诸在上者皆为其下阳，诸在下者皆为其上阴。"⑤ 他将阴阳刚柔加以人格化的比附和分割，固然是为推行其

① 胡适：《胡适之说儒》，陕西师范大学出版社，2005，第47页。
② 胡适：《胡适之说儒》，陕西师范大学出版社，2005，第110页。
③ 胡适：《胡适之说儒》，陕西师范大学出版社，2005，第121页。
④ 胡适甚至认为，"老子也是儒"，道儒本是一家，"如果'儒，柔也'的古训是有历史意义的，那么，老子的教义正代表儒的古义"（胡适：《胡适之说儒》，陕西师范大学出版社，2005，第127页）。鲁迅进一步指出，儒道两家都"尚柔"，所不同的只是：儒家文化的特点是阳柔，"儒以柔进取"；道家文化的特点是阴柔，"道以柔退守"。
⑤ 董仲舒：《春秋繁露·阳尊阴卑》，引自（清）苏舆撰《春秋繁露义证》，钟哲点校，中华书局，1992，第325页。

政治主张服务，但传统社会以阳刚为主导的传统文化在这种比附和分割中被消解了。因为，将阳归于"在上者"，将阴归于"在下者"，同时又主张"贵阳而贱阴"，这无疑意味着：一方面，人人都有阴阳两面性，对下对上要采取不同的态度和方式；另一方面，由于中国封建社会是金字塔形的权力结构，"在下者"必然是绝大多数，社会上绝大多数人处阴境而尚柔术，就难免逐渐形成普遍的社会风气。许多世纪以来，统治阶级以这样的方式巩固自己的地位，并进行相应的强制和驯服式的教化，压制了社会上绝大多数人的阳刚之气，普通百姓只能压缩自己的主体精神和独立人格，在权力的夹缝中苟且偷生，从而使柔弱成为最佳的生活态度，导致阴柔文化滋长和泛滥。

　　放眼历史与现实，阴柔型文化价值观自有其合理性与意义。程子说："阴之道，非必小人也，其害阳则小人也，其助阳成物则君子也。"① 至少，阴柔是人类文化的一个重要维度，也是世界文化的一个基本侧面。而且，西方以刚强、进取（掠夺）、竞争、冲突为特色的阳刚文化，导致人的主体性过分张扬，造成人与自然、人与人之间的矛盾与冲突日益尖锐。这种刚性的价值取向有待反思和调整，它实际上可以从中国传统的阴柔型文化中吸取营养，寻求启迪。但是，以阴柔为主向度，或单纯"尚柔"，也造成中国社会阳刚不足，进取失道，诸种弊端日益明显地突出出来。或许，只有在坚持人性、正义的前提下，合阴阳，兼柔刚，保持阴阳平衡，追求阴阳和谐，才是合理、恰当的文化价值观品质。

四　中国传统价值观的基本特质

　　在当今全球化、信息化时代，谈论中国传统价值观的特质，典型的参照物显然是强势的西方文化价值观。甚至，只要谈论中国传统价值观，就有着与西方价值观相区别、相对比、相抗衡的意味。因此，这里我们也不妨以西方文化价值观为参照，对中国传统文化价值观的特质进行一番概括性的讨论。

----

① 《二程集·河南程氏粹言卷第一》，载（宋）程颢、程颐《二程集》（下），中华书局，2004，1170 页。

(一) 兼容并蓄，多元并存

相比脉络清晰、相对"单纯"的西方文化价值观，中国文化价值观显然经历了更多的沧桑变迁，包容、吸纳了更多的异域文化内涵；相比那些已经濒临灭绝的文化价值观，中国文化价值观又保持了其历史延续性，更拥有包容、学习和自我更新的资格和能力。

中国文化价值观具有胸襟开阔、广纳兼容的特点。《周易·象传》云："天行健，君子以自强不息。地势坤，君子以厚德载物。"《周易》主张学习"天行健"，刚健有为、进取不息；也要效法"地势坤"，诚厚宽容，包容和负载万物，使之相互和谐，生长繁息。李斯《谏逐客书》云："泰山不让土壤，故能成其大；河海不择细流，故能就其深；王者不却众庶，故能明其德。"朱穆《崇厚论》亦云："天不崇大则覆帱不广，地不深厚则载物不博，人不敦庞则道数不远。"这种博大的气势和宽广的胸怀，这种"厚德载物"的要求，是中国文化价值观生成流变、丰富多彩的前提。

在中国历史上，统治者为了维护自身的利益特别是统治的稳定，在政治大一统的基础上，往往也追求思想文化上的大一统，如中国封建专制者就曾制造"焚书坑儒"、"罢黜百家、独尊儒术"、"排佛"、"文字狱"等事件。这些举动极大地阻滞、扼杀了文化价值观的多样性。但是，总体来看，绵延悠久的中国文化价值观是丰富多彩、多元并存的，既有以政治、伦理为本位的儒学价值观，也有讲究顺其自然、清净无为的道家价值观，还有宣扬一切皆空、人生皆苦、企求解脱的佛教价值观，等等。

在历史上，占据主导地位的儒学虽然不乏排他之举，但仍然表现出强大的包容能力，不断吸纳、融合其他文化。如董仲舒包容了法家、阴阳家的思想，宋明理学（包括陆王心学）吸收了佛道思想，当代新儒家更是努力与市场、民主、人权、法治等思想相协调，等等。这类援法入儒、援道入儒、援释入儒、神儒合一以及"儒家资本主义"的观点与举措，体现了儒学的兼容并包精神。

儒、释、道内部在发展中出现过大量的纷争，形成了不同宗派和流派。历史上则不断有人对之加以整合、融通。深具意味的是，多元的中国文化价值观之间尽管不乏对立与冲突，大多时候却是作为各司其职的不同选项而存在。如儒家价值观倡导人们立德、立功、立言，内圣而外王。但士大夫、文人学士们一旦认为统治者"无道"，或者感觉自己不受赏识，则郁郁不得志，便"舍之则藏"，"退而独善其身"，归隐山林，与世隔绝。因而中国古代隐士多，出家人多，和尚、尼姑多，佛教、道教比较发达。有人形象地说，中国人"入仕时是儒教徒，出仕时是道教徒"。如列文森说："历史上的中国人是'进者儒，退者道'——他一方面具有治国平天下的儒家抱负，另一方面又追求，或者说是努力追求道家的人与自然的和谐，而这正好与儒家追求的人与人的和谐区别开来。儒与道合在一起才构成一个完整的人。"① 甚至在同一主体身上，多元、多样文化价值观也能够共时性地相互融合，合而为一。

文化价值观上的兼容并蓄、多元并存、相互融合，表现了中国社会海洋一样的开阔胸襟，造就了中国文化价值观广阔而丰富的特性，为文化价值观的传承与创造提供了取之不尽、用之不竭的丰厚资源。

（二）持道中庸，追求和谐

中国传统价值观与推崇竞争、不回避冲突的西方价值观不同，它以和谐、中庸为价值取向。

在人与自然之间的关系上，无论是道家，还是儒家，都强调"天人合一"，强调人与自然之间的平衡与和谐。《周易·文言》曰："夫大人者，与天地合其德，与日月合其明，与四时合其序，……先天而天弗违，后天而天奉时。"《中庸》将自然之和表述为："万物并育而不相害，道并行而不相悖。"《管子·五行》云："人与天调，然后天地之美生。"荀子要求"明于天人之分"，从而"天有其时，地有其财，人有其治，夫是之谓能参"，最终"万物各得其和以生，各得其养以成"②。道家强调"道法自然"，"不与自然争职"，一切因任自然，无为而治。"和"的状态在于，万物各在其位，各有其分，各得其所。这体现为"度"，而"适度"即为"中"，"使万物无一失所者，斯天理，中而已"③，因此，也谓之"中和"。

---

① 〔美〕列文森：《儒教中国及其现代命运》，郑大华、任菁译，中国社会科学出版社，2001，第 37 页。

② 《荀子·天论》，引自（清）王先谦撰《荀子集解》，沈啸寰、王星贤整理，中华书局，2012，第 302 页。

③ 《二程集·河南程氏粹言卷第一》，载（宋）程颢、程颐《二程集》（下），中华书局，2004，1182 页。

在人与人之间的关系上，中国传统价值观坚持"群体本位"，崇尚秩序与团队精神；特别是以"和为贵"，将重"和"作为处理人与人之间关系的重要价值取向。儒家以仁为本位，以礼为维护社会秩序的手段。而"礼之用"，"和为贵"，即维护社会秩序的礼的运用和目标也在于"和"。《中庸》云："和也者，天下之达道也。"有子强调"和为贵"，孟子认为"天时不如地利，地利不如人和"，董仲舒主张"德莫大于和"。中国一向讲究各守其位，各司其职，和平共处，尽量避免矛盾与冲突。孔子进一步强调："君子和而不同，小人同而不和。"允许差异、个性、多样性存在的"和而不同"，是待人处事的基本态度，是人们一切言行的出发点和判断依据。

在人的身心关系上，传统价值观也力求和谐。儒、释、道各家都力图通过修身养性，压抑或克服各种欲望的膨胀，追求内心的和谐、良心的安宁。传统文化甚至视人为一个"小宇宙"，用阴阳对立的观念解释"小宇宙"的均衡和谐。"治气养心之术，血气刚强，则柔之以调和"，"刚柔得道谓之和"。如身体出现过热现象，则应服用去热的冷性食物或药物；如身体出现过冷现象，则应服用去冷的热性食物或药物；冬天天气冷，应多用热性食物以补充之；夏天天气热，则应多用凉性食物，以维持冷热的均衡。中医、中药就是这一方面的典型理论和实践。气功、导引、拳术以及静坐养气等，其原则也在于借运动身体以导引阴阳之调和，进而求得内在脉络气血的均衡。

（三）善于学习，为我所用

中国是世界上最重视教育、最善于学习的国家之一。虽然在历史上不乏妄自尊大、闭关锁国、拒斥外来文化和对外交流之举，如中国清朝以"天朝上国"自居，认为自己"物产丰盈，无所不有"，无须对外交流，清初的海禁政策甚至严令"片板不准下海"；新中国成立后"左"的时期，特别是"文化大革命"时期，在"反帝反修"的旗帜下，对外采取封闭战略，国际文化交流渠道十分狭窄；等等。但总体来说，历史上重视教育，善于学习，不拘一格吸取文化精华。今天文化价值观的兼容并蓄、多元并存的面貌，就是长期学习、"拿来"的结果。

中国春秋战国的"百家争鸣"，实际上是诸子百家相互学习、相互砥砺、相互提升的一个过程。魏晋以后，曾经大规模吸收印度佛教思想，使儒、释、道相互学习，相互融通。近代洋务运动是中国大举学习西方的自强运动。它以"中体西用"为理论纲领，以"师夷长技以制夷"为口号。在长达几十年的时间里，林则徐、魏源、曾国藩、李鸿章、左宗棠、张之洞等人立译馆，译"夷书"，开学堂，引进、介绍和传播西学；设立造船厂和火器局，制造洋枪、洋炮和洋船；后来还转向民用工业和商务，办起了一批民族工商企业。自此，西学东渐，西学成为中华民族学习的主要来源。改革开放以来，更是大举引进西学，以作为民族振兴的思想资源；借鉴国际经验，"与国际接轨"，探索民族复兴之路。

文化价值观上的善于学习，为我所用，造就了中国面对世界多元文化，令世人惊叹的敢于和善于同化、吸收多元文化资源的能力，使中国既能够广泛吸收别人之长，不断充实和完善自己，又能够保持自己的鲜明个性，使文化始终具有巨大的内部亲和力、凝聚力。

（四）求实顺变，自我更新

几乎任何文化都有保守性，历史悠久、博大精深的文化尤甚。在历史与现实中，"尊祖法宗"，拘泥圣贤，"祖宗之法不可变"，反对变革的声音往往十分强大。如中国曾以"中央帝国"自居，基于五千年的辉煌，曾表现出"无知的傲慢"和"虚骄"。如有些人认为，中国不但无须向其他民族文化学习（典型的如乾隆皇帝所谓"天朝之大，无所不有，无需与尔等夷狄互通往来"），而且负有教化"四夷"之责。"用夏变夷"被认为是常理，而"用夷变夏"则是当然的大逆不道。虽然如此，但中国文化也确实具有深厚的辩证法传统，包含着因势利导、求实顺变、自我更新的要求与内容。

儒学自先秦始，便注重经（原则的绝对性）权（灵活变通）关系的辨析。虽然权总体上是从属于经的，但儒学并不否认权变。如孟子说："执中无权，犹执一也。所恶执一者，为其贼道也，举一而废百也。"[①] 汉儒董仲舒也认为，在形势发生变化时，应该在根本原则（"经"）允许的前提下，采取灵活的对策（"权"）。明末王夫之提出"理势合一"、"理随势

---

① 《孟子·尽心上》，引自万丽华、蓝旭译注《孟子》，中华书局，2006，第302～303页。

易”，认为随着历史必然趋势的变化，根本原则也应该改变。这些都为文化之求实顺变奠定了理论上的基础。

近代衰落挨打以后，中国的变革历程更是惊心动魄、风起云涌。洋务运动是以“制夷”为目的、坚持传统纲常名教基础上的“变器不变道”的器物改革。[①] 戊戌变法是为了图强、效仿西方进行的君主立宪式的政治、经济变革。20 世纪末期的中国也冲破锁国政策，将改革开放定为基本国策，全面进行经济、政治和文化体制改革。通过这些顺应时势的伟大变革，中国摆脱了近代以来的衰弱形象，赢得了国际社会的广泛赞誉。

文化上的求实顺变、不拘一格、自我更新，造就了自我发展、自我完善的主体活力。顺应而不是抵牾历史大势，求实唯实而不务虚名，求新求变而不抛弃传统，使中国文化不致凝固僵死，总是具有广阔的活动空间，充满着生生不息的活力。

总之，“海纳百川，有容乃大”，是中国文化价值观历史与现实真实的写照，是对文化多元性、复合性、包容性、变迁性的真切描绘。“大”来自敦厚而广有所容；敦厚而广有所容，又基于其自身之“大”。正可谓“汪汪如东海之波，澄之不清，扰之不浊”，永远自成一番景象，永远具有无限的生命力。几千年来，正是基于“厚德载物”、“大象无形”的品格，正是在这种多元、复合型文化的滋养下，中国与中国文化才历经沧桑，不断成长与壮大。今天，必须弘扬“海纳百川，有容乃大”的文化传统，坚持扬长避短、趋利避害的原则，努力吸纳一切合理的文化资源，为我所用，建立先进的社会主义核心价值体系。

五　中国传统价值观与“推陈出新”

中国传统价值观是与中华民族的历史血脉相通的。经过几千年的历史积淀，它已经变得极其丰富，却又十分复杂。我们必须弄清它的历史渊源、发展脉络和基本走向，弄清它的独特创造、鲜明特色和主要意蕴，从而推陈出新，为我所用，增强社会主义中国的文化自信和价值观自信。

---

① 王韬在《变法中》指出：“可变者器，不可变者道。”“器则取诸西国，道则备自当躬。盖万世而变者，孔子之道也。”

当然，在梳理和评析中国传统价值观的时候，我们也应该清醒地认识到，封建社会的历史特别漫长，一直延续到近代，其对现代中国社会的影响特别直接而"有力"，因此，我们所谓的传统价值观，主要是指以封建宗法等级制度为基础、以"官本位"为核心的封建主义价值观。

在中国，随着辛亥革命的成功，封建专制的社会制度被推翻，作为完整体系的封建主义价值观也已成为历史。但是，价值观具有相对独立性。作为在长期的历史演进过程中积淀而成的文化传统，封建主义价值观的影响则根深蒂固，它不会随着封建制度的消亡而立即消失。事实上，它在现实社会生活中还有比较大的影响，在一些人的头脑中还顽固地存在。特别是，近些年来的"传统文化热"（包括"儒家文化热"、"道家文化热"、"国学热"等），以及各种"寻根"思潮，更是直接唤醒、复苏甚至"发展"了这种价值观。也正因为如此，在建立社会主义核心价值体系的实践过程中，我们感受到传统的影响往往特别深沉，因袭的"传统包袱"往往也特别沉重。在今天社会主义初级阶段，中国社会主义核心价值体系建设非常重要的工作之一，就在于必须时刻警惕封建主义价值观的糟粕（如封建迷信、宗族势力的复活和官本位的变本加厉等）在新的形式和外衣下死灰复燃，像梦魇一样纠缠国人的灵魂，成为中国推进改革开放和社会主义现代化建设的思想障碍。

一般而论，传统的封建主义价值观的基础是"家族本位"、"家长主义"和"君权至上"。"家有百口，主事一人"，"溥天之下，莫非王土；率土之滨，莫非王臣"，就是这种价值观念的真实反映。在这种价值观念支配下，个人在人格上相对于"家长"和"君主"处于从属地位而无从获得独立；大小官僚则对上对下表现出两副全然不同的面孔：对下是"尊长"，俨然民之"父母"，颐指气使，不可一世；对上却自甘依附，俨然官之"奴仆"，唯命是从，低声下气。这造成了比较普遍的"人格分裂"，普遍影响了人们的人格之发育，也普遍影响了人们的"成人"过程。

传统的封建主义价值观表现在社会规范上，是宗法等级制和各种"纲常"、"礼教"。讲究"尊卑有别，长幼有序"，"君君、臣臣、父父、子子"，"三纲五常"；"存天理，灭人欲"，甚至以"礼"杀人。传统价值观念中的"本位价值"，是封建等级制度中的"权力"，其核心突出地表现为"权本位"，即羡慕、追求和"玩弄"权力。"权"是最高的价值，一切价值最终都要以"权"来换算和衡量。唯"权"是听，有权就有一切，丧失权力就丧失一切。人们在生活中所享受的种种待遇，都严格对应于相应的官位、官级，具有森严的等级性。更兼这种"权本位"的观念与封建宗法制相结合而世代相袭，传之子孙，旁及左右，乃至"一人得道，鸡犬升天"。至于个人价值的实现和社会地位，不取决于个人的能力和业绩，而主要取决于他蒙受和承嗣"祖荫"的有无与多寡。

封建主义价值观是建立在封建专制制度和自然经济、小农生产方式基础之上的，因而从根本上说，是与现代化的社会大生产、商品经济（或市场经济）以及信息化的社会基础不相适应的陈腐、保守、落后的观念。即使反映广大小生产者利益、意志和生活方式的观念，对于中国的现代化建设而言也是不相适应的落后观念，如主体意识淡薄、缺乏权利感和责任感、习惯于攀附和依赖的观念；羡慕权力、追求权力、讲究等级的权力本位；价值取向上的安贫乐道、重义轻利、重理轻欲、轻贱商贾的观念，"不患寡而患不均"的平均主义观念，封闭守旧、满足现状、害怕革新的观念，生活散漫、不守时间、不重效率的观念；等等。不彻底破除这些陈腐、保守、落后的观念，社会主义核心价值体系和核心价值观就不可能真正确立起来。

当然，如同前面各节所扼要总结和分析的，中国传统价值观历史悠久，博大精深，内容丰富，不断变迁，绝不能将之简单地等同于封建主义价值观。实际上，它还包括反映中国人民在不同历史时期的利益、需要、愿望、理想的观念，如"天下兴亡，匹夫有责"、"先天下之忧而忧，后天下之乐而乐"之类主体责任意识，厚德载物、刚健奋进、自强不息、自力更生、艰苦奋斗之类优秀精神品质，讲究仁爱、"以人为贵"、"等贵贱、均贫富"之类重要价值原则，崇诚信、守纪律、讲秩序、尚和合、求大同之类重要价值取向，朴实善良、勤俭节约、尊师重教、敬老尊贤之类优秀传统美德，等等。这是中国历史传承下来的优秀的文化价值传统，是建设中国特色社会主义核心价值体系的宝贵的文化价值基因，是建设过程中值得光大的文化价值资源。

总之，文化是"人化"与"化人"的统一，是民族、国家的精神家园。实质上，文化传统是我们的"根"，它渗透在我们的血液之中，潜移默化地影响着我们的心理、思想和行为。无论我们如何看重外来的文化价值观资源，无论我们如何重视转型和创新，中国特色社会主义核心价值体系建设都不可能置文化价值观传统于度外，"割断"或抛弃既有的文化价值传统"另起炉灶"。如果抛弃了传统，丢掉了根本，无异于割断了我们自己的精神命脉，动摇了我们站稳脚跟的坚实根基。只有不忘本来，才能开辟未来；只有善于继承，才能更好地创新。因此，社会主义核心价值体系建设必须立足悠久、丰富的中国文化价值观传统，"取其精华，去其糟粕"，并在中国特色社会主义实践中不断推陈出新，进行适应时代、反映实践的创造性转化和创新性发展。

第四章
西方资本主义价值观与"洋为中用"

自近代打开国门特别是改革开放以来,西方价值观对中国产生了广泛而深入的影响。——这里所谓的西方价值观,主要是指近代西方资本主义兴起和发展过程中形成的价值观。当然,它不能完全与资本主义价值观画等号,至少,它还包括与社会更高的发展阶段和发展进程相适应的价值观,其中与科技发展、市场经济、现代化大生产、环境保护等相联系的"合理内核",可以经过批判性"扬弃"而"拿来""为我所用"。

由于西方资本主义近代以来的快速发展,特别是由于西方的侵略扩张政策和野蛮的殖民手段,西方价值观表现出强大的优势,表现出前所未有的"软实力"。在西方列强对中国入侵、进行"半殖民"的过程中,中国出现了空前的民族危机和文化危机,资本主义价值观在一定程度上渗透、"占领"了中国社会。当然,中国自身民族资本主义的发展,以及开放、改革之类举措,包括社会主义市场经济建设,本身也要求在一定程度上与西方接触和"接轨",学习和接受资本主义的政治理念、管理理念和文化价值观。因此,在建设社会主义核心价值体系的过程中,我们有必要对西方资本主义价值观进行系统的梳理,并与中国传统价值观进行比较,以更好地"取其精华","洋为中用"。

一 西方资本主义价值观的基本内容

西方在与中国全然不同的历史文化背景下孕育并形成了一套较为完整却迥然相异的价值观。

一般而论,西方资本主义的主流价值观的基础是个人主义,终极价值目标是个人幸福,其核心价值理念包括利益、市场、科技、环保、责任、自由、平等、公正、民主、法治，其基本的价值原则有个体至上、利己乃人的天性、天赋人权、私有财产神圣不可侵犯、按自己的意愿行事等，是一种与中国传统价值观迥然不同的文化价值观。

就西方近代以来的资本主义主流价值观的核心结构而言，它大体包括三个层次，即终极目标、核心理念和基本原则。其中，核心理念和基本原则又是自成体系的，有不同的构成要素。它们与终极价值目标一起构成了西方资本主义核心价值体系的基本要素，西方资本主义核心价值体系就是由这些基本要素构成的体系。

社会核心价值体系中通常都包含着终极价值目标。西方资本主义核心价值体系的终极目标是个人幸福。这种价值目标首先肯定幸福是每个人的，个人是幸福的主体，个人对自己负责，个人的幸福主要靠个人去追求和实现。社会在个人追求和实现幸福的过程中，只能为之提供安全稳定的社会环境，制定防止人们在追求幸福的过程中相互妨碍和伤害的规则，并确保这种规则得到遵守。社会不承担为个人提供幸福的责任。这就是所谓"人人为自己，上帝为大家"，"各人自扫门前雪，莫管他人瓦上霜"。不过，后来的资本主义社会给自己增加了一项职能，这就是为那些不能自食其力的社会成员提供基本生活保障。这种价值目标所确定的幸福的内容经历了一个变化过程。近代西方主要将幸福理解为利益，认为只要获得了利益，人们就可以过上幸福的生活，因此诸如"美国梦"鼓励人们追求自己的利益，"白手起家"，发财致富。于是在近代西方，利己主义幸福观盛行。迈入 20 世纪之后，西方为了刺激经济增长，又将享受纳入幸福范围，不仅鼓励人们追求自己的利益，而且鼓励人们消费享受，消费主义、享乐主义幸福观又广泛流行开来。实际上，这两者并不是分离和矛盾的，相反，它们是相互关联、相互作用的。追求利益、占有资源归根到底是为了满足欲望，享受生活。只是在不同时期，社会往往具有不同的需要。近代资本主义社会经济尚不发达，因而鼓励人们节制欲望，积累财富，将积累用于扩大再生产，以增加社会财富的总量，使社会快速走向富裕；而进入 20 世纪之后，资本主义社会经济高速发展，迈入发达社会，因而鼓励人们大量消费，通过高消费持续地刺激经济增长。马克思称之为"货币拜物教"或者"商品拜物教"①，人成为金钱、资本的信徒。无论哪一种情况，经济增长都是内在的驱动力。这也许就是资本主义价值体系的本质。

"核心价值理念则是终极目标的具体体现，它们本身具有目的性，同时又是体现着终极价值目标的要求并服务于终极目标实现的，因此，它们在核心价值体系中具有核心的地位。"② 近代以来，西方资本主义价值体系的核心理念发生了一些变化，但没有多大的实质性改变，有些核心理念还处于变化之中，还未完全确定。就得到公认的核心理念而言，西方资本主义价值体系主要有以下十个核心理念，即：利益、市场、科技、环保、责任、自由、平等、公正、民主、法治。其中，前五个理念是与经济生活直接关联的，而后五个理念则是政治生活的追求，它们在资本主义制度下组合在一起，构成了资本主义的核心价值体系。

西方资本主义价值体系是以市场经济为基础的，奉行的是"资本的逻辑"，整个价值体系的出发点和目的都是利益。这里所说的利益，最初主要是指经济利益，在经济生活中体现为资本，如金钱、土地、机器、人力资源，以及其他经济资源，但后来，它进一步扩展到一切能获取经济利益的资源，如政治权力、教育机会、社会地位、声誉和名望等。在资本主义私有制和市场经济条件下，这些非经济的资源也可以转化为资本。资本是可以增值的，即可以带来利润，这样，对利益的追求在市场经济条件下转变为对资本增值的追求。资本主义价值体系和价值文化是以获取利益尤其是以资本增值为终极目标的，整个资本主义社会的运行也是以资本的增值为追求和驱动力的。资本主义价值观因其推崇资本和追求资本增值而具有了资本主义的性质。

资本主义价值体系所追求的利益不像以前的社会那样，主要靠辛勤的劳动或者野蛮的战争掠夺而获得，而主要是依靠在市场经济中，通过"物竞天择，适者生存"的"自由竞争"来获取。市场是人们获取利益的主要战场，而市场经济则是这种战争运行的机制。市场经济是以追求利润为目的、以商品生产和交换为主要内容、以市场（所谓"看不见的手"）为主要经济调节手段的经济。当然，市场经济有悠久的历史，然而，只是在资

---

① 马克思:《资本论》(第 1 卷)，人民出版社，2004，第 113 页。
② 江畅:《我国主流价值文化构建的三个问题》，《光明日报》2012 年 6 月 21 日，第 11 版。

本主义价值体系中，它才成为社会经济的唯一形式，才成为整个价值体系的基础和支柱。资本主义价值体系是在市场经济兴起和发展过程中催生的，西方资产阶级在构建其价值体系的过程中，不仅认可市场和市场经济，而且以市场经济发展为取向并适应其发展要求构建自己的价值体系，使之成为自己的基本价值理念。

科学技术与市场经济不一样，西方资产阶级一开始就有意谋求其发展。不过这种谋求最初并不是为了发展市场经济的需要，而主要是针对中世纪的蒙昧主义。但是，当资产阶级发现作为近现代知识的科学技术可以极其有力地促进市场经济发展的时候，它就致力于科学技术的发展，使科学技术成为促进市场经济发展和改变社会面貌的主要力量。科学技术自古以来就存在，只是到了近代以后才成为以实验为基础的科学与以科学为基础的技术两者有机结合的科学技术。市场经济发展必然要求科学技术发展，而科学技术发展又成为市场经济发展的加速器，这两者最终在资本主义价值体系中、在资本主义实践中有机地结合起来，并大大增强了资本主义社会及其价值体系的物质基础。

市场经济与科学技术的相互促进一方面使西方社会经济繁荣、社会和文化发展，另一方面又导致了严重的环境和生态危机。海德格尔说："技术越来越把人从地球上脱离开来而且连根拔起。……当我而今看过从月球向地球的照片之后，我是惊惶失措了。我们根本不需要原子弹，现在人已经被连根拔起。我们现在只还有纯粹的技术关系。这已经不再是人今天生活于其上的地球了。"[1] 为了解决日益严重的生态环境问题，西方人的环境保护意识普遍增强，环境保护也就逐渐成了当代资本主义价值体系的一个重要价值理念。在当代西方，环境保护理念的含义已经从最初单纯防止自然环境的恶化，对青山、绿水、蓝天、大海的保护，包括不能私采（矿）滥伐（树）、不能乱排（污水）乱放（污气）、不能过度放牧、不能过度开荒、不能过度开发自然资源、不能破坏自然界的生态平衡等，逐渐扩展成了保全物种、养护植物植被、保护生物多样性、让动物回归自然、尊重动物的权利，以及为了保证社会发展而扩大有用自然资源的再生产，等等。今天，生态环保已经作为一种重要的价值要求渗透到西方社会生活的

---

① 〔德〕海德格尔：《海德格尔选集》（下），孙周兴选编，上海三联书店，1996，第1305页。

各个方面,各种环保组织及其行动成了西方社会的一道亮丽的风景。

保护环境,维护生态平衡,是西方对自然、对人类的生存环境负责的一种重要体现,但是,西方当代先进的责任理念不只涉及对自然环境负责的问题,还扩展到了人类生活的各个方面。自20世纪50年代以来,责任理念的内涵和外延不断拓展,目前已经是一个含义十分广泛的概念。就其主体而言,不仅指个人,而且指企业、政府,乃至其他各种社会组织,特别是强调企业对客户和社会的责任。就责任对象而言,不仅对自然环境负责,而且对社会环境、对他人负责;不仅对当代人负责,而且要对子孙后代负责。就责任范围和程度而言,不仅指直接责任,而且指间接责任;不仅指显性责任,而且指隐性责任;不仅指当前的责任,而且指长远的责任。对于当代西方来说,责任不只是指相对于权利而言的责任,也指并不与权利相对应、相匹配的一些责任;不只是指与社会角色相应的责任,也指具体角色之外作为一般人特别是作为人类成员应承担的责任;不只是指责任主体应承担的责任,也指对责任主体自己的行为负有的一切责任。西方责任理念的确立归根到底是人类社会依存关系日益增强、日益一体化的必然要求。

自由是资本主义社会最为推崇的核心价值理念。这不仅是因为自由是封建专制的对立面,只有用自由才能取代专制,而且是因为人们的普遍自由是市场经济得以存在和健康运行的条件。这里的普遍自由,包括资本在市场中逐利的自由和工人出卖自己的劳动力的"自由"。显然,自由是一个含义非常模糊的概念,人们对自由实际上存在多种不同的理解。一般而言,作为资本主义核心价值理念的自由,其含义是相对确定的,这就是"每一个人都能按自己的意愿行事"。如新自由主义"教父"哈耶克认为,"一个人不受其他某人或某些人武断意志的强制"的状态,即"个人自由"①。要实现个人自由,不仅需要每一个人具有自由的意识,而且需要有允许人们自由的环境,特别是社会环境。资本主义社会就是根据这种自由的要求建立起来的。对于生活在资本主义社会中的人来说,除了正式颁布的法律之外,人们可以不受任何其他东西的约束,而法律本身至少在名义上是每位社会成员个人意志的体现——当然,实际上,囿于资本主义私有

---

① 〔英〕哈耶克:《自由宪章》,杨玉生等译,中国社会科学出版社,1999,第28页。

制和资本的逻辑，这并不可能。

资本主义是以人们自由地追求利益为动力机制的。但由于人们各方面的条件不尽相同，因而追求所获得的利益自然不相同，其结果往往造成人们在结果上或事实上不平等。就此而言，资本主义社会是一个不平等的社会。但是，资本主义的价值文化又确实是肯定人人平等的，而且在实际生活中贯彻了这种平等的要求，只是这种平等不是结果上的、事实上的平等，而是马克思所说的"形式上的"平等。这种平等往往被解释为人格的平等，即不论出身、种族、贫富、强弱、老幼、男女都有平等的人格尊严；权利的平等，即所有人都享有相同的社会权利；机会的平等，社会的一切机会向所有人开放；规则的平等，即像"在法律面前人人平等"那样的规则适用于一切人。这种平等虽然是"形式上的"，具有一定的虚伪性，但并不能说都是虚假的，相反，它具有一定的实在性。如果完全没有这种平等，整个资本主义社会就无法正常地运行。

普遍自由与社会后果的不平等（两极分化或事实上的不平等）是资本主义价值观内在的深刻矛盾。在资本主义早期，由于发展有限，这种矛盾还不是那么明显，但随着资本主义的快速发展，这种矛盾便日益突出、尖锐化。正是为了解决这一问题，社会公正便成为一种强烈的呼声，得到广大社会公众的重视。而所谓社会公正，就是使社会成员各得其所，"得其所应得"。对于资本主义价值体系而言，其公正只能是这样的，即在肯定和维持自由竞争导致的社会事实上的不平等前提下，使自由与事实上的不平等控制在一定的范围之内，使两者之间的矛盾不致导致严重的社会冲突。其实际的处理方法就是通过生产关系的内部调整，给社会的弱者提供适当的社会保障和社会福利，使他们能够正常生活下去，尽管不可能富有，尽管不可能消除两极分化。因此，资本主义的公正实际上就是自由竞争，辅之以必要的社会保障和社会福利。这就是资本主义意义上的社会成员各得其所。

当每一个社会成员都成为自由的主体时，社会就是民主的。民主实际蕴含在自由之中。在当代资本主义社会，民主不仅意味着每个人是社会的主体，更意味着各种社会利益集团（常常以组织的形式存在）是社会的主体。社会利益集团，特别是政党，取代了公民而成为社会真正的主人。资本主义早期的"主权在民"演变成了主权在利益集团，社会的政治权力最终落到在政治竞争中取胜的政党手中。资本主义的议会政治或代议政治，实际上是利益集团政治或政党政治。相对于传统的专制社会而言，当代西方社会实行的确实是民主政治，但由于资本主义私有制奉行"资本的逻辑"，社会的主权根本不在于民，而在于掌握着政治权力的利益集团。在选举体制中，一个利益集团能否掌握政治权力，虽然主要取决于所代表的阶级或阶层的经济实力，但也要看它能否兼顾全体社会成员的利益。

法治是与民主相伴的，是民主的"保护神"。一个社会要成为真正自由、民主的社会，必须有健全的法制作为保障。资本主义价值体系之所以推崇法治，就是因为只有法治才能维护资本主义的自由和民主。资本主义法治的基本内涵在于，一切政治权力必须在法律的范围内行使。在法律范围内行使的权力不但不能侵犯个体的自由和权利，而且要维护和扩大他们的自由和权利，并确保正常的社会秩序。只有这样，社会成员才能享受自由，才能成为社会的主人，他们的自由竞争才不会造成社会秩序的破坏。——当然，要使法律具有这种限制权力的作用，它本身必须是广大社会成员意愿和意志的体现。否则，"恶法"便可能产生各种副作用，令权力失去有效的制衡，令民主和自由受到侵害。

"基本价值原则是终极价值目标和核心价值理念的实践要求。"① 资本主义价值体系作为一种比较成熟、比较完善的社会价值体系，包含着一系列体现其终极价值目标和核心价值理念的价值原则。其中比较基本的，我们大致可以列出以下十条原则。

（1）个体至上原则（个体原则）。这是资本主义价值体系的根本原则。它要求在个体与整体特别是与国家的关系方面，以个体为本位、为实体，国家服从个体并为个体服务，在两者发生冲突时，以个体利益为重。

（2）利己乃人的天性原则（利己原则）。这一原则承认个体追求自己的利益是本性使然，是天然合理的，也是合乎道德的，因而要求国家的制度和管理只能顺应这种本性，为实现这种本性服务，而不能做违背这种本性的事。

（3）天赋人权原则（人权原则）。这一原则肯定个人的基本权利是与生俱来的，是任何人都不可剥夺的，也是个人自己不可转让的，法律和政

---

① 江畅：《我国主流价值文化构建的三个问题》，《光明日报》2012 年 6 月 21 日，第 11 版。

府必须维护人的基本权利。

（4）私有财产神圣不可侵犯原则（私产原则）。这一原则以承认个人享有私有财产权是人的自然权利为前提，把保护私有财产看作政府首要的、不可推卸的职责，政府也不能以任何理由侵犯私有财产。

（5）按自己的意愿行事原则（自由原则）。这一原则将自由看作人最重要的天赋权利，法律和政府都要确保公民和其他个体的这种权利。

（6）人格、机会、权利、义务平等原则（平等原则）。这一原则以平等是人的基本权利为前提，要求政府在不影响自由竞争的前提下在所有可能的方面实现人人平等，使所有社会成员普遍平等。

（7）个体主权原则（民主原则）。这一原则要求，所有的社会个体都应该成为社会的主体和主人，社会管理者是个体自主选择的，并且是为个体服务的。

（8）依照法律治理国家原则（法治原则）。这条原则也是法律至上原则，它要求一切公共权力必须在法律范围内运行，并必须依据和服从法律。

（9）权力分立与制衡原则（分权原则）。这一原则要求国家的权力分设，由不同部门来掌管，权力不仅受到法律的制约，而且权力之间相互制约。

（10）国家适度干预经济社会生活原则（干预原则）。它要求政府适度干预经济社会生活，以维护社会公正和社会秩序，但是，这种干预必须在法律的范围内并通过法律的途径实现。

正是基于这些基本的价值原则，资本主义世界确立了自己的核心价值观，建立了一种比较稳定的价值秩序和社会秩序。在启蒙时代和资本主义社会早期，这种核心价值观被扼要地表述为"自由、平等、博爱"；进入帝国主义时代，它被大张旗鼓地确定为更加抽象的"自由、民主、人权"，也即所谓"普适价值"。当今世界，以美国为首的西方资本主义国家以自身的利益为重，凭借自身的技术、经济和军事优势，不遗余力地推销"自由、民主、人权"之类"普适价值"。而且，他们还以"价值观结盟"、"价值观外交"和"为价值观而战"，对其他发展中国家和地区特别是社会主义中国施加影响，甚至直接干预，从而令非西方世界感受到巨大的压力。

二 西方资本主义价值观的主要特征

从表面上看，近现代西方价值观是个体主义、自由主义的，但从其根本性质来说，则是一种资本主义价值观。更确切地说，它冠冕堂皇的出发点和目的是个人解放、自由和幸福，但在使人解放和自由的过程中却发生了"异化"，最终走向了以资本增值为轴心，资本渗透到它的整个结构和功能之中，资本或资本的主人——资本家——控制了一切。其结果是，个人虽然从封建专制制度之下解放出来，获得了"自由"，但是，根据这种价值观构建的社会整个地被资本所控制，个人也因此而被新的奴役力量——资本——所奴役，实质上根本没有获得真正的解放、自由和幸福。正因为如此，我们不能简单地说它是个体主义价值观，而应该准确地称它为资本主义价值观。

西方近现代主流价值观从个体主义异化为资本主义是这样发生的：资本主义价值体系在最初设计的时候，其目的是要把人从一切束缚中解放出来，使之获得自由、平等和幸福。然而，囿于资本主义私有财产、"资本的逻辑"和市场的缺陷，这种最初的设计并不合理、并不完美。扼要地说，它至少存在以下几个方面的问题。

首先，在当时普遍贫穷的社会条件下，设计者只考虑到让人们自由地、平等地获得财富（利益），由穷变富，而没有考虑到在自由平等的社会，其终极价值目标不能仅仅定位于利益。在市场经济条件下，资本才能带来利益，以利益为终极价值目标实际上意味着以资本为终极价值目标。而如果以资本为终极价值目标，就会使整个价值体系的运行都指向资本及其增值，这样就会使整个价值体系的结构和功能"资本化"。在这种"资本化"的价值体系中，资本依照其自身的逻辑统治着人，人为追求占有资本和实现资本增值而生存，人成了资本占有和资本增值的手段，于是人的物化和异化就不可避免地发生了。

其次，设计者们只考虑到各个单个的人的解放、自由和平等，没有考虑到人们之间存在的那些不可能完全忽略的个性和差异，没有考虑到人们之间存在的那些不可能完全克服的矛盾和冲突。资本主义发展的事实证明，在每一个人都能自由平等追求自己利益的情况下，这些个性、差异、矛盾和冲突导致了人们之间事实上的严重不平等，并带来了大量的社会问题。因为对这种可能导致的不平等缺乏足够的意识，因而在设计资本主义价值体系和社会制度时，便不会考虑如何消除这种不平等，或者将其控制在一定的限度内。这导致了资本主义的解放、自由和平等的虚伪性。

最后，设计者们只看到市场经济的积极方面，特别是过于看重市场经济使生产力发展和社会富裕的作用，而没有考虑到不受控制的市场经济的局限性和危害，如可能导致自然资源迅速消耗、环境污染，导致整个社会和个人生活的市场化和资本化（如"金钱拜物教"和金钱对人的异化），等等。正因为如此，资本主义并没有考虑如何避免和克服市场经济的负面作用和影响，导致了后来各种各样的"市场经济病"。

正是资本主义价值体系设计的这样三个方面的缺陷，导致了这样的现实：人们的自由平等身份与利益追求、市场竞争三者相结合所导致的社会的两极分化和整个社会的"资本化"。

一方面，在资本主义社会中，人们在"自由"的竞争中被分化为富人和穷人，富人占有大量的社会财富和资源，而穷人则只能获得最低的生活保障。那些在自由竞争中取胜的人形成了不同的利益集团，这些利益集团之间为维护和扩大自身的利益而争夺政治上的权力，那些经济实力雄厚的利益集团往往在竞争中取胜，并事实上控制着政治上的权力。而那些在自由竞争中失败的或处于劣势的普通社会成员则通常与政治权力无缘，至多只能充当配角。在这种政治权力分配的格局中，他们没有也不可能成为真正的社会的主人，相反必然成为"被统治者"，虽然他们在法律上仍然具有人身自由，享有平等的机会。

另一方面，经济、政治、社会、文化机会都是对所有社会成员开放的，所有的社会成员，包括那些在自由竞争中取胜的人，都得不断地追求实力的增强，追求占有更多的资本，以便跻身于富人的行列，获得更高的社会地位。他们都为经济利益所驱动，为获取更多的利益而行动，从而丧失了人的自由、幸福和全面发展的机会。富人与穷人的划分由于竞争不断地进行而不断地进行着，因而富人也需要不断地赚钱，不断地争取政治权力。这样，社会生活和所有人的个人生活实际上都被"资本化"了，不仅普通人没有真正的自由和幸福，而且那些富人、那些掌握着政治权力的强者，实际上也没有真正的自由和幸福。甚至"资本家只有作为人格化的资本，他才有历史的价值，才有像聪明的利希诺夫斯基所说的'没有任何日期'的历史存在权"①。整个社会发生了全面的异化。如前所述，资本主义价值体系最初设计所暴露出来的问题，为后来人所注意并加以改进，如为克服严重两极分化而建立社会保障制度等。但是，由于这一体系设计上的问题是根本性的，因而今天的西方资本主义价值体系和文化仍然是有缺陷和有问题的，而且它们不可能在这个体系的框架内加以克服和解决。

此外，还应该看到，资本主义价值体系的资本主义性质使它不同于封建主义价值体系，也不同于社会主义价值体系。

就其与封建主义价值体系的区别而言，它不像封建主义价值体系那样追求统治者所期望的长治久安，而是追求个体的自由和平等。它肯定个体至上，给个体以前所未有的自由和平等，创造条件特别是建立完善的法律制度，让人们自由竞争，使他们在竞争中优胜劣汰、适者生存。这样，一方面可以使社会充满生机和活力，使社会日益走向文明、繁荣；另一方面，也能维持社会的正常秩序。显然，与封建主义价值体系相比较，资本主义价值体系与人性更相适应，更适应人类的生存和发展，因而它不仅战胜了封建主义，而且经历几百年至今仍然具有顽强的生命力，颇有些"长盛不衰"的味道。

资本主义价值体系与社会主义价值体系的区别不在于追求社会成员个人的自由和平等，而在于前者的终极价值目标最终异化成资本增值，而后者的终极目标则是普遍幸福，其中包括了个人的自由和平等。资本主义价值体系的终极目标是利益，在市场经济条件下只有资本增值才能带来利益，因此资本增值实际上就成了资本主义价值体系的终极价值目标，并因而使之资本化。"从政治上废除私有财产不仅没有废除私有财产，反而以私有财产为前提。当国家宣布出身、等级、文化程度、职业为非政治的差别，当它不考虑这些差别而宣告人民的每一成员都是人民主权的平等享有者，当它从国家的观点来观察人民现实生活的一切要素的时候，国家是以自己的方式废除了出身、等级、文化程度、职业的差别。尽管如此，国家还是让私有财产、文化程度、职业以它们固有的方式，即作为私有财产、作为文化程度、作为职业来发挥作用并表现出它

---

① 《马克思恩格斯文集》第 5 卷，人民出版社，2009，第 683 页。

们的特殊本质。国家根本没有废除这些实际差别,相反,只有以这些差别为前提,它才存在,只有同自己的这些要素处于对立的状态,它才感到自己是政治国家,才会实现自己的普遍性。"① 社会主义价值体系力图克服资本主义价值体系资本化的缺陷及其导致的异化,使整个价值体系立足于全体社会成员的普遍自由和幸福,而不是立足于单个社会成员的自由和平等权利。当然,社会主义价值体系尚处于构建的过程之中,它能否超越并战胜资本主义价值体系,关键在于它能否克服资本主义价值体系的异化,特别是社会的两极分化和资本化。

近现代西方主流价值文化从个人主义异化为资本主义,或者说,它是资本主义价值文化,这是近现代西方主流价值文化的本质特征。除此之外,它还有几个区别于封建主义价值文化以及到目前为止的社会主义价值文化的特征。深入了解这些特征,对于我们全面、正确地理解资本主义价值观以至西方近现代文化,并学习和借鉴其合理内容,更好地建设中国特色社会主义核心价值体系,是很有价值的。

(1)个人本位。以个体或个人为本位是西方近现代文化的一个共同特征。西方近现代价值文化是为了反对封建和天主教会的专制主义而产生的。按马克思的说法,专制主义的本质在于"不把人当人看"。反对专制主义就是要使人成为独立自主的主体,成为社会的实体,国家要服从和服务于个体。这里所说的个体最初既指个人,也指民族国家,后来进一步包括各种社会组织。在个人与国家及各种组织的关系中,个人又被看作终极实体,在社会中具有至高无上的地位。从这个意义上看,个体至上,实质上是个人至上、公民至上。这种观点的主要依据不仅在于人具有与生俱来的自然权利,而且在于个人被看作社会的主人,国家的"主权在民"。当然,西方的个人至上所强调的主要是个人利益至上,即要把个人的利益作为个人和社会的终极目标加以追求。个人利益是一个含义广泛的概念,个人权利被认为是个人利益中的基本方面。在个人的权利中,自由权又因在近代以来被看作最重要的权利而在西方近现代价值体系中受到高度重视。正是因为上述原因,西方近现代主流价值文化被看作个体主义的、个人主义的、自由主义的。在西方与自由主义同时存在的还有共和主义。共和主

① 《马克思恩格斯全集》第3卷,人民出版社,2002,第172页。

义的渊源比自由主义更早。共和主义更强调平等、公民政治参与和公共精神，但共和主义也肯定个人的至上性，认为政治权力必须来源于人民的同意。20 世纪西方兴起了共同体主义（社群主义），它力图克服自由主义过分强调个人自由的偏颇，而强调共同体对于人生存发展的意义，但它也不否认个人的至上性。而且，无论共和主义也好，共同体主义也好，它们都不是西方的主流价值观。应该说，个体至上是西方主流文化和非主流文化共同认同的价值理念和价值原则。

（2）推崇理性。推崇理性是近现代西方主流价值文化的一个突出特征。西方近现代思想家最初是为了反对中世纪教会实行的蒙昧主义而推崇理性的，因为理性可以使人获得知识和真理，而知识和真理能使人心明眼亮。同时，他们还发现，诉诸理性可以解决因倡导自由而可能导致的社会秩序混乱，因为理性可以使人意识到他人和社会秩序对于人生存和利益的重要性，并出于自己更好生存和获取更大利益的考虑而制定和遵守（道德的和法律的）规则。于是，他们都极力倡扬理性、诉求理性。后来的社会实践不仅表明这些思想家的想法是正确的，而且还显示了理性更多的作用，特别是对科学技术发展的作用，以及科学技术对生产力和经济发展的重要作用。甚至在一段时间内，理性至上、理性万能的观点一度十分流行。尽管自 19 世纪中叶始，西方出现了各种非理性主义和反理性主义的思潮，但理性主义至今仍然是西方的主流价值观。

（3）法律至上。西方推崇理性主义的一个重要的积极后果就是意识到法律对于现代社会的极端重要性，并且形成了在法律之下治理国家的法律至上理念和实践。法律自古以来就存在，但长期以来，法律不过是统治者进行统治的手段，统治者运用法律来对付老百姓，防止他们犯上作乱，破坏社会秩序，颠覆统治者的统治。近现代西方思想家发现，统治者是人，而人既有理性、理智的一面，同时又有感性、不理智的一面。如果统治者自己不受法律的约束，他们就有可能不按理性的规则行事，而一旦他们出于情感行事就会出现暴政、庸政、惰政之类的问题。此外，社会是其成员通过订立契约建立的，社会成员才是社会的主体，由谁来掌握政治权力也得通过法定的程序来确定，而不能由强者说了算。因此，他们所构建的价值体系确立了法律在国家中具有最高的权威，社会管理者必须在法律范围内依法进行管理，而法律所体现的不是社会管理者的意志，而是全体社会成员的意志。不仅社会管理者必须在法律范围内依法进行管理，而且社会成员也必须遵守法律，以法律作为自己基本的行为准则。于是，在近现代西方价值体系中，法律就由以往的统治者的工具变成了统治者本身，社会的管理者（官员）不再是统治者，而是法律这一最高统治者的执行者。由于法律是全体社会成员意志的体现，因而社会的最高统治者实际上是社会成员的共同意志，是他们的理性决策的产物。社会成员的共同意志法律化，法律统治整个社会，社会管理者在法律范围内依法行事，社会成员自觉遵守法律，这就是西方法律至上的实质内涵，也是近现代西方主流价值观的一个突出特点。

（4）宽容异己。主流价值文化是相对于非主流价值文化而言的，没有非主流价值文化就无所谓主流价值文化。西方主流价值文化之所以能称为主流价值文化，是因为它允许一定的非主流文化存在。在资本主义社会之前，人类社会要么文化一统，要么文化多元。前一种情形是统治者在推行自己主张的价值文化的同时，努力压制甚至扼杀其他的价值文化；后一种情形是社会存在多种价值文化而没有形成主流的价值文化。与这两种情形不同，近现代西方的价值文化是一种主流的价值文化与非主流价值文化同时并存，而且主流文化对非主流文化起引领和规范作用的文化。近现代西方文化之所以会出现这种局面，是因为近现代西方主流价值文化对其他各种非主流的价值文化采取了宽容的态度，不仅允许它们存在，而且给它们的存在和发展提供必要的条件。近现代西方主流价值文化是在批判天主教文化的过程中建立起来的，但这种文化确立之后，并不全盘否定天主教文化，反而承认其合法地位，并利用它为主流价值文化服务。美国传统价值观中的平等自由、友爱互助、同情弱者、自尊自爱、尊重他人等都源于宗教信念所提倡的价值准则和处世哲学。如美国学者威廉·伊塞尔认为，"美国是世界上最现代化的国家，又是现代国家中宗教性最强的国家。"近代以来的西方社会一直都是学派和学说林立，众说纷纭，其中不少观点都是与主流价值观不一致甚至直接对立的，如与个人主义对立的社群主义、与自由主义对立的共和主义、与理性主义对立的非理性主义、与科学主义对立的人文主义，等等。但所有这些观点不仅允许存在和宣传，而且从法律上保证提出者和拥护者的言论自由。不少与主流价值观冲突的非主流价值观因其更具有合理性而为主流价值观所吸收，或用以取代主流价值观中不合理的内容，如国家干预主义取代自由放任主义、消费主义取代禁欲主义，等等。宽容异己不仅使西方资本主义价值文化成为真正意义的主流价值文化，而且使它能够经受风吹雨打，历经各种危机仍然充满一定的活力。

当然，我们也应该清醒地看到，西方资本主义价值观相比封建主义价值观，虽然确实包含有进步、合理的因素，但受制于资本主义私人所有制，受制于资本和资本的逻辑，受制于资本主义的国家机器，受制于自由放任的市场经济，个人本位、推崇理性、法律至上、宽容异己等理念并未能在实践中彻底地实现，相反，它在理论和实践中还表现出深刻的双重性和虚伪性。它的双重性和虚伪性或许在国内还遮遮掩掩，令人云里雾里，看不清楚、弄不明白，但在国际关系和民族竞争中，则几乎是直接的、赤裸裸的表现。这一点，我们不难发现大量的佐证，这里无须举证！

三　当代中西价值观的交往互动

为了更准确、更清晰地把握中国特色社会主义核心价值体系，有必要深入地定位、评价其主要参照系——西方资本主义价值观。当然，对于我们非常重要的是，要在坚持马克思主义指导思想、弘扬优秀的民族价值观传统的基础上，自觉吸收和借鉴西方国家特别是当代资本主义价值观的长处和合理成分，实质性地推动中国特色社会主义核心价值体系的建设。

（一）西方资本主义价值观是人类文明发展的成果

西方世界是资本主义的发源地，也是资本主义发展比较成熟、发达的地区。也正因为如此，今天我们常常指称的西方价值观，往往指的就是资本主义价值观。

资本主义价值观是在反对封建专制统治、进行资本主义民主革命的过程中提出和逐步形成的。它的内容丰富而复杂，不同的国家往往在表述和理解上存在一定的差异，并且一直处于丰富和发展过程中。它的纲领性内容或标志性口号，是早期西欧资本主义提出的"自由、平等、博爱"，以及今天以美国为首的西方国家倡导的"自由、民主、人权"。

作为对封建主义价值观的彻底否定，资本主义价值观在人类历史上曾经发挥过解放思想、冲破禁锢、鼓舞群众、引领革命的巨大作用。与实行宗法等级制度、推崇权力权威的封建主义价值观相比较,资本主义价值观无疑具有先进性和合理性。就资本主义价值观之反封建、反专制而言,它的产生毋庸置疑是一个历史进步,同时,从人类社会历史发展的角度而论,它也是人类文明特别是人类文化发展的重要成果。

如何理性地对待资本主义的发展成果,包括在文化价值观方面取得的成果,我们是曾经走过弯路、交过学费的。那些僵化的观念、二分对立的思维方式,如"宁要社会主义的草,不要资本主义的苗","凡是敌人赞成的我们就要反对,凡是敌人反对的我们就要赞成",曾经令我们付出过沉重的代价。不加分析地一味地说"不",实质上是一种既不自信也不合理的做法。在改革开放、思想解放的今天,我们应该吸取教训,而绝不能意气用事,单纯用意识形态的视角和观点简单化地对待西方资本主义价值观。早在100多年前,马克思就曾经指出过一个基本的事实,即"资产阶级在它的不到一百年的阶级统治中所创造的生产力,比过去一切世代创造的全部生产力还要多,还要大"①。如果对此视而不见,那么我们就难以解释也无法说明当代资本主义为什么仍然没有"死亡",甚至在某些方面仍表现出一定的适应性和合理性。马克思看待资本主义的视角、态度和方法,值得我们反思和遵循。

具体而论,资本主义价值观与过去的封建主义价值观相比较,实际上具有明显的先进性和必然性。例如,"自由"相对于"依附"或"附属","平等"相对于"等级","民主"相对于"专制","人权"相对于"皇权"或"特权"……都具有明显的毋庸置疑的优越性。至于对个人权利的尊重,对利润和效益的追求,等等,都有力地促进了生产力的发展,促进了社会的进步。如果对此视而不见,那么,我们就很难解释今天的所谓"普适价值"为何能够在世界上具有如此巨大的影响力,以"自由、民主、人权"为核心的"价值观外交"、"价值观结盟",为何能够在世界上横行霸道,令发展中的社会主义中国感受到巨大的"被妖魔化"、"被骂"的压力。

当然,肯定西方资本主义价值观是人类文明发展的重要成果,在历史

---

① 《马克思恩格斯选集》第1卷,人民出版社,1995,第277页。

上具有一定的先进性和合理性，并不等于简单接受、认同"自由、民主、人权"等所谓"普适价值"，更不等于认可资本主义相对于社会主义的"优越性"，认可资本主义将战胜社会主义。实际上，"普适价值"并不"普适"，无论在理论上还是在实践中，它都存在实质性的、难以克服的困难和局限性；而建立在其基础之上的资本主义制度，因为其内在的不可克服的矛盾，也必将退出历史舞台，而为社会主义制度所取代。这一点因为过于复杂，三言两语不可能说清楚，因此，我们在本章最后专辟一节，进行比较系统的分析和批判。

（二）资本主义价值观与社会主义价值观的本质区别

对资本主义价值观与社会主义价值观做一个基本的比较，有利于我们弄清它们之间的本质区别，从而更加坚定中国特色社会主义的价值信念、信仰和理想，坚定走中国特色社会主义道路的信心；同时，也有利于我们以理性、宽容的心态和求真、务实的态度对待不同的价值观，"尊重差异，包容多样"，激活各种社会、文化因素，同心协力地建设中国特色社会主义核心价值体系。当然，这一类的比较通常都是非常困难的，而且往往是一件"吃力不讨好"的事情。但是，我们不能因为困难而退缩，也不能因为工作量过大而逃避。至少，我们可以删繁就简，主要就它们之间的本质区别进行扼要的分析。

一般而言，资本主义价值观与社会主义价值观之间的本质区别，可以这样扼要地加以说明。

资本主义是建立在生产资料私有制基础之上的，通行的不过是"资本的逻辑"。从表面上看，资本主义社会人人"平等"，都享有"自由、民主、人权"；但实际上，由于其建立在生产资料私有制之上，遵循的只是"资本的逻辑"，通行的只是"资本的特权"，广大工人几乎一无所有，只有出卖自己的劳动力的自由，因而在资本主义社会里，只有富人、资本家的"自由、民主、人权"。

在资本主义社会里，资本具有逐利的本性，而且是无比贪婪的。赚钱的行为在"资本的逻辑"中日渐疯狂，而且本身逐渐成了目的。越是成熟、发达的资本主义，越是如此。维尔纳·桑巴特指出："贪婪在任何别的地方都没有像在美国那样显而易见；获利的欲望、为了赚钱而赚钱，这两者也从来没有像在美国那样彻底地贯穿于一切经济活动的全过程，并且是一切经济活动的最终目的。生命中的每一分钟都充满着这个冲动，只有死亡才能停止对利润无止境的渴望。"①

资本主义受制于生产资料私有制和资本的贪婪，根本不可能真正消灭贫困，不可避免地会出现无法解决的两极分化。于是，我们不难看到，哪怕是在发达、"民主"的资本主义国家里，仍然一边是高楼大厦、灯红酒绿、歌舞升平、奢侈腐化，另一边则是成片的"贫民窟"，大量无家可归的流浪者，以及庞大的失业大军……由此也可以说，资本主义社会不过是"富人的天堂，穷人的地狱"。

资本主义价值观以金钱（资本）作为衡量一切价值的最高尺度。资本主义"使人和人之间除了赤裸裸的利害关系，除了冷酷无情的'现金交易'，就再也没有任何别的联系了"②。在资本主义"钱本位"社会中，金钱具有令人格扭曲的魔力，让人不能不对它刮目相看，甚至顶礼膜拜。"每个个人行使支配别人的活动或支配社会财富的权力，就在于他是交换价值的或货币的所有者。他在衣袋里装着自己的社会权力和自己同社会的联系。"③

在资本主义体制下，私有财产神圣不可侵犯，"金钱"（以资本、工厂、机器等为表现形式）具有决定一切的力量。一切似乎都可以换算成金钱，一切似乎都可以进行金钱交易。有钱就有一切，丧失钱财就丧失一切。赚钱是最大的成功和欢乐，赔钱是最大的痛苦和失落。资本家的一切活动都是为了赚钱，为了钱可以出卖一切，包括人格、良心和灵魂，为了钱可以不择手段。这导致了金钱"本位价值"地位的确立④，导致了"一

---

① 〔德〕维尔纳·桑巴特：《为什么美国没有社会主义》，赖海榕译，社会科学文献出版社，2014，第3~4页。

② 《马克思恩格斯选集》第1卷，人民出版社，1995，第275页。

③ 《马克思恩格斯全集》第30卷，人民出版社，2001，第106页。

④ "钱本位"价值取向的流行，本质上是由于商品交换关系的存在，特别是商品交换关系中私有财产权的存在。因为在商品交换关系中，私人占有的财产或金钱意味着财富，意味着购买力，意味着对社会资源的支配权。当然，一般意义上的商品交换关系的存在、私有财产权的存在，还不必然地意味着"钱本位"，不意味着建立"钱本位"制度。因为，在历史上，"钱本位"自有商品交换关系以来，一直以某种方式、在某种程度上存在，但是，在以保护私有财产为金科玉律的资本主义社会制度建立之前，却并未成为主导社会的普遍流行的道德价值观。追究"钱本位"之确立并发展到极端的根源，还在于制度化的以私有财产权为基础的资本主义。

切向钱看"、"金钱拜物教"的普遍盛行,导致了"人生价值要以'含金量'来衡量"、"有钱能使鬼推磨"、"有钱就是英雄"、"有奶便是娘"等观念渗透到社会生活的各个领域和角落。

社会主义是以生产资料公有制为主体、广大劳动人民当家作主的社会。在社会主义社会,广大劳动者是生产资料的主人,是自主、平等的社会公民。剥削阶级作为阶级被消灭了,人与人之间的关系不再是敌对关系。在全体社会成员参加劳动的前提下,整个社会实行"按劳分配","多劳多得",理论上不允许剥削和压迫现象出现,即不允许一部分人无偿占有另一部分人的劳动成果。

从逻辑上说,与资本主义推崇资本不同,社会主义特别重视广大劳动人民的"劳动"。有人甚至认为,"劳动"是社会主义社会的本位价值。例如,马克思就曾经指出,在共产主义社会,劳动是人们自主的活动,它将成为人们的"第一需要"。而且,"劳动"在相当程度上是判断一个人的价值的标准。一个人有没有价值、有什么样的价值,关键要看他的劳动态度和劳动能力如何,要看他为社会、为国家、为人类提供了什么劳动成果,在物质和精神领域做出了什么样的贡献。因此,"劳动光荣"是社会主义的响亮口号。

当然,社会主义的本质是历史的、动态发展的,社会主义的本位价值是什么,还需要进一步进行论证,需要在实践中进一步确立。马克思、恩格斯指出,"共产主义对我们来说不是应当确立的状况,不是现实应当与之相适应的理想。我们所称为共产主义的是那种消灭现存状况的现实的运动"①。共产主义是历史的、发展的社会建构,在不同的社会历史发展时期有着不同的内涵,有着不同的本质呈现。例如,从价值目标来说,在试图推翻资本主义制度的革命时期,它重在破坏一个旧世界,通过实行无产阶级专政,消灭剥削,消灭压迫,实现无产阶级的解放,建立和巩固无产阶级的政权;而在革命胜利后,它重在建设,试图通过自己的努力消灭包括无产阶级自己在内的一切阶级,实现全人类的彻底解放,实现个人与社会的自由全面发展。

在当前中国社会主义初级阶段,应该说,囿于初级阶段的基本国情,

---

① 《马克思恩格斯选集》第1卷,人民出版社,1995,第87页。

核心价值观的建设还必须比较灵活、务实。这里的关键在于，要发展中国特色社会主义，令社会主义更加成功，体现出比资本主义更大的优越性；要让社会更加公正，令全体劳动人民真正得到实惠，生活得更加幸福。因此，邓小平在提出社会主义的本质——"社会主义的本质，是解放生产力，发展生产力，消灭剥削，消除两极分化，最终达到共同富裕"[①]——的同时，又提出了著名的"猫论"和"三个有利于"标准（"判断的标准，应该主要看是否有利于发展社会主义社会的生产力，是否有利于增强社会主义国家的综合国力，是否有利于提高人民的生活水平"[②]），以便适应具体时代，求真务实地推动中国特色社会主义建设。

今天我们正在建设的中国特色社会主义核心价值观以马克思主义为指导思想，坚信社会主义优越于资本主义，坚信资本主义必然灭亡、社会主义必然胜利。因为，社会主义能够提供比资本主义更高的劳动生产率，更能促进生产力的发展，实现物质文明和精神文明建设的同步发展；能够为全体社会成员提供公平的发展环境和全面发展的条件，消灭剥削，消灭压迫，消除两极分化，实现人与社会的自由全面发展。中国人民100多年来的历史经验证明，"只有社会主义才能救中国"，"只有社会主义才能发展中国"。我们也相信，通过选择正确的路线、方针、政策，通过广大人民群众的勤奋工作，中国特色社会主义必将全方位地体现出相较于资本主义的优越性，社会主义核心价值体系也将在与资本主义价值观的较量中取得最终的胜利。

（三）正确对待西方资本主义价值观

在全球化、信息化时代，在中西文化交往过程中，社会主义价值观与资本主义价值观之间既有冲突，也有联系，更在不断地进行交往和互动。当然，由于中西经济、政治、军事和文化发展的不平衡，这种交往互动不是完全对等的，总体的进程是西方价值观对中国的渗透和冲击更大。当然，正在崛起的中国也正在通过各种方式，如创办"孔子学院"、启动中华经典外译工程、联合国外媒体出版作品等，实施文化价值观"走出去"

---

① 《邓小平文选》第3卷，人民出版社，1993，第373页。
② 《邓小平文选》第3卷，人民出版社，1993，第372页。

战略，对西方世界施加应有的、当然也日益强烈的影响。

1. 以开放的态度大胆吸收和借鉴西方资本主义价值观

应该看到，资本主义所创造的积极成果，包括它的某些合理的价值观，是全人类共同的财富。对此，社会主义作为更高级、优越于资本主义的社会形态，必须有更宽广的视野和更宽阔的胸襟，大胆地客观地引进和吸收资本主义价值观的合理内核。邓小平明确指出，"社会主义要赢得与资本主义相比较的优势，就必须大胆吸收和借鉴人类社会创造的一切文明成果，吸收和借鉴当今世界各国包括资本主义发达国家的一切反映现代社会化生产规律的先进经营方式、管理方法"①。如果不敢或不肯大胆吸收和借鉴，那么，就是对人类文明发展的"大不敬"，是对广大劳动者的劳动创造的"犯罪"！

还应该看到，资本主义作为目前世界上尚被许多国家采行的社会制度，资本主义价值观作为目前资本主义国家普遍奉行的价值观体系，在现阶段仍然具有一定的现实基础。这些观念中的某些方面不仅同资本主义的上层建筑特别是意识形态相联系，而且同一般市场经济和现代化大生产相联系。当代中国由于正处于社会主义初级阶段，正在进行社会主义市场经济建设，因而社会主义价值观建设绝对不可以简单地"对着干"，完全无视、完全回避或完全否定西方资本主义价值观。在目前社会主义核心价值体系建设中，西方资本主义价值观既是参照，也是资源，至少对当代中国特色社会主义核心价值观建设具有强大的影响，可以经过批判性"扬弃"、创造性转化，勇敢地"拿来"而"为我所用"。

当然，同时我们也应该看到，西方资本主义价值观具有严重的历史的局限性。特别是，资本主义价值观传入中国后，已在现实社会生活中持续"发酵"，产生了相当大的负面影响，如损人利己、损公肥私的极端个人主义，唯利是图、"有奶就是娘"的拜金主义，奢侈腐化、自甘堕落的享乐主义，坑蒙拐骗、假冒伪劣商品泛滥，等等。当然，更值得注意的是，封建主义价值观和资本主义价值观常常相互纠缠、相互利用，其集中表现是以"钱""权"交易为特征的各种腐败现象。

因此，社会发展的总趋势是，资本主义价值观必将被更先进的社会主义价值观所取代。但是，这种取代不是人为地割裂，不是没有肯定的单纯

---

① 《邓小平文选》第3卷，人民出版社，1993，第373页。

的否定。实际上，社会主义是比资本主义更高的社会形态，是对资本主义的"扬弃"；同样，社会主义价值观是在"否定"资本主义价值观的基础上建立起来的，是对资本主义价值观的"扬弃"。社会主义价值观内在地包含资本主义价值观中合理的东西，又坚决地克服了资本主义价值观的局限性。例如，吸取了资本主义价值观中重视个人利益、重视个性发展、重视人的自由和尊严、重视个人创造、重视人权，以及开放、竞争、效率、创新等观念，并在社会主义制度的基础上进行了新的融合和"再创造"。事物的发展经过否定和否定之否定（即"扬弃"）过程，既批判又吸收，既克服又保留，从而使社会主义价值观的内容更加丰富、完善，发展到一个更高的阶段，即社会主义价值观"扬弃"资本主义价值观之后，已经是比资本主义价值观更合理、更先进的价值观。

2. 全球化时代的跨文化交往与落实社会核心价值观的举措

在当今全球化、信息化时代，随着不同主体的经济、政治和文化交往日益频繁，不同文化之间的差异日益凸显出来，文化矛盾、文化冲突已经成为不可回避的现实。因此，开展跨文化交往是不同民族、国家等不可回避的选择。当然，开展跨文化交往既充满机遇，也充满挑战，需要有大智慧，需要有务实的态度。在世界文化竞争中，谁能在跨文化交往中争取先机、把握主动，谁就更有可能获得成功。

社会核心价值观是一个国家文化的灵魂，是一个国家凝聚力和向心力的集中体现，是一个国家独特的"身份标签"。任何一个国家在自身的文化建设中，在跨文化交往中，都应该立足自身，兼收并蓄，批判性地吸收、借鉴国外培育、宣传、践行社会核心价值体系的举措。

世界各国在培育、宣传、践行其社会核心价值观时，采取的主要措施如下。

（1）政党活动。欧美国家政党通过以总统或政党领导人为代表的政党精英的鲜明政治主张、严谨完善的纲领引导整个社会价值观的形成。例如，奥巴马在竞选获胜演说中指出："民主党是建立在自强自立、个人自由以及全民团结的价值观上，这也是我们所有人都珍视的价值。"新加坡人民行动党通过《共同价值观白皮书》，明确规定了新加坡的核心价值观，这不仅是人民行动党的价值观，也是整个国家的价值观。

（2）媒体宣传。各个国家的媒体传播内容中都蕴含着本国的价值观，尤其是现在"媒介为王",网络等新媒体广泛普及,影响力日益巨大,媒体在价值观宣传方面的作用更为凸显。以媒介发达的美国为例。"美国方案网"的宗旨是"加强和复兴美国价值";"美国价值工程网"致力于"为全体公民塑造一个公正和更美好的社会"。美国学者甘斯在《决定什么是新闻》中认为:"民族优越感、利他主义的民主意识、可信赖的资本主义、个人主义、现代主义、社会次序以及国家的领导等,这些永恒的价值观被不知不觉地融入了重大新闻的判断中。"①

(3)国民教育。英国构建其精英、多元、兼容的核心价值观则主要依赖于发达的国民教育体系和开明的教育政策。例如,英国政府2002年提出"公民教育",加强社会核心价值观的教育。2006年5月,英国高等教育事务官员比尔·拉梅尔提出,所有学龄少年都应该接受"英国传统价值观"的教育。

(4)法律维护。美国的《独立宣言》、《联邦宪法》,法国的《人权宣言》,德国的《基本法》都蕴含着民主、自由、平等的理念。欧美国家有崇尚法治的传统,尊重宪法和法律的权威性和至上性,强调政府和社会成员都要受法律约束,形成了"依法治国"的核心价值理念。

(5)民间组织的沟通。由于民间组织相较于政府组织更贴近民众,更接"地气",形式上也更加灵活,能够更加机动有效地做好政府与民众的沟通联系工作,因此,在落实、践行社会核心价值体系时有其独特的优势。如美国的大自然保护协会等,在传播生态环保的价值理念时就很有成效。——当然,问题的关键是,社会核心价值观必须"有理"才能"讲理",才能最终"掌握群众",获得群众的认同。

总之,在全球化、信息化时代的跨文化交往中,在全球性的文化竞争中,我们不仅要大胆地吸收、借鉴西方资本主义价值观的合理因素,"扬弃"其中的落后、消极、腐朽的成分,而且要学习、借鉴西方资本主义确立、弘扬核心价值观的具体做法,从而少走弯路、少交学费,更快更好地建设中国特色社会主义核心价值体系,为中国特色社会主义建设奠定思想理论基础。

---

① 〔美〕赫伯特·甘斯:《什么在决定新闻》,石琳、李红涛译,北京大学出版社,2009,第188页。

四　西方的"普适价值"并不"普适"

讨论西方资本主义价值观与社会主义核心价值体系建设的关系，不可避免地要涉及所谓"普适价值"的问题。近年来，这一问题引起了人们的广泛关注，也引发了热烈的讨论。

综观世界风云，美国和西方各国一直在以各种手段，在全世界不遗余力地推广"自由、民主、人权"之类价值观，并将之包装成所谓"普适价值"。然而，这里有一个问题值得反思和追问：美国和西方的"自由、民主、人权"真的是"普适价值"吗？发展并不均衡、存在文化和意识形态差异的当今世界，真的有可能产生"普适价值"吗？

实际上，世界上只存在各种各样的具体价值观，根本不存在抽象的"普适价值"。这一点很简单，就如同世界上只存在张三、李四、王五这样具体的人，而根本不存在抽象的"人"一样，或者只存在苹果、桃子、梨子、香蕉这样具体的水果，却根本找不到普遍的"水果"一样。

至于说某种具体的价值观具有一定的"普遍性"，这当然是可能的。因为根据辩证法的基本原理，特殊中有普遍，在任何具体的价值观中，都包含有一定的普遍性。只不过我们应该清楚，这种普遍性并不是脱离特殊性、与特殊的价值观不相干的抽象的、纯粹的普遍性。因为普遍与特殊不是割裂的，不是毫不相干的，而是相互联系、相辅相成的。普遍就存在于特殊之中，普遍性的价值就存在于各种特殊的价值之中，就如同水果的普遍性就存在于苹果、桃、梨等的特性之中一样。没有离开特殊性的普遍，也没有脱离特殊价值的抽象的"普适价值"，就如同没有离开苹果、桃、梨等的"水果"一样。因此，全世界范围内的"普适价值"，应该就存在于世界上不同宗教、民族、国家、地区、企业、社会共同体以及个人的价值观之中。换言之，正是在这些不同类型的、个性化的、多样化的价值观之中，不同程度地包含着"普适性"的价值因素。

正因为如此，强调价值观的普遍性，绝不能以牺牲文化价值观的个性、多样性、特殊性为代价。如果没有个性化、多样化、特殊化的价值观，价值观的普遍性就成了无源之水、无本之木。在历史与现实中，不同宗教、民族、国家、地区……乃至个人，基于不同的经济发展水平和历史文化传统，基于生存境遇和自身认识能力的差异，会产生不尽相同的利益和需要诉求，会形成各种不同的、个性化的价值观。这是我们很容易理解的客观事实。正是这些个性化、多样化、特殊化的价值观，才是我们发现价值观之普遍性的真实基础和出发点。

因此，在价值观的普遍性与特殊性、多样性之间，并不存在绝对对立的紧张关系。它们既相互矛盾、相互对立、相互排斥，又相互依存、相互表现、相互作用。鉴于它们之间的这种辩证统一关系，我们应该在两极之间保持必要的张力，而不能执其一端，片面地加以简单化、绝对化、极端化。

明白了这些道理，再回过头来冷静地审视美国和西方资本主义国家倡导的"普适价值"，那么我们不难发现，它们并非真是什么全人类通行的"普适价值"。

尽管在人类的个性化、特殊化的价值观中，包括在西方资本主义价值观中，包含了一定的普遍性内容，但是，任何具体的价值观都不能等同于"普适价值"，任何人都不能将他们喜欢的价值观强加于人，更不可能使之成为"普适价值"。例如，并不是美国或西方说，他们信奉"自由、民主、人权"，这种特殊的西式价值观就成了全人类普遍接受的"普适价值"。

在当今世界，甚至确认具体的价值观之中那些具有"普适性"的内容，都不太现实。至少，这里存在理论和操作、实施等方面的局限性。

第一，在现实生活中，价值主体并不是抽象的，而是具体的。作为主体的全人类整体只是一种理论的抽象，具体的主体形式总是多层次、多样化的。在全球化背景下，每一个具体的个人或群体，每一个宗教、民族、国家、阶级、阶层、企业等社会共同体，都以一定的方式存在和活动着，处在动态的发展过程之中。尊重、确立多样化、多层次性的人（或人群）的主体地位，肯定他们的文化传统与现实利益的差别与对立，保护他们的合法权益，是文明社会的基本准则。

在全球化进程中，这些特定的主体并不能简单地"统一"起来，甚至他们并非都准备实现"统一"。例如，在全球化条件下，民族国家（地区）就不准备"举手投降"，反而由于竞争的加剧，更加小心、卖力地争取、维护着自己的利益。我们可以看到，在今天的世界上，"国家利益高于一切"仍然是通行的不容置疑的政策与口号。越是强国，越是大国，越是毫无顾忌，越是直言不讳。为了"国家利益"，美国等强势国家可以动辄制裁、打击他国，可以做出种种损人利己的事情（如向穷国转移有毒有害垃圾和核废料、贪婪地掠夺穷国和公海资源、引诱或强行倾销过剩军工产品……）。而弱势国家也开始觉醒，通过各种方式和手段，加强了对自己国家利益的维护。民族国家如此，诸如宗教、阶级、企业、社会团体、个人，等等，立场更是复杂而难以协调，差异和分歧更是多样而尖锐。如果不存在全球"统一的主体"，那种具有"普适性"的价值会是对谁而言的？

第二，多层次、多样化的具体主体的现实利益、需要，存在普遍的、深刻的差别与对立，甚至在一个宗教、民族、国家、地区、企业等内部，也存在大量利益等方面的分歧和冲突。这导致不同主体的目的或目标存在多样化的，可能难以公度、难以调和的差异。

伯林指出："人类的目标是多样的，它们并不都是可以公度的，而且它们相互之间往往处于永久的敌对状态。"① 美国等极少数国家拼命对外推销自由、民主、人权等观念，归根到底是为了维护和扩大其经济与政治利益。马克思1848年1月9日在布鲁塞尔民主协会召开的公众大会上作的《关于自由贸易问题的演说》中指出："在当今社会条件下，到底什么是自由贸易呢？这就是资本的自由。排除一些仍然阻碍着资本自由发展的民族障碍，只不过是让资本能充分地自由活动罢了。""先生们，不要一听到自由这个抽象字眼就深受感动！这是谁的自由呢？这不是一个人在另一个人面前享有的自由。这是资本所享有的压榨工人的自由。"② 这种自由本身不过是一种以自由竞争为基础的制度的产物。

在追寻价值观的"普适性"的过程中，无论我们找到多少共同点，但一个或几个实质性的差异就足以毁掉一切。人们往往并不在意彼此之间几乎无限多的共同点，但是，对于少量的差异却很在乎、很敏感。争吵、摩擦、对抗甚至战争，往往都来自不同主体之间的差异，特别是那些实质性差异，如宗教信仰、根本利益方面的差异。也许有人会要求某些人为了全人类的整体利益、长远利益，克制和牺牲自己的局部或短期利益，消除其间的差异。这似乎也是合理的道德要求。但问题的关键是，世界上各具体

① 〔英〕以赛亚·伯林：《自由论》，胡传胜译，译林出版社，2003，第244~245页。
② 《马克思恩格斯文集》第1卷，人民出版社，2009，第756~757页。

主体的发展状况有很大差异，价值目标、标准和取向相去甚远，存在差异的双方谁对谁错很难判断，这种克制和牺牲实际上很难真正落实。例如，保护生态环境，维护生态平衡，谁都觉得有道理，谁都不反对它的"普适性"。可是，一旦动真格的，要求谁做出实质性的牺牲，就不那么简单了。例如，要求不发达国家、地区将保护生态环境置于优先地位，不上马或停止某些具有经济效益的工业项目，这往往直接牺牲发展的速度甚至发展的可能性。稍具常识的人都清楚，当今世界的生态环境问题主要是发达国家和地区在其工业化过程中造成的，它们已经获得了丰厚的利益，实现了比较充分的发展，现在地球已经被弄得满目疮痍，反过来却对正要起步的不发达国家和地区提出严苛的要求，这是什么逻辑？又有什么道理？谁又会来补偿它们？于是，为了发展速度和 GDP 指标，为了提高生活水平，毁林开荒，猎杀和出卖珍稀野生动物，上马污染环境的工业项目，等等，往往成为难以杜绝的事实。

第三，在多层次、多样化的具体主体之间，缺乏"普适性"的价值观所要求的"同质化"的生活基础。

某种价值观如果要成为全世界人民普遍信奉的价值理想，成为人们普遍遵守的价值准则，必须具有现实生活的坚实基础。也就是说，它必须是来自生活的，是从人们的现实生活中抽象、升华出来的，而不是某些人主观的愿望和想象，不是某些人特别是少数人为所有人"立法"。那么，在全球化背景下，全世界人民的社会生活实践是否已经普遍"同质化"了呢？是否足够从中提炼出一些普遍的价值理想、价值准则了呢？问题恐怕没有单纯的"是"或"否"那么简单。毕竟，目前除了"全球一体化"趋势之外，同时，人类社会生活也普遍地存在日益分化、日益多元化的趋势。社会分工越来越复杂和精细，有利于强势国家、企业的不平等的国际分工体系，遭到了越来越多的批评和抵制；世界贫富差距越来越大，财富日益向少数富国、跨国企业、富人集中，贫富分化不断导致对立和冲突；环境、生态、能源等危机日益严重，受害最大的却不是制造危机的富国、跨国企业、富人，而是日益贫穷的国家、地区和穷人；……"不同质"、不平等、不公正的现实生活实践，如何成为"普适性"的价值观生长的现实土壤？

第四，应该追问，从具体操作、实施的角度来看，"普适性"的价值观是"谁的价值观"？由谁倡导？由谁主持确立？由谁加以推广普及？

也许有人会想当然地说："由全人类倡导和实施！"可是，全人类是谁？谁代表全人类？谁有权代表全人类？问题的关键在于，世界上根本不存在抽象的"全人类"。"全人类"只是一个概念，从来没有站出来说过话！"全人类"从来没有发号施令过！

实际上，"普适性"的价值观总要由具体的主体来加以倡导、推动和落实。在目前的世界舞台上，吆喝得最响亮的主要是那些强势国家、民族、宗教、跨国企业，以及政治家、宗教领袖、企业家和学者。因为目前世界竞争讲的仍然是实力，通行的仍然是"丛林法则"。如果没有这些"强人"们的首肯、支持和推动，"普适性"的价值观只可能是纸上谈兵。从既有的国际秩序、国际"公约"、国际惯例等来看，它们本就是发达国家、强势利益集团制定的，常常不过是发达国家、强势利益集团的利益和需要的体现。否则，只要其认为与自己的利益和需要相抵触，就会随意地毫不客气地加以抵制，它们也就成了一纸空文。例如，拥有否决权的美国不在控制温室气体排放的《京都议定书》上签字，联合国或"绝大多数国家"能有什么办法？正因为如此，凭借着政治经济话语权、坚船利炮的军事强权以及无孔不入的文化渗透，西方倡导的"自由、民主、人权"等"主流文化"、"主流价值观"，已经明显占据了主导地位，俨然就是"公认"的毋庸置疑的"普适价值"了。如果有谁敢有异议，可得小心被西方"众口一词"地口诛笔伐，甚至会无端挨揍、被消灭！伊拉克、阿富汗、利比亚的枪炮声无时无刻不在警醒着人们！

但是在这里，我们需要追问的是：美国或西方等强势主体因何具有决定"普适性"的价值观的资格？它们能否真正做到民主和公正呢？弱势主体、边缘主体的主体地位和基本权益如何保证呢？反映西方"主流文化"、"主流价值观"的所谓"普适价值"，有什么理由推广到其他地区甚至全世界？它是否符合世界上其他地方的国情、利益、需要和历史文化传统？它是否会得到它们真心的信服、认同与支持？……这类疑问很多，这一切明显值得质疑和反思，实质上在世界上也遭到了广泛的反抗。此外，对于那些被动接受了西方确认的所谓"普适价值"的国家来说，引进的文化价值观还有一个是否适应的问题。《晏子春秋》曾经讲述过一个橘化为枳的故事："橘生淮南则为橘，生于淮北则为枳，叶徒相似，其实味不同。所以然者何？水土异也。"任何价值观都是一定的人或一定社会共同体（宗教、民族、企业等）的价值观。这种价值观往往是与相应的人或社会共同体相联系的，不可能简单地移植、推广。否则，就如同生在淮河以南的橘，移植到淮河以北就会变为枳，叶子看起来差不多，但味道会迥然有别。

总之，在今天的世界上，各种宗教势力、各个民族国家、各种政治势力、各个社会团体、各种企业组织，甚至不同的个人，都正在更有力地彰显自己，各种反主流文化、各种边缘群体以及声势浩大的反全球化运动，都在竭尽全力进行抗争，国际社会远未形成真正统一的有机共同体。而且，国际社会分裂、对立太久，隔阂太深了，各种文化价值观的差异太大太复杂了，不同价值主体的利益、需要与目标碰撞太多了，而卑劣的极端中心主义、利己主义、霸权主义、强权政治又十分盛行……因此，有人说，"普适价值"不过是一个无法实现的乌托邦，这确实是有道理的。即使是逐步确立价值观的普遍性，也必须由世界人民基于民主、公正等原则，通过对话、沟通和合作来进行，而不能基于强权甚至暴力强制推行。

第五章
马克思主义价值观及其中国化发展

马克思主义是我们的指导思想，社会主义是我们的价值选择。马克思主义、社会主义运动及其思想积淀，是中国特色社会主义核心价值体系建设的基石。以马克思主义为指导，联系中国文化与中国实际，着力构建中国特色社会主义核心价值体系，可以为当代中国发展指明方向和路径，并提供强大的精神力量。

一　马克思主义价值观是人类价值
思想发展的最新成果

马克思主义价值观从创立到不断发展壮大，乃至当前中国特色社会主义建设实践中的继续探索，其历史进程中的每一个阶段都反映了时代的发展和社会的变革，体现了无产阶级和广大劳动人民的价值诉求。清代思想家龚自珍曾说："欲知大道，必先为史。"中国特色社会主义核心价值体系的构建，必然要以人类几千年价值思想的积淀作为智慧的源泉，特别是要以马克思主义的基本价值理论和价值观为依据。回顾马克思主义价值观的发展历程，从中认真地汲取经验、记取教训、寻求启发，才能找准社会主义核心价值观之内核，把握社会主义核心价值观之重心。

（一）在历史潮流中应运而生

在漫长的人类历史发展进程中，文化价值观的发展表现为一个以社会实践为基础不断拓展与深化的历史过程。在人们无止境的社会实践活动（包括社会交往活动）中，越来越多的对象进入人们的视野，进入人们的物质与精神生活，从而与人们建立价值关系的对象也就不断突破原有的局限，而拓展到更丰富、更复杂的领域；而新的价值关系不断产生和建立，价值观也就不断得以拓展，不断发展到一个新的水平。这种价值观又作为一定社会的文化传统和价值氛围，对人们的新的价值实践以及新的价值观的创立产生着影响。

价值观的这种与时俱进品格，表现为一种与社会形态的更替基本同步的"社会历史过程"。马克思主义价值观的产生正是顺应时代变迁和历史发展趋势的产物。简要分析不同社会形态的主流价值观，有助于我们全面、准确地认识马克思主义价值观及其先进性。

在原始社会，以石器为主的生产工具极为简陋低效，生产力水平极为低下，人们的劳动与生活范围狭小，生存条件极为恶劣，只能以群居方式生活在一起，抱团取暖。人们共同劳动，共同消费，没有什么剩余产品，更谈不上私人财产了，实行的是原始的公有制。因此，在原始社会，一方面，出于对自然的恐惧与敬畏，出现了形形色色的图腾崇拜，形成了各种各样的禁忌，以及敬天畏命、顺从自然之类观念；另一方面，原始的公有制又导致人们形成原始的公平、平等观念，集体意识和协作观念等，又由于没有私有财产，因而还没有产生私有观念、利己意识，等等。原始社会中人与人之间的关系，是在自然的强大压力下形成的自发合作关系。原始社会的主流价值观，是一种朴素的"共产主义"观念。

在奴隶社会，由于铜器等生产工具的使用，以及生产组织管理更加严格，生产力水平有了较大的提高，人们的劳动出现了越来越多的剩余产品。一部分人通过占有另一部分人的剩余产品，有可能不再直接从事劳动。而剩余产品的增加不仅使财产私有成为可能，而且加剧了社会分化，使社会分化为两大对立的阵营，即奴隶主和奴隶。奴隶主拥有一切生产资料和生活资料，是剩余产品的占有者和社会的统治者；奴隶作为"会说话的工具"，也是奴隶主的私有财产，为奴隶主所有，私有观念被极大地强化了。整个社会以奴隶主的意志为意志，占有与依附、统治与服从等观念成为主流，强烈的社会规范与秩序意识萌生与发展起来。奴隶社会的价值观是以奴隶主的利益为中心的、是少数人主导的、建立在残酷压迫和剥削基础上的狭隘的不人道的价值观。

在封建社会，由于铁器以及简单的机械工具的广泛使用，生产力水平大大提高了。以之为基础，生产关系又发生了重大变革，以家庭为单位的自给自足的自然经济、小农生产方式成为社会的主流。一方面，这种生产方式把人们的活动限制在一定土地上，人们生活的来源主要依赖于男耕女织式的农业劳作，这使得人们长期生活在一个相当固定、闭塞的环境中，"鸡犬之声相闻，老死不相往来"。在这种生产方式的影响下，人们形成了诸如安土重迁、安贫乐道、重农轻商、重义轻利、害怕革新、不重效率等根深蒂固的封闭、保守心态和观念。另一方面，在自给自足的自然经济、小农经济的基础上，形成了以"家庭本位"为核心的封建宗法等级制度，家长、族长、各级官吏和皇帝构成了一种金字塔形的等级体系，对经济单位（家庭、家族和国家）和权力的依附成为封建文化的一大特色。与之相适应，封建主义思想家们竭力维护、论证这种制度，整个社会重等级、重礼仪、重秩序、重权力，竭力追求权力和等级地位的"官本位"成为整个社会价值观的核心。

在资本主义社会，由于科学技术的迅速发展和大机器的广泛使用，生产力获得了快速的飞跃式发展，商品经济逐渐成熟；对发财致富的强烈渴望，对超额利润的不懈追求，使人们的兴趣从土地转向了市场，从农业转向了工业和商业。通过资本的运作，商品前所未有地丰富起来，生产力水平得到了以前想象不到的提高。[1] 在资本的逻辑和琳琅满目的商品面前，金钱成为最具魅力的东西，也是最有影响力的东西。不知不觉间，人们之间的经济利益关系日益突出，对金钱的疯狂追逐成为整个社会价值实践的中心和目的。资产阶级"用公开的、无耻的、直接的、露骨的剥削代替了由宗教幻想和政治幻想掩盖着的剥削"[2]。于是，在这个社会上，金钱关系或利益关系成为最普遍的价值关系，金钱成为人们评估一切的最主要、最核心的标准，一切社会秩序也都依"资本的逻辑"和"金钱的自由"而建立起来。"有钱就有一切"、"一切向钱看"、"金钱拜物教"成为普遍的价值取向。人与人之间的关系也简单地被归结为物与物的关系甚至钱与钱的关系，资产阶级启蒙思想家曾经许诺过的"自由、平等、博爱"等价值理念，在强大的资本和金钱的逻辑面前土崩瓦解，甚至变成了一幅绝妙的讽

---

① 马克思、恩格斯曾经指出："资产阶级在它的不到一百年的阶级统治中所创造的生产力，比过去一切世代创造的全部生产力还要多。"（《马克思恩格斯文集》第 2 卷，人民出版社，2009，第 36 页）

② 《马克思恩格斯文集》第 3 卷，人民出版社，2009，第 363 页。

刺画。

历史发展到资本主义阶段，人们关于价值的思想和实践都获得了一定的积累，对于价值的理论认识也获得了长足的发展。在资本主义社会内部矛盾不断显现，资本主义经济危机不断发生的情况下，工人阶级的队伍不断壮大，共产主义运动如火如荼地开展起来。马克思主义经典作家从理论与实践两个方面展开探索，对资本主义价值观提出了严肃、激烈且彻底的批判，同时，通过冷静分析资本主义乃至人类历史几千年以来的价值思想，批判地吸收了其中的合理成分，创造性地提出了新的价值观——马克思主义价值观。

马克思主义价值观坚持无产阶级的立场，秉持人民群众创造历史的群众史观，把无产阶级和全人类的解放作为自身的历史使命，以"人的自由全面发展"乃至整个社会的自由全面发展为最终价值旨归。它是人类历史上第一个以最大多数人的幸福为奋斗目标、以全人类的共同解放为宏大政治理想的新价值观。马克思主义价值观在整个社会主义阶段，在"代替那存在着阶级和阶级对立的资产阶级旧社会的"[①] 共产主义社会到来之前，将一直是人类价值思想的最新、最先进的代表。

（二）立足实践准确反映主体要求

生活实践的观点是马克思主义哲学首要的和基本的观点。马克思主义正是在工人阶级（无产阶级）和劳动大众的社会主义革命和建设实践中，通过自主自觉的价值选择、价值创造而形成的。因此，马克思主义价值观具有深刻的实践基础，带着显著的实践特征。

"人们首先必须吃、喝、住、穿，然后才能从事政治、科学、艺术宗教等等"[②]，物质资料的生产是人们从事其他一切活动的前提。历史唯物主义产生之后，"历史破天荒第一次被置于它的真正基础上……这一很明显的事实在历史上的应有之义此时终于获得了承认"[③]。经济基础、生产力等一系列范畴得到了认可，交往关系也得到了科学的解释，社会基本矛盾被发现和把握，进而整个人类历史发展的规律得以破解。由于把生产力作为

[①] 《马克思恩格斯文集》第 10 卷，人民出版社，2009，第 666 页。
[②] 《马克思恩格斯文集》第 3 卷，人民出版社，2009，第 601 页。
[③] 《马克思恩格斯文集》第 3 卷，人民出版社，2009，第 459 页。

衡量人类文明程度的一个重要标志，因而人类历史的进步性得到了科学的解释；由于把生产力作为判断人们的活动先进与否的标准，因而人们在历史上的价值也有了客观的评价标准。

马克思主义价值观的建立，既与马克思主义哲学的诞生、唯物史观的发现以及科学社会主义理论的创立紧密相连，更与工人阶级的共产主义运动实践密不可分。共产主义运动的实践为马克思主义价值观的确立提供了新鲜的认识来源和坚实的实践基础。马克思和恩格斯亲自参与并领导了轰轰烈烈的工人运动，组织了工人阶级政党，在实践中宣传并应用了马克思主义价值观。马克思主义价值观正是在不断与实践相结合的过程中形成的，它来源于实践的要求，体现了无产阶级的利益，代表着人类社会的发展方向。

马克思主义价值观不仅与共产主义运动的实践相伴而生，而且也在实践中不断得到检验、修正进而趋向完善。马克思和恩格斯生活的时代，正处于资本主义的上升阶段，但资本主义社会存在的自身不可解决的矛盾已经显现。基于对这些矛盾的深刻洞察，他们富有远见地预见到"资产阶级的灭亡和无产阶级的胜利是同样不可避免的"①，为无产阶级和共产主义运动提出了新的价值目标，为未来社会描绘了一幅美好的蓝图。

马克思主义对于价值和价值观的理解具有革命性意义。资本主义社会对资本的过度崇拜，导致了人的物化和异化，资本取代神灵和土地成为奴役人们的新枷锁。以往的经济学家和哲学家总是把"价值"看成物与物之间的关系。而在马克思看来，"实际上价值只不过是人和人之间的关系、社会关系在物上的表现，它的物的表现，——人们同他们的相互生产活动的关系"②。马克思对价值的理解，实现了关注重心从客体到主体的转换，把研究对象转移到实践以及实践的主体，也就是"实际活动着的人"。通过新的角度对价值进行考察，马克思深入资本主义社会的拜物教根源，指出了资本主义社会的暂时性和过程性，揭示了共产主义必然胜利的道理。

与以往历史上寻求理想社会的各种理论不同，马克思主义价值观具有科学的现实性。它指向的既不是不切实际的"乌托邦"，也不是幻想出来

---

① 《马克思恩格斯文集》第 2 卷，人民出版社，2009，第 43 页。
② 《马克思恩格斯全集》第 26 卷，人民出版社，1974，第 159 页。

的"千年王国"，它依据人类社会的发展规律，辩证地考察影响历史发展的各种因素，对未来社会的主要特征和基本轮廓做出了大致的描绘。"马克思丝毫不想制造乌托邦，不想凭空猜测无法知道的事情。"① 它立足于对资本主义社会的"破"，着力于社会主义的"立"，在抨击资本主义社会假恶丑的价值观的同时，天才地提出了自己的新价值观。马克思主义价值观具有深切的人文关怀和宽广的世界胸怀，它"遵循的主要指针是人类的幸福和我们自身的完美"②，而不是为了极少数人的私利。

无产阶级和人民大众是马克思主义价值观的实践主体，也是这一价值观的最大受益者。马克思主义价值观的创立是无产阶级和人民群众的自发选择，它在每一历史阶段的丰富和发展也同样离不开无产阶级和人民群众的支持和拥护。在形形色色的"社会主义"理论模式中，唯有马克思主义最符合无产阶级的利益，能够赢得最广大人民群众的认同和支持。因此，在全面阐述了马克思主义的价值理想后，《共产党宣言》响亮地喊出了足以震撼整个资本主义社会的口号："全世界无产者，联合起来!"③ 在共产主义运动实践中，马克思主义价值观的进步性和全人类性得到了逐步检验，也赢得了越来越多的支持者。在苏东剧变之后不久的20世纪90年代，邓小平仍然坚定地指出，"我坚信，世界上赞成马克思主义的人会多起来的，因为马克思主义是科学"④。中国特色社会主义事业的成功，改革开放取得的伟大成就，无不以雄辩的事实证明了马克思主义价值观的真理性和进步性。正是依靠无数革命志士和普通民众的热烈支持和坚定信仰，马克思主义价值观才得以薪火不息，代代相传，在实践中表现出顽强的生命力。

立足实践，尊重最广大的人民群众，这是马克思主义价值观的一个根本特征：依靠人民群众、为了人民群众，在维护人民群众利益的过程中推进实践；重视实践、坚持实践，在实践主体的选择和评价过程中改造理论。马克思主义价值观具有鲜明的实践性和主体性，与一切落后的、反动的、虚伪的价值观彻底划清了界限。

① 《列宁选集》第3卷，人民出版社，1995，第187页。
② 《马克思恩格斯全集》第1卷，人民出版社，1995，第459页。
③ 《马克思恩格斯文集》第2卷，人民出版社，2009，第66页。
④ 《邓小平文选》第3卷，人民出版社，1993，第382页。

（三）不断探索人类理想社会的价值观

仍处于实践摸索中、尚未最后"完成"建构的共产主义价值观，是人类价值实践和价值思想发展的最新成果。它是在无产阶级反对资产阶级、建设社会主义的实践中，在"吸收和改造了两千多年来人类思想和文化发展中一切有价值的东西"① 的基础上，由无产阶级的理论家、思想家们创立的。在这一过程中，马克思、恩格斯等马克思主义的创始人发挥了关键性作用。他们根据当时社会实践的特点和新兴力量——无产阶级的根本利益和需要，与时俱进，形成了既不同于唯心主义又不同于旧唯物主义的价值理论，创立了既不同于封建主义又不同于资本主义的价值观。这种价值观特别强调对一切人剥削人、人压迫人、不合理、不人道的私有制社会的无情批判，而以对人的终极关怀、人的解放、人的自由全面发展、建立美好社会为自己的最高宗旨。

应该说，建立一个美好的社会是人类共同的理想和孜孜不倦的追求。在人类文明史上，价值观的不断更替是一个不断追求和实践美好理想的过程。封建主义代替奴隶制度、资本主义代替封建制度，都曾把这种理想和追求实质性地向前推进。但是，封建主义"权本位"、等级制价值观与商品经济、现代化大生产、民主社会等是格格不入的；相对于封建主义价值观，资本主义价值观具有一定的先进性，包含着与商品经济、现代化大生产、民主社会等相联系的合理内核，但本质上仍是一种剥削阶级的价值观，是以异化、牺牲无产阶级和劳动大众的利益为代价的。面对这种情形，代表无产阶级和劳动群众利益的正直思想家们，不得不重新思索人类的前途和命运，寻找能够克服资本主义弊病、使劳动大众脱离苦难的新道路。在这一过程中，产生了各种勾画未来社会图景的思潮、理论和学说，包括空想社会主义学说。不过，直到马克思主义诞生之前，还没有任何一种理论能够指出一条真正实现人类美好理想的现实道路。

马克思、恩格斯创立的共产主义价值观，以及全部科学社会主义学说，既是克服资本主义社会各种固有矛盾和弊病的科学理论，也是追求、探索实现人类美好未来这一共同理想的思想结晶和逻辑结果。它对封建

---

① 《列宁选集》第 4 卷，人民出版社，1995，第 299 页。

主义的专制与资本主义的虚伪进行了无情揭露，又在剔除其腐朽糟粕的同时，对其中与商品经济、现代化大生产、民主政治等相联系的合理内核，经过批判性"扬弃"，而加以最大限度的吸取。同时，还超越了空想社会主义学说仅仅就价值合理性提出"世界应该如何"的乌托邦传统，而从历史必然性的视角，以其鲜明的实践风格，解答了世界的"应然"何以可能的问题。

任何一种价值观要想永葆青春活力和生命力，都必须不断与实践相结合，不断对未来开展理论上的探讨，以不断探索的精神和行动表现其先进性。从《1844年经济学哲学手稿》、《论犹太人问题》、《〈黑格尔法哲学批判〉导言》，到《共产党宣言》等著作，马克思和恩格斯逐步将全人类的解放、实现一切人的自由全面发展确定为马克思主义价值观的终极目标。这一目标是对未来共产主义社会的本质规定，也是共产主义的核心价值。它坚持最高目标与阶段性目标相结合，在尊重历史发展规律的基础上不断将价值理想转化为价值事实。然而，马克思主义对未来理想社会的追求并非一劳永逸、一成不变的，它所确立的原理不应该也不能够阻止后人的继续探索，经典作家早就明确指出，"这些原理的实际运用，正如《宣言》中所说的，随时随地都要以当时的历史条件为转移"①。

在马克思、恩格斯看来，共产主义价值观、科学社会主义是社会历史客观进程演进的必然结果。人类社会总是从低级形态向高级形态发展的，从最后一个剥削制度——资本主义过渡到没有剥削的社会主义，是历史的必然趋势和不可抗拒的客观规律。马克思主义以其科学性成就了自我，也赢得了人民，即便是在当代西方资本主义国家，也不乏著名思想家对共产主义价值观抱有同情和赞赏的态度。比如，就发端于《共产党宣言》的全球化思想而言，法国解构主义大师德里达在《马克思的幽灵》一书中指出，对于全球化，"马克思和恩格斯在《共产党宣言》中已经以一种无与伦比的方式做过分析"②。

对于未来美好社会的描绘，是马克思主义吸引人们为之奋斗的一个重要原因，而这些描述之所以能够持久地吸引人，还在于它坚实的科学性。

---

① 《马克思恩格斯文集》第2卷，人民出版社，2009，第5页。
② 〔法〕雅克·德里达：《马克思的幽灵》，何一译，中国人民大学出版社，1999，第21页。

这些描绘基于当时社会发展的现状和人类历史发展的客观规律，而不是凭空的设想和臆测。理论的科学性往往要经过相当长一段时间的检验才能真正显现出来。直至今天，我们生活的世界中仍然有马克思在一个半世纪之前所描述过的情景，"他写下了关于全球化、不平等、政治腐败、垄断化、技术进步、高雅文化的衰落、现代生存的萎靡不振的性质等动人的段落，现代经济学家们又碰到这些问题，他们有时并没有意识到自己正在步马克思的后尘"①。

但是，马克思主义没有终结人类历史的发展轨迹，更没有终结对未来美好社会的价值追求。正如恩格斯所言，"马克思的整个世界观不是教义，而是方法。它提供的不是现成的教条，而是进一步研究的出发点和供这种研究使用的方法"②。共产主义的实现是一个漫长的历史过程，共产主义实现之后的道路依然漫长。经典作家没有详尽描述未来理想社会的具体价值观，而这正是生活在当今的人们所肩负的历史使命。作为马克思主义价值观的代表和最新形态，中国特色社会主义核心价值体系的构建也是一个漫长而艰辛的过程，需要我们以持久的热情和坚定的信念，不断求索。

二 共产主义运动与马克思主义
价值观的形成和发展

作为对人类价值思想的继承与创造性发展，马克思主义价值观是在无产阶级反对资产阶级、建设社会主义的共产主义实践中逐步形成和确立的。③

---

① 〔美〕约翰·卡西迪：《马克思的回归》，载俞可平主编《全球化时代的"马克思主义"》，中央编译出版社，1998，第1页。

② 《马克思恩格斯文集》第10卷，人民出版社，2009，第691页。

③ 应该指出，马克思主义价值观的形成、发展与共产主义运动是交织在一起的。它们之间存在一种辩证的互动关系。一方面，马克思主义价值观只能产生于共产主义运动之中，并随着这种实践的发展而不断得到检验，不断得到完善和发展；另一方面，共产主义运动也只有在相应的理论指导下才能进行，并不断取得成功。具体地看，从空想社会主义的主观价值设想，到"跑步进入共产主义"的天真幻觉；从"土豆加牛肉"的"共产主义理想"，到"楼上楼下，电灯电话"的"现代化蓝图"；从"以阶级斗争为纲"、"无产阶级专政下的继续革命"，到"以经济建设为中心"的中国改革开放实践……在这些具体的践履社会主义（共产主义）价值理想的社会实践中，马克思主义价值观逐渐得到发展，日益变得清晰。

当然，马克思主义价值观的创立、发展和实际运用并不是一帆风顺、一蹴而就的，它经历了一个从局部到全面、从较不完善到比较完善、从空想到科学的历史过程，经历了一个长期、曲折的与时俱进的历史过程。

（一）马克思主义价值观的创立

19世纪三四十年代，资本主义生产方式在英法等欧洲国家占据了统治地位。资本主义在"仿佛用法术"从地下呼唤出巨大财富的同时，也打开了一个新的"潘多拉盒子"。伴随着资本主义的产生和发展，新的价值困惑、价值冲突、价值危机也在广泛产生和蔓延。资本主义带给无产阶级和劳动大众的并不是其所标榜的"自由、平等、博爱"，也不是滚滚而来的财富与幸福的生活，而是极其野蛮的掠夺和剥削，是"人为钱役"、"人对人是狼"、人的异化等残酷现实。

在资本主义体制中，社会的主要矛盾已经集中在资产阶级和无产阶级两大阵营之间。以欧洲三大工人运动为标志，一无所有的工人阶级觉醒了，并作为独立的政治力量登上了历史舞台。马克思主义经典作家热切地关注、支持和参加工人运动，通过创立劳动价值论和剩余价值学说，深刻揭露了资本家剥削工人的秘密，批判了资本主义制度及其价值观的基础；通过创立历史唯物主义，破译了人类社会历史发展的一般规律，揭示了社会主义（共产主义）必将取代资本主义的客观规律；在此基础上，第一次创造性地提炼出了反映无产阶级根本利益、指导无产阶级革命实践的共产主义价值观。

共产主义价值观是指导无产阶级革命和建设的明灯和纲领。它的价值理想在于，通过无产阶级革命和建设，消灭剥削，消灭压迫，最后消灭一切阶级和国家，实现全人类的彻底解放；全体人民当家作主，成为平等、自由和人格独立的社会主人；消除旧式分工，劳动成为自主的活动和人们的"第一需要"，人们"各尽所能，按需分配"；每一个人都获得自由而全面的发展，并且"每个人的自由发展是一切人的自由发展的条件"①。由于无产阶级没有自己的私利，从根本上说，它代表的也就是全人类的价值理想。工人和无产者的解放与全人类的解放是紧密相连的，消灭工人所承受

---

① 《马克思恩格斯选集》第1卷，人民出版社，1995，第294页。

的剥削和压迫，是解放全人类、创造共同的美好未来的前提。正如马克思所言，"社会从私有财产等等解放出来、从奴役制解放出来，是通过工人解放这种政治形式来表现的，这并不是因为这里涉及的仅仅是工人的解放，而是因为工人的解放还包含普遍的人的解放；其所以如此，是因为整个的人类奴役制就包含在工人对生产的关系中，而一切奴役关系只不过是这种关系的变形和后果罢了"①。

　　这一建立在唯物史观基础之上的价值蓝图，是包括无数马克思主义的论敌——如资产阶级学者、资本家、媒体人士甚至政客——也不得不承认的人类历史上、人类思想史上最美好的价值理想。它体现了一种深厚的人文关怀，体现了一种无上的责任意识，体现了一种高度的历史使命感。它几乎无懈可击，它几乎令它的敌人也不得不服膺。

　　马克思主义价值观，犹如一轮喷薄而出的红日，给迷茫中的被压迫者带来了新的希望，也开启了人类思想史上的新篇章。它以科学性、先进性对后来的无数仁人志士产生了持续的激励，为开辟未来的道路指明了方向、勾画了蓝图。当然，为实现这一远大的、美好的人间理想，它的价值主体——无产阶级必须进行不妥协的斗争，必须付出长期、艰苦的创造性努力。这也就决定了它的实践是一个曲折的、与时俱进的历史过程。

（二）马克思主义价值观在实践中的成功运用

　　马克思、恩格斯描绘了共产主义价值观的蓝图，论证了其价值理想实现的历史必然性。但是，马克思、恩格斯的设想主要是理论上的，至于何时付诸实践、如何具体实施，还有待后人来回答。把这一价值观由科学的理论变为生动的现实，是由列宁、毛泽东等共产党人初步完成的。

　　列宁是在资本主义进入帝国主义阶段的历史时期登上政治舞台的。他在领导俄国革命的伟大实践中，并没有拘泥于马克思、恩格斯的一般结论，并没有被理论的条条框框所束缚。例如，马克思、恩格斯曾经认为，无论是法国人、德国人还是英国人都不能单独赢得消灭资本主义的光荣，社会主义革命需要"同时发生"，才能"同时胜利"。而当时第二国际的领导人和理论家们也认为，社会主义革命有可能同时在最先进的文明国家里

---

① 《马克思恩格斯文集》第1卷，人民出版社，2009，第167页。

取得胜利，单独出现一个被其他国家封锁的社会主义国家是绝对不可想象的。列宁在全面研究帝国主义问题时，从变化着的社会历史条件出发，通过深入分析世界资本主义政治经济的发展状况，发现了资本主义经济政治发展的不平衡规律，将新的时代特点和俄国革命的具体情况结合起来，创造性地提出了"一国胜利"思想。"由此得出一个必然的结论：社会主义不能在所有国家内同时获得胜利。它将首先在一个或者几个国家内获得胜利，而其余的国家在一段时间内将仍然是资产阶级的或资产阶级以前的国家。"① 在"一国胜利"的思想指导下，俄国取得了十月革命的胜利，建立了世界上第一个社会主义国家，并在社会主义建设中取得了令人震惊的成就。②

列宁领导的十月革命走的是与马克思主义经典作家观点不同的另一条道路，在农村公社的基础上成功地跨越了资本主义"卡夫丁峡谷"。在二月革命后两个政权并立的局面下，俄国走到了向何处去的紧要关头，不可能等到资本主义自然发展成熟之后再迈向社会主义，而必须走出一条独特的道路。列宁提出了《四月提纲》，规划了向社会主义革命过渡的方针和路线，最终将社会主义制度的建立提前实现于资本主义并不发达的俄国。列宁说，"我们决不把马克思的理论看作某种一成不变的和神圣不可侵犯的东西"③。这从根本上是符合马克思主义的精神实质的，既是对马克思主义的坚持，又是对它的创造性发展。

十月革命一声炮响，为中国送来了马克思列宁主义。以毛泽东为代表的中国共产党人，正确地分析了20世纪上半叶的时代特征，把握了中国革命的特点和规律，制定了无产阶级领导的、人民大众的，反对帝国主义、封建主义和官僚资本主义的新民主主义革命总路线，开辟了建立农村革命根据地、以农村包围城市、武装夺取政权的革命道路。经过28年艰苦卓绝的斗争，终于推翻了压在中国人民头上的"三座大山"，建立了人民当家作主的社会主义新中国。在革命和建设过程中，毛泽东等共产党人确立了全体人民当家作主、以人民大众的利益为准绳、"全心全意为人民服务"

① 《列宁选集》第2卷，人民出版社，1995，第722页。
② 苏联在十月革命前工业总产值只占世界总产值的2.7%，仅及美国的6.9%。到了1940年，苏联的工业总产值已跃居欧洲第一位、世界第二位，苏联仅用20多年的时间就走完了资本主义用了一二百年才完成的工业化进程。
③ 《列宁全集》第4卷，人民出版社，1984，第161页。

的价值观。

苏联、中国等一大批社会主义国家的建立，彻底改变了世界的政治版图，使社会主义在世界上成为活生生的现实。马克思主义价值观在实践中得到了检验，并增强了生命力和说服力。从此，马克思主义价值观的实践有了制度上的保证，有了大展宏图的"社会实验场"。

（三）马克思主义价值观的丰富与发展

20世纪90年代，苏联解体、东欧剧变，世界范围内社会主义阵营一时间危机四伏，国际共产主义运动随之转入低潮，马克思主义价值观的实践基地也被大面积地蚕食。与此相对，资本主义在危机中通过调节生产关系、缓和阶级矛盾等，经济发展和国民生活水平都有所改善。严峻、复杂的局面使不少人产生了动摇，对社会主义的前途和马克思主义价值观产生了怀疑。加之西方资本主义国家竭力地鼓吹"全球伦理"、"普适价值"，企图以西方资本主义价值观吞噬马克思主义价值观，取得独霸世界的地位，马克思主义价值观的传播与发展遇到了不小的挫折。中国则坚持改革开放、中国特色社会主义道路不动摇，继续高扬马克思主义价值观，在实践中继续探索，取得了可贵的经验。这一阶段的马克思主义价值观处于在曲折中艰难前行的阶段。

马克思主义价值观是人类历史上的新鲜事物，而且包含社会生活的诸多方面，在付诸实践的过程中难免出现暂时的挫折。在世界社会主义的建设过程中，各国执政的共产党没有正确地判断形势，没有准确地把握自我，主体定位不准确，大大高估了本国社会主义的发展速度和成熟程度；[①]常常脱离本国社会发展的现实，超越时代，提出一些不可能达到的价值目标，结果欲速则不达；特别是依靠革命年代的"惯性"，单纯地强化某些政治意识形态方面的价值标准，简单化、极端化地对抗资本主义的价值理想，没有将发展社会生产力、建设社会主义物质基础放在中心位置，从而

---

① 苏联从20世纪30年代宣布"基本建成社会主义"开始，对本国社会主义发展程度的认识不断升级，到了60年代就宣称已进入"发达的社会主义"，并提出"20年内建成共产主义"。东欧国家也是如此，如1962年保加利亚共产党宣布进入建设"发达社会主义"的阶段；1971年捷共十四大确认于1960年已完成向社会主义的过渡，开始了向"发达社会主义"的过渡阶段；1974年罗共十一大提出将用20~25年的时间，大体建成全面发展的社会主义社会。中国"左"的时期，特别是"大跃进"时期，也作出了同样狂热的判断。

使社会主义运动偏离了正确的航向，遭受了重大的挫折。

例如，对资本主义和社会主义之间斗争形势的判断出现了失误。马克思主义价值观是在社会主义实践中得以发展壮大的，它的兴衰成败与社会主义力量的强弱息息相关。由于对强大对手的警惕性不足和对世界形势过分乐观的估计，各国执政的共产党常常教条式地对待经典作家关于资本主义的论述，拘泥于"资本主义总危机"理论，一味强调资本主义已陷入各种危机，看不到资本主义的自我调整能力和适应性，不愿承认西方国家的生产力在新科技革命中已有很大发展；长期坚持"世界处于帝国主义崩溃和无产阶级革命时代"的理论，以"支持世界革命"为由，继续扩军备战，积极推行"输出革命"的政策。究其原因，是将目光集中于历史更迭的必然趋势，忽视了历史进步的长期性、阶段性和曲折性。这恰巧把马克思的"两个必然"理论和"两个绝不会"思想人为地割裂开来，实际上违背了马克思主义的真谛。

与此相反，在遭遇了"过于乐观"的挫折之后，尤其是苏东剧变之后，一种悲观的情绪又弥漫于一些社会主义国家。某些执政党和群众对社会主义的信心降低，甚至提出"社会主义是否比资本主义先进"、"社会主义国家是否要补资本主义阶段的课"等疑问。认真研读马克思的社会形态理论，我们便会发现，不论是之前的过于乐观，还是后来的过于悲观，都是对历史规律的不理解、不尊重，是一种简单化的主观主义的错误。

又如，对不同制度之间的对立作了过分夸大和泛化。在美苏争霸和战后意识形态的斗争中，资本主义与社会主义两种社会制度之间的对立达到极致，甚至达到不共戴天、势不两立的地步。过分的斗争意识导致矛盾双方一度剑拔弩张，消耗了大量的人力和物力，导致双方的发展都受到阻碍。社会主义国家是在跨越资本主义发达阶段的前提下建成的，但是在生产力发展、科技进步等方面仍需要向资本主义国家学习，在借鉴吸收的基础上实现跨越式发展。对敌人的敌视发展到鄙视，对自己的自豪发展到自傲，在增强社会主义优越感的同时，也培养起一种妄自尊大、对资本主义一概否定的不良倾向，曾经响彻中国大地的口号"宁要社会主义的草，不要资本主义的苗"就是这种荒谬思想的生动写照。思想的偏差带来了沉痛的教训，没有把超越资本主义社会形态、超越社会发展的资本主义前途与吸收资本主义世界业已创造的一切积极成果结合起来，人为地限制了自己的发展。直到改革开放，中国率先摆正态度，勇敢地发出"向资本主义国家学习一切先进东西"的号召。

两种社会制度之间的对立还被人为地泛化到人们生活的方方面面，对这一"最高问题"的态度成为衡量人们立场、品德和业绩的最高尺度，社会生活中的一切都要在这一标准下为自己的存在做辩护。在"割资本主义的尾巴"、"走资本主义道路的当权派"等新的概念的掩护下，人们被划分为不同的"成分"，遭受不同的对待。私有经济的发展遭遇灭顶之灾，个人思想的活跃性被扼杀殆尽。不论是苏联的"大清洗"，还是中国的"文化大革命"，都严重扭曲了马克思主义价值观的本义。

过分夸大矛盾的严重性，还导致了一种错误的实践：用"斗争"和"运动"的方式，保护社会主义革命成果。大多数执政的共产党都坚持类似"以阶级斗争为纲"的中心路线，强化无产阶级专政，搞阶级斗争扩大化，而其实际却是在非此即彼的二元对立思想引导下，任意地给人们贴上敌与友、正与邪的标签。通过一次又一次大规模的政治运动，一场又一场触及每个人的"灵魂深处的革命"，大众逐渐对"政治"产生了虚幻的神秘感，以为它是生活中最重大、左右一切命运的唯一力量，久而久之，整个社会的价值取向愈来愈整齐划一、愈来愈单调。马克思主义的价值理论，本来是为了解放人的，却在实践中被作为禁锢人们的思想、约束人们的行为的理论依据，社会的创新活力也必然要受到严重的抑制。

再如，对马克思主义核心价值的理解出现了偏差。科学社会主义避免了空想社会主义的缺陷，但关于未来社会的一系列设想仍然缺乏充分的实践检验。马克思主义曾经被各社会主义国家奉为治党治国的金科玉律，苏联经验曾经被奉为社会主义的最完美模板。社会主义各国普遍存在教条主义地对待马克思主义的问题：将马克思主义经典作家的论述神圣化，将苏联经验模式化。在长期高度的集权政治和计划经济体制下，社会主义各国将马克思主义教条化的现象十分严重，凡是在马克思、恩格斯著作中找不到，但在现实生活中可能推动社会主义事业发展的言行，都被视为"离经叛道"；将政治、道德与经济对立起来，搞"政治挂帅"，忽视经济建设，不重视生产力水平的提高，不重视人民生活水平的改善，在经济建设上实行"一大二公"、"纯之又纯"。其结果，导致社会生产力水平长期低下，国民经济结构长期严重失衡，人民生活水平长期得不到提高，甚至人民经常陷入困境。这导致了不少对社会主义的不满、批评和质疑。

对马克思主义价值观的扭曲体现在各国的政治实践中，几乎涉及社会主义国家社会生活的各个方面。某些取得成功的国家或拥有一定地位的学者以马克思主义的正统自居，把属于全人类的开放的、科学的马克思主义理论作为谋求一己私利的工具，有些国家甚至以马克思主义为名，行沙文主义之实。历史上的中苏交恶等事件与此不无关系。可以说，这一阶段的一些失误甚至错误，有对马克思主义价值观的故意曲解，但更多的是因为没有真正弄明白它的真义，属于探索中的失误。

马克思主义价值观的核心应当是坚持社会主义远大理想，坚持人的主体性，在尊重客观规律的基础上为创造美好社会而共同奋斗。理想的美好不能成为过程可以痛苦的借口，在对自由和平等的追求过程中也应该体现自由和平等；集体和国家不应该成为压制个人的理由，马克思主义从来没有把牺牲个人以成就集体作为一种普遍要求。这一时期的政治实践脱离了共产主义核心价值的本义，甚至在某些方面已经退化到资本主义的后面，为资本主义世界所诟病。

这一时期的马克思主义价值观充满了虚幻的理想色彩，充满了单一化的政治火药味，在很大程度上是封闭、僵化的。马克思主义价值观遭到了严重的误解、扭曲甚至破坏，这也给后来的人们继续探索、恢复重建增加了困难。它所带给我们的教训是十分沉痛的，足以让人们深思、反省。

（四）中国改革开放与价值观的变革

正可谓"西方不亮东方亮"。在世界社会主义运动总体上仍处于低潮，资本主义陷入新一轮重重危机的背景下，中国自改革开放以来取得的一系列成就赢得了世人的惊叹，在新的历史时期彰显了马克思主义价值观的生机与活力。作为世界上最大的社会主义国家和最大的发展中国家，中国确立什么样的价值观在世界全局中都具有重要的意义。中国特色社会主义核心价值体系的探索也成为中国的当务之急。

20世纪下半叶，世界形势发生了新的重大变化。一方面，新科技革命推动了资本主义经济的迅猛发展，资本主义自我调节能力有所加强，经济全球化使世界经济的相互依存度不断提高，战争与革命的因素逐步减弱，和平与发展成为世界潮流。另一方面，军备竞赛和霸权主义仍然对世界和平构成威胁，在不公正、不合理的国际经济秩序下，"南方"国家发展面临种种困难，南北差距不断扩大。因此，争取和维护世界和平，促进共同发展已成为国际社会的共同呼声。邓小平深刻分析了当代国际政治经济发展的现实，敏锐察觉到时代主题的转换，指出"现在世界上真正大的问题，带全球性的战略问题，一个是和平问题，一个是经济问题或者说发展问题"①。同时，历经长期"左"的灾难，特别是史无前例的"文化大革命"，中国的生产力受到极大破坏，国民经济已经处于崩溃的边缘，人民生活长期得不到改善，社会主义在中国面临着严重的危机。"穷则思变"。面对重重危机，邓小平发人深省地警醒人们，"不坚持社会主义，不改革开放，不发展经济，不改善人民生活，只能是死路一条"②。

在严峻的形势下，以邓小平为代表的中国共产党人，继承了毛泽东把马克思主义与中国具体实际相结合的思想方法，在探索建设有中国特色社会主义的过程中，坚决拨乱反正，果断抛弃了"以阶级斗争为纲"的"左"倾路线，重新确立了"解放思想，实事求是"的思想路线；通过深刻反思，断定中国社会主义仍然处在"初级阶段"；明确社会主义的根本任务是解放和发展生产力，指出贫穷、发展太慢的社会主义都是"不够格的"，确立了以经济建设为中心，坚持四项基本原则，坚持改革开放，即"一个中心、两个基本点"的新时期的基本路线；创造性地运用矛盾规律，提出了"两手抓，两手都要硬"的思想；重视科学技术在社会发展中的作用，创造性地提出了"科学技术是第一生产力"等著名论断。特别是通过重新认识社会主义的本质，确立了社会主义的价值目标：不断解放和发展生产力，消灭剥削，消除两极分化，最终达到共同富裕；认识到必须放开价值手段，抛弃那些抽象化、概念化的价值标准，用"三个有利于"标准判断一切工作是非得失，使社会价值重心从高度政治化向以经济建设为中心的社会多元化转移。

社会主义初级阶段的历史定位，特别是改革开放、社会主义市场经济建设，使得一种代表最广大人民群众利益、以"三个有利于"为价值标准、以为人民服务为核心的中国特色社会主义价值观，正在逐步确立之

---

① 《邓小平文选》第3卷，人民出版社，1993，第105页。
② 《邓小平文选》第3卷，人民出版社，1993，第370页。

中。这种价值观是马克思主义基本原理与中国社会主义现代化建设实践相结合的产物,邓小平理论、"三个代表"重要思想、科学发展观,包括"中国梦",是它目前所达到的新的理论高度。当然,高度适合社会主义初级阶段的现实国情、民情并充分把握社会主义、共产主义发展方向的价值观,目前尚未完全建立起来,还有待于人们进一步摸索和建设。

历史证明,马克思主义价值观的发展历程与共产主义运动的实践紧密交织在一起。不断发展的共产主义实践孕育了马克思主义价值观,推动了马克思主义价值观的创新和发展;同时,不断在共产主义实践中得到检验、完善、发展的马克思主义价值观,又引导共产主义实践不断深化、推向前进。共产主义实践是马克思主义价值观与时俱进、开拓创新、永葆青春活力的不竭动力。

三 马克思主义价值观的主体性

主体性是价值的根本特性,明确价值的主体性是我们把握价值问题的关键。同样,要厘清、把握马克思主义价值观的与时俱进品质,也必须从马克思主义价值观的根本特性——主体性着手,深入地进行探讨。

(一) 无产阶级与马克思主义价值观的主体性

马克思主义价值观与其价值主体的状况、命运是息息相关的,具有鲜明的主体性。

马克思主义是在批判资本主义、适应无产阶级(工人阶级)解放斗争的需要中产生的。它是反映无产阶级根本利益的价值观,它的主体是无产阶级。空想社会主义的价值主体是包括资本家在内的一切人,正如《共产党宣言》中所说的,它"总是不加区别地向整个社会呼吁,而且主要是向统治阶级呼吁"。马克思主义则明确地把无产阶级视为自己唯一的价值主体。它认为,无产阶级是资本主义社会中异化得最厉害,受剥削、受压迫最深重的阶级,也是革命性最强、革命意志最坚定的阶级。因此,无产阶级是消灭资本主义制度、建设人民当家作主的社会主义国家使命的承担者,是人类解放的"心脏"和"物质武器";马克思、恩格斯也因此把自己的学说称为"无产阶级解放条件的学说"。

　　共产党人从来"不屑于隐瞒自己的观点和意图"。他们公开宣称，马克思主义反映和代表的是无产阶级的根本利益和需要，其使命和目标就是要推翻私有制，消灭剥削，消灭压迫，实现无产阶级和全人类的彻底解放。而且，这一价值观只有也必须依靠无产阶级通过不断斗争、通过发展壮大自己的力量才能实现。当然，由于无产阶级的根本利益符合社会发展的客观规律和历史发展的总体趋向，正如恩格斯所说的"科学越是毫无顾忌和大公无私，它就越符合工人的利益和愿望"①，同时，由于无产阶级的根本利益与最广大的人民群众的利益是一致的，因而马克思主义价值观的阶级性与群众性是一致的。

　　马克思主义的主体是无产阶级，而事实上，无产阶级是一个"历史性范畴"，一直处于变化状态之中。无产阶级是相伴资产阶级而产生的，是随着资本主义的扩张而不断发展壮大的；而且，在不同的时代、不同的历史发展阶段，无产阶级可能具有不尽相同的构成状况；② 甚至，按照马克思的设想，无产阶级以消灭资产阶级、同时消灭无产阶级乃至一切阶级为目标。因此，这就决定了无产阶级的价值观必然随着自身的产生、发展、壮大以及消亡而不断地发展变迁。

　　相对静态地看，无产阶级又是一个"总体性概念"，即它是由各个民族、各个国家和地区的无产阶级组成的。由于各个民族、各个国家和地区的无产阶级的特殊性，如处于不尽相同的文化传统之中，因经济发展情况不同而生存、生活状态存在差异，因制度差异而享有的政治权利也不尽相同，更由于自身的发展状况不同而素质和能力也有所不同，因此，反映无产阶级根本利益和需要的马克思主义价值观，也必然因主体的差异而呈现具体性、历史性，必然因时代的发展和主体的变化而不断地发展、变化。

　　更进一步地，无产阶级的根本利益和需要也不是一成不变的，而是具体的、历史的、发展的。在各个不同的历史阶段，无产阶级有自己不同的

---

① 《马克思恩格斯选集》第4卷，人民出版社，1995，第258页。
② 例如，当代中国特色社会主义的建设者的范围就已经极大地拓展了。中国共产党十六大报告提出，"不能简单地把有没有财产、有多少财产当作判断人们政治上先进和落后的标准"，也不能以财产、职业等为尺度，将在社会变革中出现的民营科技企业的创业人员和技术人员、受聘于外资企业的管理技术人员、个体户、私营企业主、中介组织的从业人员、自由职业人员等社会阶层，排除在社会主义的建设者之外。

利益和需要，而且，不断得以满足的需要，又发展和创造着新的需要。①无产阶级的根本利益和需要的这种历史性变迁，决定了反映其根本利益和需要的马克思主义价值观必须是与时俱进的。例如，在试图推翻资本主义制度、建立无产阶级政权的革命时期，无产阶级的根本利益和需要就在于彻底破坏一个旧世界，通过无产阶级革命，消灭剥削，消灭压迫，打破一切束缚无产阶级的物质和精神枷锁，最终实现无产阶级甚至全人类的彻底解放；而在无产阶级革命取得胜利、建立了无产阶级专政的政权之后，无产阶级的根本利益和需要就不再是"破坏"和"革命"，而是转向了建设和发展，即要通过解放和发展生产力，巩固自己的政权，最后通过自己的努力，消灭包括无产阶级自己在内的一切阶级，实现个人与社会的自由全面发展，建设一个美好的共产主义社会。

各个时期、不同国家的无产阶级，由于受资产阶级剥削、压迫等原因，其自我觉醒程度、自己把握自己命运的能力，也有一个历史的、发展的过程。无论是资本主义早期阶段的无产阶级，还是今日发达资本主义国家的无产阶级，都存在一个觉醒程度的问题，或者存在需要启蒙的问题。并非不存在无产阶级阵营中的某些人对资本主义抱有幻想、寄予希望的情况，或者安于现状、得过且过、不思进取的情况。而无产阶级自我觉醒的程度、无产阶级对自身根本利益和需要的自觉意识、无产阶级自己把握自己命运的决心与能力，决定了他们能否自觉形成自己的价值思想，创立自己的价值观体系，决定了他们能否自觉投身解放自己、最终解放全人类的共产主义事业。可见，无产阶级自身觉悟、素质和能力的这种历史性，也决定了马克思主义价值观的发展是一个历史过程。

总之，如果我们按照"具体问题具体分析"这一"马克思主义的最本质的东西"、"马克思主义的活的灵魂"② 进行分析，那么，由于价值主体无产阶级自身的历史发展性，由于各个民族、各个国家无产阶级的特殊性，由于无产阶级的根本利益、需要、素质和能力的历史发展性，反映无产阶级根本利益和需要的马克思主义价值观不可能是僵化、固定、不变的，而必然

---

① "已经得到满足的第一个需要本身、满足需要的活动和已经获得的为满足需要而用的工具又引起新的需要，而这种新的需要的产生是第一个历史活动。"（《马克思恩格斯选集》第 1 卷，人民出版社，1995，第 79 页）

② 《列宁选集》第 4 卷，人民出版社，1995，第 213 页。

是变化发展的、与时俱进的。或者说，马克思主义价值观只有不断与时俱进，不断开拓创新，才能始终代表不断发展着的无产阶级与广大人民群众，代表他们的根本利益和现实需要，成为他们的正确的指导思想和有力的理论武器。

（二）马克思主义价值观的主体性表现

具体而言，马克思主义价值观的主体性可以从如下几个方面加以说明。

第一，马克思主义价值观具有鲜明的个性特色。虽然"工人阶级没有祖国"，但马克思主义对时代课题的回答，共产主义的理论创新与具体实践，是以各个民族、国家的无产阶级革命和建设实践为依托的。由于各个民族、国家等所处的时代环境和历史发展阶段不同，各个民族、国家的具体国情不同，历史文化传统不同，经济发展水平不同，各个民族、国家无产阶级自身的结构、利益、需要、素质和能力也不同，因而其实践的内容和方式、时代课题的表现程度和形式往往各有不同，其社会主义价值理想、价值取向以及价值实现方式也往往表现出各自的独特内容，具有各自主体的个性、特性、特色。正如马克思所说，"理论在一个国家实现的程度，总是取决于理论满足这个国家的需要的程度"①。

正因为马克思主义价值观在各个民族、国家具有各自主体的个性和特色，因此必须从本民族、本国的实际出发，把马克思主义本民族化、本国化，探索适合自己特点的发展道路。马克思主义经典作家在不同的历史时期曾经反复强调这一点。马克思指出，"正确的理论必须结合具体情况并根据现存条件加以阐明和发挥"②。恩格斯曾批评那些侨居在美国的德国的"马克思主义者"根本不了解美国的国情，不研究美国的工人运动和具体需要，不了解实践和时代提出问题的重点、内容和形式在欧洲国家的体现不同于在美国的体现，"一点不懂得把他们的理论变成推动美国群众的杠杆"。他劝告这些人不要把自己那一套从故土搬到美国的、常常自己还没有弄懂的理论，教条式地强加给美国工人，而应该向美国工人说明理论应用于美国国情的具体途径。列宁生活在马克思主义理论广泛传播、理论迅

① 《马克思恩格斯文集》第1卷，人民出版社，2009，第12页。
② 《马克思恩格斯全集》第27卷，人民出版社，1972，第433页。

速转变为实践的历史时期，但他认为，马克思主义的基本原理在应用到各国时，必须加以一定的改变，使之正确地适应于民族和民族国家的差别，正确地加以运用。他经常强调，各国要独立地探讨马克思主义的理论，这些理论的具体应用在英国不同于法国，在法国不同于德国，在德国又不同于俄国……

当然，把马克思主义基本原理与各国国情正确结合，绝不是轻而易举、一蹴而就的，需要各国共产党人在科学对待普遍性原理和准确把握国情特殊性这两个方面做出艰苦的努力。历史经验表明，人们对这一"结合"本身达到正确的理解，是以许多错误和失败为代价换来的。例如，在国际共产主义运动史上，十月革命后，苏联建立了世界上第一个社会主义国家，20世纪二三十年代以后逐渐形成了苏联建设社会主义的模式。苏联模式的形成在世界社会主义发展史上曾发挥过重大的积极作用，但是，这仅仅是苏联一国在如何建设社会主义这一问题上的初步尝试。可是，长期以来，这种模式却被人为地绝对化了，被看成社会主义建设唯一正确的模式，成为各国建设社会主义的样板和典范，为各个社会主义国家照抄照搬。苏联也曾把自己的理论和模式当作社会主义革命和建设的普遍性原理，强行向其他国家的共产党和人民推广。这样做的结果，造成了不少失误、失败与悲剧。

因此，从各国的实际情况出发，建设具有本国特色、个性的社会主义，是共产主义实践走向成功的必由之路。邓小平深刻地指出，把马克思列宁主义基本原理同中国实际相结合，走自己的路，"这是我们吃了苦头总结出来的经验"①。以错误和失败为代价换来的经验弥足珍贵，绝不可以轻易忘记。

第二，马克思主义价值观具有多维性、多层次性。因为价值主体无产阶级自身的复杂结构和多方面、多层次的利益与需要，马克思主义价值观具有多维性、多层次性。一般而言，消灭剥削，消除封建主义、资本主义的经济基础，建立无产阶级占有生产资料的社会主义（共产主义）公有制，通过解放和发展社会生产力，使社会财富极大增加，消灭贫困，让广大人民过上丰衣足食的幸福生活，是马克思主义价值观的经济价值追求；

---

① 《邓小平文选》第3卷，人民出版社，1993，第95页。

消灭压迫，推翻地主、资本家的反动政权，让广大人民当家作主，成为社会的主人，建立社会主义（共产主义）的、现代化的民主国家，最后消灭阶级和国家，实现全人类的彻底解放，是马克思主义价值观的政治价值追求；创造一切可能的条件，使每一个人都获得自由而全面的发展，使每一个人的潜能都得到最大程度的发挥，是马克思主义价值观的社会价值与人的价值追求……

正因为马克思主义价值观具有多维性、多层次性，因而在社会主义（共产主义）革命和建设的不同时期，往往可能会以某一方面、某一层次的内容，作为实践工作的重心。例如，在我国新民主主义革命时期，实践工作的重心就是推翻地主、资本家的反动政权，推翻"三座大山"，建立广大劳动人民当家作主的社会主义（共产主义）国家这一政治价值目标；而在我国社会主义改造基本完成以后，就应该将价值重心转移到经济建设上来，发展生产力，增强综合国力，改善人民生活，以巩固新生的人民共和国，逐步逼近共产主义价值理想。

在中国革命和建设过程中，特别是在过去"左"的时期，由于我们不理解马克思主义价值观的这种多维性、多层次性，没有根据实际情况及时、有效地调整价值重心，曾经走过不少弯路，交过不少"学费"。例如，在中国社会主义改造基本完成以后，在相当长时期内，仍然认为资产阶级和无产阶级之间的矛盾是主要矛盾，坚持"无产阶级专政下继续革命"，搞"政治挂帅"、"阶级斗争扩大化"，以为"阶级斗争是纲，纲举目张"，通过残酷的政治斗争就可以解决一切问题。而事实证明，这种片面、偏执的做法是极其错误的，这种破坏性"革命"往往只是搞乱了自己，延缓了社会主义建设的进程。

第三，马克思主义价值观具有动态发展性。伴随着国际共产主义运动的发展（包括它的曲折历程），马克思主义经典作家不拘泥于已有的结论，不将它理解为抽象的概念化的东西，理解为僵死的、自我封闭的、固定不变的教条，而是根据所处的具体历史条件，根据现实社会的发展变化，根据无产阶级的现实利益和发展状况，不断对自己的价值观进行修正与创新，使它处于永无止境的发展与完善过程中。从马克思主义、列宁主义、毛泽东思想，到当代中国的马克思主义——中国特色社会主义理论，就清楚地呈现了一种不断发展的轨迹。

马克思主义价值观是历史的、发展的，是在实践中不断创新和发展的观念体系，这也从不同社会历史时期的价值理想、价值目标表现出来。也就是说，马克思主义价值观乃至系统化的马克思主义价值观体系，在每一时代、每一时期，都有其独特的内容和特点。这正如恩格斯所指出的，"每一个时代的理论思维，从而我们时代的理论思维，都是一种历史的产物，它在不同的时代具有完全不同的形式，同时具有完全不同的内容"①。例如，按照马克思主义经典作家的设想，共产主义的发展分为两个大的阶段，即低级阶段——社会主义阶段和高级阶段——共产主义阶段。在社会主义阶段，价值理想、价值目标在于"解放生产力，发展生产力，消灭剥削，消除两极分化，最终达到共同富裕"②；在共产主义阶段，价值理想、价值目标则在于消灭剥削、消灭压迫，最后消灭一切阶级和国家，实现全人类的彻底解放。

邓小平等中国共产党人还创造性地提出了社会主义初级阶段理论。"经过四十多年特别是近二十年的发展，我国生产力有了很大提高，各项事业有了很大进步。然而总的说来，人口多、底子薄，地区发展不平衡，生产力不发达的状况没有根本改变；社会主义制度还不完善，社会主义市场经济体制还不成熟，社会主义民主法制还不够健全，封建主义、资本主义腐朽思想和小生产习惯势力在社会上还有广泛影响。我国社会主义社会仍然处在初级阶段。"③ 这说明，即使是在社会主义或共产主义阶段，也可划分为更具体的阶段或时期。而在这每一具体历史阶段或时期，又有与之相应的价值理想、价值目标，不能人为拔高，加以主观化、理想化。如中国共产党在社会主义初级阶段的价值目标就是："领导和团结全国各族人民，以经济建设为中心，坚持四项基本原则，坚持改革开放，自力更生，艰苦创业，为把我国建设成为富强、民主、文明的社会主义现代化国家而奋斗。"④ 而正是这些从实际出发、实事求是的具体价值目标，历史地构成了共产主义事业的总体价值理想。

综上所述，从马克思主义价值论的观点看，无论是价值主体无产阶级

① 《马克思恩格斯选集》第4卷，人民出版社，1995，第284页。
② 《邓小平文选》第3卷，人民出版社，1993，第373页。
③ 《十五大以来重要文献选编》（上），人民出版社，2000，第16页。
④ 《江泽民文选》第2卷，人民出版社，2006，第252页。

（包括与之息息相关的社会主义）自身的形成、发展，还是反映其利益和需要的价值观体系的形成、发展变迁，以及践履这一价值观体系以实现最终价值理想的社会实践，都是一个相辅相成、相互作用的与时俱进的历史过程。

（三）马克思主义价值观的个性与共性

马克思主义价值观的个性（包括多维性、多层次性、动态发展性等主体性）与共性（如共产主义的价值理想、价值标准、价值取向）是既相互矛盾、相互对立、相互排斥，又相互依存、相互表现、相互作用的，它们之间是辩证统一的关系。我们不能执其一端，片面地加以简单化、绝对化、极端化，而必须在其间保持适度的张力。

一方面，不能因为强调马克思主义价值观的个性，就绝对排斥马克思主义价值观的统一性、绝对性。各国社会主义实践的历史过程，就是力求把握马克思主义价值观之实质和灵魂的过程。多年的艰辛探索，实际上寻求的是让马克思主义价值观更加清晰、现实、具体。对于"什么是马克思主义价值观"、"如何建设马克思主义价值观"等关键问题的回答，最根本的是抓住其精神实质，把握其基本方向，弄清其基本内容，并付诸变革世界的实践。而这些问题恰恰是各社会主义国家在强调自身个性时，应当坚守的原则和不可超越的限度。

回顾国际共产主义运动史，梳理马克思主义经典文献，我们可以把各国在实践中所倡导的马克思主义价值观的共性简要总结如下。

首先，共产主义的价值理想。马克思主义价值观以其对未来美好社会的粗略勾勒，引起了人们无限的期待和憧憬。不论是在社会制度层面，还是在人们的日常生活领域，共产主义处处都展现一种无与伦比的真、善、美，代表了马克思主义价值观的最高理想。在共产主义实践中，各国共产党把对共产主义的信仰转化为追求理想社会的行动，在实践中丰富、完善着马克思主义价值观。坚持共产主义"自由人联合体"的价值理想，在实践中创造了巨大的精神动力，激发了人们的参与热情，也因此创造了辉煌的成就。

其次，人民主体的价值定位。以人为本是马克思主义价值观的出发点和归宿。人民主体的价值定位，就是尊重人民作为历史创造者的地位，给予人民价值选择的充分自主权，把人民群众的价值实现作为执政党行动的指针和国家决策的依据，把维护人民利益、争取人民幸福作为治国理政的基本行动准则。中国共产党大力提倡的"为人民服务"价值观深刻把握了这种价值定位，因而也成为各社会主义国家乃至资本主义国家争相仿效的典型。虽然在实践层面上曾经出现过打着"为了人民"的旗号，实际上却扼杀人的天性、忽视人的利益、抹杀人的价值甚至草菅人命的错误做法（如"文化大革命"等），但这些对人民主体地位的偏离，只是摸索过程中的失误。作为一种价值观，在整体的价值定位中，仍然是以人民为本位、以人民为主体的。

再次，主观价值标准和客观价值标准的统一。马克思主义价值观的哲学依据是辩证唯物主义和历史唯物主义，它不是空泛的道德说教，更不是主观的空想和臆测，而是有着容易理解、可以感受、能够量化的评价指标。唯物主义的价值标准有主观和客观两个尺度、集体和个人两个维度，是二者的辩证统一：把生产力发展的速度、社会和谐的程度、人们解放的进度等一系列指标作为客观标准；把"人民满意不满意，群众答应不答应"等人们的利益诉求和期待作为主观标准；既要在社会进步中为人民群众带来看得见的福祉，又要用具体的现实的利益激发人们的积极性和创造性，为美好价值目标的实现而奋斗不息。

最后，注重实践的务实态度。对未来的美好设想是马克思主义价值观的一大亮点，但这种设想并非天马行空，而是有着坚实的实践基础。马克思主义具有远大的理想，但不好高骛远，而是有着务实的态度，注重"变革世界"的行动，它的价值观是在实践中形成、在实践中丰富、在实践中发展的，它的价值理想也是在"变革世界"的实践中实现的。国际共产主义运动的进展、社会主义制度从理想变为现实，尤其是中国特色社会主义取得的成就，无一不是在实践基础上的创举。坚持最高理想与当前任务相结合，走出适合本国国情的道路，是共产主义运动的起起伏伏给我们的经验和教训。

此外，坚持和实践马克思主义价值观的共性，即共产主义的价值理想、价值标准、价值取向，绝不是要消灭各国共产党的个性，实现"抽象的大一统"。在不同的时代表现出不同的形态，在不同的国家具有不同的个性特征，在不同的社会领域中存在具体的表达，所有这些"不同"恰好是马克思主义价值观的应有之义，也是它充满活力、永葆生机的原因。这不但没有改变其根本性质，反而坚持了它的核心精神。

况且，任何一种价值观都是共性和个性的统一。价值主体是具体的，不仅个人、党派和国家可以作为主体，全世界范围内信仰和接受这种价值观的人们的集合也可以构成一个广义的价值主体。在世界范围内，马克思主义价值观的实践主体是所有的社会主义国家，甚至包括资本主义国家中对共产主义持支持、信仰态度的人们。在特定的社会主义国家之内，实践的主体则是执政党、团体乃至个人等。对全球来讲，作为社会主义国家的共同价值追求，必然存在一个宏观概括的基本原则，为各个国家主体提供蓝图和基本框架。而在一国范围之内，适当强调个性更具有现实意义。共性与个性不仅存在于国与国之间，也存在于一个国家内部。坚持马克思主义价值观，并不意味着要取消其他各种价值理论和价值观点，而是要给予人们选择的自由，在审慎的比较中做出明智的选择。尊重广大人民群众的主体地位，赋予广大人民群众价值选择的自主权，这既是马克思主义价值观的本义，也体现了共产党人日益强大的理论自信。

四　马克思主义价值观的中国化发展

马克思主义价值观在中国的发展，是与作为党的指导思想的马克思主义中国化的过程交织在一起的。马克思主义价值观的构建需要立足现实、背靠历史、面前未来。经典作家的理论阐述提供了思想资源，国际共产主义运动提供了实践基础，而改革开放以来的时代新变化、实践新发展，则提出了新的时代问题、新的发展动力以及新的价值理念。

（一）马克思主义价值观的中国化历程

马克思主义价值观的中国化，是与中国共产党和中国人民相互融合的过程，从价值主体的态度和行动来看，它大致经历了朴素向往、狂热信仰、冷静思考、系统构建等几个历史阶段。

（1）初期的朴素向往阶段。马克思主义和科学社会主义引入中国，也伴随了马克思主义价值观的传入。中国共产党的成立，确立了马克思主义作为指导思想的地位，马克思主义价值观也成为全党和社会先进分子的价值追求。马克思主义传入中国并获得支持，最重要的原因是它能够解救人民于思想的彷徨和现实的困顿，用理想和信念支撑了人们为之奋斗的热情，给人们指出了一条救国救民的道路。在内忧外患、危机重重、走投无路的历史关头，共产主义价值理想吸引了亿万大众的目光，从此，中国革命的面貌就焕然一新了。旧民主主义革命和新民主主义革命是靠人民的力量取胜的，而广大人民之所以前赴后继、舍生取义，即使付出生命的代价也在所不惜，这与他们坚定的共产主义信念不无关系。当时人们对于马克思主义价值观还没有明确的概念，但看到了正确的方向，认识到共产主义是人们为之奋斗所争取实现的最高目标。在初期阶段，马克思主义价值观是作为一种抽象的观念形态出现的，更多地体现为一种价值方向、价值理想，它的内容还显得比较空洞，还需要进一步加以充实。

（2）改革开放前的狂热信仰阶段。经过中国人民的浴血奋战和艰苦奋斗，马克思主义所倡导的价值理想，在中国革命和建设的实践中逐一得以实现：新中国的成立、社会主义制度的建立、人民政治地位的提高和生活水平的改善……实践证明，只有社会主义才能救中国，只有马克思主义才能发展中国。事实胜于雄辩，在价值事实面前人民选择了信服，对于共产主义和马克思主义的信任也发展成一种执着的信仰，甚至在某些人心里达到了宗教式的虔诚。如果说在早期阶段人们对马克思主义价值观还抱有怀疑和试探的心态，那么，在这一时期，则具有了更多的坚定性，减少了许多的盲目性。然而，过分的信仰往往会导致理性的缺失，共产主义被过高推崇，也导致了一些过激甚至荒谬的事情。毕竟，激情不能代替现实，口号也不会自动变现。在缺乏对马克思主义价值观的全面深刻的把握，没有弄清楚其精神实质的前提下，"左"倾时期的价值实践逐渐偏离了其本义，给我们留下了沉痛的教训。

（3）改革开放以来的冷静思考阶段。经历了人民公社化、"文化大革命"等社会变革之后，失误和挫折给我们的深刻教训，让我们变得冷静，人们的理性得以复归，开始正本清源，认真思考理论问题。关于真理标准问题的讨论和实事求是思想路线的确立等，开启了人们对价值问题的重新认识，关于马克思主义价值论的研究也成为热点。几十年来，对于"什么是社会主义"这一问题，邓小平坦诚地说，我们始终没有弄清楚，而对于"什么是马克思主义价值观"，我们同样也可以说，始终没有真正弄清楚。

马克思主义价值观的价值宗旨、价值主体、价值标准乃至价值实践的路径等问题，曾经长期困扰着我们。改革开放不仅重新确立了党和国家的思想路线，也为继续发展马克思主义价值观提供了新契机。

（4）新时期的系统构建阶段。改革开放以来，新的时代提出了新的问题，理论也在回答时代问题中得以丰富和发展。"在改革开放和现代化建设中，不可避免地发生着基本价值观念的变革和新旧价值观念的冲突。他们不仅为价值论研究提出了一系列富有时代感、现实感和理论挑战性的问题，而且为思考和回答这些问题提供了丰富的实践基础和思想资源。"① 经过 30 多年的改革开放和思想解放，马克思主义价值观在理论上得到了深化，在实践中得到了检验。在理论中反映新的时代特征，用新的价值观引领人们的实践，构建社会主义核心价值体系和核心价值观，为中国特色社会主义事业提供思想基础和精神动力，已成为新的时代课题。

（二）马克思主义价值观中国化历程中的理论贡献

马克思主义价值观的中国化，融入了中国智慧和中国风格，也积累了宝贵的经验。扼要来说，其理论贡献主要有以下几个方面。

（1）以人为本的价值定位。人是马克思主义价值观的起点和归宿。自从马克思主义理论诞生以来，历史唯物主义始终把人民群众作为历史创造的主体，把人的价值最大程度的实现作为终极目标。以人为本是科学发展观的核心，它把经济社会的发展问题与人的自由解放和全面提升结合在一起，聚精会神搞建设，一心一意谋发展，在经济发展中实现人的利益，在人的积极主动的参与中促进社会进步。坚持以人为本，是以最广大的人民群众为本。这里的"人"不是抽象的人，也不特指某个人、某一类人，而是由千千万万个人所组成的"人民群众"。一切为了人，一切依靠人，就是一切为了人民群众，一切依靠人民群众。

（2）共同富裕的价值目标。在思考社会主义的本质问题时，邓小平指出，社会主义要"解放和发展生产力，消灭剥削，消除两极分化，最终实现共同富裕"。这为马克思主义价值理想确立了一个更加具体、更加现实的目标，让人们更加真切地体会到科学社会主义的科学性、马克思主义的

---

① 李德顺：《价值论研究的现实意义》，《学术探讨》2009 年第 4 期。

真理性。马克思主义价值观是一个全方位、多层次、有重点的观念体系，具体目标的提出为整个马克思主义价值观增添了层次性：从经济领域到政治领域，再到社会领域，从最高目标到长远目标，再到具体目标，使共产主义价值目标实现了"中国化"，更为贴近中国人民的生活实际。今天，新一代领导集体更是将之具体化为"国家富强、民族振兴、人民幸福"的"中国梦"，价值目标也显得更加明确、生动、鲜活。

（3）为人民服务的价值观。广义地说，为人民服务的价值观，既包括每一个人做好自己的本职工作、为他人服务的个人价值观，也包括执政党和领导干部"权为民所用"、全心全意为人民服务的执政价值观，还包括各价值主体为民族、为国家服务，马克思主义者为全人类服务的价值观。各价值主体各居其位，各司其职，相互服务，"人人为我，我为人人"，通过相互协作、合作和共同奉献达到共赢，这是迈向"自由人联合体"的关键一步。中国共产党把全心全意为人民服务作为自己的根本宗旨，是对马克思主义价值观的深刻阐发，也是对马克思主义价值理论的重大贡献。

（4）"三个有利于"的价值标准。价值评价是价值问题的核心和关键。它是沟通价值主体和价值客体的关键一环。一个好的价值观的建立，必须首先明确价值主体，然后确立科学的评价标准。在马克思主义经典作家那里，评价社会进步程度的标准是生产力的发展状况，评价个人在历史上的作用，则主要看其对生产力发展的影响。这是一个基础性却比较单一的价值标准，生产力的发展程度不容易考量，也很难被作为个人的价值主体所轻易感受得到。中国共产党和中国人民在实践中拓宽了思维，把"促进生产力的发展"与"改善人民生活水平"和"增强社会主义国家的综合国力"三者有机结合起来，作为新的价值标准。"三个有利于"的评价标准不仅尊重了生产力这一历史的标准，而且把个人与国家也纳入其中，为马克思主义价值观提供了不同层次、不同方面的评价标准。

（5）"三个代表"的价值追求。执政党在社会主义国家中居于领导地位，在马克思主义价值观中处于价值主体的中坚地位。执政党的理论水平和价值追求往往决定着整个国家的价值选择，具有"定盘星"的作用。面对纷繁复杂的国际形势和国内社会价值观的新变化，在研究共产党执政规律的基础上，中国共产党认识到保持党的先进性和纯洁性的必要性和紧迫性，旗帜鲜明地提出了党的先进性建设问题，即要"始终代表中国先进生产力的发展要求，代表中国先进文化的前进方向，代表中国最广大人民的根本利益"①。今天已经不再是在阶级压迫下带领人民求翻身、闹革命的时代，中国共产党的历史使命发生了翻天覆地的变化，变成团结带领全国各族人民致力于社会主义现代化建设，实现"中国梦"。始终走在时代的前列，把执政党的价值追求转化为广大人民群众的认同和支持，将执政党的价值观与广大人民群众的思想观念联系在一起，具有基础性意义。

（三）　当代中国马克思主义价值观的新特点

当代中国马克思主义价值观的构建始于改革开放以来的冷静思考，是伴随着思想的解放和时代的变迁而兴起的。"社会变迁与价值观变迁具有内在的关联性，一方面表现为两者的互动，即两者的相互作用和相互影响的关系，另一方面表现为两者互为前提的关系。"② 仍处于探索阶段的当代中国马克思主义价值观，将马克思主义核心价值理念与改革开放以来中国社会的变革、人们价值观念的变化有机结合，在创新中不断趋于成熟。它在现时代表现出一种强烈的时代感和现实感，具有以下几个新的特征。

（1）将价值手段和价值目标统一起来，在求真务实的价值实践中逐步实现价值理想。价值手段和价值目标的分离，容易造成人们对目标的失望或者奢望，所以要将目标和手段有机地统一起来、连贯起来。马克思主义价值观中国化的几十年里，我们犯的一个错误就是没有找到实现目标的现实手段，严重背离了马克思主义的价值目标。如果没有切实可行的手段和方法，目标只能是镜花水月，不但不能起到有效的激励和引导作用，甚至还会引起人们的幻觉。"赶英超美"、"跑步进入共产主义"……贻笑大方的空洞口号确证了这一道理。

"条条大道通罗马。""卡夫丁峡谷"尚可跨越，社会主义和共产主义的实现也并非"自古华山一条路"，应该以最小的代价实现马克思主义价值目标。况且，人才是世间最可宝贵的，如果一定要以"牺牲人"的手段来达到"成就人"的目标，难道不是"瞎折腾"吗？道路的艰险可以激发人们的斗志，而扭曲的、变态的对人性的摧残则只能让人们绝望，离目标

① 《十六大以来重要文献选编》（上），中央文献出版社，2005，第319页。
② 廖小平：《改革开放以来我国价值观变迁的基本特征和主要原因》，《科学社会主义》2006年第1期。

越来越远。康德提出的"人是目的"这一命题很是发人深省："他的本性就证明他就是目的，不能只当做工具。"① 价值目标与价值手段，价值理想与价值实践，这两对范畴本来就应当是同质的，实现美好价值理想的手段和道路同样应该是以人为本、能够让人民得到实惠的。

尤其是在国家政治稳定、社会发展进入良性循环的和平年代，人们的切身利益和主人翁地位必须得到重视，人们的个人价值和个人诉求必须得到满足。比如，共同富裕思想是社会主义的价值目标之一，共同富裕要在"一部分人先富起来"的基础上逐步实现：通过先富带后富、城市反哺农村、工业支持农业等措施，实现不同行业、区域、人群之间的和谐发展。这一过程中所使用的价值手段同样体现了"共同富裕"的思想，在先富、先发达、先发展的每一个环节都没有忘记"共富"这一核心目标。

改革开放以来，人们的思想和行动得到了极大的解放，创造力空前释放。人们卸掉了所谓的"反革命"、"走资本主义道路"等巨大的政治压力，不再被要求苦行僧式地为实现目标而不惜一切代价。相对宽松的政治氛围，和谐安定的社会局面，宽松有序的人际关系，为价值实现创造了条件。人们通过诚实劳动、合法经营来创造个人价值，通过有序交往、互利合作来实现社会价值，价值目标与价值手段统一起来了。

共产主义远大理想的实现被细分为几个阶段性任务，用"基本实现现代化"、"达到中等发达国家水平"等来界定，马克思主义价值观也因此更具有历史层次感。对于一个国家、一个执政党来说，坚持目标不动摇，保持精神不懈怠，运用合目的、合真理的价值手段而不折腾，马克思主义价值目标的实现无非这么简单的一个道理。

（2）将个人与集体两种价值主体结合起来，切实尊重个人的具体利益。从"一切为了国家"、"一切为了集体"、"一切为了共产主义"等极端的口号，转向"以人为本"的科学发展观，马克思主义价值观始终在向着"依靠人"、"为了人"、"发展人"、"成就人"的方向发展。可以说，在马克思主义发展史上，人的价值从来没有像今天这样得到理论和实践的双重重视。

个人与集体的矛盾是普遍存在的。各国共产主义运动的历史始终在这

———————————

① 〔德〕康德：《道德形上学探本》，唐钺译，商务印书馆，2012，第46页。

一问题上顾此失彼。其实，集体是由个人构成的。没有具体的个体，集体也就无从谈起。过分强调集体而忽略个人，容易造成主体的实际缺位，甚至演变为一部分人窃居"集体"之位，用"集体大于个体"作为论据来压制、侵犯个人的权益。集体和个人都是价值主体，也都是价值目的，没有什么绝对的优先级别之分，甚至"具体的人作为特殊的人本身就是目的"①。集体利益与个人利益的极端矛盾是比较罕见的情况，将两者的矛盾放大、普遍化，造成两者的尖锐对立，是一种不成熟、不自信的表现。

尊重个人，最关键的是关注他们的切身利益。马克思主义高度重视对个人利益的维护。马克思曾经直白地说，"人们为之奋斗的一切，都同他们的利益有关"②，历史"不过是追求着自己目的的人的活动而已"③。恩格斯甚至认为，"利益冲突是现代历史的动力"④。对现实利益的追求成为人们活动的动机，也成为人们选择乃至追求一种价值观的直接原因。对集体利益和长远共同利益的追求促使人们相互合作。利益始终是人们行动的根据，共产主义正是因为符合全世界大多数人的长远利益才成为最科学、最有生命力的价值取向。在当代中国的马克思主义价值观中，个人的主体地位得到认可，"以人为本"就是真正"代表最广大人民群众的根本利益"，让人们得到实惠之后真心信服社会主义。

（3）坚持社会主义核心价值，包容社会价值观的多样化。价值评价是出自价值主体的主观感受，必然会因人而异。"每个人、每个群体，都以自己的方式进行评价；就是同一个人，在此时此地的评价与彼时彼地的评价也会有所不同。"⑤ 价值评价带有主观性，如果任凭思想的野马驰骋，必然会造成混乱。避免评价标准被主观任意歪曲，就需要为多元的价值标准设定一个基本框架，规定一个最低限度。社会主义核心价值的确立，可以起到这样一种引导、规范作用。一方面允许社会价值观的多元并存，另一方面突出核心价值的引领作用、凝聚力、向心力，这是当代中国马克思主义价值观的显著特征。

---

① 〔德〕黑格尔：《法哲学原理》，范扬、张企泰译，商务印书馆，1982，第197页。
② 《马克思恩格斯全集》第1卷，人民出版社，1995，第187页。
③ 《马克思恩格斯文集》第1卷，人民出版社，2009，第295页。
④ 《马克思恩格斯选集》第4卷，人民出版社，1995，第250页。
⑤ 冯契：《人的自由和真善美》，华东师范大学出版社，1996，第66~67页。

当代中国马克思主义价值观的包容性体现在社会生活的各个领域和方面，如经济领域的多种所有制经济共同发展，政治领域的多党派共存，文化领域的百家争鸣等。改革开放以来，社会变革催生了许多新的社会阶层和社会群体，价值主体也随之多样化。伴随着市场经济的深入，人们的思想发生着剧烈的变化，不断产生各种新的需求，财产、地位、就业、福利等都成为人们正当合法的价值追求。社会转型期对应着人们的价值观转型期，新旧观念并存，各种新观念层出不穷，整个社会急需一种核心价值观的引领。

价值观从根本上来说是思想的问题，而人的思想是难以捉摸甚至变化莫测的，想要让不同价值主体在思想上完全一致，无异于痴人说梦。价值观往往不能靠施加压力来发挥作用，但可以通过规范引导来影响人们的行为。核心价值观代表了社会大多数人的利益，以凝练、集中、普适而赢得认同和支持。通过弘扬核心价值，宽容多元价值，允许价值中立乃至价值矛盾、价值差异的存在，可以减少非此即彼的激烈价值冲突，有效化解社会矛盾，使持不同价值观的人们更好地和谐相处，并让人们在比较中选择、接受马克思主义价值观。

从世界范围而论，中国将价值实践的重心从世界转向了国内，集中精力做好自己的事情。随着苏东剧变以及世界社会主义阵营的瓦解，马克思主义价值观的试验场被大大挤占了。在一些人眼里，国际共产主义运动似乎已经走到了"山穷水尽"的危险境地。面对新的危急形势，邓小平冷静地判断形势，认为和平与发展仍是当今时代的主题，维护和平和促进发展是各国面临的首要任务。而且，过去苏联奉行大国沙文主义也给了我们沉痛的教训：共产主义理想的实现需要国际合作，但是，解决自己的问题关键要靠我们自己。中国的事情必须由中国人自己来办！

中国坚持社会主义道路，坚持马克思主义价值观，但绝不放弃原则，做别国的附庸。中国"不当头"，不称霸，但是，又要以我为主，独立自主，有所作为。改革开放以来，中国韬光养晦，不再充当国际无产阶级和民族解放运动的中心和旗帜，而是主张各国人民相互尊重，依据各自的具体情况选择自己的道路。中国尊重其他社会主义国家的发展道路，不强行推广自己的价值主张，在多极化的世界格局中，始终保持独立自主的地位。这与"左"的时代相比，明显少了些急功近利，多了些冷静沉稳。当然，实际效果也好得多。至少，马克思主义价值观在中国化的过程中得以丰富和发展，增添了新鲜内容，融入了中国特色，具有了中国风格。可以说，价值目标更具有现实性，价值选择更加务实，价值实践更具有针对性，中国特色社会主义价值观也日益清晰起来。在社会主义核心价值体系的指引下，中国的发展日新月异，人民的生活逐渐改善，实现"国家富强、民族振兴、人民幸福"的"中国梦"也变得越来越现实。

第六章
核心价值体系建设
面临的挑战与建设方略

当代中国特色社会主义核心价值体系的建设不可能凭空进行，必须考虑时代背景和现实条件，考虑广大民众的基本素质、价值取向和心理状态。在全球化、信息化和社会主义市场经济条件下，如何直面存在的问题和挑战，选择恰当的建设方略，培育和践行中国特色社会主义核心价值体系和核心价值观，提升中国文化软实力，是当代中国面临的重大时代课题。

一 时代变迁对核心价值体系建设的影响

在全球化、信息化进程中，中国这样一个有着悠久历史和文化传统的发展中国家建设社会主义核心价值体系，自然不是一件轻而易举、水到渠成的事。至少，中国特色社会主义核心价值体系建设，在战略上需要注意时代变迁和实践发展所带来的各种机遇、影响和挑战。

（一） 全球化对文化价值观的影响

全球化是当今世界一个不断深入、动态发展的事实。中国自打开国门以来，特别是改革开放以来，已经与世界日益紧密地联系在一起。中国特色社会主义核心价值体系建设已不可能离开"全球化"的世界背景关起门来进行，不能不加强世界范围内的文化价值观交流、沟通、学习与合作。

全球化是一个复杂、动态的历史过程。它是以经济全球化为主导，对世界在时空上的一种"压缩"。在这一过程中，整个世界日益形成一个相互联系、相互依存、相互影响、相互作用的统一整体，"地球村"是对之形象的描绘。不过，全球化的影响并不只关涉到经济层面，而是要向社会全方位、多层次地进行辐射，包括向文化、价值观领域渗透、辐射。

首先，全球化突破了传统文化价值观局限于民族国家的狭隘视野，改变了文化、价值观生存和发展的时空图景。它要求人们站在"地球村民"的立场上，以一种新的"全球性视角"和整体性方法思考和解决文化、价值观问题。

全球化被视为各民族和地域的文化在相互交流过程中，超越本土文化的狭隘性而逐步达到文化认同和价值认同的过程。它增强了世界的相关性、统一性和整体性，使全人类的共同价值观念和共同文化财产比以往任何时代都多。它呼唤文化精神中的整体精神，即人类意识，如"我们只有一个地球"的生态环境意识，防止毁灭人类之类的生存危机意识，"人是目的"、"以人为本"的人权意识，维护人的人格、尊严的平等意识等。它要求重新审视既有的文化传统和价值观，倡导适应新的时代的价值理念，呼唤一种"世界文化"的生成。它使得离开全球化谈论本土化、民族化、地域化，离开全球普遍性的价值共识谈论特殊的价值信念、价值标准、价值取向和风俗习惯，在相当程度上几乎不可能了。例如，具有深厚文化传统的社会主义中国在现代化过程中，仍然首肯自由、民主、法治等价值，并不因为西方资本主义国家大力倡导自由、民主、法治而简单地排斥之，中国共产党十八大报告更是"令某些人吃惊"地将之纳入了核心价值观培育的范围。① 此外，在进行对外文化交往时，它要求各价值主体越来越注意国家关系、民族关系、宗教关系以及地区利益的协调，越来越要求通过学习、对话和协商，采取相互尊重、相互关切、协调一致的行动。

其次，在全球化时代，民族国家等仍然是文化价值观的主要载体，是文化价值观传统的继承者和守护者，是文化价值观建设、变革的主体。在文化价值观领域，"国家主权过时论"、"国家主权消失论"之类极端观点既无视事实，也是根本站不住脚的；那种将文化全球化简单等同于"文化殖民化"或向"文化霸权主义"妥协的想法，也是缺乏理性支持的。

由于不同的民族国家、地区在经济发展、社会制度、文化传统等方面具有巨大差异，因而每个国家、地区在全球化进程中，都会从自身的特殊

---

① 当然，中国所理解的自由、民主与西方资本主义并不一致。以民主为例，西方在生产资料私有制条件下，实际上实行的是"资本的逻辑"和"金钱的民主"，但社会主义中国追求的是全体人民"当家作主"，应该是更高水平的"民主"。

国情出发，理性地进行选择和决策。其原则性的方略，在于积极融入全球一体化的同时，维护自身的根本利益和主要关切，保持自身的"民族化"、个性化特色，从而在世界文化和文明格局中，寻找到自己的独特位置，也为全球文化的多样化发展、为全球文化新体系的构建、为全球文化生态平衡做出自己不可或缺的贡献。

当然，需要认真思考和对待的是，文化和价值观与相应主体是密切相关、不可分离的。面对全球化，文化价值观方面的回应与科技、经济等相对较"硬"的领域的回应往往不同。大多数相对落后的民族国家可以接受现代技术、经济发展的成果，不一定会为废弃的生产方法和淘汰的技术手段而悲伤落泪。但是，让其放弃古老而熟悉的文化传统、生活方式和风俗习惯，则会令其陷入极度的痛苦和深深的失落之中。因而在一种文化内部，当文化全球化进一步深入之时，它往往会引起各种"保护性反应"。面对全球化不受控制和无法理解的强大力量，人们本能地希望退回到原先熟悉的、可以理解的、具有保护性的传统文化中去，寻求认同。世界被"整合"得越快，人们就越渴望退回到自己的宗教、种族、部族的避风港里。宗教原教旨主义的兴起就深刻地诠注了这一点。

再次，全球化使得当今世界各价值主体的联系日益加强，各价值主体日益成为一个密不可分的整体。在世界各民族、国家的普遍交往过程中，各种文明模式、各种文化价值观都在进行充分的交往、交流、沟通、比较、互动。

文化具有可传播、交流、理解、学习的特性。随着全球一体化进程的日渐深入，各种文化价值观之间的开放、交流与互动也日益频繁，多样性文化价值观的传播、推广获得了有力的技术条件和心理条件，强势文化价值观更是无孔不入，广泛渗透到世界的每一个角落。不过，由于多方面的原因，世界上各种文化价值观之间的交流与互动，从来都不是一个对等、"公正"的流程。伴随着全球化的进程，强势文化价值观能够轻易地、"自然而然"地闯入经济发展滞后、文化相对落后的地区，而弱势文化价值观则很难真正挤入强势文化的地盘。强势文化价值观势必对弱势文化价值观形成压迫、挤压，令弱势文化价值观感觉到前所未有的威胁，感觉到前所未有的生存危机。例如，目前以美国为代表的西方发达国家的消费主义价值观，凭借强大的物质和技术力量，使自己居于"文化中心"的地位，正在逐步压缩那些弱势文化价值观的地盘，甚至使其逐渐退出历史舞台。好莱坞大片、欧美流行音乐、NBA 等极具冲击性的文体娱乐，麦当劳、肯德基式风靡全球的垃圾快餐，可口可乐、百事可乐之类的碳酸饮料，把美国等的生活方式、价值观念传播到世界的每一个角落。而印第安人的原始风俗，广袤非洲的原始舞蹈，因纽特人的渔猎生活，东亚桃花源式的悠闲农耕趣味……则不仅很难挤进文化主流，而且在被不断蚕食中有彻底消失的危险。弱势文化价值观的主体面对异质文化的冲击，内心充满着愤懑、惆怅和无奈，心理上常常表现出焦虑、紧张与失衡。

最后，在以上因素的综合作用下，由于参与全球化的各文化价值主体及"主体性"不同，全球化也将不可避免地使矛盾、冲突与对抗经常化、明朗化。这些矛盾和冲突既存在于某一社会共同体内部，也可能存在于不同社会共同体之间，并且，由于文化与社会共同体的内在关联，以及文化价值观问题本身的复杂性，它往往不是可以简单调和的。

人是一种"文化动物"。文化不过是"人化"，即相应主体的文化呈现、文化创造，同时，文化反过来又"化人"，即培养人、塑造人、变革人，因而特定的文化总是与相应主体及其主体特质相联系。伴随着经济全球化的进程，各种地域性文化价值观、"特别的"文化价值观，将史无前例地清楚地呈现在世人面前，接受世人的评判。而文化是与相应主体的人格、尊严相联系的，因而对文化价值观的任何评判，都会在相应主体的心理、情感乃至行为上引起一定的反响。来自域外的那些批评，特别是不甚恭敬的批评、并不恰当的批评、不怀好意的批评，由于可能损害文化价值主体的人格与尊严，因而常常导致激烈的反应，如反批评甚至冲突与对抗。这在世界上已经出现了许多先例。

文化价值观方面的矛盾和冲突的根源，就在于被卷入全球化进程的各文化价值主体自身的内在矛盾，以及他们各自的"主体性"，如民族特性、宗教特性、阶级特性、利益差异、生活方式和风俗习惯的不同，等等。文化价值观的矛盾与冲突主要表现在意识形态或政治价值观念的冲突上。如西方国家基于其经济利益和政治利益，试图把自己的"政治理念"、"民主模式"、"人权观念"等强加给整个世界，试图将之确立为"普遍适用的规则"。为此，西方国家在经济、军事扩张的同时，不惜进行政治、文化扩张和侵略。例如，在近 20 年里，西方人权观念在全世界广泛传播，以西方

人权观念为基础的《世界人权宣言》（1948 年）和两个国际人权公约
（1966 年），已经成为国际社会衡量人权状况的准则。西方国家对广大发展
中国家采用"人权外交"，不断抗议这些国家"侵犯人权"。然而，这些国
家则坚持认为，西方的人权观是建立在个人主义基础上的，不应将之普遍
化，强加给其他国家；西方国家按照西方模式对非西方国家进行"压缩"
的做法，是别有用心的。

　　综而观之，全球化时代的到来，既使文化价值观共识问题空前地凸
显，也加强了人们对价值观的个性、多样性、差异性的关注。但总体来
看，强势文化价值观的无孔不入、盛气凌人，弱势文化价值观的苦恼、愤
懑与抗争，构成了全球化时代一幅独特的文化生态图景。当然，从全球文
化生态平衡的视角看，合理的进程应该是：融文化全球化与文化民族化、
文化进化论和文化相对论于一体，追求文化价值观的普遍性和多样性、开
放性和自我认同的有机统一。为此，无论是强势文化价值主体，还是弱势
文化价值主体，都应该具有清醒的头脑和对未来负责的态度，并且以理
性、智慧的方式付诸实践。①

（二）信息化对文化价值观的影响

　　随着信息科学技术的快速发展，特别是 20 世纪 90 年代以来计算机、
互联网（信息高速公路）的快速发展，以及这种发展的全球化趋势和大众
化趋势，人类正在走进一个激动人心的"信息时代"和"信息社会"。信
息化迅速、彻底、全方位地改变了人类的社会生产方式，改变了人类的生
存、生活方式，改变了人们的文化活动和世界文化图景，令文化价值观建
设面临一个全新的背景和舞台。曼纽尔·卡斯特指出："这是一个新存在
的开端，事实上也是新时代的开端，即信息时代，其独特之处乃是文化相
对于我们生存的物质基础获得了自主性。"②

1. 消费性的网络文化对主流文化价值观的冲击和消解

　　互联网革命使信息技术、文化资源从少数人（包括管理者、教育者和
专业人员）手中解放出来，变成了大众使用的工具。网络奉行"大狗叫，

---

① 参见孙伟平《全球化及其文化意蕴》，《学术交流》2007 年第 4 期。
② 〔美〕曼纽尔·卡斯特：《网络社会的崛起》，夏铸九、王志弘等译，社会科学文献出版
社，2003，第 578 页。

小狗也叫"，"尽管我不同意你的观点，但我坚决捍卫你说话的权利"，普通大众获得了空前的表达自我、参与公共事务的权利；但同时，网络文化也出现了高度"消费化"的趋向：为了满足人们现实的、感性的、直接的需要，大量即时性、娱乐性、实用性的"世俗文化"、"大众文化"甚至"泡沫文化"充斥于网络，而批判性的、原创性的、个性化的文化精品则日益萎缩，比例极小。

在激烈的文化"市场化"竞争中，一些人出于商业动机，常常不惜曲意迎合某些低俗趣味，甚至有意引导大众走向片面的"反理性、反传统、反道德、反主流"道路。一些毫无科学性、艺术性可言，矫揉造作，无病呻吟，病态宣泄，以怪、奇、娇、俗、鄙为荣的东西纷纷上网；缺乏新意的"信息爆炸"，送来了大量未分类、未加工的信息，以及大量低水平重复的信息，人被淹没在信息的汪洋大海中。特别是各种边缘文化（包括"黄色文化"、"黑色文化"等）"闪亮"登场，应有尽有。而有意无意的网上谩骂、人身攻击、个人隐私、电脑病毒等广泛传播，对社会具有潜在或现实威胁的"黄色"、暴力、恐怖、邪教等信息不同程度地泛滥，一些人心中积蓄的愤怒、反社会情绪得以充分释放……一些怪异的、孤僻的、边缘化的、标新立异的群体，如黑客、同性恋者、性倒错者、神秘主义者，以及各类瘾君子等，更是在这个"自由的天堂"中呼朋唤友，将长期压抑的情绪释放了出来，"营造"了一个另类的光怪陆离的网络时空。

今天的网络时空充斥着各种事物，常常令人瞠目结舌。这严重地污染甚至毒化了网络文化环境，使网络成为一个"文化大染缸"，对主流文化价值观、正常文化价值秩序以及社会的健康发展构成了巨大威胁。与此同时，当今世界的主流文化、主流价值观建设，特别是社会主义国家的主流文化、主流价值观建设，大多面临着相当严重的危机，主流价值观日益边缘化。例如，主流文化的内容过于意识形态化，充满了浓厚的"宣传"或"说教"；形式上则十分僵硬，过于单一、枯燥、呆板；相应的信息资料匮乏，更新速度过慢……绝大多数主流文化价值观的内容和形式都缺乏新鲜感、时代感，显然比较呆板、凝滞、冷冰冰，对于大众的吸引力、凝聚力明显不强。

对于主流文化价值观建设来说，如果不改变那副冰凉的"冷面孔"，不改变那种高高在上的姿态，不改变那种动辄说教的思维习惯，哪怕是因为"高处不胜寒"，也是不可能改变这种被动局面的。因为，在信息爆炸、选择多样化的现时代，特别是在自主、自觉、自愿的电子时空，单纯的鼓动、号召，生硬的强迫、压制，灌输式的宣传、教育，是不符合信息时代的特征和网络特点的，也是不可能解决什么实质问题的。综观世界风云，许多有远见的国家都正在针对信息时代的特点，致力于主流文化价值观的创新，包括表达形式的创新，尝试与网民开展即时互动，传播和强化主流观点……这都是具体而有益的措施，既可以充分传播积极、健康的文化价值观信息，吸引网民的目光，影响和改造其文化价值观，同时也可以与别有用心的诽谤、攻击进行"面对面"的、针锋相对的斗争，批驳谣言，以正视听。

2. 信息化导致文化价值观的矛盾与冲突愈演愈烈

在历史和现实中，比较稳定的社会共同体往往都有一套清晰、统一的文化价值观。在全球化的信息时代，传统社会依靠民族国家文化的相对封闭性来维系的一元、稳定的文化价值观不断受到挑战。信息技术的广泛应用，特别是全球性的互联网的建设，电子时空的全球开放性、资源共享性、多元性、平等性、创新性等基本特征，以及自由主义、非权威主义、无政府主义等的侵蚀，一方面"摧毁"了传统的比较坚固的物理边界，扩大了公共领域的疆域，加速了全球化的进程，每一个机构或个人都能受到"遥远的他者"的即时性影响，人们的文化、价值观、生活方式都日益趋向同质化；另一方面，它又突出了本土化、民族化，各文化价值主体的自主意识、个性意识空前高涨，各种新的观念模式、意见模式争相表现，多元化的网络社团、虚拟社会组织非常活跃，民族国家更是竭力地维护、推广自己的文化价值观。这不仅导致既有的各种文化价值观矛盾和冲突表面化，而且催生了许多新的文化价值观矛盾，并使既有的矛盾和冲突获得了新的表现形式。这一切导致文化或文明的冲突成为当今世界的基本特征。

例如，在休戚与共的"地球村"里，由于各个国家、地区的经济发展极不均衡，社会制度不尽相同，宗教信仰、意识形态、道德法律、风俗习惯等各具特色，因此在文化构成的内涵上存在程度不一的对立和冲突。由于电子时空中信息传播方式是全球性、超地域性的，而信息内容往往具有鲜明的地域性、民族性，这使得一些问题凸显出来。由于互联网的全球化，不同国家、地区的不同的宗教信仰、价值观念、风俗习惯和生活方式频繁而清晰地呈现在世人面前，各种独特价值观、各种奇风异俗都必须接受全世界人民的审视和评判。对其的异议、不屑、嘲讽、反对等，难免导致相关的文化冲突表面化、尖锐化。如在允许色情信息和色情服务存在的国家，发送色情资料，提供色情服务，当然无可非议，但在全球共享的电子时空，认定其不道德的国家则可能强烈反对网上色情泛滥，抗议色情服务向其蔓延，从而导致文化冲突。

又如，网络信息处理、创制和传播的多元性、自由性、共享性、平等性和非权威主义等特征，为信息模式的多元化、意见集团的多元化、价值观念的多元化提供了最为基础性的技术前提，同时也打破了工业文明时代形成的自上而下式的威权主义的集权管理模式。这导致网络民主与国家集权体制之间形成现实而深刻的矛盾和冲突：一方面，各国政府总是试图通过对网络的强化管理来实现较为严格的控制；另一方面，电子时空的特点，又试图超越和抵制国家的集权控制，"官民"之间也难免发生激烈的价值冲突。

因此，如何在全球化的信息时代，化解不同价值主体之间可能存在的文化价值观的对立与冲突，是一个深具挑战性但尚未找到解决之道的难题。

3. 文化霸权主义、文化帝国主义的侵略

在全球化、信息化时代，各种霸权主义、中心主义、文化殖民主义和文化帝国主义凭借其强大的经济、技术和文化实力，竭力向其他国家、地区渗透自己的政治理念、文化价值观念以及宗教意识形态等，将它们装扮成"普适价值"、"全球伦理"，强行向全世界推销、"热卖"，有形无形地对其他文化价值观进行压制，威胁文化价值观的多元共存和发展。发展中国家为了谋求经济和社会的发展，不得不"与世界接轨"，接受或遵守西方资本主义国家制定的各种游戏规则，难免受到相关的政治理念、文化价值观的影响。

信息技术的广泛应用，互联网的普及，对这一"一体化"过程产生了推波助澜的作用。以美国为代表的西方发达国家凭借其经济优势、技术优势和信息优势，或者通过对外文化交流、援助项目，或者利用手中掌握的信息发布权、信息访问权、信息传播权和信息安全权等特有的网络控制权，大张旗鼓地对一些发展中国家进行全面的文化渗透，迫使这些国家将它们的文化价值观作为"普适价值"接受和认同。[①] 由于信息鸿沟的存在，

---

① 例如，克林顿政府的商务部副部长大卫·罗斯科普夫就曾经直截了当地说："对美国来说，信息时代外交政策的核心目标必须是赢得世界信息流通战的胜利，就像大英帝国当年控制海上大权一样占领信息频道。"

当美国借助信息技术优势，借助互联网协议，借助新经济的成功，要求与发展中国家进行信息的自由流通的时候，事实上主要是美国对其他国家的单向的信息输出。

信息强国美国及其强大的信息企业（如 IBM、微软、谷歌、雅虎等），甚至将推进全球信息自由流通，输出美国式的政治理念、文化价值观，拓展文化软实力（或"巧实力"），视为基本国策。美国率先为互联网自由贸易确定规则，这是其运用文化手段，实施文化战略，占领知识经济时代制高点，进行国家权力扩张的新形式。目前美国实施的对华"知识产权战略"、互联网监控措施，可以看作这一文化战略理论的具体化。

应该说，这种基于一元化思维模式，企图通过网络推行单一文化模式、单一价值观念的做法，与世界文化发展的多元化潮流是背道而驰的，与网络的本质、本性也是相悖的。然而，问题的关键在于，在数字化的电子时空，谁在操控全球化的进程，谁在试图控制网络，谁在推行自己的文化价值观，谁在把自己的文化模式强加于人，往往比较模糊、隐蔽，具有欺骗性。有时，网民们觉得遥不可及，根本不当回事。在这种情况下，如何采取切实有效的对策，应对"网络帝国主义"的文化渗透、"侵蚀"、侵略和"控制"，特别是如何平衡占有明显优势的"英语文化"的霸权，维护本民族、国家文化价值观的独立性、独特性，保存世界文化价值观的多样化资源，维护文化生态平衡，是中国特色社会主义文化价值观建设面临的具有挑战性的课题。

（三）科技与社会实践发展导致的价值难题与挑战

随着时代的变迁，特别是社会实践的新发展，各种各样的价值难题日益凸显，给人们以深深的震撼。

高新科学技术的发展提出了大量亟待解决的伦理、价值难题。这典型地从生命科学表现出来。如人工流产的合法性，试管婴儿、代理母亲对传统人伦的冲击，等等。而"克隆技术"的出现，使人类有可能通过基因技术、无性繁殖等手段，随意地制造出任何一种有生命的个体，包括人。这引发了一场关于应否允许复制人类自身（"克隆人"）的争论：在事实上已经存在"可能"的情况下，"允许"与否意味着什么？根据什么去决定允许还是不允许？谁有权做出"允许"与否的最终决定？……这场争论不仅涉及科技领域，更是对宗教、道德、法律、政治等社会人文领域的冲击，它将是对人类传统文化价值观的一次根本性考验：在科学技术对人生存的基础、"人是什么"等问题提出日益严峻的挑战的时候，我们怎样界定人的本质和价值？怎样规范人类的行为？

随着信息科技的发展，特别是计算机、网络、人工智能技术等的普及性应用，一个"电子时空"、"赛博空间"逐渐形成。许多"虚拟实践"活动，如绘画作品的电脑创作、衣服的剪裁、远程教学、远程医疗手术、在线游戏等，人们可能只是动动鼠标、击打几下键盘、发出几个指令而已，并未真的"亲自"去做。这个看似"虚拟"（可以不受国家、地域、经济、政治等规则约束）却有实际效力的"另类的""网络社会"，恐怕是自有人类社会以来从未遇到过的一种文化变异，它可能带来许多预想不到的后果，如"战争越来越像游戏，游戏越来越像战争"。许多参加过海湾战争这种高科技战争的美国士兵（他们往往有玩电子游戏的经历）就有这种体会：在控制室里，一切似乎都像和平时期进行军事演习一样，忘乎所以之时，甚至分不清自己是置身于真实残酷、"正在杀人"的战场，还是嬉戏娱乐、放纵自己的游戏厅。"杀人"都在高科技的帮助和掩饰下，变得不那么"严肃"、令人心悸了，其他事情会演变成什么样子呢？

20世纪是战乱频仍、生灵涂炭的世纪。第二次世界大战的爆发，前所未有地摧残了业已建立的文明，直接野蛮地夺走了数千万人的生命。其空前的激烈与残酷，曾经深深地触动和震撼了人们的心灵，引发了人们对如下一些重大问题的重新思考：什么是人性？什么是正义？在人与人之间、国家与国家之间，应该建立怎样的秩序？在战争与和平、公平和正义、理解与尊重之间，人们应该取何种态度？而跨入21世纪，正当美国凭借其一枝独秀的经济和军事实力，在全球推行单边政策，致力于建立世界政治经济新秩序之时，其后院却突然起火：发生在美国的"9·11"恐怖袭击事件，摧毁了资本主义工业文明象征之一的纽约世贸大厦，并直接夺走了约3000人的生命，深深地震撼了全世界。一场前所未有的恐怖与反恐怖的战争，可能会把人类拖向何处？人们在隆隆炮火中，正焦虑地关注与思考着。

传统的"南北问题"——世界性的贫富差距仍在以新的方式加剧：一方面是财富在少数国家、少数人手中积聚，另一方面是民不聊生的国度、无数饥寒交迫的贫民与难民。据1999年联合国开发计划署公布的《人类发展报告》显示，占全世界总人口20%的最高收入人口的收入，是占20%的最低收入人口的收入的74倍；世界三大富豪——比尔·盖茨（"微软"公司总裁）、沃伦·巴菲特（华尔街股市投资家）和保罗·艾伦（"微软"公司另一创始人）——所拥有的财富，超过了全球35个最贫穷国家的国民生产总值，亦即超过这35个国家的6亿人口的总收入。在富人们享受舒服、安逸甚至奢侈腐化的生活的同时，饥寒交迫的穷人们如何"体面地生存"，维持其尊严、实现其价值？

新近的"东西问题"——不同社会制度和文化价值的关系问题，也日益突出。哈佛大学著名政治学家塞缪尔·亨廷顿1993年在美国《外交》季刊夏季号上发表了著名的《文明的冲突》一文，提出"文明冲突论"这一引起广泛争议的观点。他对世界文化和文明做了新的区分，认为冷战后全球政治在历史上第一次成为多极的和多文化的，世界格局的决定因素表现为八大文明，即中华文明、日本文明、印度文明、伊斯兰文明、西方文明、东正教文明、拉美文明以及可能存在的非洲文明。冷战后的世界，冲突的基本根源不再是意识形态或经济的争夺，而是文化方面的差异，主宰全球的将是所谓"文明的冲突"。全球政治的主要冲突将发生在不同文明的国家或集团之间，文明之间的冲突将左右全球政治，下一次世界大战将是"文明大战"。或许亨廷顿的观点过于夸张，但其提出的问题是有意义的：在人类的经济、技术、信息、社会交往日益紧密，空间尺度日益缩小，而利益和价值的冲突却愈演愈烈的今天，不同的民族和群体应怎样相处？矛盾是不可避免的，矛盾的解决可否发掘出新意？

这类问题还有很多。极具冲击力的是，无论是传统的老问题，如环境污染、气候变暖、物种灭绝、土地荒漠化等人与自然的冲突问题，市场竞争激烈、优胜劣汰、争夺生存与发展权导致的"人对人是狼"、人与人的冲突问题，"人为物役"、人的异化和"单向度"，包括人内心的不平衡、存在意义的失落等问题……还是近年来突出的上述新问题、新挑战，都正发展演变成"时髦的"却更令人头痛的"全球性问题"。毕竟，随着现代交通、通信工具的发展，信息科技的普及性应用，人们实践和交往的范围不断扩大，整个世界被整合成一个"地球村"；以经济全球化为先导的全球化运动，导致上述问题、冲突不断溢出原有的边界，变得日益普遍化……在这种情况下，人们的思考也一再突破既有的理论框架，投射到许多新的领域、新的方面。问题及对其思考的复杂性本身，已经不能局限于某一领域、某一学科、某一局部、某一方面了，这里呼唤一种全方位、跨领域、多层次的综合性思考。

二　当代中国社会转型与价值观转型

随着时代的发展和社会生活的深刻变化，价值观的激烈冲突和深刻变革已经成为一种世界性的思想文化现象。改革开放 30 多年来，由于中国社会的持续变革和深刻转型，特别是史无前例的中国特色社会主义建设的深入，价值观变革或转型的广度和深度显得尤为突出。深刻把握当代中国社会价值观的现状，特别是其变革或转型的特点与趋势，是中国特色社会主义核心价值体系建设的基础和必由之路。

（一）社会主义市场经济与核心价值体系建设

当代中国仍处于从传统的高度集权的计划经济向社会主义市场经济转型时期。按照唯物史观社会存在决定社会意识的原理，经济的转型、变迁必然会影响文化价值观。当代中国经济转型的内涵十分丰富，影响十分深远，其意义绝不仅限于经济活动领域，必然会带来深刻的社会变迁和文化价值观变革。①

毕竟，虽然中国历史悠久，但以往各个时期的文化价值观都未曾与市场经济建立过比较充分的联系，更谈不上以社会主义市场经济为基础了。在新中国成立后、改革开放之前，中国建立的是高度集权的计划经济体制，并逐渐形成了一套与计划经济体制相适应的上层建筑，包括政治制度、政治观念以及文化价值观念，它们已经成为传统文化的有机组成部分。而以市场经济为基础建设中国特色社会主义核心价值体系，则意味着一场深刻的思想文化领域的革命。在改革和革命的过程中，那些传统的价值观必然要经受冲击。为了适应新的经济基础，必然要调整那些不相适应、陈旧过时的旧观念，建立与社会主义市场经济和现代化更相适应的价

---

① 当然，对于经济转型来说，文化转型也不是全然消极被动的，文化转型成功与否，最终将影响经济转型的命运。理想的社会主义市场经济秩序是否能够实现，也要看整个社会是否能够形成中国特色社会主义的新文化体系、新价值观体系。

值观。

首先，社会主义市场经济的建设必然要求并导致主导价值观的变化。改革开放以前，我国对社会主义的理解，对社会主义文化价值观的建构，主要是围绕生产关系、上层建筑特别是意识形态进行的。无产阶级和资产阶级的矛盾被认定为社会主义社会的主要矛盾，"无产阶级专政下的继续革命"被认定为主要的政治任务；"政治挂帅"、"以阶级斗争为纲"，以及与之相应的阶级斗争（包括路线斗争、思想斗争等）成为文化价值观建设的主导活动（如阶级斗争要"年年讲、月月讲、天天讲"）。通过各种各样、几乎不间断的政治运动，全社会不断地进行"灵魂深处的革命"，反过来又强化了这种推崇"革命"和"斗争"的价值观。而改革开放以来，解放思想，拨乱反正，对现阶段我国社会基本矛盾（即人民日益增长的物质文化需要同落后的社会生产力之间的矛盾）的确认，对社会主义根本任务（即解放和发展生产力，消除两极分化，走向共同富裕）的明确，等等，实际上使得价值观的重心发生了从高度政治化向以经济建设为中心的转移。显然，从"越穷越光荣"、"越穷越革命"之类"左"的束缚中解放出来，以民族国家的繁荣昌盛、人民生活水平的提高作为根本的价值标准，特别是提出判断一切工作得失成败的"三个有利于"价值标准，明显更符合积贫积弱的中国和广大人民群众的根本利益，也更加贴近社会主义的本质。尤其是，以邓小平为代表的共产党人对于计划经济和市场经济的重新认识，如"市场经济不等于资本主义"，"计划和市场都是发展经济的手段"，"不要被一些姓'资'姓'社'的抽象议论束缚自己的思想和手脚"，等等，彻底"解放"了人们的思想和观念，更为在改革开放和社会主义市场经济建设中培育和践行社会主义核心价值体系指明了方向。

其次，社会主义市场经济的建设要求建立相应的行政管理体制和社会治理机制。在高度集权的计划经济体制下，政府计划是指令性的，具有不容置疑的权威，各地区、单位、企业和个人都必须执行国家和上级主管部门的指示，完成国家和上级主管部门下达的计划及其他任务。由于长期政企不分，职能部门对企业的干预是"正当"而"合理"的；"官位"的级别、"权力"的大小，具有比一切因素都更加重要的含义。而改革开放和社会主义市场经济体制的逐步建立，必然要求不断改革政治体制，要求行政机关不断简政放权，消除仍在相当范围内横行的官僚主义、家长作风、形式主义，以及消极的"不作为"、不负责任行为，从而适应瞬息万变的市场的变化。同时，市场经济这只"看不见的手"，也以其无形的力量，正日益破坏着旧有的各种封闭、保守格局，冲击着各种有形无形的等级、特权制度。我们不妨以经济生活中的民主、平等和公开化问题为例。计划体制时期的短缺经济，使几乎一切"供应"都是垄断的、统一分成等级的。例如，只有达到一定级别，才有资格乘坐飞机和火车"软卧"，才能入住医院的单人病房，才能享受各种各样的"特供"……也许，平等、公正、无差别地对待一切人是人们对社会主义的一种美好理想，但是，只要到机场、车站、医院等地实地调查一番，那么人们就不难发现前后的巨大差别：今天，垄断正在甚至已经被市场经济逐步冲破了，经济活动正逐渐趋于民主化、法治化。民主、平等、公正正在成为人们实际追求的价值目标，成为日益深入人心的价值理念。

再次，社会主义市场经济本身是一种契约经济，要求在法治的基础上重建经济和社会秩序。在高度集权的计划经济时代，经济和社会活动中的等级、特权无处不在，"权力寻租"也无处不在，人们甚至已经司空见惯了。而市场经济不能容忍等级、特权等，它是一种公开、公平、公正竞争的经济形式，是严格按市场程序运作的经济形式。在残酷的市场竞争中，只有一个威严的"判官"，那就是"市场"：市场以其铁的法则，对一切人行使自己的权威，"优胜劣汰，适者生存"。而为了维护市场的权威，必须坚决"压缩"和约束行政权力，反对一切行政包办、滥用职权、"权大于法"、以权谋私的行为，必须坚持"法律、规则面前人人平等"的原则，必须确立诚信的地位，防止一切坑蒙拐骗、巧取豪夺的行为。也正因为如此，市场经济是一种法治经济，它要求确立法制的权威，从而与"权本位"、封建等级特权等格格不入。如果没有完备、公正的法律法规的保驾护航，那么就根本不可能建立合理、高效的市场经济秩序。

最后，市场经济是一种货币经济，金钱、金融、资本的作用至关重要。如果有人一头扎进市场，却自视清高，鄙视金钱，不讲效益，不追求利润，也不懂得利用各种金融杠杆，不懂得发挥资本的作用，那么，失败、被淘汰的命运几乎就已经注定了。在市场中拼搏、沉浮，难免会冲击既有的权力和秩序，冲击传统的人情观、道义观、金钱观、效益观等，从而带来个人观念和社会心态的动荡、失衡。但是，市场经济仍然是一种"以人为本"的经济。就人类经济活动的本质来说，"为发展经济而发展经济"，或者说，"为赚钱而赚钱"，从来都不是目的。尽管市场经济必须坚持效益原则，但从总体上说，市场经济作为资源配置的一种方式，同样应该从人出发，以满足人的需求、提升人自己、推动社会健康发展为目的。因此，尽管市场经济活动中难免有"物化"、异化现象出现，市场经济本身却不是没有"人味"、没有文化、不讲道德的经济形式，而仅仅意味着一种新的资源配置方式、一种新型的社会关系、一种新型的文化价值观。

市场经济导致的人们的价值观的变化，还可以从许多方面、许多层次进行观察和讨论。无论如何，改革开放以来，从高度集权的计划经济向社会主义市场经济的转变，从整体和趋势上看，为社会价值观转型和社会主义核心价值体系建设提供了前所未有的机遇。但是，市场不可能也绝不会自然而然地促进良性、有序的社会发展，不可能自然而然地促进人们的观念和思想变迁。相反，市场经济的强大塑造力量，包括市场竞争的负效应，还有可能像潮水一样，将一切都吞没在急功近利的欲望之中。实际上，许多有识之士都指出过了，在变幻莫测、充满风险的市场中，潜藏着不少反文化、反社会、反道德、不人道的暗流和暗礁。如果没有清醒的头脑，如果没有充分的准备，如果没有恰当的对策，那么，一旦踏进市场这片无垠的汪洋大海，恐怕随时都可能付出沉重的代价，甚至存在被市场的暗流吞噬的风险。当今中国社会正面临的许多"麻烦"和问题，例如环境污染、生态失衡、物欲横流、见利忘义、坑蒙拐骗、巧取豪夺、世态炎凉、悲观厌世……应该也算是市场经济对每一个人的"洗礼"。因此，如何以理性的态度面对市场，如何严肃地应对"资本的逻辑"，如何如同接受贫穷一样接受财富的考验，已经是摆在广大民众面前的一堂必修课。

（二）当代中国社会价值观的基本状况

改革开放30多年来，伴随着社会主义市场经济建设的不断深入，中国社会价值观也正在急剧转型，呈现变化迅速、复杂多样的新面貌。经过比较广泛的调查研究①，综合相关的研究成果，我们认为，无论是从宏观的社会层面看，还是从个体的精神世界看，今天的中国都同时存在着中国传统的价值观，从西方传入的资本主义价值观，马克思主义价值观和过去"左"的

① 参见孙伟平主编《当代中国社会价值观调研报告》，中国社会科学出版社，2013。

时期形成的价值观，以及在改革开放实践中形成的新型价值观等多种因素。①

前面我们已经考察了长期历史发展过程中传承下来的传统价值观（主要是封建主义价值观）、从西方"输入"的资本主义价值观、马克思主义价值观，下面我们再扼要考察一下革命和建设时期（包括"左"的时期）形成的价值观，以及改革开放以来中国新生的价值观。

1. 革命和建设时期（包括"左"的时期）形成的价值观

在中国共产党领导中国人民推翻"三座大山"、解放全中国、建设社会主义的历史时期，包括其中"左"倾路线占统治地位时期（特别是坚持"以阶级斗争为纲"、实行计划经济体制时期），相应地也形成了一套具有浓郁革命色彩的价值观念。这些价值观念的内容复杂多样，其中既有很多好的、属于马克思主义（社会主义）和中国共产党的先进思想的价值观（如坚定的共产主义信仰，革命英雄主义气概，不怕牺牲、勇于奉献的精神，以及全心全意为人民服务的品格，等等），也有一些受苏联僵化模式影响、新中国成立后"左"的时期形成的价值观。需要注意的是，"左"的思想倾向往往与封建主义社会和资本主义社会的价值观念混合在一起，需要加以深入细致的分析、辨别。例如，封建时期的官逼民反、农民起义和"文化大革命"时期的"造反有理"、"等贵贱、均贫富"以及计划经济时期的平均主义大锅饭，等等，就存在一定的关联性和相似度，需要进行审慎的具体分析。

从当代中国社会价值观向历史追溯，有一点几乎是可以肯定的，即在"文化大革命"等条件下被强化了的"左"的僵化观念，在过去革命和建设时期形成的价值观中占有一定的比重，并且，影响和危害都十分深远。虽然改革开放以来，"左"的价值观已经受到很大冲击，失去了大部分市场，但在现实生活中，在一些人的头脑中，它们仍有一定的影响力。邓小平对此高度警觉，一直将"左"视为最大的隐患和威胁。"中国要警惕右，

---

① 这几种价值观的交织并存是我国社会主义初级阶段社会价值观方面的基本国情。当然，几种价值观的地位和作用是不尽相同的，可以说，几种价值观构成了不同的层次。如果说中国传统的价值观念属于"历史"，以前"左"的一套价值观念属于"过去"，资本主义的价值观念属于"西方"，那么，中国特色社会主义价值观就属于"我们"，属于"中国"，属于"现在"和"未来"。当然，由于改革开放的历史进程尚"在路上"，社会主义现代化建设和社会主义制度本身都在不断探索和完善之中，中国特色社会主义核心价值体系还有待于我们在实践探索的基础上，通过自主的艰苦的建设逐步确立和完善。

但主要是防止'左'。"①

过去"左"的一套价值观念，是建立在"以阶级斗争为纲"的指导思想和计划经济体制基础之上的。它的基本特征表现为以下两个方面。

一是社会价值体系的重心高度政治化、道德化。在"左"的岁月里，人们把社会主义首先和主要地视为一个政治的或意识形态的体系，倾向于甚至习惯于从政治和道德角度提出和思考问题，无论什么事情都喜欢胡乱地上升到政治上去，乱贴政治标签，搞"泛政治化"。人们习惯于"政治挂帅"，忽视经济建设和人们的世俗生活，"不算经济账，只算政治账"，结果是不少人自觉或不自觉地形成了经济与政治、经济与道德二元对立的思维方式，"穷则革命，富则修"是它的极端而又典型的表现形式。人们偏爱立足崇高的革命或道德理想评价事物，进行决策，造成政治与经济、理想与现实之间非此即彼的二元对立，典型的如"宁要社会主义的草，不要资本主义的苗"，"不是西风压倒东风，就是东风压倒西风"，"凡是敌人拥护的我们就要反对，凡是敌人反对的我们就要拥护"，等等，令整个社会笼罩在高度紧张、类似战争状态的严肃气氛之中。

二是价值主体的单一化和价值运行机制的单向化。在高度集权的计划体制下，国家是全社会计划的决策者和制订者，是整个社会最高的也是唯一的主体。国家依靠自上而下的行政命令、直接指令来维系整个社会的协调和统一。全社会各地区、各层次的行为者（单位和个人），都在统一的行政管理体系中执行一致的计划，向同一个主体和计划负责。基层单位和个人被视为"零部件"，只能随着国家机器的大系统运转，而根本不是独立的主体，责、权、利都不清晰。单位和个人价值的实现主要表现为完成国家的计划，符合国家和上级主管部门的要求，得到国家官僚系统的承认、肯定和奖惩，等等。长此以往，被强化的就是下级对上级的服从和依赖意识，责、权、利相分离的意识，"等、靠、要"成了它的极端而又典型的表现。国家计划对社会生活自上而下的调节不仅是单向的，而且是静态的，它以计划本身保持相对稳定为前提，让实际操作服从"神圣的计划"，其结果必然扼杀整个社会的活力和创造精神。

在"左"的指导思想和僵化的社会体制下，形成了一整套高度政治

① 《邓小平文选》第3卷，人民出版社，1993，第375页。

化、道德化的价值取向，如"政治挂帅"、"一大二公"的观念，只重整体（群体）、忽视个人的观念，权力过分集中（权力本位）、忽视民主和法治的观念，"唯上"、"唯书"、"唯风"的观念，"以穷为荣"、"越穷越光荣，越穷越革命"的观念，因循守旧、不思进取的观念，不重效率、鄙视金钱的观念，"耻于言商"、"无商不奸"的观念，"大锅饭"、"铁饭碗"、平均主义的观念，轻视知识、鄙薄技术、轻视人才的观念，等等。不难看出，这些观念并不是真正体现社会主义本质的价值观念，其中不少（例如，权力本位、"以穷为荣"、平均主义、鄙视金钱、"无商不奸"、鄙薄技术、轻视人才，等等）是应该摒弃的传统价值观中的糟粕。今天中国的发展还程度不一地受着这些落后观念的影响，亟待分析和清理，以为中国的现代化建设开辟道路。

2. 正在新生过程中的中国特色社会主义价值观

伴随着社会主义初级阶段的主体历史定位，对"以阶级斗争为纲"的"左"的路线的拨乱反正，特别是改革开放的开启、社会主义市场经济体制的逐步确立，以及"三个有利于"价值标准的提出，社会价值重心由政治化、道德化向以经济建设为中心转移，人们的价值生活发生了翻天覆地的变化。在这一历史过程中，正在形成新型的"中国特色社会主义价值观"。

在改革开放、社会主义市场经济建设过程中，通过简政放权、政企分开、引入市场机制等举措，人们的主体地位不断确立，责、权、利不断明晰且规范化，自己向自己负责的意识不断增强。这必然冲破过去政府"包办一切"的格局，因而必然不断唤醒、强化不同价值主体的意识，使社会呈现主体多元化的格局。而随着主体意识的觉醒、主体多元化格局的出现，以及社会价值重心由政治化、道德化向以经济建设为中心的转移，各层次主体的利益与需要普遍而多层次地凸显，人们的价值取向日益多样化，生活显现它的丰富多彩本性。

在这一过程中新生的价值观念，是与中国社会主义现代化建设的客观发展过程相适应的。它是马克思主义基本原理与中国社会主义现代化建设实践相结合的产物，邓小平理论、"三个代表"重要思想、以人为本的科学发展观，以及"中国梦"，包括作为其组成部分的社会主义核心价值体系，是它目前所达到的新的理论高度。

综而观之，概括地说，以上几种价值观在中国社会中将会长期并存，并在现实生活中经常地普遍地发生碰撞、交锋和冲突。当今中国特色社会主义建设过程中出现的各种价值观迷惘、困惑，如"信仰危机"、"道德缺失"、抑郁症多发、自杀率上升等，都体现了传统与现代、"西"与"中"、"左"与"右"之间的价值冲突的无处不在，或者说，它们在相当程度上就是不同价值观之间激烈交锋、变革的结果。

（三）当代中国价值观转型的特点与趋势

改革开放以来，以中国特色社会主义实践为基础的价值观转型，是中国人民精神文化层面的一次深刻的革命。现实中的表现可谓纷繁复杂，难以理清头绪。不过，如果我们立足价值观的基本结构进行清理，那么不难发现其中呈现的深层特征和发展趋势。

首先，随着改革的深入，人们的价值主体意识普遍性地逐步觉醒，各层次价值主体的主体地位逐步确立，并呈现从单一主体向多层次主体转变的趋势。

主体意识或主体观念是价值观的核心。价值观念是作为主体的人以自己的利益、需要等为尺度来评价客体的意义的一种观念。价值主体是人，但并不仅仅指个人，同时也指个人所构成的集合体，如家庭、家族、团体、单位、企业、地区、国家、民族甚至人类等。主体的自我意识与对象意识是主体价值观念存在的前提，没有相应的自我意识，人便不能成为主体；没有相应的对象意识，主体便不能产生相应方面的价值观念。当然，对象意识也是以主体的自我意识为基础的。

在中国长期的以宗法家族制为基础的封建社会中，实行等级专制统治，皇帝雄居金字塔形权力结构的顶端，天下乃一人之天下，"溥天之下，莫非王土；率土之滨，莫非王臣"。个体包括各级官僚仅仅是君主实现其个人目的、满足其个人需要与欲望的手段。各级官僚与其"子民"，家长、族长与其家族成员之间的关系，也大致与此相类似。特别是，在封建制度下，以三纲五常、三从四德为基本内容的儒家伦理学说，竭力论证其一系列伦理规范是以人的内在欲求和自觉意识为基础的，使民自觉地成为君的附属品，子自觉地成为父的附属品，妻自觉地成为夫的附属品，从而丧失其独立人格，泯灭其自主意识。因此在整个封建结构之中，看到的只是家长、族长的意志，特别是放大了的家——国家及其主宰皇帝的意志、利益与需要。个体只有放弃自己的独立人格，依附而不是违逆这一体制，才能得以生存和过上正常的生活，才能"光宗耀祖"或"忠君报国"干一番事业，从而实现其价值。在封建专制体制下，只有皇帝和一定意义上的各级官僚、家长才具有相对独立的主体意识，才真正作为主体而存在。低等级的主体只有在严格依附意识下，才能在某些方面成为现实主体。

社会主义在中国的胜利，使人民当家作主成了国家的主人。"以符合最广大人民的最大利益，为最广大人民群众所拥护"为最高标准的社会主义，强化并保证了人民的主体地位，人民的自主意识、责任意识空前高涨。然而，如何在现实中进一步切实落实人民的主体地位，保障人民的最大利益，满足人民最大限度的需要呢？几十年来，我们曾经历了艰难、曲折的探索，并付出了极其惨痛的代价。

新中国成立以后，我们一直坚定地认为，公有制、计划经济等是社会主义的"本质特征"，社会主义只能搞计划经济，公有化的程度要越高越好。在这种由国家统一控制的高度集权的计划经济体制中，国家对人财物、产供销都实行集中管理和调配。作为全社会计划的制订与实施者，国家不仅是最高的主体，而且是唯一的主体。全国各地区、单位和个人只需也必须在统一的行政管理系统中执行统一的计划，并在思想上高度统一，"理解的要执行，不理解的也要执行"。例如，在企业与国家之间，企业的一切活动都围绕着国家计划展开，企业发展规模与速度、人事变动、分配方式等皆由国家掌握，甚至亏损企业的破产与兼并等也由国家定夺，可见，作为主体发挥作用的在很大程度上只是国家，企业只是经济活动的直接操作者，只是整个国家机器的一部分。个人和单位的关系也类似于此。任何个人都从属于一定单位，个人必须完成单位分配的任务，对单位负责，同时在单位享受一系列政治和经济待遇；个人生活中的一切事情几乎都与单位息息相关，如身份证明、政治思想表现、工作能力与业绩鉴定乃至个人社会纠纷与家庭矛盾的解决都诉诸单位。不与任何单位相联系的个人是很难想象的。一个暂无单位或被单位辞退的人，常被视为"有问题"或"犯了错误"，很难获得尊重；没有单位证明，一个人甚至难以取得信任；更严重的，离开了单位，生活与生存（如定额供应的粮票、布票等）都将成为无法解决的问题。可见，在高度集权的计划体制下，国家这个整体的、最高的主体，同时也几乎是唯一的主体，在很大程度上否定了企事业单位的主体地位，从而也在很多方面否定了个人的主体地位。企业、个人等主体地位的不明确，反过来又使其自主意识和责任感不强，劳动态度消极，造成诸如"企业吃国家的大锅饭，职工吃企业的大锅饭"的沉闷局面。

改革开放特别是社会主义市场经济建设，逐步确立了人们多样化的主体地位，逐渐明晰和规范化了人们的责、权、利。社会主义市场经济是一种主体经济。只有作为生产和经营者的个人、企业、地区甚至国家成为真正主体（生产主体、经营主体、利益主体等）的时候，才会有竞争，才会有效率，才会有资源的合理配置，从而才会有市场经济本身。改革开放后，多种所有制形式的并存，实际上突出了不同所有制主体特别是集体和个体所有制主体的利益，强化了其主体地位与主体意识。随着改革的进一步深入，全民所有制单位所有权和经营权分离，特别是承包制、股份制等的实施，也不同程度地调动了人们的积极性：在市场中，国家仍是最高主体，但它不再通过下达指令性计划严格控制企业，而主要通过宏观调控干预市场；企业不能再吃国家的大锅饭，而是要自主、独立地负责生产与经营，追求最高经济效益，自负盈亏，在市场竞争中优胜劣汰，求生存、求发展；个人也被敲掉了"铁饭碗"，在市场中"用自己的眼睛"寻求生存与发展，满足其需要，实现其价值。同时，"左"倾思想的清除与解放思想的号召和相关措施，以及创造性的改革实践，又使人们不断冲破观念上、思想上的束缚，使自己"站起来"，"让脑袋长在自己的肩膀上"，主体性得以高扬。有人说："人生只有一次。我想按自己喜欢的方式工作，活得像自己。"

为了深入考察人们的价值主体意识是否觉醒、价值主体地位是否确立等情况，我们曾设计了一个问卷，就"您在填报升学志愿，或者选择工作时，是如何做出决定的"进行抽样调查。调查结果如表 6-1 所示。

表 6-1　人们的价值选择

选项	人数	占比（%）
自己独立做主	1762	26.34
主要根据父母等长辈的意见选择	1133	16.94

续表

选项	人数	占比（%）
遵从老师、组织或领导的决定	733	10.96
主要参考朋友的意见	357	5.34
在参考他人意见的基础上，自己做决定	2705	40.43

从收回的 6690 份有效问卷看，选择"在参考他人意见的基础上，自己做决定"的有 2705 人，占 40.43%；选择"自己独立做主"的有 1762 人，占 26.34%。选择这两项的占 66.77%，大约 2/3，充分说明改革开放以来，越来越多的人具有比较清醒的自主意识，逐渐确立了比较独立的主体地位。当然，二者的程度略有区别，"自己独立做主"所反映的自主性更为鲜明。而选择"主要根据父母等长辈的意见选择"的有 1133 人，占 16.94%；选择"遵从老师、组织或领导的决定"的有 733 人，占 10.96%；选择"主要参考朋友的意见"的有 357 人，占 5.34%。选择这三项的人的自主性相对较弱，对他人、家庭或组织的依赖程度比较明显。

总之，改革开放、社会主义市场经济带来的变化，已经并正在不断唤醒、强化不同价值主体的意识，使价值主体日益呈现多层次化、多元化，相应的行为选择越来越具有自己的个性化特点。

其次，人们的价值取向从单一化走向多样化、立体化，从虚幻走向务实，强调革命、奉献、牺牲、服务的理想价值观与追求物欲满足、追求感官享受的世俗价值观相互交织。

与"政治挂帅"、计划经济体制下高度集权的行政导向相一致，改革前人们的社会价值取向呈现单一的高度政治化、道德化特征。一次又一次政治运动，一场又一场触及每个人"灵魂深处的革命"，让人们对"政治"产生了虚幻的神秘感、崇高感，以为它是生活中最重大、左右一切命运的唯一力量，从而对革命抱有不切实际的迷信和幻想。与此相应，强调为革命奉献、牺牲，为人民服务的理想价值观成为绝对的社会主流。广大干部群众在浓厚的革命氛围中，也确实满怀无比高涨的热情，做出了许多实践努力。

改革开放以来，随着社会价值重心的转移和人们的主体意识的觉醒，人们的利益与需要普遍而多层次地凸显出来，价值取向不再以政治革命为唯一目标，而是理想价值观与世俗价值观并存。除了政治、经济等宏观层面的"大变化"外，即使从普通人的视角，我们也可以看到，改革开放前30年和后30多年之间正在发生巨大变化。

在财富观方面，过去倾向于"越穷越光荣，越穷越革命"，习惯了过紧巴巴的穷日子，不想富、不敢富、不能富；今天则认为"贫穷不是社会主义"，贫穷代表落后，提倡致富光荣，鼓励"先富起来"，人们千方百计、绞尽脑汁地发财致富。有些人甚至"一切向钱看"，叫嚣"人生价值要以'含金量'来衡量"。

在就业观方面，过去在崇高理想的激励下，人们"一颗红心"，甘做普通的"螺丝钉"，"到祖国最需要的地方去"；在平均主义"大锅饭"的影响下，人们死抱着国营、集体的"铁饭碗"不放。现在人们则认可了自主择业，认为只要勤劳，不怕辛苦，不管干什么都有饭吃，自主选择下海经商、摆摊做个体、外出打工、自由职业等作为谋生的手段。

在消费观方面，过去讲究"节约闹革命"、"一分钱掰成两半花"的艰苦朴素；今天的年轻人则推崇"拼命工作拼命玩，拼命挣钱拼命花"，甚至出现了大量"月光族"、"负翁"，还有人及时行乐，声称"人生未可知，甜点要先吃"，掀起了一场让老一辈胆战心惊的"消费革命"。

在穿衣打扮方面，过去是"黑蚂蚁"、"灰蚂蚁"、"蓝蚂蚁"的"清一色"，是"新三年，旧三年，缝缝补补又三年"的将就和凑合；今天的时尚青年则大胆追求品牌、个性，拒绝"撞衫"，穿得"五彩缤纷、个性时尚"，"三点式"、"露脐装"等都敢穿上大街，招摇过市。

在婚恋观方面，过去谈恋爱"不敢张扬"，羞于谈"性"，推崇"根红苗正"的"革命婚姻"，或者在婚姻大事上"服从革命需要"，听从组织安排；今天的青年一代则自主自立，敢爱敢恨，敢做敢当，有些年轻人甚至在尝试"网恋"、"网婚"、"闪婚"、"闪离"，婚姻形式事实上已趋于多样化，性观念日益开放、自由……

大千世界，令人眼花缭乱，目不暇接，这里无论怎样描述，都只能触及"冰山一角"。社会大众的态度也相应地开放、宽容了许多。例如，在价值观调查中，我们发现，对于一些特殊群体或现象，如"月光族"、"啃老族"、"负翁"、"嬉皮士"、"同性恋"、"婚外情"、"电脑黑客"、".com一族"（成天上网的人）、"性工作者"（卖淫者）、"追星族"等，人们早已经见怪不怪，表现出了相较过去更为宽容的态度。

表6－2 对特殊群体或现象的宽容度

如下现象或群体，您觉得哪些应该宽容对待？（可多选）	人数	占比（%）
A. 嬉皮士	1078	16.34
B. 同性恋	2055	31.14
C. 婚外情	1026	15.55
D. 电脑黑客	915	13.87
E. .com 一族（成天上网的人）	1232	18.67
F. 性工作者（卖淫者）	728	11.03
G. 追星族	2102	31.85
H. 以上都反对	2045	30.99

本问题调查的有效问卷为6599份。调查表明，对于上述特殊群体或现象，人们认为最应该宽容的是"追星族"（31.85%），其次为"同性恋"（31.14%）。而最不应该宽容的则是"性工作者"（11.03%）、"电脑黑客"（13.87%）、婚外情（15.55%）。这也许是因为前两类群体是基于他们自己的自觉选择，对他人和社会没有攻击性、危害性，因而能够在一定程度上得到社会的理解和宽容，至少人们并不愿意加以过多的干涉。而后三类群体对他人和社会则具有一定的"攻击性"，可能对他人或社会产生一定的危害，因此不少人持不赞成或反对的态度。此外，对于嬉皮士之类西方的"舶来品"，也有许多人选择了"应该宽容"。这在一定程度上反映了当今社会人们思想意识的开放程度，也反映了人们的价值观的多元化、个性化以及相互冲突的现实。

由此可见，社会的价值规范、人们的价值取向确实正在急剧改变，并且因为这种种的改变，中国社会正变得"熟悉而又陌生"。而多样化、立体化的不同价值取向相互交织、相互较量，也令不少人无所适从，陷入了深深的价值混乱、迷惘和困惑之中。

再次，封建主义价值体系的"权本位"和资本主义价值体系的"钱本位"仍然占有一定市场，社会主义具有普遍号召力的具体价值信念、信仰、理想尚待确立。

在封建社会，宗法等级权力是核心，"权本位"或拜权主义是其价值观的导向；在资本主义社会，商品交换关系中的私有权是核心，"钱本位"

或拜金主义是其价值观的导向。调查表明，改革开放30多年来，封建主义价值体系的"权本位"和资本主义价值体系的"钱本位"并未随着中国特色社会主义建设的进程而骤然消失，它们仍然在某些领域顽固地存在，甚至可以说，还有不少大胆而坚定的"支持者"。

以"钱本位"或拜金主义为例。在今日中国社会中，为了钱，有些人什么都可以不管不顾；为了钱，有些人什么都可以拿来"交换"；为了钱，有些人什么都可以出卖；为了钱，有些人什么事都做得出来！1994年，在深圳某外资工厂曾经发生过这样一个著名的"故事"：一个周末，该厂一位外地来深圳打工的女工恰好轮休，她闲着没有什么事做，便习惯性地到车间里随便走走、看看。恰逢该厂总经理到车间视察，看到该女工上班时间不干活，到处闲逛，上去不由分说给了该女工两记耳光。后来弄清了原委，理屈的总经理并不道歉，但给了女工200元钱作为补偿。那个时候，200元差不多是女工一个月的辛苦钱了。这件事在工人中传开了，人们议论纷纷。有些人对该女工居然"很羡慕"："要是我也被打两记耳光就好了！"——这些为了钱而"想挨揍的人"，可真是一些"勇敢"的人、"赤诚"的人、"彻底"的人。这类人大多信奉"人为财死，鸟为食亡"、"有奶就是娘"之类信条。他们有时会赤裸裸地坚持"人不为己，天诛地灭"，他们习惯于大胆地、无耻地宣称："良心多少钱一斤？""人格值多少钱？""尊严有什么用？"纯粹从金钱上"赚了还是赔了"衡量价值，是这些人内心的思想动机，是他们挂在嘴边的口头禅，也是他们无耻的行动宣言。

应该看到，无论是"权本位"还是"钱本位"，都建立在生产资料私有制的基础之上，建立在阶级分化与对抗、少数人统治大多数人的基础之上，反映的都是以牺牲和扭曲大多数人的利益、需要为代价的剥削阶级价值观。社会主义的本位价值作为对封建主义"权本位"、资本主义"钱本位"的否定和超越，是以广大人民的根本利益为出发点的，它以全人类的彻底解放，实现人与社会的自由全面发展为宗旨。但是，在社会主义初级阶段，社会主义这一社会形态的发展尚未完成、尚不成熟，这种本位价值尚未形成特有的能够表征社会主义的性质、能够取代"权"或"钱"的"社会标志物"，在不少时候，还不得不以一定的"权"或"钱"作为过渡的兑现形式，例如，对做出了重要贡献的人给予提升职务（权）或物质奖励（钱）的回应。至于社会主义的具有普遍号召力的具体价值信念、信仰、理想，包括本位价值，还需要立足中国特色社会主义实践，进一步进行提炼。在这一过程中，可以肯定，绝不能照搬封建主义社会的"权本位"和资本主义社会的"钱本位"。但社会主义的本位价值究竟是"什么"，众说纷纭，有人说是"劳动"，有人说是"为人民服务"，更多人尚未有清楚的认识，总之，意见并不统一，仍然需要进一步解放思想，大胆探索。

最后，价值评价、导向机制正在重组、变革过程中，从单一走向多样，从封闭走向开放是其趋势。

在过去计划经济体制单一主体化、高度政治化的社会环境中，人们的价值的实现主要表现为执行国家和上级主管部门的指示，完成国家和上级下达的计划和任务，然后，由国家和相应主管部门根据表现，做出相应的评价、鉴定。价值评价机制常常表现为国家行政权力的运作活动，大众舆论评价虽然存在，但不过是其延伸或补充。

改革开放以来，随着政治体制改革的深入和市场经济体制的逐步建立，民主与法制的逐步健全，社会价值评价机制便日益丰富和多样化。除了传统的行政评价机构和手段外，社会舆论或"市场评价"以及"网络民意"，越来越为人们所看重。

同时，由于个人主体意识的觉醒，单一做人模式的破除，个性因素也愈显重要。"靠谁不如靠自己"，"走自己的路，让别人去说吧"，是许多人的深刻经验和行为模式。"天生我材必有用，别人不用自己用"，"此处不留爷，自有留爷处"，成为许多普通百姓的口头禅。这反映了人们越来越自主自立，越来越注重自己的感觉，越来越习惯于自己思考、自我选择、自己承担责任，一句话，也意味着人们越来越看重自我评价。

上述变化，可以从表6-3明显地表现出来。

表6-3　关于价值评价、导向机制

您最认可如下哪些评价？（可多选）	人数	占比（%）
A. 各级政府组织的承认、奖惩	3110	47.09
B. 市场竞争的成败	2900	43.91
C. 新闻媒体（包括网络）的评价	2591	39.23
D. 社会舆论、周围人的态度	3326	50.36

续表

您最认可如下哪些评价？（可多选）	人数	占比（%）
E. 民间组织、社会中介组织的评价	1339	20.27
F. 国际组织、其他国家的舆论、评价	1411	21.36
G. 自我评价	2551	38.62

该调查的有效问卷为6605份。调查表明，在各种不同的价值评价、导向机制中，"社会舆论、周围人的态度"高居首位，共有3326人选择这一选项，占50.36%，说明了中国传统的人情、关系社会的影响，在这样的社会中，人们往往选择"随大流"、"从众"。居第二位的选项是"各级政府组织的承认、奖惩"，共有3110人选择这一选项，占47.09%，说明计划经济时代的影响仍在，转型中的社会对传统政治体制有某种依赖，各级政府组织的承认、奖惩作为一种评价机制仍然发挥着巨大作用，对人们的价值观仍然产生巨大而持续的影响。居第三位的是"市场竞争的成败"，共有2900人选择这一选项，占43.91%，说明改革开放和社会主义市场经济建设以来，"市场"正在发挥日益重要的作用。居第四位的是"新闻媒体（包括网络）的评价"，共有2591人选择这一选项，占39.23%，说明在当今信息时代，新闻传媒充当着人们主要的信息源，媒介是人们表达价值评价的重要载体。"自我评价"（38.62%）说明当代中国环境日益宽松，人们更加自主、自信，更加注重自我感觉。"国际组织、其他国家的舆论、评价"（21.36%）比"民间组织、社会中介组织的评价"（20.27%）略高，说明在全球化时代，国际组织、其他国家的舆论、评价的重要性，同时也说明国内的民间组织、社会中介组织的作用还没有完全发挥，还有很大的发展空间。

总之，在当今社会转型时期，国家、公众、组织与个人，"官场"与"市场"，权威评价与大众评价，国内、国外相关组织，包括日益"红火"、四处蔓延的"网络民意"，等等，事实上共同组成了整个社会多层次、多样化、开放式、互动式的价值评价与导向系统。在史无前例的中国特色社会主义建设实践中，它们混杂或交织在一起，相互渗透、相互影响、相互作用，对人们的言行产生或激励或约束或禁止的社会效应，在相当程度上规定、制约着社会主义核心价值体系建设的方向和进程。

三　核心价值体系建设的可能路径

在新的时代背景和实践基础上，应该如何建设中国特色社会主义文化价值观，在学术界和社会各界引起了广泛的讨论。综观近年来关于国家文化价值观的战略发展方向的讨论，可以大致归纳为三种迥然不同的意见：照搬西方现代化模式和价值理念的"西化论"，保守主义的简单复兴传统价值观的"传统复兴论"，以及"以我为主"，立足自身实践，"重在建设"的"创建论"。这三种价值导向都有不少的拥趸，都曾经产生过比较大的影响。批判性地分析这些可能的思路，选择适合中国具体情况、合理可行的建设导向和路径，对于中国特色社会主义核心价值体系建设具有重要指导意义。

（一）以西方资本主义价值观为范式的"西化论"

"西化论"以西方资本主义特别是美国文化价值观为当代中国价值观建设的范式与目标，是一种"向外看"，重在追随、引进、效仿的文化价值观取向。

毋庸置疑，在世界工业化、现代化进程中，英、法、德、美等西方国家一直走在世界前列。鸦片战争之后，眼看着西方经济发达，物产丰饶，生活水准不断上升，特别是感受到西方列强"船坚炮利"的威胁和凌辱，以及目睹了日本"西化"之后的奇迹般崛起，于是，不少人想当然地认为，现代化就是"西方化"、"美国化"，走西方开创的道路。在全球化、信息化进程中，中国应该主要借鉴和吸收西方的经验、思想和观念，以西方"自由、民主、人权"的"普适价值"为具体导向，来设计和建立新型的中国文化价值观。这种观点的具体表达很多，最有影响的说法是"西体中用"说，最极端的说法是"全盘西化"论，其通俗形式则是笼而统之、不加分析地"与国际惯例接轨"，"融入国际社会"。

"西化论"的特点是重在"向外看"，即强调向实现现代化较早、居于全球领先地位的西方发达国家看齐，主要看西方资本主义价值观"有什么"，特别是有什么"精华"；中国价值观"缺什么"，特别是缺什么"新"的东西；然后取人之所"有"，补己之所"无"，取人之所长，补己之所短。他们甚至相信，这样做的结果将自然而然地产生出"中西合璧"

的先进文化价值观，引导中国走向强盛，全面实现现代化。

尽管在工业化、现代化过程中，西方发达国家的成就与贡献有目共睹，中国确实应该以开放的心态，虚心向西方学习和借鉴，加快自身现代化建设和实现"中国梦"的进程。但是，以西方资本主义价值观作为中国文化价值观建设的导向，本身是值得怀疑和反思的。如果我们审慎地分析、彻底地追问，那么不难发现，它存在多方面的理论失误和实践泥淖。

第一，任何文化价值观都有其产生和存在的特定土壤、环境和前提条件。这些条件和环境必然会造成自己独有的发展背景和起点。而背景和起点不同，发展的形式和道路也必然有所不同。从一定意义上说，中国文化价值观是适应其自身环境和条件的产物，其他文化价值观（即使更"发达"）是不能取代的；其他文化价值观中成功的东西是否具有普适性，是否适用于中国，也不能简单地加以认定。橘生淮南则为橘，生于淮北则为枳，原因就在于"水土异也"。因为"一方水土养一方人"，"水土"是不能通过引进简单解决的。例如，"重和谐"的中国文化价值观与"重竞争"的西方文化价值观，在环境、模式、取向和个性上迥然不同，这恰恰是"西化论"难以面对因而不得不常常回避的要害。不加分析的"拿来主义"，很可能是"化橘为枳"，甚至导致自身文化价值观的加速衰亡。

第二，一种文化价值观传统是与相应民族以及该民族的人本身直接同一的，因而文化价值观传统不可能"摆脱"，越是悠远、深厚的文化越是如此。"西化论"对民族文化传统在文化价值观建设中的作用认识不清，以为它可以随意搁置、剥离，随意支配和处理。文化传统是"活"在人们生活中、头脑中的东西，是积淀在一个民族灵魂深处的东西，是民族的根、民族的魂。只要这个民族还存在，文化传统也就存在。传统既割不断，又无法回避，差别只在于是发挥人的能动性，使传统成为新型文化价值观建设的根基和资源，还是抱残守缺、无所作为，让传统成为纠缠人们头脑的梦魇，成为文化价值观建设的"包袱"和阻力。很明显，当代中国文化价值观建设只能立足自身的传统，在"消化"文化传统的基础上进行创新。

第三，这种观点对文化价值观建设模式的认识是既机械又僵化的。西方资本主义确实提出了自己的价值观，并将之视为"普适价值"，在全世界推广，但它是不是唯一可取的价值观，值得反思与论证。应该看到，西方文化价值观确有其长处，有许多为中国文化价值观所缺少的"精华"性内容。"对外开放"，学习西方、借鉴西方固然很有必要。但应该清醒地认识到，西方文化价值观并不等同于理想的现代文化价值观。且不说它在很大程度上隐瞒、容忍和纵容罪恶（想想"圈地运动"、对殖民地的海盗式掠夺、贩卖"黑奴"等），目前西方深陷各种危机之中，各种"西方病"难以治愈：人与自然的矛盾（如对资源的毁灭性开发、对环境与生态的破坏）、人与社会的矛盾（如个人利益与社会利益的严重冲突、人为物役等）、人与人之间的矛盾（如相互之间的信任感淡薄、"人对人是狼"的困惑等）、人内心的不平衡（精神紧张、心理失调乃至变态等），等等。这一切使西方"富裕社会"表现为一个"病态社会"（马尔库塞语）。这足以证明，西方资本主义价值观并不完美，它没有理由成为其他价值主体的楷模，不加批判地"拿来"，绝不可能成为"普适性"的救世良方。

第四，"西化论"有意无意夸大西方文化价值观之所长，看不到中国传统文化价值观在现代建设中的地位和价值，看不到中国在文化价值观创造中的能动性和自主性，这是价值主体意识衰落的表现。它对中国传统文化价值观的认识也是不深刻、不完整、不全面的。它把中国传统文化价值观中那些陈旧、落后的糟粕当成了全部，从而断定它毫无用处，一切有用的东西都需要依靠"进口"解决。这种极端化的观念，不仅表现出对中国文化价值观的博大精深缺少了解，也对中国近代以来的新探索认识不足，从而对中国文化价值观缺少主体的自信和自觉。实际上，越来越多的人意识到了中国文化价值观的意义。例如，诺贝尔化学奖获得者伊·普里高津及其合作者伊·斯唐热认为，"中国的思想对于那些想扩大西方科学的范围和意义的哲学家和科学家来说，始终是个启迪的源泉"[1]。英国著名历史学家汤因比在《谁将继承西方在世界的主导地位》一文中甚至说，如果中国（传统）文化不能取代西方成为世界的主导，那么，人类的前途将是可悲的。

第五，更具实质意义的是，"西化论"忘记了中国人民才是中国文化价值观建设的真正主体，中国文化价值观只有在自身的生活实践中才能真正确立并加以发展。按照"西化论"推论，中国文化价值观只需按照西方模式对自身加以改造就行了，放弃了探索、创新的责任和义务，放弃了独

---

① 〔比〕伊·普里高津、〔法〕伊·斯唐热：《从混沌到有序》，曾庆宏、沈小峰译，上海译文出版社，1987，第1页。

立发展的权利。这是主体意识严重的错位或失位,也是对自身文化价值观不负责任的表现。事实上,任何文化价值观发展的模式、方向和道路,只能由该文化价值观的主体自己去探索,别人是取代不了的。毛泽东、邓小平等曾经一再告诫人们,中国的事情必须由中国人自己来办,"走自己的路"。邓小平反复地说,这是我们过去"吃了苦头"总结出来的经验。而且,作为中国文化价值观的主体,中国人民有责任也有权利发挥自己的能动性和创造性,在实践中把中国文化价值观推向新的高度。中国人民的这种主体权利也必须得到尊重和落实。

总之,"西化论"的错误主要在于主动回避中国人民的主体地位,不假思索地单纯地"向外看"。遵循这种价值思考定位和思考方式,民族、国家主体的"自我"被淡化、弱化甚至放弃了。例如,看到西方资本主义价值观"有什么",就认为中国也必须有,不可或缺,否则,就是缺陷、不足和落后;西方资本主义价值观推崇的观念,对中国也一定无条件地"好",因此必须全面引进;西方资本主义价值观建设是怎么做的,中国也一定要怎么做,否则,便达不到同样的效果;等等。这一切表明了相关论者"主体自我的迷失"。迷失自我,不加分析地迷信"西方化",不加批评地盲目追随西方的"时代潮流",将之"普遍化",只能使中国文化价值观在全球化浪潮中沦为西方文化价值观的附庸,并难免重蹈西方的覆辙,因袭各种难以根治的"西方病"[①],跟随西方的脚步陷入西方式的困境而不能自拔。

(二) 保守主义的"传统复兴论"

"传统复兴论"以复兴中国古代文化价值观为己任,是一种保守主义的"向后(过去)看"的文化价值观取向,也是一种特殊主义的文化价值观倾向。

所谓"传统复兴论",就是以中国传统文化价值观特别是优良传统美德为根基来"光复"中国文化价值观。"传统复兴论"的思考方式重在"向后看":强调向已经逝去了的辉煌历史致敬,主要看中国古代的文化价值观传

---

① 在中国改革开放、社会主义市场经济建设过程中,这一类"西方病"已经开始广泛蔓延开来了,如环境污染、生态失衡、资源短缺、消费主义、人际关系紧张、人内心失衡等,具体表现还有浪费严重、城市拥堵、诚信缺失、人情冷漠(如老人摔倒了该不该扶都成"问题")、犯罪率和自杀率上升等。

统中有什么"精华"，从而挖掘出来，发扬光大，并在全球化、信息化进程中普及、应用到全世界。近代中国的"中体西用"①说、中国 20 世纪后期的"儒家复兴"说和"道家复兴"说，以及调查中不少人提出的应该将"仁义礼智信"作为当代中国社会主义核心价值观，都不同程度地反映了这种导向和意图。

实际上，热衷于"向后看"是中国的一种悠久的"文化传统"，它在历史与现实中颇有市场。例如，许多中国人认为世界上新创造出的一切都"古已有之"，就是其典型：早就"发明了"足球、计算机（算盘），早就提出了系统论、××说，早就重视民主、人权，早就提出了"以人为本"……总之，现代世界的发明，我们所需要的一切，过去都"古已有之"，只需向"后"发掘、索取即可。在康有为的"孔子改制立教"说中，在梁启超从"公羊三世"说中发科学、民主之微的思想中，在黄遵宪"泰西之学，其源流皆生于墨子"观点之中，在孙中山"外国现在最重要的东西，都是中国从前发明"的论断中，都可以看到这种向"后"索取的影子。从人们"乐此不疲"的努力发掘之中，我们不难领悟到这种观念习惯和思维方式的"神奇伟力"。

现代的"向后看"价值取向似乎还获得了实践上的支持。20 世纪中叶以来，日本和亚洲"四小龙"取得了举世公认的成功。同时期，西方则日益陷入前所未有的工业化危机，需要寻找出路或"救世良方"，因而东西方思想家、政治家、企业家们不约而同地把目光投向了东方。他们认为，东西方文化迥然相异，救治现代西方百病的良药就埋藏在东方传统文化的智慧宝库之中。因为东方传统文化博大精深，无所不包、无所不有，能够完全适应现代化的要求，而且比西方文化更合理，如"天人合一"较之西方的"天人相分"更能避免工业发展对自然环境的破坏，重义轻利的道德观能够克服市场经济中的唯利是图，等等。如果我们光复传统并加以"合理利用"，既能使中国取得经济的高速增长，又能避免西方现代化的所有

---

① 冯桂芬在《采西学议》中云："以中国之伦理名教为原本，辅以诸国富强之术。"孙家鼐在《议复开办京师大学堂折》中认为："应以中学为主，西学为辅；中学为体，西学为用。中学有未备者，以西学补之；中学有失传者，以西学还之。以中学包罗西学，不能以西学凌驾中学。"张之洞在《劝学篇外篇·会通第十三》中强调："中学为内学，西学为外学；中学治身心，西学应世事；不必尽索之于经文，而必无悖乎经义。如其心圣人之心，行圣人之行，以孝悌忠信为德，以尊主庇民为政，虽朝运汽机，夕驰铁路，无害为圣人之徒也。"

弊端，使中国走出一条光辉灿烂的现代化新路。

毋庸讳言，"传统复兴论"所体现的强烈的中国文化情结、主体意识、自尊感和自信心，包括它所强调的中国优秀文化价值资源，都是值得重视的。这是它优于"西化论"之处，也是它在情感上更令国人痴迷的原因。但是，这种观点显然缺乏科学的论证，其中包含着相当明显的民族主义和文化保守主义成分。从理论上看，这种观点存在如下一些失误。

首先，"传统复兴论"对中国文化"文本"的解读，依据的不是现实的文化主体和现实的生活实践，而是古代的典籍文章。这是对文化"文本"的严重误读。实际上，文化是指人的生存、生活方式及其所追求的价值本身，现实的生活才是文化真正的"文本"。文化表现于人们实际"所思、所言、所为"的整体之中，而不仅仅是指人们所说、所写的东西，即文化并不等于文章、文献、典籍。"传统复兴论"恰恰不懂得这一点。当它热衷于把所谓"天人合一"、"仁爱信义"、"中庸之道"、"己所不欲，勿施于人"等说成中国文化价值观的代表时，似乎并不是从中国历史和现实的实践中发现和证明的，而是完全凭据某些"本本"。这样仅仅凭据儒家经典解读中国文化价值观的做法具有片面性，把中国文化理解为一种"道德文章"式的抽象文化体系了。似乎中国历史上只有道德化的文章和文章化的道德，却缺少经济、科技、生产和大众生活等重大现实生活的文化脉络。沿着这样的逻辑进行描述，能在多大程度上反映中国文化价值观的真实面貌呢？或者，如何能够诠释"五四"以来特别是在"文化大革命"之类反传统运动中已发生"断裂"的文化现状呢？

其次，"传统复兴论"把中国文化价值观的现代化简单地理解为传统文化价值观的复兴，加上人们对传统的误读，结果这一观点就带有一种向后看的复古主义的保守取向。如前所述，"传统"是指在历史上形成并得以延续、在当下仍然"活着"的东西，因此，当我们今天来认识自己的传统时，要重在认识、反思、发现和批判自己的现实。不懂得这一点就不能够发现和理解真正的传统。"传统复兴论"恰恰在这里出现了失误。当它热衷于从中国古代的文献典籍中搜寻中国文化价值观的"优良传统"时，就不假思索地把"传统"等同于"过去"甚至"古代"了，似乎越"古"、越"老"，就越有资格代表传统。于是，在认识自己的传统时，就只能回到尽可能早的过去，而不是着眼于自身现实。按照这种复古主义的思路，"传统复兴论"告诉我们的并不是现实中丰富多彩、日新月异地发展着的多样化传统，而是一种简单、平面、单一和僵化的"传统"模式。这样，"传统复兴论"实际上将一切判断和选择的权利、标准和责任都赋予了古人。这其实是一种无视当代中国人的现实权利和责任的态度。

再次，由于上述两个误区，由于儒家学说在中国文化中的主流地位，"传统复兴论"常常被简化为"儒学复归论"。"儒家资本主义"一度令许多人兴奋和痴迷，就是其最好的注解。近年来兴起的"儒学复归论"认为，中国文化的复兴应归结于儒学的现代复兴。中国传统文化，尤其是儒家文化，天生优越，本质上高于任何西方文化、外来文化；中国文化的唯一出路就在于推行现代"新儒学"，即继先秦原始儒学、宋代理学之后，寻求儒学的"第三期发展"，以成就"返本开新"、"内圣外王"之道。中国社会的复兴之道则在于走"儒家资本主义"道路，即政治、经济上引入西方式的民主、市场经济、法治，思想文化上复兴以儒家道德为主的传统文化。他们甚至宣称，"儒家文化一定会在全世界复兴"，"儒家文化在21世纪一定会成为世界文化的主流和中心"，等等。

不过，如果我们足够理性的话，就不难发现，"儒学复归论"缺乏严谨缜密的论证。例如，这种观点只看到甚至夸大了儒家文化价值观的优秀部分，而对其中不适应现代化的糟粕——集权专制、等级制度、官本位、以权代法、重理轻欲、轻贱商贾、不讲效益等——估计不足甚至视而不见；对儒家学说的社会基础缺乏真正的了解，如建立在男耕女织、自给自足的自然经济基础之上的古代文化价值观念，何以能够适合市场经济和现代化大生产？中国经历了近一个世纪的反传统，儒学已成为一种"断裂的传统"，儒家学说在文化传统中已无优势可言。因此，尽管儒家文化传统在中国经济发展中发挥了重要作用，但把中国的发展完全归功于儒家文化传统恐怕并不准确和全面，就如同以1997年亚洲金融危机为由断言"儒家神话破产"一样，也未免有夸大之嫌。不能不说的一个基本事实是，在世界近现代发展进程中，儒教国家并未走在前列，率先实现现代化，相反，这些国家大都落后了。不少学者和企业家经过认真的分析，得出的结论十分直白：所谓东亚"儒教国家"的崛起，首先是相应国家采行市场经济、法治以及重视科学技术的结果。与其说是儒学导致了经济起飞，倒不如说是在经济起飞后，才有条件大力提倡和发展传统的儒学。

总之，"传统复兴论"的文化价值观建设导向缺乏严谨的论证，难以令人信服。其实质性的错误主要在于主体自我的迷失和"向后看"的思维方式。一味地"向后看"，看见的只能是一位位如雷贯耳的古人，一大堆著名的"古文"和古代文化价值观。作为价值观导向，它把价值选择的方向和标准定位于过去，把价值主体的权利和责任都赋予古人，却忘记或者否定了当代中国人民的权利和责任。如果说"西化论"事实上是把外国人当成了中国文化价值观的主体，那么，"传统复兴论"则是把古人当成了主体，让古人来承担今天文化价值观建设的任务；当代中国人民即使不是置身事外，至少也不是主要的建设者，也不需要承担主要责任。这同样是一种"主体的自我迷失"。表面上看，"传统复兴论"与"西化论"的错误迥然不同，但它们实质上"两极相通"：在当代中国文化价值观的建设问题上，都不信任也不打算依靠当代中国人民，更没有以当代中国人民的利益和需要为价值标准。

（三）以"我"为主的"创建论"

"创建论"是全球化、信息化条件下，当代中国社会"向前看"、以建设为本的文化价值取向。按照"创建论"的思路，必须超越普遍主义的"西化论"和特殊主义的"传统复兴论"，而以"我"为主，立足当代中国特色社会主义实践，以实践需求为原动力，以"向前看"为取向，在人类一切优秀文化成果基础上，创建现代中国文化价值观。①

具体地说，"创建论"旨在立足于中国的具体文化传统和实际情况，立足于中国具体的历史的实践活动，充分解放思想，发挥中国社会的主体性，将西方先进文明与中国自身实际（包括优良传统文化）相结合，"古为今用"，"西为东用"，在借鉴人类一切优秀文化成果的基础上，创建现代中国文化价值观。"创建论"的核心是"我"，即当代中国人民及其当下的实践活动。无论是分析批判西方价值观，还是总结鉴别中国传统价值观，都有一个立足当代中国的实际、以科学的理论和方法为武器的问题；无论"向外看"还是"向后看"，最终必须"向前看"才能发展；无论是中国传统价值观已

---

① 20世纪30年代和80~90年代，张岱年曾以中国文化发展为目标，提出了"综合创新"的主张。这一主张仍有其现代意义，当然需要根据全球化、信息化时代中国特色社会主义的实际给予新的解释和发展。

有的东西，还是所缺少而国外所有的东西，都不能盲目搬用，而必须根据当代中国的现实需要进行取舍。因此，中国文化价值观建设的落脚点是确立当代中国人民的主体地位，高扬中国人民的主体性，发挥中国人民自身的自觉性和能动性，在中国特色社会主义实践中进行艰苦的创造。

中国文化价值观"重在创建"——重在踏踏实实、坚持不懈、艰苦卓绝的劳动和创造，在全球化、信息化时代，这是马克思主义价值观和中国特色社会主义共同理想在文化价值领域的具体化，是中国社会不断改革、进取的方向和目标，是中国文化价值观凝聚人心、唤醒大众建设热情的思想旗帜。

首先，"创建论"明确要求确立当代中国人民在文化价值观建设中的主体地位，要求以"天行健，君子以自强不息"的精神，强化中国人民独立自主、自立自强的主体意识，增强其主体性、权利感和责任感。"越是民族的，越是世界的。"建设现代中国文化价值观，是当代中国人民义不容辞的责任和权利，既不能寄托古人，更不能依傍外人，而只能以"我"为主，基于自觉的使命感、权利感和责任感，自强自立，创造性地去进行建设。从对内来说，中国人民不能忘记，虽然中国文化价值观曾经创造过辉煌，但也有近代以来由于社会发展落伍而遭到的全面批判。只有正视现实，才可能找回自信，敢于正视自己，永不屈服，通过创造性地建设而自我超越。从对外来说，近代以来，无疑西方文化价值观占据着主流地位。随着全球化、信息化时代的来临，西方"普适价值"对中国社会的挤压愈加"方便"，愈加全面和彻底，中国社会面临着"文化殖民"的危险。只有保持本民族的特色，坚持自己文化价值观的民族特性，丰富自己文化价值观的独特内涵，才能保持世界文化价值观的丰富性和多样性，维护世界文化的均衡、有机发展。因此，我们不仅要有忧患意识、危机意识，更重要的是，要敢于正视危机，要有敢于重新崛起的决心和勇气。①

其次，"创建论"要求破除迷信，解放思想，以"向前看"为文化价值观建设的取向。中国文化价值观建设的目标，是以"中国的现在"为基点，关注于、着眼于未来的发展。它反对单纯的"向后看"和"逆时向思维"传统，认为什么事情都是"古圣先贤"最高明，祖宗之法不可逾越，

---

① 当然，这不能简单地理解为对西方说"不"，不加分析、不计利害地说"不"，这是无知与鲁莽的表现；相反，凡是西方资本主义国家正确的、合理的东西，必须虚心地想方设法"拿来"。能够"拿来"并且消化吸收，更是有智慧和勇气的体现。

一切向古人看齐,试图恢复和达到先前某个时候的文化境界。"创建论"主张,对一切实践中出现的问题,要以"向前走",即发展和完善新事物的方式加以解决,而不是以倒退的方式解决,更不是发思古之幽情,喋喋不休地喟叹"世风日下,人心不古"。要学会面对现实和未来进行创造性的思考,把现在和过去已经取得的成果作为进一步发展的阶梯,不断地与时俱进,开拓创新。

再次,"创建论"要求以"立"为本,以对未来负责的态度,"重在建设"。也就是说,要立足于实践,立足于"做",在实践中创建当代中国社会主义核心价值观。实践是文化价值观之"源",是文化生生不息的生命之所在。建设中国特色社会主义核心价值体系,当然既要继承传统文化遗产,也要学习外国先进文化,但是,这里有一个以"我"为主,以独立自省的精神,在实践中对之进行反思、选择、消化、改造和创新的问题。只有在实践中创造,传统文化价值观才是现代文化价值观健康生长的"根",离开了实践创造,传统文化价值观就成了"历史包袱";只有在实践中创造,外国文化价值观才是我们的营养,离开了实践创造,外国文化价值观就会成为消解民族精神的"殖民文化"。更重要的是,只有立足于实践、深入实践、依靠实践,把握和总结实践中的新成果,中国文化才可能迈向世界主流文化,中国文化价值观才可能产生真正的创新;只有在具体的历史的实践中,才能破除中国人头脑中的各种"土教条"、"洋教条",检验创建中的中国文化价值观是否正确、合理。

总之,"创建论"以"向前看"和"重在建设"为价值取向,充分体现了中国人民当家作主前提下的高度自觉的主体意识,体现了敢于探索和勇于实践的创造精神。"创建论"把中国特色社会主义实践作为文化价值观建设的基础,从而对文化价值观建设的主体和时空有了正确的定位。只有坚定地依靠当代中国人民,充分发挥中国人民的积极性,以"向前看"的"创建论"为导向,才能学会如何吸收借鉴古今中外人类文明的一切优秀成果,才能坚持从中国的具体实际出发,通过实践找到中国特色社会主义核心价值体系创建的具体路径。①

---

① 参见李德顺、孙伟平、孙美堂《家园——文化建设论纲》,黑龙江教育出版社,2000,第307~324页。

四　创建中的"古今中外"关系

在以立为本、创建中国特色社会主义核心价值体系的过程中，必须在坚持马克思主义指导思想的基础上，正确处理与传统文化价值体系以及西方文化价值体系的关系。毕竟，"创建"不可能是"在真空中"孤芳自赏，也不可能脱离"古今中外"价值观孤立地进行，这是不容回避的重大而现实的问题。对此，我们必须坚持如下一些基本点，或者说恰当地处理好如下关系。

（一）冷静剖析东西方文化价值观，弘扬优秀的传统价值观

文化传统连着我们的根，渗透到我们的血液，潜移默化地影响着我们的思想和行为。中国特色社会主义价值观的创建，不可能置文化传统于度外，完全抛弃既有的文化传统，相反，它必须立足悠久、丰富的文化传统，尽可能地汲取传统价值观之精华，并依据现时代的生活实际有所创新、有所发展。在当今世界，西方以个人主义为基础、以竞争和冲突为特质的文化价值观普遍流行，人与自然、人与人之间的关系日趋紧张，人内心的失衡日益严重。以和谐、中庸为价值取向的中国传统价值观，明显可以对解决当前的文化价值冲突和困境有所助益，从而在当代中国特色社会主义价值观的创建中占有一席之地。

（1）在人与自然的关系上信守"天人合一"、人与自然和谐相处。在天人对立、"人定胜天"等观念引导下，在追求最高利润的市场经济驱使下，贪婪的人类将自然仅仅视为征服、改造、利用的对象。这诚然冲破了慢节奏的、田园牧歌式的农业文明，使人类依次步入了近代化、现代化之境，然而，当社会发展到20世纪后半叶，掠夺性地对待自然，打破了人与自然的原始平衡，破坏了原始的生态圈、生物链，造成了诸如环境污染、生态失衡等灾难性后果，人类正陷入失去家园的惶恐与困惑之中。

传统价值观处理天人关系的重要原则是和谐。《国语·郑语》云："和实生物，同则不继。""和"是生成万物的基础，万物皆由"和"而生，并存在于"和"的状态之中；而"同"是无矛盾、无质的差别的同一，相同的事物放在一起，既不可能产生新事物，也不会促使事物继续发展。中

国文化要求人与自然之间保持和谐，在和谐中求发展。道家强调"天道自然"，"不与自然争职"，一切因任自然，无为而治。《中庸》将自然之和表述为："万物并育而不相害，道并行而不相悖。"《周易》则曰："夫大人者，与天地合其德，与日月合其明，与四时合其序……先天而天弗违，后天而天奉时。"即顺从自然，按照自然的本性和规律办事，达到人与自然之间的高度和谐。"和"的状态在于，万物各在其位，各有其分，各得其所。这体现为"度"。适度即为"中"，因此谓之"中和"。① 可见，无论是道家的"道法自然"，还是儒家的天人合一、天人合德，都强调人与自然之间的平衡与和谐，强调可持续发展，这对纠正二元对立的天人关系、掠夺式的自然观具有重要意义。

（2）在人与人的关系上坚持"群体本位"，崇尚秩序与团队精神。在"物竞天择，适者生存"的商品经济大潮中，商品关系无孔不入，对金钱和利润的疯狂追逐，扭曲了人的心灵，毒化了淳朴的社会环境，败坏了传统的人际关系。面对残酷的优胜劣汰、生存竞争，个人的利益、需要和欲望得以强化，人与人之间不断发生激烈冲突，一些人甚至认为"人对人是狼"，"他人就是地狱"。这种不和谐的社会关系导致人们的集体观念、社会责任感相对淡漠，并使人们陷入深深的忧虑与不安之中。

"和为贵"，重"和"②，则是中国人处理人与人之间关系的重要价值取向。众所周知，儒家以仁为本位。《论语·雍也》云："夫仁者，己欲立而立人，己欲达而达人。"人我具立，人我具达，也即人人和谐。"和也者，天下之达道也。"中国一向讲究和平共处，和气生财，"家和万事兴"；包括今天的"中国梦"，也是要以和平的方式崛起，实现中华民族在世界上的伟大复兴。这与古代思想家们的观点是一脉相承的。如有子强调"和为贵"，孟子认为"天时不如地利，地利不如人和"，董仲舒主张"德莫大于和"……"和为贵"、重"和"，对"和实生物"的认识，是人道追求的最高目标，是治理国家、处理各种事务的准则。这种价值取向有助于社

---

① 《中庸》云："喜怒哀乐之未发，谓之中，发而皆中节，谓之和。中也者，天下之大本也；和也者，天下之大道也。致中和，天下位焉，万物育焉。"
② 当然，这里的"和"不是无差别的"同"。《论语·子路》强调："君子和而不同，小人同而不和。"允许差异、个性、多样性存在的"和而不同"，才是待人处事的基本态度，才是实现其乐融融、和谐美好的"大同社会"的途径。

会秩序的稳定，有助于增强社会的亲和力和凝聚力，有助于缓解可能存在和突显的各种矛盾和冲突，有助于避免因为矛盾激化、激烈对抗而导致的社会动荡。

（3）在身心关系上，力求通过修身养性，追求内在的和谐、良心的安宁。伴随着科技、经济、社会的高速发展，人与自然、他人、社会之间关系的变化，人的内在精神状态也开始失衡。整个社会为发展而发展，为增长而增长，增长成了一种无目的、无理性的竞赛，经济的发展本身成了目的，人自身不是作为目的居于发展的中心，反而成为经济发展的手段，人被异化了；在先进的科技工具面前，在高度自动化的机器大生产过程中，人成了"机器的奴隶"，"人为物役"成为普遍的事实，人自身遭到了冷落，变得渺小而无助；……这导致人内心十分不平衡，普遍产生孤独、苦闷等心理，产生焦虑、紧张、不安等情绪，甚至导致人的存在的意义失落了，人成了精神无居所的流浪者，生活本身荒谬化了。

中国文化传统以和谐为最高境界。传统哲学对人"最为天下贵也"的强调，对人的不合理欲念的节制，对人的观念和行为持道中庸、追求和谐的要求，对于缓解甚至解决人内心的冲突与失衡问题，明显具有现实意义。佛、道、儒家多认为，人的私欲、贪欲、功名利禄之心等，是扰乱人的心神、导致人们内心失衡的主要原因。虽然儒学等在一定意义上确认了人类源自生物本能的利己私心的正当性，肯定私心（人欲）是人类谋求进取的原动力，但是，又多认为利己私心容易失去控制，膨胀为自私、无止境的贪欲，从而导致人们的心态失衡，导致伦理意义上的罪恶。因此，佛、道、儒家开出了相似的"药方"，即提倡"寡欲"乃至"无欲"，抑制自己的欲望膨胀。儒家还希望，将私心升华，弘扬利他的爱心（公心），制约与引导私心，实现"两心调谐"，从而"致中和"，"与天地参"。

（二）尊重现代社会的基本价值，在传统与现代之间保持必要的张力

新型的中国特色社会主义价值观不是与世隔绝、自我封闭的价值观，不是拒绝和排斥人类基本价值的价值观，而是全球化时代中国适应和创造现代文明的价值理念，是中国以传统文化价值观为基础、探索中国特色社会主义道路的共同价值理想、价值取向。它反对"为特殊而特殊"。如果

一味强调特殊化和个性，以特殊为导向，"为特殊而特殊"，排斥人类历史上形成的基本价值，那么，孤立、阻隔和封闭的只能是中国自身，牺牲的只能是现代化的方向和进程，阻碍的可能是现代文化的建设与发展。因此，必须在传统与现代之间保持必要的张力，以世界或中国经验证明了的基本价值观为基础进行社会主义核心价值体系建设。

（1）在民主的前提下，强调个人对国家、社会、集体的责任与义务。民主是人类文明历史发展的必然要求，是现代社会普遍遵循的基本价值。中国特色社会主义价值观的创建必须坚持人民群众的主体地位，发扬社会主义民主理念、民主精神，必须弘扬中国文化传统中的"民为本，君为轻"之类思想资源。

在社会主义核心价值体系建设过程中，在民主的前提下，要发扬以国家、民族利益为重，以集体、群体利益优先的优良传统。中国文化传统倡导"苟利国家，不求富贵"，"苟利社稷，不顾其身"，强调先国后家、先群体后个人的献身精神，鄙视自私自利的极端个人主义。"天下兴亡，匹夫有责"，"先天下之忧而忧，后天下之乐而乐"，是这种精神的鲜明表达。今天，全球化、信息化进程突出了不同价值主体之间的联系，不同价值主体之间的交流、沟通和合作比以往任何时候都显得迫切，个人利益服从集体和国家利益，民族利益服从全球利益，每一价值主体都肩负起自己的责任和义务，就成为必须坚守的原则和不可或缺的美德。因此，中国的集体主义文化传统，"天下兴亡，匹夫有责"、"先天下之忧而忧，后天下之乐而乐"的价值观，就成为培育全民共识甚至全球共识的难得资源。

（2）在法治的前提下，充分发挥儒家以礼为核心的道德调节机制的作用。法治是民主的科学化、制度化形式及其实现，它将全体人民的主体权利和责任以规范化、程序化的形式固定下来，并加以普遍、长期、稳定的实现。在一个社会中，法律本身的健全程度、社会执法的水平以及公众对法的意识等，在一定程度上体现着人的发展水平、社会的文明程度。中国的价值观重建，必须以法治作为基本的价值目标和秩序架构。

在法治的前提下，中国还应该充分发挥儒家以礼为核心的道德调节机制的作用。"礼"是儒家价值观中维护社会秩序的主要规范和要求。《论语·尧曰》云："不知礼，无以立也。"只有知礼才能自立，自立然后才能立人。《论语·颜渊》云"克己复礼为仁"，主张克制自己的言行，使之符合礼，以达到仁的境界。尽管儒家的"礼"具有等级性，繁文缛节也不可取，但坚持应有的礼节、礼貌，还是维系社会秩序的必要手段。"礼"同时也体现了一个人的修养与境界。特别是在当今之世，随着联系、交往的扩大、加深，各价值主体间的利益纷争日益明朗化、普遍化，相互之间的不满情绪、敌对意识越来越强烈，这时儒家礼仪更显示其意义：不仅人与人之间应该以"礼"待人、以"礼"服人，而且民族、国家之间也应该礼尚往来，依"礼"处理相互关系，特别是摩擦与冲突。

（3）在全力以赴发展经济的同时，保持义与利之间的动态平衡。尽管中国价值观异于西方价值观，并非以偏重物质或经济（利益与欲望）为基本取向，但必须肯定经济建设的基础性、前提性意义。

重建中国特色社会主义价值观必须在传统价值观与现代经济的调适上下功夫，将之重构为以现代经济发展为基础并促进现代经济发展的价值观，一种经济、社会和人协调发展的价值观。一方面，必须扬弃中国文化传统中那些违背市场经济发展规律、不利于经济发展的内容。例如，对于儒家所谓"君子喻于义，小人喻于利"、"君子怀德，小人怀土"、"富贵如浮云，金钱如粪土"以及庄子所谓"无耻者富，多信者显"等，必须具体分析，以批判的态度对待。对于那种在经济与道德之间坚持"二元论"的抽象思维，将之分离、对立起来考虑问题的习惯，如"为富"者必"不仁"，"富而愈贪"，愈不肯为义，"正其谊（义）不谋其利，明其道不计其功"，"越穷越革命，越穷越光荣"，等等，必须予以批判和扬弃。"乐贫安贫"、"仇富恨富"、"鄙富抑富"心态，既消极又不健康，它曾经或正在阻碍中国社会的快速发展。另一方面，需要弘扬中国传统义利观的精华性资源。例如，孔子曾指出，要使民"富之"，而后"教之"。孔子特别强调，对富与贵必须"取之有道"，在合乎"道"、"义"的前提下，协调、持续地去"获取"。显然，这些思想是极其深刻的，具有合理性和现代意义。

总之，新型的中国特色社会主义价值观是在当代生活实践中，以中国化的马克思主义为指导，将全球基本价值与中国传统价值观的精华相结合的现代价值观。它不回避时代的要求和挑战，而要做时代的"弄潮儿"，概括和表征现时代的时代精神，并随着时代的发展而发展；它也不否定全球业已取得的价值实践成果，而要主动纳入"全球化的进程"之中，在与世界各国的充分联系、交往互动中,吸取全球基本价值(科学、民主、法治等)并以之作为中国特色社会主义价值观的基础。但同时,它又坚决地拒绝"全盘西化",反对任何形式的西方中心主义和霸权主义,旗帜鲜明地维护中国的主体地位,保持中华民族传统文化价值观的个性与特色。它旨在以中国化的马克思主义价值观为指导,结合全球基本价值和中国传统价值观,以中国特色社会主义实践为基础,进行自主自觉的"综合创新"。

第七章
社会主义核心价值体系及其内在结构

社会主义核心价值体系是社会主义意识形态的本质体现，决定着中国特色社会主义的发展方向。它包括相互联系、相互贯通、相互促进的"灵魂、主题、精髓与基础"四项基本内容，构成层次分明、内在贯通的铸魂、强质、健体、明用有机统一的整体。建设社会主义核心价值体系的过程，也就是一个不断巩固马克思主义指导地位、不断强化中国特色社会主义共同理想、不断提升民族精神和时代精神、不断弘扬社会主义荣辱观的过程，也是一个把党的主张、国家意志、社会发展和人民意愿统一起来，通过社会主义核心价值观的"三个倡导"把政治与伦理、追求与目标、理想与现实等结合起来，汇聚正能量，实现"中国梦"的过程。

一　灵魂：马克思主义指导思想

马克思主义指导思想是社会主义核心价值体系的灵魂。在社会主义中国，只有坚持和巩固马克思主义的指导地位，坚持用中国化马克思主义的最新成果武装人们的头脑，才可能保证党和人民团结一致、始终沿着正确的方向前进，才能保证社会主义先进文化（包括社会主义核心价值体系）建设的性质和方向。

（一）旗帜鲜明地坚持马克思主义的指导地位

作为"时代精神的精华"和"文明的活的灵魂"，马克思主义不仅是基于自然规律、社会历史发展必然性的真理性学说，是关于自然界、人类社会和人类思维发展的普遍规律的科学，而且也是反映无产阶级和劳动人民根本利益、实现全人类解放和自由全面发展的价值学说，是无产阶级在社会主义革命和建设实践中的自主自觉的价值选择。它体现着真理性和价值性的高度统一。

如前所述，科学的马克思主义是在反对资产阶级、建设社会主义和实现共产主义的实践中逐步形成的。19世纪30～40年代，资本主义生产方式在英法等西欧国家占据了统治地位，社会的主要矛盾转变为资产阶级与无产阶级的矛盾，以欧洲三大工人运动为标志，工人阶级作为独立的政治力量登上了历史舞台。马克思、恩格斯热切地关注、支持和参加工人运动，通过总结人类社会历史发展的规律，深刻地揭露和批判资本主义制度，创造性地提炼出了反映无产阶级根本利益、指导无产阶级革命实践的马克思主义。马克思主义给广大人民设计的价值理想是共产主义：消灭剥削，消灭压迫，实现全人类的彻底解放；全体人民当家作主，成为平等、自由和人格独立的社会主人；消除旧式分工，劳动成为自主的活动和人们的"第一需要"，人民"各尽所能，按需分配"；每一个人都获得自由而全面的发展，并且"每个人的自由发展是一切人的自由发展的条件"[1]。由于无产阶级没有自己的私利，从根本上说，它代表的实际上是全人类共同的价值理想。通过破译人类社会历史发展的规律，建立唯物史观，马克思、恩格斯论证了这一价值理想实现的历史必然性。

在社会主义革命和建设实践中，建设社会主义核心价值体系，最根本的是旗帜鲜明地坚持马克思主义的指导地位。马克思曾指出："统治阶级的思想在每一时代都是占统治地位的思想。这就是说，一个阶级是社会上占统治地位的物质力量，同时也是社会上占统治地位的精神力量。……占统治地位的思想不过是占统治地位的物质关系在观念上的表现，不过是以思想的形式表现出来的占统治地位的物质关系。"[2] 马克思主义作为中国共产党和中国的根本性指导思想，恰恰是由中国社会主义革命和建设的性质、使命决定的，同时，也基于对中国社会主义革命和建设历史经验和现实要求的深刻总结，是"物质关系"的"精神反映"。中国是一个社会主义国家，中国共产党是中国特色社会主义事业的领导核心，马克思主义是中国共产党的根本指导思想，这就决定了马克思主义是社会主义意识形态

① 《马克思恩格斯选集》第1卷，人民出版社，1995，第294页。
② 《马克思恩格斯选集》第1卷，人民出版社，1995，第98页。

的旗帜和灵魂，是社会主义核心价值体系建设的旗帜和灵魂。坚持和巩固马克思主义的指导地位，是中国共产党和广大人民团结一致、始终沿着正确方向前进的根本保证，是社会主义先进文化建设（包括价值观建设）的根本保证。

当然，作为指导思想的马克思主义不是抽象的固定不变的教条，而是历史发展着的、与时俱进的理论，在不同的社会历史发展时期有着不尽相同的内涵。例如，在试图推翻资本主义制度的革命时期，它重在破坏一个旧世界，通过实行无产阶级专政，建立无产阶级的政权，从而消灭剥削，消灭压迫，并最终实现全人类的彻底解放；而在社会主义革命胜利后，它重在建设，试图通过政治、经济和文化建设，提高广大人民群众的生活水平，并最终消灭包括无产阶级自己在内的一切阶级，实现个人与社会的自由全面发展，建设一个高度发达、合乎广大人民理想的共产主义社会。

坚持马克思主义指导思想，一定要坚决地不妥协地反对各种教条主义。恩格斯曾经公开声明："马克思的整个世界观不是教义，而是方法。它提供的不是现成的教条，而是进一步研究的出发点和供这种研究使用的方法。"① 现实中，教条主义和经验主义往往极容易产生。各种教条主义的共同特点是盲目崇拜，唯上唯书，抵制改革，扼杀创新，并且"永远正确"，一意孤行，而从不愿自我反思、自我批判，不对其所造成的失误、失败和苦难负责。毛泽东曾针对教条主义专门撰写了《反对本本主义》、《实践论》和《矛盾论》。毛泽东指出："马克思列宁主义之所以被称为真理，也不但在于马克思、恩格斯、列宁、斯大林等人科学地构成这些学说的时候，而且在于为尔后革命的阶级斗争和民族斗争的实践所证实的时候。"② 马克思主义之所以是科学的，在于它在实践中得以检验，在于它能够在实践中创新，坚持"马克思主义不是教条"，而是"行动的指南"。如果不坚持这一点，不加分析地照搬照抄"马克思主义书籍中的只言片语"，中国社会主义革命和建设事业就会蒙受损失、遭受打击。"左"的年代"以阶级斗争为纲"、"无产阶级专政下的继续革命"等失误，就是反面例证。是否坚持马克思主义，不应该以某些抽象化、概念化的"本本"、"语录"为标

---

① 《马克思恩格斯选集》第 4 卷，人民出版社，1995，第 742 ~ 743 页。
② 《毛泽东选集》第 1 卷，人民出版社，1991，第 292 ~ 293 页。

准，而应该以马克思主义的本真精神为标准，以不断发展着的马克思主义为标准。任何僵化、教条化的理解都是马克思主义指导思想的大敌。要真正坚持马克思主义的指导地位，就必须彻底清算本本主义和教条主义，解放思想，实事求是，与时俱进，创造性地发挥马克思主义的指导作用。

总之，在社会主义核心价值体系的结构中，马克思主义提供的是科学的世界观、人生观和价值观，是认识世界和改造世界的立场、观点和方法，是建设社会主义的理论基础和行动指南。只有坚持以马克思主义为指导思想，才能保证社会主义核心价值体系的性质和方向，才能引领中国特色社会主义建设不断取得成功。

（二）坚持以中国化的马克思主义为指导

马克思主义作为一种世界性的理论，一种适用于各个国家的"普遍真理"，只有正确运用于各国各地区的具体实践并在实践中不断发展，才可能具有强大的生命力，才可能在具体实践中表现出现实针对性和适应性。在当代中国，坚持马克思主义指导思想，并不是照抄照搬，其实质是坚持把马克思主义基本原理与中国具体实际相结合，不断推进马克思主义中国化，推动中国的社会主义革命和建设事业不断前进。

马克思主义作为一种"改变世界"的批判的和革命的学说，作为被压迫者追求现实解放的思想武器，是在中国救亡图存、渴求解放和追求现代化的过程中传入中国的。这种在西欧土壤中产生的"异质性思想"一经传入，"马克思主义的中国化"就不仅成为一种学术旨趣或文化策略，而且成为与改造中国的现实实践内在相关的理论选择。事实上，早在 1938 年 10 月中国共产党六届六中全会上，毛泽东就强调了马克思主义的民族性问题，明确提出了"马克思主义中国化"的要求。毛泽东精辟地指出："马克思主义必须和我国的具体特点相结合并通过一定的民族形式才能实现。……使马克思主义在中国具体化，使之在其每一表现中带着必须有的中国的特性，即是说，按照中国的特点去应用它，成为全党亟待了解并亟须解决的问题。洋八股必须废止，空洞抽象的调头必须少唱，教条主义必须休息，而代之以新鲜活泼的、为中国老百姓所喜闻乐见的中国作风和中国气派。"[1]

---

① 《毛泽东选集》第 2 卷，人民出版社，1991，第 534 页。

在中国近百年的社会主义革命和建设实践中，中国共产党坚持把马克思主义基本原理同中国具体实际紧密结合，形成了毛泽东思想、邓小平理论和中国特色社会主义理论（包括"中国梦"）等重大战略思想。这些理论成果都是中国化的马克思主义，是具体指导中国社会主义革命和建设的理论武器。中国社会主义革命和建设的成功经验与失败教训一再证明，只有解放思想，实事求是，一切从实际出发，将马克思主义与中国的具体实际相结合，才能真正适应中国的实际情况，切实解决中国的具体问题，取得中国社会主义革命和建设事业的成功。

在当代中国，无论是从现时代的发展和国际共产主义运动的现状看，还是从中国特色社会主义建设实践的内在要求看，情况都正在发生深刻的变化。一方面，当代社会实践（包括交往实践）的发展，特别是科学技术的突破，导致马克思主义的实践基础和科学基础发生了实质性变化。与市场经济的高度发展、高新科学技术的研究与应用（如信息高速公路的建设）相伴随，全球一体化进程明显加速，地球正在变成一个"小村庄"。现代信息科技正在改变我们的时空现状和时空观念，同样也会带来社会历史观的深刻变革。在这个时代，我们既可以"足不出户"，当然也不可能"独善其身"。正如马克思认为的，"人创造环境，同样，环境也创造人"①。"随着信息网络技术的发展，人们的社会生活也正在发生全方位、多层次的变革，在拓展了的生活空间——电子时空，'信息弄潮儿'们已经开始一种'数字化生存'或'网络化生存'。"② 不仅人的生产方式和生活方式发生了改变，而且人的交往方式和情感交流也发生了改变，"数字化生存"和"网络化生存"是一种全新的存在方式。全球化、工业化、现代性、信息化正在改变人的生存与活动方式，正在凸显人与自然之间的矛盾，正在改变人与人之间的传统格局，人类发展模式需要深刻反省，人的心理需要重新调适，世界文化与文明正面临转型。

另一方面，马克思主义仍然具有强大的生命力，以中国为代表的国际共产主义运动正以改革为主旋律引人注目地向前推进。诚然，以苏东剧变和苏联解体为标志，世界共产主义运动在 20 世纪末骤然陷入低潮，但是也

---

① 《马克思恩格斯选集》第 1 卷，人民出版社，1995，第 92 页。
② 孙伟平：《信息时代的社会历史观》，江苏人民出版社，2010，第 466 页。

并没有像福山宣称的那样出现"历史终结"。进入 21 世纪以来，特别是 2008 年美国次贷危机引发的世界金融危机，再次引发了对资本主义的大讨论。"与此同时，改革开放 30 多年来的中国特色社会主义事业蓬勃发展，迅速崛起，特别是中国在全球金融危机中的良好表现，使得'历史终结论'者都不得不自我否定和自我修正。"① 福山也开始转向关注"中国模式"，"锋芒也不再毕露"。史无前例的中国特色社会主义事业充满着创造性，同时又具有一定的普遍意义或示范效应：除了渐进式地对社会主义政治、经济、文化体制进行改革，在坚持主权的前提下不断加大对全世界开放的力度之外，中国人民还摸索出了许多"不可思议"的独创性成果，例如，"社会主义初级阶段"、"社会主义市场经济"、"一国两制"、"小康社会"、"以人为本的科学发展观"、"社会主义和谐社会"、"和平崛起"……一种以中国文化传统和具体实践为基础，依据中国的独特发展道路和现代化模式独创的中国特色社会主义经验，正日益得到全世界的广泛关注和高度赞誉。不少发展中国家和地区都真心希望能够借鉴这一经验。

放眼现实，中国特色社会主义实践还在不断向前推进，实践的发展还在不断提出各种有待解答的问题，要求理论给予合理的令人信服的解释，要求理论通过创新予以恰当的指导。这要求我们立足现时代的特点，始终高举马克思主义的旗帜，把马克思主义基本原理与中国的具体实际相结合，不断创造出马克思主义中国化的新成果，对中国特色社会主义事业予以合理的解释和具体的指导。具体地说，即要在一切实际工作中，包括在文化价值观建设中，把马克思列宁主义、毛泽东思想、邓小平理论作为长期坚持的指导思想，坚持用发展着的中国化马克思主义的最新成果——在当前主要是中国特色社会主义理论（包括"中国梦"），统领经济和社会发展的全局，指导改革开放和现代化建设实践，指导精神文化建设和核心价值体系建设。这是一个永无止境的理论创新过程。

（三）马克思主义指导思想与思想观念的多样化

应该指出的是，在社会主义核心价值体系建设中，坚持马克思主义的指导地位，并不排斥整个社会思想观念的差异化、多样化。考察历史不难

---

① 孙伟平等：《现时代的精神境遇》，黑龙江教育出版社，2013，第 164 页。

发现，马克思主义从来就是在同各种反马克思主义、非马克思主义思想观念的相互激荡和斗争中发展的，尊重差异，包容多样，是坚持和发展马克思主义的题中应有之义。

　　随着改革开放的深入，中国的政治经济体制正在深刻变革，社会结构正在深刻变动，社会经济成分、组织形式、就业方式和分配方式日益多样化，人们的生存条件、角色分工、活动方式和利益关系存在不少差异，因而人们思想活动的独立性、选择性、多变性和差异性不断增强，社会思想空前活跃，人们的价值观、社会意识、生活方式也呈现多样化趋势。实际上，意识形态具有相当强的包容性："第一，它有比较广阔的边界，能够把许多不同的观念和价值整合在一个思想体系之中；第二，它有较大的空间，能够为尽可能广泛的政策选择提供理论支持。"① 社会思想观念的多样化是改革开放新形势下不可避免的现象，是一种普遍的客观现实。应该说，尊重差异，包容多样，是解放思想、实事求是思想路线的要求，是思想解放和社会进步的体现，也是我们驾驭复杂形势的自信心增强的体现。在过去"左"的年代，我们在意识形态问题上曾经犯过自我封闭、简单化的错误，不仅与西方资本主义壁垒分明、势不两立，而且在自己内部也搞"阶级斗争扩大化"，通过大批判建设所谓"纯而又纯"的社会主义。结果事与愿违，不但窒息了人民大众的思想，也削弱了国家发展的生机和活力。这些教训值得记取。

　　当然，"尊重差异，包容多样"，任何时候都不是忽视意识形态的斗争性。这正如汤普森认为的："意识形态的概念可以用来指特殊情况下意义服务于建立并支持系统地不对称的权力关系的方式——这种权利关系我称之为'统治关系'。"② 执政党主导意识形态，这是现代政治和国家治理的基本原则。改革开放以来，在各种因素影响下，各种反马克思主义、非马克思主义的意识形态也有所滋长，封建主义残余思想（包括封建迷信、愚昧落后的思想意识）沉渣泛起，国外资本主义的腐朽思想观念也乘机侵入，各种思想文化相互交融、相互激荡，意识形态和价值观领域的竞争和斗争十分激烈。特别是，在世界范围内，社会主义和资本主义在意识形态领域的斗

---

① 王长江：《政党现代化论》，江苏人民出版社，2004，第 234 页。
② 〔英〕约翰·B. 汤普森：《意识形态与现代文化》，高铦等译，译林出版社，2005，第 7 页。

争和较量将是长期的、复杂的，有时甚至是非常尖锐的。中国作为世界上最大的社会主义国家，将长期面临激烈的国际文化竞争，特别是面临西方资本主义国家传播其意识形态，进行文化价值观渗透、扩张和挤压的压力。

在这种背景下，必须看到，意识形态领域越是纷繁复杂，社会思想意识越是多样化，就越需要有"主心骨"，越需要引导社会协调发展的理想信念和奋斗目标。面对社会思想观念的差异与多样化，在社会主义市场经济条件下建设社会主义和谐社会，更需要坚持马克思主义的指导地位不动摇，坚持用发展着的马克思主义指导实践，牢牢掌握意识形态领域的指导权、主动权、话语权；更需要强调和坚持指导思想和主导价值的一元化，重视和巩固共产主义的理想信念，确立和加强中华民族的精神支撑。同时，尊重差异，包容多样，绝不是允许各种反马克思主义的社会思潮随意滋长，更不是允许动摇主流意识形态的领导地位。一旦动摇了马克思主义的指导地位，就会动摇全党全国人民团结统一的思想基础，动摇中国特色社会主义的理论根基，从而导致思想混乱乃至社会动荡。只有坚持马克思主义指导思想，才能有效引领和整合社会思潮，在尊重差异中扩大社会认同，在包容多样中形成思想共识，团结不同社会阶层、不同认识水平的人们共同前进。紧紧把握以中国化的马克思主义最新成果为指导，就把握住了社会主义核心价值体系的灵魂，以及社会主义和谐文化建设的性质和方向。

二 主题：中国特色社会主义共同理想

中国特色社会主义共同理想是社会主义核心价值体系的主题。中国特色社会主义共同理想的确立是中国人民自鸦片战争以来的历史发展与革命建设实践的必然选择，同时也是中国共产党人在马克思主义思想的指导之下应对当今新的党情、国情及世情的理论创新与路径选择的必然。它也成为现阶段最广大人民根本利益和共同愿望的集中体现，成为实现中华民族伟大复兴的强大动力，更成为展示社会主义建设伟大成就的文化软实力及国际影响力的重要内容。因而，坚定中国特色社会主义共同理想既是一个重要的理论问题，更是一个鲜活的实践问题，需要我们在理论与现实的双重维度上准确理解它的内涵、特征，全面梳理与之相关的一些重大问题，增强树立中国特色社会主义共同理想的自觉性、坚定性。

（一）"中国特色社会主义共同理想"提出的必然性

中国特色社会主义共同理想，简言之，就是在中国共产党领导下，走中国特色社会主义道路，在实现中华民族伟大复兴的同时，承担对人类社会做出巨大贡献的责任。毛泽东当年就曾期许，社会主义中国需要而且应当对人类的文明与进步承担更大的责任，做出更大的贡献。这个共同理想的确立，不仅是近代以来中国历史发展和革命建设实践的必然趋势，各族人民共同利益及愿景的具体体现，也是党在新时期应对国内外各种复杂形势而凝聚人心、达成共识、鼓舞斗志、引领价值而进行理论创新与总结的逻辑必然。

确立中国特色社会主义共同理想作为社会主义核心价值体系的主题，是中国历史与社会主义革命、建设实践发展的必然。自鸦片战争以来的历史，尤其是中国共产党领导下的 90 多年的革命建设实践史充分证明，只有坚持中国共产党的领导，走中国特色社会主义道路，才能实现中国富强、民主、文明、和谐的发展目标，才能真正实现中华民族的伟大复兴。这条走向光明、走向胜利的道路，是历史的选择、人民的选择，同样也是时代的选择。

鸦片战争以后，曾经长期在古代文明史上处于世界领先地位的中国逐渐沦为任由西方列强欺凌宰割的半殖民地半封建社会。为了唤醒这头沉睡的"雄狮"，彻底改变中华民族的悲惨命运，中国人民进行了艰苦卓绝的探索与斗争，从太平天国运动、戊戌变法、义和团运动到辛亥革命，尝试过种种改造中国的方案，但无一例外，都没有摆脱失败的命运。即便是那些照搬移植过来的西方资本主义议会制、民主制、共和制的具体方案也一一破产，这说明资本主义的道路在中国根本走不通。"十月革命一声炮响，给中国人民送来了马克思列宁主义。"李大钊在《Bolshevism 的胜利》中指出："一七八九年法兰西的革命，不独是法兰西人心变动的表征，实是十九世纪全世界人类普遍心理变动的表征。一九一七年俄罗斯的革命，不独是俄罗斯人心变动的显兆，实是二十世纪全世界人类普遍心理变动的显兆。"[①] 自从有了马克思主义，自从有了中国共产党，中国革命的面貌就焕然一新了。

1949 年 10 月 1 日，新中国成立，"中国人民从此站起来了"。广大人

---

① 《李大钊全集》第 2 卷，人民出版社，2006，第 263 页。

民群众被压抑已久的建设国家、振兴民族的热情迸发出来，忘我地工作，渴望能够尽快实现"四个现代化"，使新中国成为一个繁荣富强的社会主义国家，以自立、自信、自尊的姿态屹立于世界民族之林。但是，建设新中国，仅凭热情是远远不够的。鉴于苏联的建设模式所取得的巨大成就，我们曾经照搬"老大哥"的社会主义模式。回顾这段历史，我们发现，既取得了巨大成就，也付出了沉重代价。这些经验和教训深刻地昭示我们，建设社会主义必须从自身的国情出发，走出自己的路，走一条有中国特色的社会主义道路。

邓小平指出："把马克思主义的普遍真理同我国的具体实际结合起来，走自己的道路，建设有中国特色的社会主义，这就是我们总结长期历史经验得出的基本结论。"[①] 正是由于我们坚定了走自己道路的决心与信心，在摸索中国发展道路的过程中，改革开放 30 多年来我国经济社会发展取得了举世瞩目的巨大成就，见证了走中国特色社会主义道路的必然性，"中国道路"的形成提振了整个国家和民族的信心与底气；此外，也是由于我们充分吸收了国际共产主义运动尤其是苏东剧变的经验教训，没有走上像苏联、东欧那样改旗易帜、全盘西化的路子，从而避免了重蹈苏东政党崩溃、社会动荡、国家分裂的覆辙。这也就雄辩地证明，我们要真正实现国家、民族的繁荣富强，必须走出一条适合自身国情的道路；建设中国特色社会主义，无论是照搬西方资本主义制度，还是照搬他国的社会主义模式，都是行不通的！十八大报告着重强调："我们坚定不移高举中国特色社会主义伟大旗帜，既不走封闭僵化的老路、也不走改旗易帜的邪路。"[②] 中国近代以来的历史发展与革命建设实践充分表明，中国特色社会主义共同理想符合中国社会进步的前进方向和历史发展的客观规律，具有必然性，因而也就成为历史、人民和时代的选择。

确立中国特色社会主义共同理想作为社会主义核心价值体系的主题，是马克思主义理论创新与发展的必然。作为一个有机整体的社会主义核心价值体系，必然有一个类似"普照一切光的以太"的一以贯之的主题，如主轴或主线般统摄这个体系中的各个部分，使之各项内容都能围绕着这个主题渐次展开。中国特色社会主义共同理想正是这样一个主题。这一主题充分体现了构建社会主义核心价值体系中理论创新与逻辑发展的必然性。

中国特色社会主义共同理想集中体现了社会主义核心价值体系的理想信念内涵。理想信念实质是主体对自身与外部世界之间关系的体认与调适，是对追求目标的确认，决定和体现了主体生存的状态、精神面貌及价值认同，展示的是支撑一个人的"精气神"。同样，对于一个政党、一个社会、一个国家而言，理想信念就是旗帜、就是方向、就是力量，有了这个主心骨，一个人、一个政党、一个社会、一个国家才能抬起头，挺直腰板，向着理想目标奋勇前行，才能够成就伟大光荣的事业。建设中国特色社会主义之所以成为现阶段全党全国人民的共同理想，归根结底，是因为它集中体现了最广大人民群众的根本利益和共同愿望。这种共同理想不同于一般的理想，它将马克思主义的理想信念作为中国人民革命与建设的精神动力，起着精神向导与精神纽带的作用，既指引着全国人民前进的方向，又凝聚成全社会的强大合力。中国特色社会主义共同理想也成为近代以来积贫积弱的中华民族实现伟大复兴持续不断的强大动力。无论是在战火纷飞的革命年代，还是在和平建设时期，对理想信念坚贞不渝，既是解读中国共产党人的历史密码，也是中国革命、建设、改革的成功基因。

毛泽东同志说过，"人是要有一点精神的"。"自从中国人学会了马克思列宁主义以后，中国人在精神上就由被动转入主动。从这时起，近代世界历史上那种看不起中国人，看不起中国文化的时代应当完结了。伟大的胜利的中国人民解放战争和人民大革命，已经复兴了并正在复兴着伟大的中国人民的文化。"[①] 邓小平同志指出："延安时候我们有什么？物质条件很差，就靠精神文明。靠有理想，靠坚强的信念，什么困难都能克服。在某种情况下，这种精神有决定意义。"[②] 习近平总书记在十八届中共中央政治局第一次集体学习时指出："理想信念就是共产党人精神上的'钙'，没有理想信念，理想信念不坚定，精神上就会'缺钙'，就会得'软骨病'。"[③]

---

① 《毛泽东选集》第4卷，人民出版社，1991，第1516页。

② 《邓小平年谱（1975—1997）》（下），中央文献出版社，2004，第838页。

③ 习近平：《紧紧围绕坚持和发展中国特色社会主义　学习宣传贯彻党的十八大精神——在十八届中共中央政治局第一次集体学习时的讲话》，《人民日报》2012年11月19日，第1版。

坚定的理想信念,既是中国共产党的精神之"钙",也是中华民族的精神之"钙",是建设中国特色社会主义、实现"中国梦"的思想支撑和精神保障。可以说,中国共产党 90 多年的历史,就是一部共产党人在坚定理想信念的旗帜下一往无前的奋斗史。尤其是改革开放以来,中国人民在中国特色社会主义共同理想引导下,戮力齐心,取得了举世瞩目的成就,中国综合国力大为提升,成为仅次于美国的经济大国。

中国特色社会主义共同理想在社会主义核心价值体系中处于中心位置,起着联结其他不同层次内容的主轴作用。处于最高层次的是马克思主义指导思想,它是灵魂,决定着性质、方向,其中蕴含的共产主义远大理想,是共产党人为之终生奋斗的最高理想。而代代传承至今激发鼓舞国民的民族精神和展示现时代风貌的时代精神则作为精髓,共同铸就的是中华民族坚不可摧的"精气神",结晶为国家与民族的生命力、创造力与凝聚力,激发出来的是自尊心、自信心和自豪感。社会主义荣辱观作为新时期党对思想道德规范的高度概括表达,作为社会主义核心价值体系的基础,是马克思主义世界观、人生观及价值观的集中体现及具体化,它旗帜鲜明地划分出"荣与辱",引导人们应该去"坚持什么、反对什么,倡导什么、抵制什么",扶正祛邪、惩恶扬善,在全社会范围内促进良好风气的形成。社会主义核心价值体系的这些不同层次不是孤立的,都与中国特色社会主义共同理想贯通起来,真正激励全国人民走在建设中国特色社会主义的现代化国家的康庄大道上,实现中华民族伟大复兴!

(二) 中国特色社会主义共同理想的内涵与特征

理想作为对现实的一种超拔,寄寓着人们的价值目标与价值追求,表征为对未来构建的观念形态。众所周知,个人有理想,同样,一个民族、一个政党、一个国家都有理想。对于政党而言,理想成为其参政治国的旗帜;对于民族而言,理想成为其奋力前行的向导;对于国家而言,理想成为整合力量的灵魂。不管个人还是民族、政党、国家,没有理想,就等于失去了最坚强的支撑力、生命力和凝聚力。也正是在此意义上,塔克认为,"共产主义"理想引领着我们今天的时代,"马克思对于我们时代的最伟大的不朽的意义和关联的方面是空想的方面,我们今天可能把这方面称

为马克思的 '未来学'"①。

中国特色社会主义共同理想作为社会主义核心价值体系的"主题",有其特定的内涵与特征。它着重解决的是"走什么路"、"达到什么前进目标"的问题,即在党的领导下,走中国特色社会主义道路,实现中华民族的伟大复兴。习近平总书记阐述的"中国梦"思想,就集中凝练而又通俗形象地反映出这一共同理想的特质。这一共同理想本身具有极其深厚的历史文化渊源和广泛的现实实践基础。中华民族历史悠久,连黑格尔也不无艳羡地称赞过,"只有黄河、长江流过的那个中华帝国是世界上惟一持久的国家"②,中国作为世界文明的主要发祥地,为人类文明做出过不可磨灭的贡献,中国的富庶与文明曾长时期走在世界的前列,这也成为所有中华儿女为之自豪的根由。

首先,中国特色社会主义共同理想具有包容性。包容性主要体现在如下方面。第一,它包容性地涵盖着现实社会生活各个层面的发展方向,形象描绘出社会的经济、政治、文化、生态及人民正常的日常需求等方面的应然理想状态。第二,它包容性地将理想与信念熔铸在一起,形成共同的理想信念,二者互相支撑、互相促进。任何一定理想的形成总有其信念的基础,并体现为一定的信念,信念支撑理想,信念坚定则理想坚定。认同、坚守和追求一种理想,这本身就体现出一种坚定的信念。脱离了信念的理想是单纯的想象与空想,离开了理想的信念则失去了指引及前进方向。第三,它包容性地超越了简单的目标设定,而是内在地指明了追求和实现这个理想目标的途径及方式,即在中国共产党的领导下,沿着中国特色社会主义道路不断实现国家富强、民族振兴、人民幸福的理想。

其次,中国特色社会主义共同理想具有阶段性。"世界不会满足人,人决心以自己的行动来改变世界。"③ 人和世界的关系是一种建立在实践基础上的否定性关系,理想的实现依赖于现实的行动,并且需要经历一定的历史过程。与最崇高的远大理想相比,阶段性的理想更为具体、更为现实,因为它可以成为一定历史时期、一定社会生产条件下人们普遍追求又

---

①　〔美〕罗伯特·查尔斯·塔克:《马克思主义革命观》,高岸起译,人民出版社,2012,第236页。

②　〔德〕黑格尔:《历史哲学》,王造时译,上海世纪出版集团,2006,第108页。

③　《列宁全集》第55卷,人民出版社,1990,第183页。

可通过艰苦奋斗变为现实的理想目标。中国特色社会主义共同理想凝结着近代中国 170 多年来无数仁人志士的追求与向往，集中体现了各族人民的梦想与期盼。只有在中国共产党的领导下，这一共同理想才能逐步变成现实。"三步走战略"和"两个一百年"是我们在 21 世纪前半阶段的奋斗目标。反过来，理想信念能够激发出我们的奋斗热情，这不禁让人联想到《钢铁是怎样炼成的》中的一段名言："人最宝贵的是生命。生命属于每个人只有一次。人的一生应该这样度过：当他回首往事时，不因虚度年华而悔恨，也不因碌碌无为而羞愧；这样，在临死的时候，他就能够说：我已把自己的整个生命和全部精力都献给了世界上最壮丽的事业——为人类的解放而斗争。"[①] 中国特色社会主义共同理想与共产主义远大理想一脉相承，我们正行走在海德格尔的"林中路"上，为实现人类解放而奋斗不息。

再次，中国特色社会主义共同理想具有共有性。这表现为它能够得到全体中华儿女的认同，体现了最广大人民群众的根本利益与价值追求。当然，就任何一个社会阶段而言，都会出现各种不同的利益诉求，也并非所有理想都能成为共同的理想。只有那些真正代表和反映了最广大人民群众的根本利益的理想，才能为广大人民群众所认同和接受，最终成为整个社会的共同理想。因此，这种共有性不是一种庸俗意义上的大杂烩式的"最大公约数"，而是具有鲜明的本质规定性的。从中国特色社会主义理想的历史形成来看，它具有民族心理上的共同性，近代以来中国各族人民所共同经历的光荣与屈辱形成了共同体验与心理，产生出实现中华民族伟大复兴的强烈渴望与追求，最终汇流到只有社会主义才能救中国、发展中国特色社会主义事业的历史大潮之中。从当代中国各阶层的利益代表和愿望表达来看，一方面，中国特色社会主义共同理想整合了党、国家、民族及个人的正当诉求，形成了上下齐心追求共同理想的最大合力；另一方面，中国特色社会主义共同理想集中了现阶段工人、农民、知识分子和所有其他劳动者、建设者及爱国者的利益和愿望，充分调动了各阶层、各利益群体的积极性与创造性。中国特色社会主义共同理想已经成为广大中国人民共同奋斗的精神旗帜。

---

① 转引自孙正聿《理想信念的理论支撑》，吉林人民出版社，2014，第 194 页。

（三）准确理解"中国特色社会主义共同理想"应当注重的几个重大问题

准确理解中国特色社会主义共同理想作为社会主义核心价值体系的主题，要注重从理论与实践相结合的维度上把握理想与现实、个人理想与共同理想、共同理想与最高理想之间的关系。

首先，必须正确认识与处理理想与现实的关系。"光是思想力求成为现实是不够的，现实本身应当力求趋向思想。"[①] 理想来源于现实又高于现实，二者之间存在必然性与偶然性的差异与张力。一方面，我们应该看到，经过60多年尤其改革开放30多年的发展，中国社会主义现代化建设取得了举世瞩目的成就，充分体现出社会主义制度的优越性。另一方面，我们也应该正视，中国也处于各种社会矛盾集中凸显与爆发期，发展中的不平衡、不协调及不可持续的问题依然很突出，这与我们的理想蓝图尚有相当大的差距。故而，我们既不能沉溺于理想预期的美好，忽视社会现实的艰巨性与复杂性，从而盲目乐观，也不能只埋首专注于解决社会现实中的各种局部矛盾，否定理想存在的合理性与指引性，从而悲观消极。实际上，理想与现实之间绝非横亘着无法通达的天堑，而是存在转变的可能，但是，这种转变又是充满曲折的进程，因此，我们才需要改变不如理想中美好的社会现实，通过埋头苦干，解决实际问题，向理想目标迈进。

其次，必须正确认识和处理个人理想和共同理想的关系。任何一个充满活力的社会都必然承认和尊重多样性和差异化的个人理想，但同时，任何一个国家、民族如果没有一种占主导地位的共同理想作为"主心骨"，就会造成方向迷失、人心涣散，造成人们无所适从，社会成为一盘散沙。这正如托克维尔所言："一个没有共同信仰的社会，就根本无法存在，因为没有共同的思想，就不会有共同的行动，这时虽然有人存在，但构不成社会。因此，为了使社会成立，尤其是为了使社会欣欣向荣，就必须用某种主要的思想把全体公民的精神集中起来，并保持其整体性。"[②] 中国特色社会主义共同理想把国家的发展、民族的振兴与个人的幸福紧密联系起

---

① 《马克思恩格斯选集》第1卷，人民出版社，1995，第11页。
② 〔法〕托克维尔：《论美国的民主》，董果良译，商务印书馆，1988，第524页。

来，为个人理想的实现搭建了广阔的舞台，只有当个人理想服从民族、国家的共同理想，自觉地把个人理想融入为国家、为民族奋斗的伟大目标中来，才能最大限度地实现个人的自我价值和社会价值。

再次，必须正确认识和处理最高理想与共同理想的关系。实现共产主义是共产党人的最高理想，但是，要实现这个生产力高度发达、"物质充分涌流"及"每个人自由全面发展"的"自由人联合体"社会，却需要一个十几代甚至几十代人努力奋斗的非常漫长的过程。我们的共同理想是把中国建设成为富强、民主、文明、和谐的社会主义现代化国家。现阶段，我们要确保到 2020 年实现全面建成小康社会。中国特色社会主义共同理想是实现共产主义最高理想的必经阶段，也即共同理想是最高理想在现时代的具体体现。从这一意义上讲，共同理想与最高理想具有本质上的一致性，没有最高理想的指引，就不会有共同理想的确立与坚持，没有共同理想的实现，最高理想就失去了最终实现的坚实基础。因此，我们既要牢固树立最高理想，又要立足我们仍将长期处于社会主义初级阶段的社会实际，着眼于现阶段共同理想的实现，从而为最终实现共产主义的最高理想和远大目标而努力奋斗。

三　精髓：民族精神和时代精神

被马克思誉为"黑格尔哲学诞生地和秘密"的《精神现象学》是一部对人的意识和精神发展的历时性进行辩证分析研究的巨著，它也被恩格斯称为"精神胚胎学"与"精神的古生物学"。精神作为人类与动物划界的意识活动的标志性外显，它对于人类的生存与生活具有灵魂支撑和动力支持等重要功用，无论是对于个体还是国家、民族主体，概莫能外。在社会主义核心价值体系这一有机体中，以爱国主义为核心的民族精神和以改革创新为核心的时代精神构筑成新时代的"中国精神"，是这一体系的精髓，是对实现现阶段共同理想、"中国梦"的信念之基、动力之源的价值认同。

（一）　时代精神与民族精神的科学内涵

伟大的事业需要崇高的精神，崇高的精神支撑伟大的事业。一个民族没有优秀的精神品格，就不可能自立于世界民族之林；一个国家，没有凝聚人心的民族精神和与时俱进的时代精神，就不会有旺盛的生命力、强大的凝聚力和卓越的创造力，不可能站在时代发展的前列。崇高精神与民族心理和文化传统相结合就会形成一定的民族精神，与时代特征和社会发展要求相结合就会形成一定的时代精神。不论是民族精神，还是时代精神，都是一定社会的思想文化的核心内容，是一个民族赖以生存和发展的精神支柱，因而是思想文化建设的重中之重。江泽民指出："面对世界范围各种思想文化的相互激荡，必须把弘扬和培育民族精神作为文化建设极为重要的任务，纳入国民教育全过程，纳入精神文明建设全过程，使全体人民始终保持昂扬向上的精神状态。"[①]

民族精神是一个民族赖以生存和发展的精神支撑。在世界范围内，"民族精神"作为一股重要思潮被提出并受到重视，是在 19 世纪上半叶西欧各国资产阶级形成和上升时期，他们体会到本民族的大多数人有一种共同的推进民族发展与进步的主导意识和行为，由此而升华为"民族精神"的观念。这种认识的升华是同欧洲各国资产阶级处于上升时期所表现出来的进取精神相一致的。黑格尔在《历史哲学》中对"民族精神"的内涵有过非常重要的论述，这些论述代表了那个时代人们的认识。他认为："在国家内表现它自己，而且使自己被认识的普遍的原则——包括国家一切的那个形式——就是构成一国文化的那个一般原则。但是取得普遍性的形式，并且存在于那个叫做国家的具体现实里的——那个确定的内容就是'民族精神'本身。现实的国家在它的一切特殊事务中——它的战争、制度等等中，都被这个'民族精神'所鼓舞。""一个民族的精神乃是一种决定的精神，这种精神便构成了一个民族意识的其他种种形式的基础和内容。""民族精神便是在这种特性的限度内，具体地现出来，表示它的意识和意志的每一方面——它整个的现实。民族的宗教、民族的政体、民族的伦理、民族的立法、民族的风俗，甚至民族的科学、艺术和机械的技术，都具有民族精神的标记。"[②] 应该说，黑格尔的阐述是极其深刻的。剥离掉他笼罩在唯心主义的"绝对精神"体系中的主观神秘部分，他其实中肯地指出了：①民族精神是一国文化所具有的普遍的原则，它对于处于国家的

① 《江泽民文选》第 3 卷，人民出版社，2006，第 559～560 页。
② 〔德〕黑格尔：《历史哲学》，王造时译，上海世纪出版集团，2006，第 46、48、59 页。

一切特殊事务具有鼓舞的作用。②民族精神对于民族的发展具有决定的意义,因而他又将之誉为一个民族的灵魂、一个民族的意识。③民族精神所具有的特性,必定通过民族的宗教、伦理、立法、风俗以至科学技术等具体事项表现出来。因此,对于各民族具体方面的特性,要从其"共性"(即民族精神)来理解和把握。这就启发我们,"民族精神"实质上对于一个民族的生存与发展而言不可或缺,因为它是一个民族长期形成的文化传统结晶,尤其是为了本民族的发展进步而获得普遍认同并发挥主导作用的价值判断标准和行为规范准则。黑格尔本人为展示"民族精神"做出了表率。他在哲学体系的构建及语言的表达上,苦心孤诣地寻求让"哲学说德语",推进哲学的"德国化"。因为,"一个民族除非用自己的语言来习知那最优秀的东西,那么这东西就不会真正成为它的财富,它还将是野蛮的。……如果哲学一旦学会了说德语,那么那些平庸的思想就永远也难于在语言上貌似深奥了"①。基于此,近年来,我们也有所认识,让马克思主义说"汉语",已经逐渐成为一个时髦的时代话题。

让马克思主义说"汉语",就是"以'面向世界,面向现代化,面向未来'的理论自觉,在回应时代性的人类问题中,以马克思主义哲学的'本真精神'塑造属于中华民族的'思想自我',并以这种'独特声音'影响世界历史进程"②。"汉语"的深厚底蕴来自五千年的中华文明。在长期的文明演进中,中华民族形成了以爱国主义为核心的团结统一、爱好和平、勤劳勇敢、自强不息的伟大民族精神,这对于民族的发展具有"灵魂"的意义与作用。"民族精神"是"在(民族的)历史上起主导作用的基本精神",是"这个民族延续发展的思想基础和内在动力"③。说"汉语"的主体是中国共产党和全国各族人民,说"汉语"的方式是马克思主义的。从主体和方式来看,中国共产党是核心。中国共产党是中华民族精神的继承者、弘扬者和培育者,在领导全国各族人民进行革命、建设和改革的实践中,为民族独立、国家富强、人民幸福做出了艰苦卓绝的努力,形成了自己的优良传统,培育出了井冈山精神、长征精神、延安精神、西

---

① 苗力田编译《黑格尔通信百封》,上海人民出版社,1985,第 202 页。
② 孙正聿:《"说中国话"的马克思主义哲学》,《学习与探索》2012 年第 8 期。
③ 张岱年:《中国文化的历史传统及其更新》,载《文化与哲学》,教育科学出版社,1988,第 66 页。

柏坡精神、"两弹一星"精神、载人航天精神、抗震救灾精神等。这些精神既植根于我国优秀民族文化传统之中，又深深熔铸在我们的民族意识、民族品格、民族气质之中，熔铸在我们民族的生命力、凝聚力和创造力之中，成为各族人民团结一心、共同奋斗的价值取向和力量源泉。短短几十年时间，我们把一个贫穷落后的半殖民地半封建国家建设成为世界第二大经济体，这是中国特色社会主义的伟大成功，它迫切地需要中国理论、"中国话语"来加以总结提升，同时也是对世界各国发展提供一种超越西方模式的阐释和宣示，即"以这种'独特声音'影响世界历史进程"。林林总总的各色西方理论，是出自与我们完全不同的社会现实和文化语境的"地方性知识"，对我们仅仅具有参照价值，根本无法全盘照搬照抄。需要进一步巩固和发展中国特色社会主义作为"中国梦"的内核与本质，涵纳中华民族的优秀传统文化元素，包容世界上所有先进文化元素，熔铸真正具有中国风格、中国气派和中国形式且对人类社会进步发展提供借鉴的道路模式。

时代精神体现社会发展方向，引领时代进步潮流。一个民族如果没有高尚的品格、坚定的志向和远大的理想，就不可能凝聚力量、成就伟业；一个民族如果不能与时俱进、改革创新，就不可能有生机和活力。黑格尔指出："时代精神是一个贯穿于所有各个文化部门的特定的本质或性格，它表现为自身在政治里面以及别的活动里面，把这些方面作为它的不同成分。"[1] 时代精神是一个社会在最新的创造性实践中激发出来的，引领时代进步潮流，为社会成员普遍认同与接受的思想观念、价值取向、道德规范和行为方式，是一个社会最新精神风貌与社会时尚的综合体现。马克思也曾指出，"任何真正的哲学都是自己时代精神的精华"；"人民最精致、最珍贵和看不见的精髓都集中在哲学思想里"[2]。同样，作为反映一个时代的基本特征并为社会成员普遍认同的思想观念和价值追求，时代精神是一个社会的共同意志和思想状态的集中体现，影响着时代进步的方向和潮流。新时期最鲜明的特点是改革开放，改革创新已经成为我们当今时代的最强音。

以改革创新为核心的时代精神，是马克思主义与时俱进的理论品格、

---

① 〔德〕黑格尔：《哲学史讲演录》第 1 卷，贺麟等译，商务印书馆，1995，第 156 页。

② 《马克思恩格斯全集》第 1 卷，人民出版社，1956，第 120、121 页。

中华民族富于进取的思想品格与改革开放和社会主义现代化建设实践相结合的伟大成果，已经深深地融入我国经济、政治、文化、社会建设的各个方面，成为各族人民不断开创中国特色社会主义事业新局面的强大精神力量。最近几十年来中国和平崛起的这一进程本身极大地改变了世界发展的格局，产生了普遍的世界历史意义。这条道路对中国而言是最适合自身的发展途径，对世界来说，则是一个让其他各国"惊叹"的成功发展范例。关乎中国道路的伟大故事当然要用中国话语来讲述，以成就中国的光荣与梦想。我们没有理由不对之充满自豪，从而真正坚定我们的道路自信、理论自信和制度自信。

从目前情况看，全球化在本质上是以美国为首的西方发达资本主义国家引导和推动的，它既有反映现代化大生产这一社会性需要的一面，也有反映资本扩张性的一面。在一定意义上可以说，全球化是资本主义生产关系在全球的扩张，反映着西方资产阶级的经济、政治利益。但是，全球化不等于一元化，更不等于殖民地化。不同民族文化之间的关系是平等和多元的，因为"文化是民族的血脉"，文化差异凸显的是民族性。但文化差异只具有横向的对比意义，而不具有纵向的时间顺序意义，更不具有简单的孰优孰劣就将之取舍替代的置换意义。曼海姆早在20世纪30年代就曾经观察到一个难以解释的背反现象，即具有"普适价值"的世界民主化浪潮并"没有产生平等和普遍的共同心理，却强调了群体的趋异"，"我们看到的不是世界主义而是民族主义的不断增长"[1]。确实，全球化时代也并非某些人一厢情愿欢呼的"历史的终结"，反而因为"全球性恢复了文化的无边界性并且促进了文化表达方式的无限可更新性和无限多样性，而不是促进了同质化或杂交化"[2]。全球化不能是各民族的精神和文化趋同、趋于泯灭，恰恰相反，它要求不同民族必须更好地保持自己的民族品格、民族情操、民族韵味，这样才不致将本民族淹没在全球化的浪潮中。也只有通过各民族充分展示自己的民族精神和民族形象，才能构成一个多姿多彩的世界，毕竟，"越是民族的，越是世界的"。实践表明，无论是过去还是未来，民族精神已经成为衡量一个国家综合国力强弱的重要尺度。强大的精

---

① 〔德〕卡尔·曼海姆：《文化社会学论集》，艾彦、郑也夫、冯克利译，辽宁教育出版社，2003，第118页。
② 〔英〕阿尔布劳：《全球时代》，高湘泽等译，商务印书馆，2001，第227页。

神力量不仅可以促进物质技术力量的发展，而且可以使一定的物质技术力量发挥出更大更好的作用。因此，越是面临全球一体化进程不断加快的新形势，我们越要始终高举爱国主义的旗帜，牢固树立自尊自信、自立自强的民族精神和时代精神，不断增强民族的凝聚力和创造力，通过不懈奋斗使中华民族始终自立于世界民族之林。

（二）时代精神与民族精神的辩证关系

面对国内外各种思想文化的相互激荡，我们必须把大力弘扬民族精神和时代精神作为文化建设的极为重要而紧迫的任务。民族精神和时代精神相辅相成、相融相生，二者统一于中华民族的精神品格之中。中华民族生生不息、薪火相传、奋发进取，靠的就是这样的精神；中华民族抵御外来侵略，赢得民族独立和人民解放，靠的就是这样的精神；在新的历史时期，抓住机遇，转变经济发展方式，实现科学发展、和平发展、全面建成小康社会的宏伟目标，还是要靠这样的精神。

民族精神和时代精神二者是相融相生的。一方面，一切精神现象都有一个从无到有的创造过程，从而有其自身生成的历史；另一方面，精神又总是作为人所面对的无可选择的先在前提，规定并塑造着人的具体历史存在，成为一种完成了的规定，因为尽管"我们自己创造着历史"，但是不能随心所欲地创造，只能在"十分确定的前提和条件下创造"①，积淀而成的精神即为这种重要的前提与条件。这种经验发生同先验决定之间的冲突所形成的悖论，表现在两个维度上：在一个民族与其他民族之间的横向互动中，民族的精神创造对于整个人类的文化积累、精神积淀来说，是累进生成的；民族的精神总体对个体的形塑、人类的文明形态对各民族精神的滋养，则是预成、既定的，是其前提条件。在过去、现实与未来的"三个世界"之间的纵向互动中，过去构成现实的基础，现实对未来的内在制约，表现为既定前提的预成性；现实对过去的继承创新，未来对现实的超越重建，则表现为突破传统的生成性。人类精神的发展正是在生成与预成之间的张力推动下不断向前发展的，保守与激进的辩证法在文化中的体现时时在上演。从根本上说，人类精神的生成性与预成性的悖论，是人之存

---

① 《马克思恩格斯选集》第4卷，人民出版社，1995，第696页。

在的双重化——即先定与超越、经验与超验——的二律背反本质的体现。民族精神只有反映时代精神，才能使一个民族始终走在时代的前列；时代精神只有与民族精神相结合，才能生根开花，转化为推动民族向上的不竭动力。江泽民曾指出，对我国几千年历史留下的丰富的文化遗产，"我们应该取其精华、去其糟粕，结合时代精神加以继承和发展，做到古为今用"；对中华民族精神，"我们世世代代都要加以继承和发扬，并结合时代和社会的发展要求，不断为之增添新的内容"①。

民族精神和时代精神二者是相辅相成的。任何精神及其表征都有赖于特定的时空坐标。在时间上，特定时期的精神总是表现为时代性的转换，呈现具有一定时代主题、文化导向并能够加以判别的时代精神；在空间上，特定的精神则总是表现为民族性的差异，体现出诸多并存、发展各异的民族精神。若是一切精神的发展均被纳入一个普遍必然的进化模式来予以定位，由此显示出精神的时代性并使其合法化，那么，基于这一视野建立起来的理论可以称为文化进化论。但不同民族精神的发展之间并不存在一种抽象的普遍性规定，每一种民族精神都有其不可剥夺的存在理由，从而显示出独特价值，基于这一视野确立起来的理论可以称为文化相对论。正因为如此，"东方"才"能够与'西方'相对峙而存在，并且为'西方'而存在"②。在全球化时代，无论是文化进化论还是文化相对论都遇到了各自的难题。文化进化论无法回避这样的问题：把西方文化视为开化的、先进的、现代的，后发的非西方国家将之作为赶超奋斗的目标，难道根植于各自民族传统中的文化也是"工业较发达的国家向工业较不发达的国家所显示的，只是后者未来的景象"？③"所有其他的文明社会都一直试图在财富和现代化方面赶上西方"④，这究竟是对共时态的不同民族的精神发展之间关系的一种客观描述，还是一种基于西方中心论的偏见？然而，这种蔑视非西方文化民族性的观点已经日益受到实践和理论的挑战。文化相对论认为，不同文化之间并不存在一个中立的描述范式和评价标准。一

---

① 《江泽民文选》第 3 卷，人民出版社，2006，第 278、401 页。
② 〔美〕萨义德：《东方学》，王宇根译，三联书店，2007，第 7 页。
③ 马克思：《资本论》第 1 卷，人民出版社，2004，第 1 版序言第 8 页。
④ 〔美〕亨廷顿：《文明的冲突和世界秩序的重建》（修订版），周琪等译，新华出版社，2010，第 278 页。

个文化事实只有被置于它所属的那个文化系统的参照系中，才能得到恰当的理解和公正的评价。换言之，恰当理解各民族精神，也只有将之放置到这个民族自身发展的历史长河中，在不同的历史时期体现出来的时代精神主题的渐次嬗变中来把握。

民族精神既是一个民族的精神纽带，也是一种社会意识，是一个民族对其社会存在、社会生活的反映，以及该民族性格的展现。每个民族只有根据时代和社会的变化，不断对其民族精神进行发展和创新，才能跟上时代发展的步伐。当今世界日新月异，时代的剧烈变化对各个民族的生存和发展都提出了严峻挑战，也使得改革创新成为时代精神的核心。一个民族要在当今激烈的综合国力竞争中奋勇当先，就必须坚持改革，不断创新。"天行健，君子以自强不息。"依靠中华民族传统的求实顺变、勇于变革创新的精神，中华民族创造了灿烂的古代文明，而且依靠这一精神力量的引导和推动，中国人民摆脱了近代以来半殖民地半封建的历史，实现了民族独立和人民解放。改革开放和现代化建设取得的辉煌成就，中国人民期盼的"中国梦"的实现，同样也需要这一精神的推动。

民族精神与时代精神作为崇高精神的两个方面，是相互联系、密不可分的。民族精神是一定社会时代精神的基础和源泉，如果不能及时地从实践中吸纳鲜活的力量，就会失去其时代感和现实价值，民族精神的培育与弘扬也就无从谈起；时代精神是民族精神在各个历史时期的体现和延续，离开了民族精神，就寻找不到承载体，就会失去民族特征，时代精神的培育和弘扬同样也无从谈起。因此，二者相辅相成，相互交融，不可偏废。它们统一于改革开放和社会主义现代化建设的伟大实践中，凝聚在建设中国特色社会主义的共同理想中，共同构成中华民族自立自强的精神品格，成为推动中华民族伟大复兴的精神动力。

（三）培育和弘扬时代精神与民族精神的现实路径

20世纪50年代，毛泽东曾指出，已经站起来的中国人民今后理应对世界做出更大贡献。这彰显的是新时期中国人民的自信与担当，也是中华民族在新时代的精神体现。1994年1月，江泽民同志在全国政协新年茶话会上深刻指出："越是大力发展社会主义市场经济，越要切实加强精神文明建设，繁荣教育、科学、文化事业，加强人民正确的思想道德武装，弘扬崇高的民族正气，维护良好的社会秩序和社会风尚。这样才能为物质文明建设提供强大动力和重要保证，才能确保有中国特色社会主义事业全面发展。"① 2001 年 12 月，针对世界多极化和经济全球化的深入发展给广大发展中国家的思想文化带来的严峻挑战，江泽民在中国文学艺术界联合会第七次全国代表大会、中国作家协会第六次全国代表大会上进一步指出："保持和发展本民族文化的优秀传统，大力弘扬民族精神，积极吸取世界其他民族的优秀文化成果，实现文化的与时俱进，是关系广大发展中国家前途命运的重大问题。"② 弘扬和培育民族精神是中国共产党代表中国先进文化前进方向的题中应有之义。在改革开放和社会主义市场经济条件下，如何弘扬民族精神和时代精神，推进中国特色社会主义事业顺利发展，实现中华民族的伟大复兴，成为我国文化建设面临的一个历史性课题。

首先，弘扬民族精神和时代精神要涤荡"灵魂"，坚持和发展马克思主义，巩固马克思主义在意识形态领域的指导地位。一个社会占统治地位的思想，是一个时代的精神的象征，"如果从观念上来考察，那么一定的意识形式的解体足以使整个时代覆灭"③。马克思主义作为科学的世界观和方法论，是人们认识世界和改造世界的强大理论武器，是我们立党立国的根本指导思想。中国共产党的一大长处和优势，就是把坚定对马克思主义的信仰和对社会主义的信念与弘扬中华民族精神相结合，把树立马克思主义世界观、人生观与坚持和发扬中华民族的优良传统有机结合。马克思主义是在历史和实践的前进中不断发展的科学，具有与时俱进的理论品质。弘扬以改革创新为核心的时代精神，必须不断推动马克思主义中国化的历史进程，不断推进马克思主义的理论创新，用发展着的马克思主义指导新的实践。

其次，弘扬民族精神和时代精神要把握"精髓"，还必须正确处理古今中外文化的相互关系，善于继承和发扬民族文化的宝贵遗产，吸收和借鉴世界文化的优秀成果。纵观人类思想发展史不难发现，任何文化都是在各自民族文化的传承和变革中，在与世界文化的交流和碰撞中，求得生存和发展的。我们强调弘扬民族精神，绝不意味着可以闭关自守，搞狭隘的

① 《江泽民文选》第 1 卷，人民出版社，2006，第 364 页。
② 《江泽民文选》第 3 卷，人民出版社，2006，第 400 页。
③ 《马克思恩格斯全集》第 46 卷下册，人民出版社，1980，第 35 页。

民族主义；我们主张弘扬时代精神，也不意味着可以数典忘祖，搞历史虚无主义。列宁在批判俄国自由主义者米海洛夫斯基时指出："唯物主义历史观始终是社会科学的同义词，是唯一的科学的历史观。"① 马克思也强调："这种历史观和唯心主义历史观不同，它不是在每个时代中寻找某种范畴，而是始终站在现实历史的基础上，不是从观念出发来解释实践，而是从物质实践出发来解释观念的形成。"② 唯心主义历史观包括使历史歪曲化、虚无化的历史虚无主义，也包括闭门造车、唯我独尊的狭隘民族主义。唯物史观是这两种唯心主义历史观的"天敌"和"克星"。从中华文明和世界文明的双重视域来看，民族精神和时代精神是相辅相成、融会贯通的。"中华民族的优秀文化传统，党和人民从五四运动以来形成的革命文化传统，人类社会创造的一切先进文明成果，我们都要积极继承和发扬。我国几千年历史留下了丰富的文化遗产，我们应该取其精华、去其糟粕，结合时代精神加以继承和发展，做到古为今用。同时，必须结合新的实践和时代的要求，结合人民群众精神文化生活的需要，积极进行文化创新，努力繁荣先进文化，把亿万人民紧紧吸引在有中国特色社会主义文化的伟大旗帜下。"③ "古为今用、西为中用"，"取其精华、去其糟粕"，这是中国特色社会主义文化发展的根本原则，对于我们科学对待古今中外的文化成果，切实弘扬民族精神和时代精神，具有世界观和方法论的指导意义。

再次，弘扬民族精神和时代精神要夯实"基础"，与树立社会主义荣辱观紧密结合起来，为构建社会主义和谐社会提供精神动力和支撑。"八荣八耻"涵盖了个人、集体、国家之间的相互关系，涉及人生态度、道德修养和治国方略等方面。胡锦涛同志在主持中共中央政治局第三十三次集体学习时特别强调："要注重弘扬以爱国主义为核心的团结统一、爱好和平、勤劳勇敢、自强不息的伟大民族精神，同时坚持弘扬以改革创新为核心的时代精神，不断赋予民族精神新的时代内涵，引导广大党员和全体人民树立社会主义荣辱观，增强民族自尊心和自豪感，始终保持昂扬向上的

---

① 《列宁全集》第 1 卷，人民出版社，1984，第 112 页。
② 《马克思恩格斯选集》第 1 卷，人民出版社，1995，第 92 页。
③ 《江泽民文选》第 3 卷，人民出版社，2006，第 278～279 页。

精神状态。"① 要牢固树立社会主义荣辱观,把弘扬和培育民族精神、时代精神纳入国民教育、党员教育和精神文明建设的全过程。从幼儿园到中小学到大学到成人,都要把弘扬民族精神和时代精神作为教书育人的重要内容,渗透到全部教学活动之中,渗透到学生、公民日常行为之中。

四　基础:社会主义荣辱观

社会主义荣辱观集中体现了社会主义基本道德规范的本质要求,具有一定的思想性、指导性和现实针对性。社会主义荣辱观既是对人类优秀道德价值观的继承和发展,也是对中国传统荣辱观的超越,具有丰富的道德价值和文化内涵。坚持以"八荣八耻"为主要内容的社会主义荣辱观,使之成为引领社会风尚的一面旗帜,对于不断推进中国特色社会主义事业、实现中华民族伟大复兴的"中国梦",具有重要而深远的意义。

(一) 社会主义荣辱观产生的时代背景及战略意义

"八荣八耻"生动而精辟地概括了社会主义荣辱观的主要内容,明确了指导当代中国人民的最基本的价值取向和行为准则,既具有鲜明的时代特征,又有其历史必然性。

社会主义荣辱观的提出,具有深刻的时代背景。首先,社会主义荣辱观的适时提出,是与中国经济社会的发展要求内在契合的。改革开放以来,中国在经济上所取得的成就举世瞩目,但是,荣辱观并非经济发展的派生物和附属品。如果认为凡贫穷者都必然不知荣辱、道德堕落,凡富裕者都必然知荣知耻、道德高尚,或者认为只要把经济搞上去了,人们自然就会形成正确的荣辱观,道德风尚就会自然好起来,那是不切实际的幻想。经济上的贫富与道德风尚的好坏并非完全同步的正相关关系。揆之历史,民主革命时期,中国共产党领导的革命队伍物质生活条件极差,道德风尚却有口皆碑。1936 年,美国著名记者斯诺到延安采访,之后发表了著名的《西行漫记》,其中对此有过生动与深刻的描写。斯诺发现了共产党

---

① 胡锦涛:《坚持不懈地学习中国革命史　发扬光大党的光荣革命传统——在中共中央政治局第三十三次集体学习时的讲话》,新华社,2006 年 7 月 25 日。

人的一种伟大力量，他称其为"东方魔力"、"兴国之光"。国民党官员和军队的物质生活条件比共产党好得多，道德上却一塌糊涂。新中国成立初期的物质生活条件远不如现在好，但那时的"社会风尚是非常好的"①，现在许多人赞叹、怀念那个时代。但改革开放以来，随着国家经济建设的突飞猛进，我们也付出了相当惨重的代价。这主要表现在两个方面：一是自然资源过度耗损，生态环境受到严重污染，"美丽中国"的建设面临严峻挑战；二是随着改革开放进程的加快和市场经济的迅速发育，社会上的思想观念、价值取向日趋多元化，一些人在基本的道德价值判断上出现了混乱，突破"道德底线"的事例屡见不鲜，党员干部中出现了大量的腐败现象。之所以付出这两种代价，都与社会主义荣辱观缺位有关。因为，一来"道德滑坡"显然与违背"八荣八耻"直接相关，二来即便是破坏生态平衡之类看似纯属经济利益驱动的行为，所反映出的问题实质，要么是缺乏生态文明建设的科学知识，愚昧无知，要么是为了一己私利而不顾国家、集体利益，同样是违背社会主义荣辱观的行为。可见，在全社会树立社会主义荣辱观，是很有现实针对性的，是克服发展中的不足，解决前进中存在的问题，推动经济、政治、文化、社会全面协调发展的需要。

其次，社会主义荣辱观的践行状况直接标志民族国家文化软实力的强弱。评价一个国家的强弱，不能光看其经济总量、军事力量等硬实力，还要看这个国家的思想文化、民族精神、道德情操等软实力因素。新制度经济学的鼻祖、诺贝尔经济学奖获得者罗纳德·哈里·科斯曾指出：中国30多年的发展令人惊叹不已，前景一片光明，但在前行中最大的困境是思想市场的缺乏。虽然他想表达的是中国经济高速增长的背后缺乏思想支撑，但这并不妨碍我们把这个问题从单纯的经济思想延伸到整个思想：在高速创造当代中国物质文明的同时，我们的思想、文化、精神实际上已经难以支撑庞大的"身躯"。荣辱观是一个民族思想道德的基点、一个国家精神文化的基石。弘扬社会主义荣辱观是当代中国经济社会发展的必然要求，荣辱观是国人行为、活动的基本规范。当前，中国正处在改革发展的关键时期，社会深刻变革，经济快速发展，文化相互激荡，对人们的思想观念、生活方式和价值取向产生了多方面影响。要造就良好的社会风气，建

---

① 《邓小平文选》第2卷，人民出版社，1994，第233页。

设和谐文化，必须在全社会大力倡导和弘扬社会主义荣辱观，使之家喻户晓、人人践行，在全社会形成知荣辱、讲正气、促和谐的风尚。毫无疑问，树立社会主义荣辱观必将进一步提升全民族的精神状态和道德情操的境界，进一步增强党和国家的凝聚力、感召力、影响力和战斗力。所以，胡锦涛同志说："建设社会主义核心价值体系，形成全民族奋发向上的精神力量、团结和睦的精神纽带，是增强民族凝聚力和国家软实力的客观需要。"①

再次，社会主义荣辱观与国家现行的一系列重大方针政策相辅相成。正因为社会主义荣辱观的产生有其历史必然性，所以它与国家的重大方针政策在内在精神上相通相融。比如，树立社会主义荣辱观与构建社会主义和谐社会紧密相关。如果所有社会成员都能知荣辱、树新风、讲正气，那么这个社会必然会走向和谐。树立社会主义荣辱观也与落实科学发展观息息相关。科学发展观强调以人为本，只有全体公民都知荣辱、创文明、促和谐，才能形成良好的社会风尚，才能让人民生活得更加幸福。只要全党全社会共同努力，把铸造灵魂、突出主题、把握精髓、打牢基础的基本要求体现到经济、政治、文化、社会、生态文明建设各个领域，用社会主义核心价值体系—认识、振奋精神、凝聚力量，就一定能创造和谐文化建设的新境界，开创科学发展的新局面。

树立社会主义荣辱观，具有重大的战略意义。首先，树立社会主义荣辱观，是贯彻落实科学发展观、构建社会主义和谐社会的内在客观要求与有机组成部分。任何民族、任何国家、任何社会的存在和发展，都需要有一定的社会主导价值观来提供精神动力作为支撑。当前，中国正处于改革发展的关键时期，各种思想文化相互激荡，人们思想活动的独立性、选择性、多变性、差异性明显增强，迫切需要建立与社会主义市场经济体制相适应的正确的社会主导价值观。以"八荣八耻"为主要内容的社会主义荣辱观，从整体上精辟概括了社会主义社会的主导价值观，旗帜鲜明地指出了在社会主义社会里什么是真善美、什么是假恶丑，应当坚持什么、反对什么，提倡什么、抵制什么，明确了当代中国最基本的价值规范和行为准则。只有牢固树立社会主义荣辱观，才能保障社会主义市场经济健康发

---

① 胡锦涛：《在纪念中国科协成立50周年大会上的讲话》，《人民日报》2008年12月16日。

展，促进社会主义先进文化建设，为实现经济社会又快又好发展和构建社会主义和谐社会创造良好条件。

其次，树立社会主义荣辱观，是形成良好社会风尚的迫切需要。社会风尚是指社会上流行的风气和习惯，它是衡量社会文明程度的一把重要标尺。社会风尚的形成必然经历"社会的价值理想、价值规范和价值导向"与"个人的价值目标、价值取向和价值认同"的矛盾运动，"个人的价值取向所具有的社会内容、社会性质和社会形式，表明了社会价值导向对社会成员的价值取向的支配地位和决定作用"①。在发展过程中，一些领域和一些地方还存在是非善恶界限混淆、美丑荣辱模糊不分的现象。这些问题如果得不到及时有效解决，必然损害正常的经济和社会秩序，损害改革发展稳定的大局，成为构建和谐社会的障碍。以"八荣八耻"为主要内容的社会主义荣辱观，激浊扬清，阐明了什么样的思想行为应当受到肯定和褒奖，什么样的思想行为应当受到否定和贬斥，有利于激励人们加强思想道德修养、不断升华精神境界，进而形成学习先进、抵制邪恶的良好社会风尚。

再次，树立社会主义荣辱观，是培育新时代社会主义"四有"新人的根本要求。造就时代新人，事关民族的繁荣昌盛和国家的兴旺发达。早在新中国成立之初，毛泽东同志就高瞻远瞩地提出了培养千百万德、智、体全面发展的社会主义事业接班人的战略任务。在改革开放新时期，邓小平同志把社会主义事业接班人的基本要求概括为"四有"，即有理想、有道德、有文化、有纪律。青少年是国家的未来、民族的希望，是中国特色社会主义事业的未来建设者。他们的思想和行为如何，预示着国家的前途和命运。帮助广大青少年树立社会主义荣辱观，坚持正确的价值取向，是新时期青少年思想品德教育的一项重大课题。"少年强则国强。"2014 年 5 月 4 日，习近平总书记与北大师生座谈时指出：青年的价值取向决定了未来整个社会的价值取向，而青年又处在价值观形成和确立的时期，抓好这一时期的价值观养成十分重要。这就像穿衣服扣扣子一样，如果第一粒扣子扣错了，剩余的扣子都会扣错。人生的扣子从一开始就要扣好。以"八荣八耻"为主要内容的社会主义荣辱观，是对中国特色社会主义事业需要的

---

① 孙正聿：《哲学通论》，辽宁人民出版社，1998，第 268~269 页。

合格公民提出的新要求，为青少年的成长树立了看得见、摸得着的具体行为规范和准则，是指引青少年健康成长为社会主义事业合格建设者和接班人的行动指南。

（二）社会主义荣辱观的内涵与特征

在中国思想史上，孟子最早将荣辱作为一组对立并存的概念来使用。孟子说："仁则荣，不仁则辱。"① 旗帜鲜明地道出了何者为荣、何者为耻。荣辱是光荣、荣誉、羞耻、耻辱等观念的总和，涵盖着自我评价与社会评价两个维度：一是指人们在进行自我评价时产生的自尊或自愧的心理体验，二是指社会在对人们的思想行为进行评价时形成的褒奖或贬斥。凡生活在社会中的人们，都有自己或者社会对之所形成的关于荣与辱的看法和理解。

首先，荣辱观是具体的、历史的，具有鲜明的阶级性。不同社会、不同阶级的褒贬尺度和荣辱观是不同的。恩格斯曾经指出，每一个社会集团都有其荣辱观。社会主义荣辱观要回答的是，在社会主义社会，什么是光荣、什么是耻辱。"八荣八耻"既是对过去一系列提法的深入、系统的发展，如将"五爱"（爱祖国、爱人民、爱科学、爱劳动、爱社会主义）等提法完全包容进来，准确地体现出公民道德建设的内容，同时，又进一步加以汇总、凝练，使之形式鲜明，比较容易被群众接受，便于践行。"八荣八耻"有立有破，旗帜鲜明，不仅体现了中华民族的传统美德，也体现了社会主义的时代精神；不仅体现了社会主义基本道德规范的本质要求，也体现了社会主义价值观的鲜明导向。

其次，"八荣八耻"具有科学性。这体现在它是一个内涵丰富、逻辑严密、层次科学的体系。从思想上看，它贯穿爱国主义、集体主义、社会主义思想，体现了正确的世界观、人生观、价值观。从内容上看，它涵盖了个人、集体与国家的三者互动关系，从宏观到微观，处处相关、层层推进，涉及个人修养、人生态度及社会风尚等方面。如以热爱祖国为荣、以危害祖国为耻，以服务人民为荣、以背离人民为耻，以崇尚科学为荣、以愚昧无知为耻，以辛勤劳动为荣、以好逸恶劳为耻，这"四荣四耻"体现

---

① 《孟子·公孙丑上》，参见（宋）朱熹《四书章句集注》，中华书局，1983，第235页。

的是为人民服务的人生观，是以集体主义为原则的社会主义道德的"五爱"的基本要求，也是每个公民应当承担的义务。以团结互助为荣、以损人利己为耻，以诚实守信为荣、以见利忘义为耻，以遵纪守法为荣、以违法乱纪为耻，这"三荣三耻"体现的是在家庭生活、职业生活、社会公共生活中公民应当遵循的基本准则。以艰苦奋斗为荣、以骄奢淫逸为耻，这"一荣一耻"体现的是以改革创新为核心的时代精神的根本要求，并呼应了前述各种价值追求。八个鲜明对立并峙的荣耻中，有目的（前两个荣耻：爱祖国、服务人民）定性质、明方向，有手段（第三、四个荣耻：尚科学、勤劳动）清思路、循路径，有信念（第五到第八个荣耻：互助、诚信、守法与奋斗）奋精神、做支撑。宏观来说，目的、手段及信念有机整合，目的为手段、信念确定性质、提供方向，而手段、信念则为实现目的而服务；微观而言，八个荣耻的具体内容又是互相依存、互相促进、不可或缺的。由此可见，"八荣八耻"是对社会主义国家公民应当遵守的基本思想道德规范的高度概括，也是从总体上对社会主义社会主导价值体系的生动表述。

再次，"八荣八耻"具有整合性。这体现在它吸收与创新、继承与发展并举，坚持中华民族的传统美德与时代精神的统一，体现了"依法治国"和"以德治国"的有机结合。在中国传统道德中，荣辱观主要体现在对于辱的认识上，大多数思想家都是通过对耻辱的论述来阐释荣辱观的，认为知耻乃做人之本。朱熹说，人只有"耻于不善"，才能"至于善"。管子更从关系国家兴亡的高度来看待"耻"。他说，国有四维，一曰礼，二曰义，三曰廉，四曰耻。顾炎武进而指出："四者之中，耻为尤要。"[1] 因此，中国传统道德教育思想尤为强调教人知耻。传统道德中的这种以教民知耻为主要内容的荣辱观深深积淀在人们的心灵深处，融入在人们的道德实践之中。"八荣八耻"继承了中华民族的传统美德，同时注入了时代的特点和实践的要求，使社会主义荣辱观充满生机和活力，富有民族性、感染力和吸引力，不仅体现了社会主义基本道德规范的本质要求，也体现了社会主义价值观的鲜明导向。在表现形式上，它突破了传统道德中主要以"耻"来阐述荣辱观的局限，把"荣"与"耻"这两个古老的传统道德概念切实对应起

---

[1]　（清）顾炎武：《日知录·廉耻》，上海古籍出版社，1985，第 1037 页。

来，使之与社会主义市场经济体制相适应，与社会主义法律规范相协调，与中华民族传统美德相承接，集中体现了社会主义道德规范的基本要求。在具体内涵上，它突破了传统文化中把荣辱观仅仅归为道德范畴的局限，从社会主义价值观总体要求的高度，丰富、拓展了荣辱观的内涵和外延，将伦理规范与法律机制、传统美德与时代精神熔铸一体。在具体操作上，荣与耻不是预设的、抽象的，在很大程度上它是生成性的，是在人与人之间的交往中生成的，体现在社会成员的具体行为中，体现在现实生活里。只有分清荣辱，明辨善恶，一个人才能形成正确的价值判断，一个社会才能形成良好的道德风尚。社会主义荣辱观是对社会主义思想道德体系全面系统、准确通俗的表达，对比鲜明、简洁有力，使全体社会成员都能在时代的要求中明荣辱之分，知荣弃耻、褒荣贬耻、扬荣抑耻、近荣远耻，真正使社会主义核心价值体系有所依托、有所体现、落到实处。

最后，"八荣八耻"具有先进性。这体现在它集中弘扬了中国共产党人的优良传统，是对中国共产党关于社会主义道德建设思想的继承和发展。任何一项事业的建设都是要由人来担当完成的。马克思指出："思想根本不能实现什么东西。为了实现思想，就要有使用实践力量的人。"① 政党是意识形态的载体。作为中国各项建设事业的领导力量的中国共产党，对其他社会成员有着较强的示范作用，很大程度上影响着人民群众对主流意识形态的认同，进而影响着执政目标及任务的实现。中国共产党人历来重视正确荣辱观在革命、建设和改革中的重要作用。邓小平同志指出："中国人民有自己的民族自尊心和自豪感，以热爱祖国、贡献全部力量建设社会主义祖国为最大光荣，以损害社会主义祖国利益、尊严和荣誉为最大耻辱。"② 在新的历史条件下，"八荣八耻"继承和发展了中国共产党关于社会主义道德建设的思想，全面系统地论述了社会主义荣辱观。社会主义荣辱观把中华民族的传统美德、党领导人民在长期奋斗中形成的革命道德同社会主义新时代的道德要求紧密结合起来提炼而成"八荣八耻"，即对祖国的热爱、对人民的服务、对科学的崇尚、对劳动的尊重、对团结的褒扬、对诚信的恪守、对法纪的遵守、对勤俭的坚持，构成了现实生活中

① 《马克思恩格斯全集》第 2 卷，人民出版社，1957，第 152 页。
② 《邓小平文选》第 3 卷，人民出版社，1993，第 3 页。

判断"是非荣辱"的基本价值标准。一个人具有了这样的荣辱观，就是一个合格的社会公民；一个政党具有了这样的荣辱观，就是一个先进的具有战斗力的组织。只有这样的人，才能更好地担负起民族复兴的重任；也只有这样的党，才真正有能力、有威信领导全国人民攻坚克难，实现伟大的"中国梦"。

（三）践行社会主义荣辱观的有效途径

社会主义荣辱观的提出，对于全党和全国人民同心同德谋发展，实现中华民族和平崛起的"中国梦"，意义深远而重大。但是，形成褒荣贬辱的社会主义新风尚不可能一蹴而就，它需要中国共产党和广大人民群众自立自强，人人自觉地参与创造和建设，并长期不懈地坚持下去。当前，中国正处在改革发展的关键时期，社会深刻变革，经济快速发展，文化相互激荡，对人们的思想观念、生活方式和价值取向产生了多方面影响。这要求在全社会大力倡导和弘扬社会主义荣辱观，使之家喻户晓、人人践行，在全社会形成知荣辱、讲正气、促和谐的风尚，扎实推进和谐文化建设，筑牢社会主义核心价值体系的基础。

首先，全面夯实社会主义荣辱观形成的经济基础。作为社会意识的荣辱观属于上层建筑，各种不同的荣辱观都是在特定经济基础上产生并为之服务的。经济基础决定着人与人之间的经济关系，对人的切身利益和荣辱观形成具有直接的决定作用，正所谓"衣食足则知荣辱"。从根本上说："不是意识决定生活，而是生活决定意识。"① 在数千年历史上，每当社会爆发大饥荒之时，都无一例外地导致了道德体系崩溃、社会风气败坏。正如马克思所言："在极端贫困的情况下，必须重新开始争取必需品的斗争，全部陈腐污浊的东西又要死灰复燃。"② 毛泽东在批评董仲舒的"正其谊不谋其利，明其道不计其功"时也曾经指出："我们不能饿着肚子去'正谊明道'，我们必须弄饭吃，我们必须注意经济工作。"③ 这是彻底唯物主义者声明的最朴素的真理，只有求温饱才能谋发展。因此，当年"四人帮"散布"宁要社会主义的草，不要资本主义的苗"之类的怪论，既为时人

---

①《马克思恩格斯选集》第1卷，人民出版社，1995，第73页。
②《马克思恩格斯选集》第1卷，人民出版社，1995，第86页。
③《毛泽东文集》第2卷，人民出版社，1995，第465页。

所憎恶唾骂，又被后人做笑料谈。即使不存在温饱问题，经济富裕也比贫穷有利于增强荣辱观念，提高道德境界。经济上富起来了，可以为社会教育、个人学习和修养提升提供良好物质条件，使人产生塑造美好人格形象的精神追求，也更有条件遇事礼让、奉献爱心、扶危济困。正是由于这个原因，我们必须毫不动摇地坚持以经济建设为中心，又好又快地发展生产力，不断提高人民的物质生活水平，为社会主义荣辱观的形成和巩固创造良好的物质条件。

人们大都是从自己直接感知的社会利益关系中确定荣辱观念的。在现实社会生活中，如何进行利益分配，什么人多得、什么人少得，都具体地体现着我们的社会提倡什么、反对什么，尊崇什么、贬斥什么，也就等于是在用事实告诉人们何者为荣、何者为耻。如果人们经常看到奉公守法、诚实正直、埋头苦干的人遭受漠视、冷遇和吃亏，而损公肥私、损人利己、巧取豪夺之人受益得宠，那就必然会导致荣辱观的混乱甚至颠倒。取财之道，对一个人荣辱观的形成往往起着决定性的作用。正义的社会要求 "君子爱财取之以道"。不通过辛勤劳动就轻易获得财富的人，往往会形成鄙视劳动和劳动群众，以不劳而获、夸豪斗富、骄奢淫逸为荣的荣辱观；通过不正当途径和手段获得财富的人，往往会形成视诚实正直、遵纪守法为傻，以投机钻营、欺瞒诈骗为能的荣辱观。只有通过辛勤劳动创造和合法经营获得财富的人，才有可能形成以 "八荣八耻" 为主要内容的社会主义荣辱观。因此，必须按照公平正义的原则设计经济体制，进行利益分配，建立赏罚分明、扬善惩恶的利益调节机制。只有这样，才能使 "有德者光荣，受社会尊崇和鼓励"、"无德者耻辱，受社会鄙视和贬斥" 真正成为社会的道德导向。今天我们要在全社会树立社会主义荣辱观，就必须毫不动摇地坚持社会主义基本经济制度，反对资本主义核心价值观，防止资本主义社会那种彻底的私有化，防止资本的逻辑横行霸道，防止两极分化。这正如邓小平同志所说："如果走资本主义道路，可能在某些局部地区少数人更快地富起来，形成一个新的资产阶级，产生一批百万富翁，但顶多也不会达到人口的百分之一，而大量的人仍然摆脱不了贫穷，甚至连温饱问题都不可能解决。"[1] 马太效应下，富

———————————————————

① 《邓小平文选》第 3 卷，人民出版社，1993，第 208 页。

者愈富、贫者愈贫，辛勤劳作者受穷憋气，不劳而获者享福神气，必然会助长一些人的巧取豪夺和骄奢淫逸之风，形成笑贫不笑娼、崇邪不崇正、向恶不向善、学奸不学诚的荣辱颠倒现象。

其次，大力培育弘扬社会主义荣辱观的社会氛围。唯物史观一方面强调社会存在决定社会意识，另一方面又充分肯定社会意识具有能动性和相对独立性。要在全社会树立社会主义荣辱观，必须积极发挥思想教育、社会舆论和榜样示范等的正确导向作用，形成大力培育弘扬社会主义荣辱观的良好社会氛围。在现实生活中，人们往往只是凭借直观经验自发地形成一些关于荣辱问题的朴素判断，缺乏系统、科学、理性的指导。这些道德判断和价值取向往往混沌、模糊、脆弱、不稳定，甚至可能发生偏差和错误。特别是在市场经济条件下，市场固有的自发性和趋利性容易诱发各种急功近利、狭隘片面的观念。加之在全球化、信息化背景下，在中国对外开放的整体格局中，西方资本主义荣辱观通过各种渠道渗透进来，对人们的思想产生不同程度的影响。另外，历史上长期形成的封建主义荣辱观至今仍残存在一些人的头脑中，并通过各种途径和方式继续在社会上发生影响。因此，只有大力加强社会主义荣辱观宣传教育，通过摆事实、讲道理，帮助和引导人们自觉站在国家和人民利益的立场上，正确认识社会各方面的利益关系，理性观察和思考现实社会生活中的各种现象、矛盾和问题，科学分辨是非利害和善恶美丑，才能使广大干部群众牢固树立社会主义荣辱观。

胡锦涛强调指出："必须在中国特色社会主义理论体系指引下，把建设社会主义核心价值体系作为长期的战略任务和现实的紧迫工作切实抓紧抓好。要深入持久地开展社会主义核心价值体系宣传教育，把社会主义核心价值体系融入国民教育和精神文明建设全过程，把社会主义核心价值体系的要求贯穿到媒体传播之中，落实到精神文化产品创作生产之中，融会到日常工作生活之中，体现到政策法规制定和社会管理之中，使之转化为人民的自觉追求。"[1] 关于社会舆论，哈贝马斯认为，它其实是"批判力量和操纵力量的共同接收者，这两种功能形式之间存在张力"[2]。汤普森也认

---

[1]　胡锦涛：《在全国宣传思想工作会议上的讲话》（2008年1月22日），参见《胡锦涛同志关于建设社会主义核心价值体系的重要论述》，中国文明网，2012年2月27日。

[2]　〔德〕哈贝马斯：《公共接领域的结构转型》，曹卫东等译，学林出版社，1999，第283～297页。

为:"大众传播的发展大大扩大了意识形态在现代社会中运行的范围,因为它使象征形式能传输到时间与空间上分散的、广大的潜在受众。"① 现代传媒新发展导致现代社会舆论传播新规律。它就像一把双刃剑,"清流"与"浊水"都通过这些"管道"释放出来。因而,必须注重发挥国家主流媒体对社会舆论的正确导向作用,凡属党、政府和军队主办的报纸杂志、广播电视和互联网站,都必须坚定不移地宣传社会主义荣辱观,旗帜鲜明地批判封建主义、资本主义的错误荣辱观;必须依法加强对各种小报小刊和互联网站的监督管理,决不容许腐朽错误的荣辱观念利用这类媒体传播泛滥;必须净化各种公共场所和人际交往中的舆论环境,共产党员特别是党的各级领导干部,要在各种聚会和私人交往中自觉地宣传社会主义荣辱观,抵制错误的荣辱观,决不能随波逐流,传播扩散那些含有负面信息的"段子"。榜样示范是中国共产党做群众工作的一个重要方法,对干部群众荣辱观的形成具有重要的影响。一方面,要注重在干部群众中发现和表扬那些践行社会主义荣辱观的先进典型,用他们的先进思想和事迹教育民众;另一方面,各级领导干部要发挥好模范作用,时时处处以身作则,严格自律,为群众做出好的表率,防止因自己思想不端正和言行不检点而对群众的荣辱观念产生误导。

再次,探索完善践行社会主义荣辱观的保障机制。第一,建立健全社会主义荣辱观的教育机制。社会主义荣辱观内化为人们的坚定信念,进而外化为高尚行为,是一个复杂的过程。其中,教育的作用至关重要。充分发挥教育的功能,就必须在创新内容、创新形式、创新手段上下功夫,不断增强教育的时代性、针对性和实效性。教育的关键是青少年,而重点则是党员干部,尤其是领导干部。教育是社会主义荣辱观养成的外部机制的基础。目前,各行各业都在根据自己的实际情况,开展社会主义荣辱观教育,这些措施已经勾画出社会主义荣辱观教育机制的框架。第二,建立健全社会主义荣辱观的约束机制。社会主义荣辱观能否充分发挥其巨大的社会效应,关键在于广大公民能否通过道德修养,升华到较高的道德境界,在全社会形成一种追求崇高道德的风气。这种风气的养成要靠自律,但也

---

① 〔英〕约翰·B. 汤普森:《意识形态与现代文化》,高铦等译,译林出版社,2005,第287页。

离不开他律。他律既包括相应制度的约束，也包括社会舆论的压力等。因此，应结合时代特点和实际需要，逐步建立和完善包括有利于弘扬社会主义荣辱观的评价机制、奖惩机制和监控机制在内的一系列约束性的机制体制；充分发挥社会舆论的功能和作用，促进扶正祛邪、扬善惩恶的社会风气的形成，引导和督促广大干部群众自觉地按照社会主义荣辱观的要求规范自己的言行。第三，建立健全社会主义荣辱观的示范机制。践行社会主义荣辱观，要求我们善于发现和运用先进典型，树立可亲、可敬、可信、可学的道德楷模。近年来各地纷纷涌现出的"最美教师"、"最美司机"、"最美战士"、"最美警察"、"最美妈妈"等，让广大群众见贤思齐，汇集传递了正能量。同时，要特别强调领导干部的模范带头作用。广大共产党员特别是党的各级领导干部要以身作则、率先垂范，坚持改造客观世界与改造主观世界相结合，坚定共产党人的理想信念，坚持自重、自省、自警、自励，树立正确的世界观、人生观、价值观和权力观、地位观、利益观，在社会生活中自觉做"八荣八耻"的积极实践者。第四，建立健全社会主义荣辱观的评价机制。道德的基本特点之一是以善恶标准对社会现象进行评价。按社会主义荣辱观的要求，"善"主要是指符合国家和人民利益以及社会道德要求的行为，"恶"主要是指违背国家和人民利益以及社会道德要求的行为。应坚持贴近实际、贴近生活、贴近群众的原则，把社会主义荣辱观教育贯穿和渗透于国民教育的全过程，扬善惩恶，引导人们自觉进行符合社会主义荣辱观要求的道德实践，"勿以善小而不为，勿以恶小而为之"，使广大干部群众特别是青少年学生从自我做起、从身边做起，在日常道德实践中弘扬中华民族的优良道德传统，学习体现时代精神的先进人物事迹，接受社会主义崇高道德情操的熏陶，"润物细无声"，最终在全社会形成人人向善祛恶的良好道德氛围。

五 社会主义核心价值体系诸方面的内在逻辑

社会主义核心价值体系作为社会主义先进文化的精髓，作为兴国之魂，决定着中国特色社会主义发展方向。十八大报告则用 24 个字——"富强、民主、文明、和谐，自由、平等、公正、法治，爱国、敬业、诚信、友善”①，分别从国家、社会、公民三个层面加以倡导，高度概括凝练出社会主义核心价值观。② 从社会主义核心价值体系到高度凝练出这一价值体系中最本质、最基本、最精华也是最重要内容的社会主义核心价值观，反映了中国共产党对社会主义核心价值观问题的最新认识，体现了高度的理论自觉和文化自觉。

（一） 社会主义核心价值体系四项内容的内在贯通

社会主义核心价值体系是马克思主义指导思想、中国特色社会主义共同理想、以爱国主义为核心的民族精神和以改革创新为核心的时代精神、社会主义荣辱观四个方面的基本内容构成的科学理论体系。李长春同志指出：“社会主义核心价值体系这四个方面的内容，相互联系、相互贯通、相互促进，是有机统一的整体。坚持马克思主义的指导地位，就抓住了社

---

① 胡锦涛：《坚定不移沿着有中国特色社会主义道路前进　为全面建成小康社会而奋斗》，《十八大报告辅导读本》，人民出版社，2012，第32页。

② 社会主义核心价值体系提出以来，对于什么是社会主义核心价值观、如何提炼中国特色社会主义核心价值观，学术界进行了大量有价值的探索。由于理论视角和认知构架的差异，学者们所提炼的核心价值观也不尽相同。有人认为，“劳动优先”、“人民至上”、“共同富裕”、“公平正义”、“每个人的自由全面发展”，是社会主义核心价值体系的内涵。有人提出，要把“发展”、“富裕”、“民主”、“文明”、“公平”、“正义”、“友爱”、“互助”、“安定”、“和谐”等，作为中国特色社会主义的核心价值来研究。有人认为，可以将社会主义核心价值观概括为人本、公正、仁爱、和谐、共享几个方面。有人认为社会主义核心价值观应确定为民主、平等、公正、互助。有人认为，社会主义的核心价值观和最高价值观应当是富强、民主、文明、和谐与人的自由全面发展。有人认为社会主义核心价值体系的两个核心价值观是劳动观念与地位观念，是劳动观念与地位观念的辩证统一，当劳动观念过分突出时，需要用平等、自由等地位观念引导它，而当地位观念过分张扬时，需要用创造、进取等劳动观念推动它。有人认为科学与公正是人类社会发展的方向，反映了人类的最本质愿望，也是人类悠久的历史追求，代表了最广大人民的最根本利益，因而应当成为社会主义的核心价值观。有人认为人本、和谐、幸福、持续是社会主义核心价值观，也就是社会主义的价值目标和价值标准。还有人认为社会主义的核心价值观应当包括六个方面：以人为本，促进人的全面发展；以和为贵，追求社会的和谐；以法为基，维护公民的权利；以公为善，保障公民当家作主；以劳为美，尊重劳动的价值；以家为安，实现安居乐业。也有人认为社会主义核心价值的内容应该包含四个方面，即以工农为主体、劳动至上；共同富裕与社会进步相融合；形式和实际上的民主自由、公平正义相统一的价值追求；逐步实现人的自由而全面的发展是社会主义核心价值体系建设的最终目标。还有学者提出要将儒家核心价值观与现代伦理价值相嫁接，提出以“人本”、“公正”、“和谐”为社会主义的核心价值理念。

会主义核心价值体系的灵魂；树立共同理想，就突出了社会主义核心价值体系的主题；培育和弘扬民族精神和时代精神，就把握了社会主义核心价值体系的精髓；树立和践行社会主义荣辱观，就打牢了社会主义核心价值体系的基础。"① 基础、精髓、主题、灵魂作为社会主义核心价值体系四个方面的内容，相互联系、相互贯通、相互促进，构成层次分明、内在贯通的有机统一整体，而非简单随意拼凑的集合体。社会主义核心价值体系的内容博大精深、丰富多彩，这是因为它是社会主义意识形态的本质体现，而社会主义意识形态是对社会主义基本经济、政治和文化制度的集中反映，社会存在形式的丰富性、复杂性就决定了社会意识形式的丰富性和复杂性，故而社会主义核心价值体系必须要客观反映和正确体现社会主义意识形态的基本内容和本质要求。

马克思主义指导思想是社会主义核心价值体系的灵魂，决定的是性质，明确的是方向，因为马克思主义提供的是科学的世界观，是认识世界和改造世界的立场、观点、方法，既是中国特色社会主义共同理想形成的理论基础，还为民族精神和时代精神提供正确的价值导向，为社会主义荣辱观提供科学的价值判断标准。以马克思主义为指导绝不是喊"大而空"的口号，而是必须坚持马克思主义的"不崇拜任何东西"的批判性和科学本质，即随着社会环境的不断变化和社会发展的不同阶段去具体问题具体分析，不断发展与创新。坚持马克思主义的指导地位，必须尊重差异性、包容多样性，充分挖掘和鼓励不同阶层、不同群体所蕴含的积极向上的思想精神，更好地用社会主义核心价值体系引领社会思潮，最大限度地形成思想共识，凝聚力量，齐心协力建设中国特色社会主义。之所以说马克思主义具有科学性，是因为马克思主义科学地揭示和反映了社会历史发展的规律，以无产阶级的立场代表了最广大人民群众的根本利益，故而，马克思主义能够作为社会主义核心价值体系的灵魂，能够为建设社会主义核心价值体系提供正确的立场和方法。

中国特色社会主义共同理想是社会主义核心价值体系的主题，表明在中国共产党领导下，走中国特色社会主义道路，实现中华民族的伟大复

---

① 李长春：《在全国宣传部长会议上的讲话》，载《十六大以来重要文献选编》（下），中央文献出版社，2008，第791页。

兴,把党在社会主义初级阶段的目标、国家的发展、民族的振兴与个人的
幸福紧密联系在一起,凝聚成最为广泛的社会共识。同时,也为民族精神
和时代精神注入了时代主题,打上了思想烙印,为弘扬社会主义荣辱观提
供了现实基础和实践途径。全国人民同心同德、群策群力,在求得"最大
公约数"的基础上,即在实现中国特色社会主义共同理想的征程上,就会
具有无坚不摧的磅礴力量。正是这种力量,使得我们先后历经革命年代、
建设岁月和改革时期,一路走来排除万难,取得了今天举世瞩目的伟大成
就。可以预见,在未来的征程中,"中国力量"仍会是我们不可战胜的磅
礴之力,必将成为实现民族复兴的依靠之基、胜利之本、动力之源。

以爱国主义为核心的民族精神和以改革创新为核心的时代精神是社会
主义核心价值体系的精髓,是马克思主义与时俱进的思想源泉,是推进中
国特色社会主义事业的精神动力,也是开展社会主义荣辱观教育的重要内
容和主导精神。中华民族经过长期的艰辛探索、不断实践,终于找到了实
现民族复兴的"中国梦"的正确道路,即"党紧紧依靠人民,把马克思主
义基本原理同中国实际和时代特征结合起来"①,独立自主走出来的中国特
色社会主义道路。它历经了历史的对比与实践的考验,历经了成功的喜悦
与失败的痛苦,是我们必须倍加珍惜、始终坚持、不断发展的中国道路,
是实现中华民族伟大复兴的"中国梦"的必由之路。

社会主义荣辱观是社会主义核心价值体系的基础,只有在全社会大力
弘扬社会主义荣辱观,才能进一步加强和巩固马克思主义的指导地位,进
一步推进中国特色社会主义事业又好又快地发展,进而使以爱国主义为核
心的民族精神和以改革创新为核心的时代精神在全社会得到进一步弘扬。
"八荣八耻"对社会主义道德规范的这种综合概括,弘扬了爱国主义、集
体主义、社会主义的社会主旋律,旗帜鲜明地倡导了正确的世界观、人生
观和价值观,体现了中华民族传统美德与当今时代精神的有机结合,体现
了社会主义道德的一贯精神和基本价值方向,体现了社会主义道德先进性
与广泛性的有机结合,体现了"道简易行"的特点以及对道德主体性的高
度重视。只有真正形成弘扬"八荣"、鄙视"八耻"的社会氛围,才能为

---

① 胡锦涛:《坚定不移沿着有中国特色社会主义道路前进　为全面建成小康社会而奋斗》,
载《十八大报告辅导读本》,人民出版社,2012,第10页。

贯彻落实社会主义核心价值体系夯实基础。

社会主义核心价值体系所包含的灵魂、主题、精髓与基础四项基本内容，是"魂、质、体、用"四位一体的有机体，铸魂、强质、健体、明用需要系统规划、协调推进，既彼此区别，又相互联系、相互贯通、相互促进，构成一个逻辑严谨、层次分明的有机统一的科学体系。无论是基础、精髓、主题、灵魂还是"魂、质、体、用"都是一个从低到高的有序性建构。在这四个层次中，马克思主义居于最高统摄地位，具有统领其他方面的功能，是其他三个部分的方向指南，是"灵魂"。荣辱观是基石，是最基本的社会道德内涵。就对认同对象的要求而言，由于全体社会成员的社会认知的形成需要一个长期的实践过程，这决定了对社会主义核心价值体系的认同也是一个长期的认知过程，而认知首先是从低层次开始，是一个从简单到复杂、从具体到抽象的过程。一般而言，不可能出现一个连最基本的道德规范都不懂或不愿意践履的人，能够真正坚持马克思主义信仰。因此，只有达到基础阶段才可能逐渐上升到精髓、主题、灵魂等更高一个阶段。而且，这四个基本内容在整个社会主义核心价值体系中有着不同的地位、作用、功能和层次，马克思主义的价值认同是最高层次，它像"特殊的以太"及"普照的光"一样主导和贯穿整个价值体系，确保其性质；中国特色社会主义共同理想次之，它属于社会主导的理想和信念层面，明确其方向与目标；再次是民族精神和时代精神，它属于社会倡导的精神风貌层面，展示整个社会的精神状态及风气；社会主义荣辱观则是涉及所有人所有领域的行为准则层面，提供了清晰可行的善恶是非标准。

建设社会主义核心价值体系的过程，也就是一个不断巩固马克思主义指导地位、不断强化中国特色社会主义共同理想、不断提升民族精神和时代精神、不断弘扬社会主义荣辱观的过程，是一个把党的主张、国家意志、社会发展和人民意愿统一起来，把政治与伦理、理想与现实等结合起来汇聚力量实现"中国梦"的过程。在建设过程中，要紧紧围绕建设社会主义核心价值体系这个精神文明建设的主旋律，切实把握铸造灵魂、突出主题、把握精髓、打牢基础的基本要求，用以解决当前中国"举什么旗"、"走什么路"及"朝什么方向和目标走"、"人们以什么样的精气神、精神面貌及状态走"和"人们应遵守何种行为规范"等迫切的问题，体现到我国经济、政治、文化和社会建设各个领域，落实在社会主义市场经济、社会主义民主政治、社会主义先进文化、社会主义和谐社会建设协调发展的历史进程中，用"四个坚持"形成凝聚社会共识的"四个共同"——共同信念、共同理想、共同精神及共同规范①，使之成为推进中国特色社会主义事业进步的时代号角和强大精神动力。

（二）社会主义核心价值观三个层次的有机统一

社会主义核心价值体系是一个内容全面系统、内涵丰富深刻、思想理论性很强的科学体系，但是，在具体的表述上，从教育和宣传角度考虑，还不够简洁，普通百姓可能觉得比较复杂，甚至难以记住、记全。因此，在社会主义核心价值体系的基础上，提炼科学准确、层次分明、明白晓畅、易懂易记的社会主义核心价值观，就是十分必要的。

中国共产党十八大报告指出："倡导富强、民主、文明、和谐，倡导自由、平等、公正、法治，倡导爱国、敬业、诚信、友善，积极培育和践行社会主义核心价值观。"这是对社会主义核心价值体系的具体体现及丰富充实。它从更加具体的国家、社会及个人三个层面的倡导，体现和充实了社会主义核心价值体系的本质及内容。

很明显，社会主义核心价值体系与社会主义核心价值观之间存在一定的区别。首先，二者地位不同。社会主义核心价值体系是社会主义核心价值观的基础与载体，对社会主义核心价值观具有统摄与支配作用。而社会主义核心价值观是社会主义核心价值体系的内核与精髓，对社会主义核心价值体系具有整合与贯通作用。其次，二者形态不同。社会主义核心价值体系是一系列经过整合的逻辑严密、内容丰富的观念形态及理论系统。而社会主义核心价值观则更多体现为价值取向、追求及目标，同时又是判断人和事物价值有无及大小的尺度与评价标准。再次，二者侧重点不同。社会主义核心价值体系侧重于所构建理论形态的严密完整，它的提出是中国共产党对社会主义建设规律、人和社会全面发展规律等认识深化的必然结果，对我们走中国特色社会主义道路具有全局性、系统性和主导性的重大意义。而社会主义核心价值观则侧重于现实的价值目标及追求的理念倡

---

① 参见袁贵仁《十七大精神笔谈：建设社会主义核心价值体系》，《中国社会科学》2008 年第 1 期。

导，在国家、社会及个人层面兼顾传统与现代、中国与世界等的对接，利于践行，具有稳定性、选择性和主观性的特点，具有超越与终极的意蕴。这既是提升国家文化软实力和国际话语权的要求，也是彰显社会主义核心价值观相对于资本主义核心价值观的优越性的要求，真正体现社会主义核心价值观的影响力、感召力和引领力。我们要用外部世界能够理解的"中国话语"把"中国精神"与"中国梦想"向全世界阐释清楚，展示真实、正面的"中国形象"，与世界进行更为有效的沟通互动，增进互信，达成共识，为人类文明进步做出更大的贡献。

但究其实质，社会主义核心价值体系与社会主义核心价值观是相互联系、辩证统一的。它们都是社会主义本质的价值维度的体现，并统一于建设中国特色社会主义的伟大实践之中。具体就 24 个字内容的"富强、民主、文明、和谐，自由、平等、公正、法治，爱国、敬业、诚信、友善"而言，它有利于推进社会主义核心价值体系的理论建设、宣传教育和学习践行，有利于社会主义核心价值体系更好地走进群众、引领群众。

"国家"绝非单纯的地域概念，与每一个个体一样，在历史性的积淀中，国家是主体意志的实现，具有"主体性"（实体性）特征。因此，重视国家层面核心价值观的建设，是一个国家自立、成熟的体现。黑格尔在《法哲学原理》中指出："国家是绝对自在自为的理性东西，因为它是实体性意志的实现，它在被提升到普遍性的特殊自我意识中具有这种现实性"，"自在自为的国家就是伦理性的整体，是自由的现实化；而自由之成为现实乃是理性的绝对目的。"① 国家作为伦理性的整体，其实在性表现为两个方面：一是作为诸多伦理性整体中的一员，国家必然具有向着富强、民主、文明、和谐等价值观念靠近的天然倾向，否则，便不符合其"伦理性整体"的定位；二是国家作为由诸多部分构成的伦理性整体，天然具有使本身的诸多部分和谐一致的价值取向，否则该伦理性整体的稳定性和持久性便得不到保证。就具体内容而言，"富强、民主、文明、和谐"是中国在社会主义初级阶段的奋斗目标，体现了社会主义核心价值观在发展目标上的规定性，是立足国家层面提出的要求，体现的是国家的价值目标和价值定位，集中体现的是社会主义社会在经济、政治、文化及社会等方面的

---

① 〔德〕黑格尔：《法哲学原理》，范扬、张企泰译，商务印书馆，1961，第 297、303 页。

全面协调发展的具体要求。社会主义作为一种先进的生产关系和社会制度，极大地解放和发展了社会生产力。坚定不移地走中国特色社会主义道路，最终必将创造出比以往社会形态条件下更为发达的物质文明和精神文明，为迈向共产主义奠定坚实的基础。

"富强"即"国富民强"，是社会主义在经济方面追求的目标的具体体现，既是国家综合国力的整体提升，更是人民群众生活的富裕幸福。它旨在进一步解放和发展生产力，逐步改善人民群众的物质生活条件，彻底摆脱"物的依赖关系"的状况，最终实现人民群众的共同富裕，为最终实现"人的自由而全面的发展"奠定坚实的物质基础。"民主"就是"人民当家作主"，是社会主义的生命、"真实的共同体"的表征，是社会主义在政治方面需要实现的目标的具体体现。党和国家的目的就是要建立更加完善的社会主义政治体制，创造出比包括资本主义在内的以往一切民主制度更高级、更真实的民主制度，让广大人民群众享有更充分的自由和权利来"当家作主"。"文明"，亨廷顿认为是"放大了的文化"，"涉及一个民族全面的生活方式"①。这里是指狭义的文明，即"精神文明建设"，它旨在通过科教兴国战略，大力发展文化事业，不断提升人民群众的科学文化素质和思想道德水平，让老百姓享有更丰富、更健康、更能展示当代中国精神风貌和时代特质的精神文化生活。"和谐"是在人与社会、人与自身及人与自然之间实现协调、一致的状态。一方面，在基本的经济体制和分配制度上着眼于公平正义问题，使改革开放的发展成果更多、更实在地惠及全体人民，着力营造整个社会人人共享公平、和谐相处的局面；另一方面，由于面临资源匮乏、生态约束，因此生态文明建设的重要性更加凸显，必须将之融入经济、政治、文化及社会建设的各方面与全过程，建设"美丽中国"，实现中华民族的永续发展。"富强、民主、文明、和谐"反映了近代以来中国历史发展的根本要求，体现了社会主义初级阶段"五位一体"建设的总体布局，是统领全局的政治价值目标。实现国家富强、民族复兴和人民幸福，是近代以来中国人民孜孜以求的"中国梦"，昭示着中国特色社会主义伟大事业的美好前景，是一个能够凝聚起亿万人民群众

① 〔美〕亨廷顿：《文明的冲突和世界秩序的重建》（修订版），周琪等译，新华出版社，2010，第20页。

智慧和力量的宏伟目标。

　　"社会"这个概念并不陌生。"人是社会性的存在。"事实上国家也不是单个个人的简单结合，社会是连接个人和国家的必要环节。正是在这种意义上，诺奇克将"社会安排"称为"超低限度的国家"："古典自由主义理论中的守夜人式国家，其功能局限于保护它的所有公民免于暴力、盗窃、欺诈以及强制履行契约等等，这种国家看起来是再分配的。我们至少可以想象，一种社会安排介于私人的保护性社团制度和守夜人式国家之间。既然守夜人式国家通常被称为'最低限度的国家'，那么我们将把这种社会安排称为'超低限度的国家'。"① 在社会主义的"社会安排"内，"自由、平等、公正、法治"的价值观念就成为自然而然的需求。它们反映出社会主义社会的基本属性，始终是党和国家奉行的核心价值理念；体现了社会主义核心价值观在价值导向上的规定性，是立足社会层面提出的要求。"自由、平等、公正、法治"，一方面来自中国特色社会主义制度的政治内容及政治实践，另一方面也是对人类发展尤其是资本主义发展的文明成果的借鉴。马克思主义追求的终极目标是人的自由而全面的发展，中国共产党从成立之初就将其写在自己的旗帜上，并为之做出不懈奋斗，在实践上极大地发展了人民的自由和平等，极大地发展了社会的公正和法治。中国共产党坚持科学发展，坚持以人为本，坚持执政为民，坚持依法治国，最终的目标都是服务人民，促进人的全面发展，践行自由、平等、公正、法治等崇高理念。

　　"自由"作为社会主义核心价值观的基本内容之一，要求充分尊重人民的首创精神和主观能动性，充分保障宪法和法律赋予人民群众的各项权利和自由，真正克服所谓"理性人"、"经济人"、"工具人"及"单向度人"的片面性与局限性，真正按照人的现实属性来实现人的全面而自由的发展，使人成为真正的"大写的人"，向着"自由人的联合体"的"自由王国"奋进。"平等"是人在社会中全面发展的基础与前提，同样也是激发人类进行创新和开拓的源泉与动力。现阶段中国社会的主要矛盾主要表现为不同阶层之间的利益冲突，这往往涉及分配不公、不平等，而"在所

---

① 〔美〕诺奇克：《无政府、国家和乌托邦》，姚大志译，中国社会科学出版社，2008，第32页。

有的情况下，我们都可以从不平等中找到动荡的根源"①。所以，中国特色社会主义事业要健康发展，必然要求充分调动和发挥全体人民群众的积极性和创造性，真正营造出让每个公民都能充分参与、共同发展及分享改革开放和现代化建设成果的社会环境。"公正"即公平正义，是一个国家和社会甚至机构的底线，同时也是最高的道德追求，即罗尔斯指出的"正义是社会制度的首要价值"②。今天改革开放要在"做大蛋糕的同时分好蛋糕"，兼顾效率与公平，切实把民生放到首位、落到实处；建立更加公平的社会权利分配与共享机制体制，在社会经济发展、国家综合国力极大提升的同时，真正体现人人机会均等、自由平等、全面发展的社会主义制度的本质优越性。"法治"的核心即"依法治国"，这是中国共产党治国理政的基本方式。"党领导人民制定宪法和法律，党必须在宪法和法律范围内活动。任何组织或者个人都不得有超越宪法和法律的特权，绝不允许以言代法、以权压法、徇私枉法。"③ 广大领导干部要提高运用法治思维和法治方式深化改革、推动发展、化解矛盾、维护稳定的能力。用法治思维、法治方式而不是人治思维、人治方式处理改革、发展、稳定问题，这是中国共产党执政理念的升华。通过法治，动员和组织人民依法参与管理国家各项事务，实现国家生活和社会生活的全面法治化，意义在于充分保障公民权利，提升公共决策绩效，提高司法公信力，维持国家长治久安。

个人价值的实现与国家价值的实现是同一个过程。必须重视个人层面核心价值观的建设。黑格尔指出："国家是伦理理念的现实……国家直接存在于风俗习惯中，而间接存在于单个人的自我意识和他的知识和活动中。同样，单个人的自我意识由于它具有政治情绪而在国家中，即在它自己的实质中，在它自己活动的目的和成果中，获得了自己的实体性的自由。"④ 国家直接存在于风俗习惯中，而风俗习惯来自每一个作为个体的人的意识和活动的积淀，因此可以说，国家存在于单个人的意识和活动中；同时，单个人的意识和活动是国家活动的有机组成部分，只有在与国家活

① 〔古希腊〕亚里士多德：《政治学》，吴寿彭译，商务印书馆，1983，第205页。
② 〔美〕约翰·罗尔斯：《正义论》，何怀宏等译，中国社会科学出版社，1988，第3页。
③ 胡锦涛：《坚定不移沿着有中国特色社会主义道路前进 为全面建成小康社会而奋斗》，载《十八大报告辅导读本》，人民出版社，2012，第28页。
④ 〔德〕黑格尔：《法哲学原理》，范扬、张企泰译，商务印书馆，1961，第297页。

动的其他部分的相互关系中，个人才能真正实现主体的自由和价值。"爱国、敬业、诚信、友善"，是中国这个社会主义国家的公民应当具有的基本价值追求和应当遵循的根本道德准则，是公民基本道德规范的核心要求，体现了社会主义价值追求和公民道德行为的本质属性。"爱国、敬业、诚信、友善"涵盖了社会主义公民道德行为各个环节，贯穿了社会公德、职业道德、家庭美德、个人品德各方面，体现了社会主义核心价值观在道德准则上的规定性，是立足公民个人层面提出的要求。它集成了中华民族传统美德、中国共产党人革命道德和社会主义新时期道德的精华，是一种全面性、系统性的道德要求。

"爱国"作为维系中华文明绵延五千年不致断绝的固有优良传统，成为连黑格尔也不无艳羡地称赞"只有黄河、长江流过的那个中华帝国是世界上惟一持久的国家"[①]的内在动因。在新时期，它同样也反映了社会主义国家的公民与祖国的应有关系，成为衡量个人与国家之间价值关系的基本准则。因为，个体的前途与命运，始终与国家、民族的前途与命运息息相关，有国才有家，"民为邦本，本固邦宁"。"天下兴亡，匹夫有责。"为了国家利益与民族的独立，中国人民从来都不惜个人利益，甚至牺牲生命，这也成为中华民族最可宝贵的风格、风骨——"脊梁精神"。"敬业"是指"专心致志，以事其业"，以恪尽职守的态度对待自己的本职工作，是最基本的职业道德规范要求。对于每位公民个体而言，立足于各自的本职工作，兢兢业业地为社会主义现代化建设做出自己应有的贡献，这实质上就是最为具体、最为真实的爱国行为及其表现。"诚信"即"诚实守信"，不诚不行，不信不立，作为一个素以"礼仪之邦"著称于世的国家，中国具有丰厚的相关道德资源。"诚者，天之道；诚之者，人之道。""人无信不立。"这些都凸显了诚实守信对于个体安身立命、为人处事的极端重要性，它既是个人的一种基本道德品质，也是个体应该践履的一种公共义务。在严格执行法治规定和契约允许的条件下，社会主义市场经济最大限度地尊重个人自主地通过竞争来实现自身正当利益最大化。但是，这也会导致在竞争压力和利益的诱惑下，有些个体容易陷入盲目自发性，只顾个人眼前的利益，从而漠视甚至做出损害社会主义法制、道德规范的行

---

① 〔德〕黑格尔：《历史哲学》，王造时译，上海世纪出版集团，2006，第108页。

为。针对当前存在的道德失范、诚信缺失的社会现象，要"深入开展道德领域突出问题专项教育和治理，加强政务诚信、商务诚信、社会诚信和司法公信建设"①。"友善"也是中华民族的优良传统。强调友好、友爱，与人为善、"和为贵"，重视的是人与人之间和谐、平等地相处，这可以说是普适于各个年龄阶段个体的基础性价值观，是维系"主体间性"的沟通交往的基本规范要求。它不仅能够形成良好的人际氛围，而且还可以化解社会的"戾气"，促进整个社会风气的改善。

三个层次的理念相互联系、相互贯通，实现了政治理想、社会导向、行为准则的统一，实现了国家、集体、个人在价值目标上的统一，兼顾了国家、社会、个人三者的价值愿望和追求。国家层次的核心价值观起主导作用，社会层次的核心价值观起中介作用，个人层次的核心价值观起基础作用。可以说，"三个倡导"反映了中国社会主义制度的本质规定，体现了中国特色社会主义事业的发展要求，昭示了中国共产党长期奋斗的一贯主张，继承了中华传统文化精华，汲取了人类文明优秀成果。它既坚持了马克思主义的共性，又涵盖了中国特色社会主义的个性，既坚守了国家、社会的目标，又张扬了人的主体性，既有深厚的传统底蕴，又有鲜明的时代特征，符合历史、合乎实践，贴近民情、顺乎民意，具有广泛的感召力、强大的凝聚力和持久的引导力，有利于增强民族的文化自信，构建当代中国人的精神家园。

---

① 胡锦涛：《坚定不移沿着有中国特色社会主义道路前进　为全面建成小康社会而奋斗》，载《十八大报告辅导读本》，人民出版社，2012，第32页。

第八章
"为人民服务"价值观

　　社会主义核心价值体系与社会主义核心价值观是两个既有内在联系又相互区别的概念。从根本上来说，社会主义核心价值观与社会主义核心价值体系在本质上是一致的、统一的，它们都体现了社会主义的本质，体现了社会主义的核心价值追求；但严格地说，它们又是相互区别的，不能混为一谈。社会主义核心价值体系指的是社会主义意识形态中那些反映社会主义经济、政治和文化制度要求，体现社会主义发展趋势的核心思想意识的总和，而社会主义核心价值观则是对社会主义核心价值体系的内容和精神实质的高度凝练和抽象概括。确立社会主义核心价值观与构建社会主义核心价值体系，是一个相互联系、相辅相成、有机统一的过程。

　　那么，应该如何落实社会主义核心价值体系和社会主义核心价值观呢？我们认为，无论是社会主义核心价值体系，还是十八大倡导的社会主义核心价值观，都是社会先进的价值导向，都应该全面地落实到一切工作中去。其中，对于人们的思想和行为来说，应该具体落实到毛泽东、邓小平等提出和倡导的"全心全意为人民服务"价值观之上。"为人民服务"五个字虽然简单明了，通俗易懂，却具有丰富的历史内涵，具有深厚的理论意蕴，具有巨大的感召力。它是中国共产党及其领导的军队、政府乃至整个革命队伍的价值观，是社会主义核心价值体系和社会主义核心价值观的"核心"，它具体、鲜活、生动地体现着社会主义社会的本质特征和实践要求。当然，应该引起我们注意的是，为人民服务的价值观不是僵死、固定的，而是需要与时俱进地加以理解和贯彻；它也从来没有过时，一直闪耀着时代的光辉，今天仍然具有现实的基础和重要的理论和实际意义。

一 "为人民服务"价值观的历史线索

坚持以全心全意为人民服务为唯一宗旨，这是中国共产党区别于其他任何政党的一个显著标志，也是中国共产党受到人民群众拥护、领导人民夺取革命和建设事业胜利的奥秘所在。高扬全心全意为人民服务的旗帜，是坚持中国共产党的宗旨，推进中国特色社会主义建设事业的必由之路。

（一）毛泽东"为人民服务"价值观

马克思主义经典作家认为，人民群众是历史的创造者，"无产阶级政党的义不容辞的责任就是和群众在一起"[①]。马克思、恩格斯在《共产党宣言》中指出："过去的一切运动都是少数人的或者为少数人谋利益的运动。无产阶级的运动是绝大多数人的、为绝大多数人谋利益的独立的运动。"共产党不是同工人阶级相对立的特殊政党，"没有任何同整个无产阶级的利益不同的利益"[②]。根据马克思主义的基本原理，结合中国革命和建设实践，毛泽东创造性地提出了为人民服务的价值观，并使之成为中国共产党的根本宗旨、每个共产党人的最高行动准则。这里我们不妨依时间顺序，大致梳理一下毛泽东关于为人民服务价值观的主要论述。

1939年2月20日，毛泽东在致张闻天的一封信中谈及儒家旧道德之"勇"时，曾经深刻地指出，旧道德之"勇"只是"勇于压迫人民，勇于守卫封建制度，而不勇于为人民服务的"[③]。这是毛泽东最早提及"为人民服务"这一命题。

1939年12月21日，毛泽东在《纪念白求恩》一文中写道："白求恩同志毫不利己专门利人的精神，表现在他对工作的极端的负责任，对同志对人民的极端的热忱。每个共产党员都要学习他。不少的人对工作不负责任，拈轻怕重，把重担子推给人家，自己挑轻的。一事当前，先替自己打算，然后再替别人打算。出了一点力就觉得了不起，喜欢自吹，生怕人家不知道。对同志对人民不是满腔热忱，而是冷冷清清，漠不关心，麻木不

---

① 《列宁全集》第32卷，人民出版社，1985，第28页。
② 《马克思恩格斯选集》第1卷，人民出版社，1995，第283、285页。
③ 《毛泽东文集》第2卷，人民出版社，1993，第163页。

仁。这种人其实不是共产党员，至少不能算一个纯粹的共产党员。"① "我们大家要学习他毫无自私自利之心的精神。从这点出发，就可以变为大有利于人民的人。一个人能力有大小，但只要有这点精神，就是一个高尚的人，一个纯粹的人，一个有道德的人，一个脱离了低级趣味的人，一个有益于人民的人。"② 在毛泽东的心目中，白求恩同志是为人民服务的楷模。

1942年，毛泽东发表了著名的《在延安文艺座谈会上的讲话》，明确提出了一个"为什么人"的问题。他指出："我们的文艺应当'为千千万万劳动人民服务'"，"一切共产党员，一切革命家，一切革命的文艺工作者，都应该学鲁迅的榜样，做无产阶级和人民大众的'牛'，鞠躬尽瘁，死而后已。"他一再强调指出，"为什么人"的问题，是一个根本性的问题，是一个原则性的问题。如果这个根本问题、原则问题得不到解决，那么，其他的问题就都不易解决了。在广大人民当家作主的社会主义社会，真正解决"为什么人的问题"，是做好各项工作的根本。

1944年9月8日，在大生产运动中因烧炭时炭窑垮塌而牺牲的张思德同志的追悼会上，毛泽东发表了著名的演讲——《为人民服务》，第一次用通俗易懂、明白晓畅的中国化语言阐明了中国共产党的根本宗旨，阐释了中国共产党人的价值观，阐释了共产党领导的军队、政府乃至整个革命队伍的价值观。毛泽东深情地指出："我们的共产党和共产党所领导的八路军、新四军，是革命的队伍。我们这个队伍完全是为着解放人民的，是彻底地为人民的利益工作的。……我们想到人民的利益，想到大多数人民的痛苦，我们为人民而死，就是死得其所。"③ 他同时指出："因为我们是为人民服务的，所以，我们如果有缺点，就不怕别人批评指出。不管是什么人，谁向我们指出都行。只要你说得对，我们就改正。你说的办法对人民有好处，我们就照你的办。……只要我们为人民的利益坚持好的，为人民的利益改正错的，我们这个队伍就一定会兴旺起来。"④ 他提出，为人民服务，要"谦虚谨慎"、"戒骄戒躁"、"全心全意"。1944年12月15日，在《一九四五年的任务》中，毛泽东还说："我们一切工作干部，不论职

---

① 《毛泽东选集》第2卷，人民出版社，1991，第659～660页。
② 《毛泽东选集》第2卷，人民出版社，1991，第660页。
③ 《毛泽东选集》第3卷，人民出版社，1991，第1004～1005页。
④ 《毛泽东选集》第3卷，人民出版社，1991，第1004～1005页。

位高低，都是人民的勤务员，我们所做的一切，都是为人民服务，我们有些什么不好的东西舍不得丢掉呢?"①

1945年4月24日，在《论联合政府》等著作中，毛泽东又反复、深入阐释了"为人民服务"的价值观。他指出："全心全意地为人民服务，一刻也不脱离群众；一切从人民的利益出发，而不是从个人或小集团的利益出发；向人民负责和向党的领导机关负责的一致性；这些就是我们的出发点。"②他要求每一位共产党员都明白，共产党人的一切言论和行动都必须以合乎最广大人民群众的最大利益、为最广大的人民群众拥护为最高标准，为此不怕受苦受累受委屈，不惜奉献、牺牲自己的一切。毛泽东指出："共产党人必须随时准备坚持真理，因为任何真理都是符合于人民利益的；共产党人必须随时准备修正错误，因为任何错误都是不符合于人民利益的。"③他还说："以中国最广大人民的最大利益为出发点的中国共产党人，相信自己的事业是完全合乎正义的，不惜牺牲自己个人的一切，随时准备拿出自己的生命去殉我们的事业，难道还有什么不适合人民需要的思想、观点、意见、办法，舍不得丢掉的吗?难道我们还欢迎任何政治的灰尘、政治的微生物来玷污我们的清洁的面貌和侵蚀我们的健全的肌体吗?无数革命先烈为了人民的利益牺牲了他们的生命，使我们每个活着的人想起他们就心里难过，难道我们还有什么个人利益不能牺牲，还有什么错误不能抛弃吗?"④

1945年，在党的七大政治报告中，毛泽东对为人民服务做了系统、完整的阐述。他把全心全意为人民服务提到党的唯一宗旨的高度，提出要"紧紧地和中国人民站在一起，全心全意地为中国人民服务"⑤；肯定全心全意为人民服务是中国共产党的优良作风的核心内容之一，是"我们共产党人区别于其他任何政党的又一个显著的标志"⑥；阐明党的出发点是"全心全意地为人民服务，一刻也不脱离群众；一切从人民的利益出发，而不

---

① 《毛泽东文集》第3卷，人民出版社，1996，第243页。
② 《毛泽东选集》第3卷，人民出版社，1991，第1094~1095页。
③ 《毛泽东选集》第3卷，人民出版社，1991，第1095页。
④ 《毛泽东选集》第3卷，人民出版社，1991，第1096~1097页。
⑤ 《毛泽东选集》第3卷，人民出版社，1991，第1039页。
⑥ 《毛泽东选集》第3卷，人民出版社，1991，第1094页。

是从个人或小集团的利益出发;向人民负责和向党的领导机关负责的一致性"①。他重申,共产党人的言行的最高标准,就是"合乎最广大人民群众的最大利益,为最广大人民群众所拥护"。他指出,坚定地相信人民群众,依靠人民群众,人民群众的创造力就是无穷无尽的,因此,信任人民群众,和人民群众"打成一片",是克服任何困难、战胜任何敌人的根本保证。他要求每一个工作环节上的每一个同志都不要脱离人民群众,要细心地倾听人民群众的呼声,要启发和提高人民群众的觉悟,要团结和带领人民群众一道前进。② 中国共产党七大通过了毛泽东的政治报告,并正式把"全心全意为人民服务"写进了党章。从此以后,中国共产党历次代表大会都把全心全意为人民服务的要求写入党章,使之成为党一直坚持的唯一宗旨,成为党始终高扬的一面旗帜。

1945 年 8 月 13 日,在《抗日战争胜利后的时局和我们的方针》中,毛泽东强调:"我们的责任,是向人民负责。每句话,每个行动,每项政策,都要适合人民的利益,如果有了错误,定要改正,这就叫向人民负责。"③

1957 年 2 月 27 日,在《关于正确处理人民内部矛盾的问题》一文中,毛泽东说:"国家机关实行民主集中制,国家机关必须依靠人民群众,国家机关工作人员必须为人民服务。"④ 1957 年 3 月,在《坚持艰苦奋斗,密切联系群众》一文中,毛泽东充满激情地说:"共产党就是要奋斗,就是要全心全意为人民服务,不要半心半意或者三分之二的心三分之二的意为人民服务。"⑤

1964 年 7 月,毛泽东在一篇重要文章中批示:"必须坚持干部参加集体生产劳动的制度。我们党和国家的干部是普通劳动者,而不是骑在人民头上的老爷。干部通过参加集体生产劳动,同劳动人民保持最广泛的、经常的、密切的联系。这是社会主义制度下一件带根本性的大事,它有助于克服官僚主义,防止修正主义和教条主义。"⑥ 同时,在选择革命事业接班人的五项条件中,毛泽东特别强调:"他们必须是全心全意为中国和世界

---

① 《毛泽东选集》第 3 卷,人民出版社,1991,第 1094 ~ 1095 页。
② 参见《毛泽东选集》第 3 卷,人民出版社,1991,第 1095 页。
③ 《毛泽东选集》第 4 卷,人民出版社,1991,第 1128 页。
④ 《毛泽东文集》第 7 卷,人民出版社,1999,第 207 页。
⑤ 《毛泽东文集》第 7 卷,人民出版社,1999,第 285 页。
⑥ 《建国以来重要文献选编》第 19 册,中央文献出版社,1998,第 68 页。

的绝大多数人服务的革命者，而不是像赫鲁晓夫那样，在国内为一小撮资产阶级特权阶层的利益服务，在国际为帝国主义和反动派的利益服务。"①

1967 年，毛泽东在《人民日报》发表了《保持劳动者本色，密切上下级关系》一文。他在文中强调："共产党员绝不可脱离群众，绝不可高踞群众之上，做官当老爷，而应当以普通劳动者的姿态，出现在群众面前，深入于群众之中，同群众打成一片。"②

1968 年，毛泽东在《共产党基本的一条就是直接依靠广大人民群众》一文中指出："我们的权力是谁给的？是工人阶级给的，是贫下中农给的，是占人口百分之九十以上的广大劳动群众给的。我们代表了无产阶级，代表了人民群众，打倒了人民的敌人，人民就拥护我们。共产党基本的一条，就是直接依靠广大革命人民群众。"③

1975 年 10 月至 1976 年 1 月，在生命的最后时刻，毛泽东在谈话中依然声称："群众是真正的英雄，而我们却是幼稚可笑的，包括我。往往是下级水平高于上级，群众高于领导，领导不及普通劳动者，因为他们脱离群众，没有实践经验。……谁都要改造，包括我。"④ "人们的工作有所不同，职务有所不同，但是任何人不论官有多大，在人民中间都要以一个普通劳动者的姿态出现。决不许可摆架子。一定要打掉官风。"⑤

综观毛泽东波澜壮阔的一生，关于为人民服务的相关论述还有很多，限于篇幅，这里我们就不再逐一列举了。还应该注意的是，毛泽东在新民主主义革命时期，在社会主义建设时期，都曾大力提倡、系统推行过以为人民服务为宗旨的价值实践，留下了许多为人民群众津津乐道的经验和值得总结的教训。从相关理论和实践综合地看，毛泽东确实提出了一个以广大人民为价值主体、以人民利益为价值标准、以服务人民为价值取向、以人民群众的实践为检验标准的价值体系。这是我们建设社会主义核心价值体系、核心价值观的坚实基础。

---

① 《建国以来重要文献选编》第 19 册，中央文献出版社，1998，第 71 页。
② 毛泽东：《保持劳动者本色，密切上下级关系》，《人民日报》1967 年 11 月 19 日。
③ 《建国以来毛泽东文稿》第 12 册，中央文献出版社，1998，第 581 页。
④ 《建国以来毛泽东文稿》第 13 册，中央文献出版社，1998，第 489 页。
⑤ 《毛泽东文集》第 7 卷，人民出版社，1999，第 355 页。

（二）邓小平"领导就是服务"价值观

继毛泽东之后，中国共产党历届领导人都把全心全意为人民服务作为党的根本宗旨和共产党员的最高行为准则。邓小平作为一位坚定而务实的共产主义者，通过对马克思主义基本精神的全面而精当的理解，对当代中国基本国情的具体而深刻的把握，在恢复党的"实事求是"思想路线、开创中国特色社会主义建设事业的同时，创造性地丰富和发展了"为人民服务"价值观的时代内涵。

邓小平与毛泽东一样，坚持唯物史观关于人民群众是历史的创造者的观点，把全心全意为人民服务视为中国共产党的全部任务和宗旨，强调要一切以人民群众的利益为重，将全心全意为人民服务作为每一个党员的最高准绳。1956 年 9 月，邓小平在《关于修改党的章程的报告》中指出："同资产阶级的政党相反，工人阶级的政党不是把人民群众当作自己的工具，而是自觉地认定自己是人民群众在特定的历史时期为完成特定的历史任务的一种工具。"[1] 1956 年 11 月 17 日，邓小平在会见国际青年代表团时说："中国共产党员的含意或任务，如果用概括的语言来说，只有两句话：全心全意为人民服务，一切以人民利益作为每一个党员的最高准绳。"[2] 实际上，这两句话是完全一致的，都可以在人民群众的利益基础上统一起来。改革开放之后，邓小平更是提纲挈领，将这一最高准绳概括为人民"拥护不拥护"、"赞成不赞成"、"高兴不高兴"、"答应不答应"，并将其作为制定各项路线方针政策的出发点和归宿。邓小平对为人民服务的强调和理解，将共产党与其他一切阶级的政党区别开来了。

在社会主义革命和建设进程中，为了实现党和人民的利益，邓小平始终坚持和贯彻毛泽东提出的群众观点和群众路线，即一切相信群众，一切依靠群众，从群众中来，到群众中去。他指出："在一方面，它认为人民群众必须自己解放自己；党的全部任务就是全心全意地为人民群众服务；党对于人民群众的领导作用，就是正确地给人民群众指出斗争的方向，帮助人民群众自己动手，争取和创造自己的幸福生活。因此，党必须密切联

---

① 《邓小平文选》第 1 卷，人民出版社，1994，第 217～218 页。

② 《邓小平文选》第 1 卷，人民出版社，1994，第 257 页。

系群众和依靠群众，而不能脱离群众，不能站在群众之上；每一个党员必须养成为人民服务、向群众负责、遇事同群众商量和同群众共甘苦的工作作风。在另一方面，它认为党的领导工作能否保持正确，决定于它能否采取'从群众中来，到群众中去'的方法。"① "党的正确的路线、政策是从群众中来的，是反映群众的要求的，是合乎群众的实际的，是实事求是的，是能够为群众所接受、能够动员起群众的，同时又是反过来领导群众的，这就叫群众路线。"② 只要坚定地与广大人民群众站在一起，与人民群众同呼吸、共命运，与人民群众一起艰苦奋斗，就没有战胜不了的困难，就没有实现不了的梦想。

虽然在社会主义条件下，执政党、领导干部与人民群众的根本利益是一致的，都是为人民服务的，但是，干部和群众之间的关系问题也不容回避。而邓小平对此进行了非常深入的思考。他立足时代和实际，把执政党的领导作用和全心全意为人民服务紧密联系，创造性地提出了"领导就是服务"这一划时代的著名论断。

1962 年 2 月，邓小平在《在扩大的中央工作会议上的讲话》中指出："我们进了城，执了政，是做官呢，还是当人民的勤务员呢？……可以有两种态度：一种是做官，一种是当人民的勤务员。如果不是做官，而是当人民的勤务员，那就要以普通劳动者的面貌出现，要平等待人，要全心全意地为人民服务。"③ 就是说，领导干部要摒弃高高在上的"官老爷"姿态，不摆官架子，不打官腔，不搞特殊化，而要以一名"普通劳动者"的姿态，"平等待人"，老老实实地"当人民的勤务员"，为人民群众兢兢业业地做好各项"服务"工作。

1985 年 5 月，邓小平在全国教育工作会议上更是明确指出："什么叫领导？领导就是服务。……领导者必须多干实事。那种只靠发指示、说空话过日子的坏作风，一定要转变过来。各个部门和地方，特别是主要负责同志，都要注意这个问题。"④ 这可是在向千百年来形成的根深蒂固的官僚习气、形式主义开战！

---

① 《邓小平文选》第 1 卷，人民出版社，1994，第 217 页。
② 《邓小平文选》第 1 卷，人民出版社，1994，第 288 页。
③ 《邓小平文选》第 1 卷，人民出版社，1994，第 304 页。
④ 《邓小平文选》第 3 卷，人民出版社，1993，第 121 页。

坚持"领导就是服务",一定要旗帜鲜明地反对"官僚主义现象,权力过分集中的现象,家长制现象,干部领导职务终身制现象和形形色色的特权现象"。邓小平特别列举了官僚主义现象的主要表现和危害:"高高在上,滥用权力,脱离实际,脱离群众,好摆门面,好说空话,思想僵化,墨守陈规,机构臃肿,人浮于事,办事拖拉,不讲效率,不负责任,不守信用,公文旅行,互相推诿,以至官气十足,动辄训人,打击报复,压制民主,欺上瞒下,专横跋扈,徇私行贿,贪赃枉法,等等。"①

"领导就是服务"这一论断,简明扼要却又形象深刻地阐明了社会主义条件下的一种新型的"干群关系",是对中国共产党为人民服务价值观的进一步发展。人类自进入阶级社会以来,领导干部往往都是少数统治者利益的代表,干群关系一直是一种压迫与被压迫、剥削与被剥削、统治与被统治的关系。而在社会主义条件下,全体人民当家作主,成为国家的主人,干群关系因而发生了根本性改变:一方面,毫无疑问,领导干部仍然掌握着人民群众托付的权力,是组织、管理社会发展和社会生活的负责人,处于非常关键的位置,肩上的担子很重;另一方面,领导干部代表着绝大多数人的利益,要坚持为大多数人谋利益,为社会公众服务,当好人民群众的"公仆"和勤务员。因此,在工作立场和态度上,必须与过去那种"统治"、"管理"思想彻底决裂,防止和克服旧的社会制度下那种脱离人民群众、站在群众头上做官"当老爷"的恶习,制定和执行路线、方针、政策,都要以合乎最广大人民群众的利益为出发点和归宿;在工作作风上,则要旗帜鲜明地反对各种官僚主义、形式主义,改变过去那种"只靠发指示、说空话过日子"②的坏作风,特别是门难进、脸难看、事难办的"衙门作风",多干实事,多做好事,实实在在地为人民群众着想,切实为人民群众排忧解难,解决各种实际问题,提高人民群众的满意度。

在改革开放新的历史时期,中国共产党人面临着新的形势和新的发展任务。邓小平作为改革开放的总设计师,他的头脑分外清醒。他更加注意把执政党的领导作用和全心全意为人民服务紧密地联系在一起,具体而有针对性地提出了党在新时期的历史任务,提出了对领导干部的新的要求。

---

① 《邓小平文选》第2卷,人民出版社,1994,第327页。
② 《邓小平文选》第3卷,人民出版社,1993,第121页。

他从积贫积弱的旧中国和"以阶级斗争为纲"的"左"倾年代走来，反复强调一个浅显而基本的道理：贫穷不是社会主义，发展太慢也不是社会主义，社会主义应该能够比资本主义更快地发展社会生产力，从而体现出社会主义相对于资本主义的优越性。中国共产党和广大领导干部要解放思想，坚持"发展是硬道理"，坚持以经济建设为中心，带领和组织广大人民群众大力发展社会生产力，以满足人民群众日益增长的物质文化生活需要，提高人民群众的物质和文化生活水平，使人民群众得到更多的看得见的实惠。在这种时代背景下，邓小平把为人民服务作为党制定各项路线、方针、政策的出发点和归宿；把为人民服务与鼓励人们"勤劳致富"、"多劳多得"等社会主义初级阶段的经济政策结合起来；把坚持国家、集体和个人利益三者的和谐统一作为为人民服务思想的基本点和立足点；把引导人们"先富"带"后富"、"先发展"带"后发展"、走"共同富裕"道路作为为人民服务的现实途径；把倡导人们为自觉维护国家和集体利益，个人利益做出一定牺牲作为为人民服务的一个鲜明特点……他还创造性地、振聋发聩地提出，衡量我们工作得失成败的标准最主要的就是"三个有利于"[①]。这一标准实际上也是检验中国共产党和广大领导干部为人民服务的态度和成效的标准。

　　当然，邓小平是讲求实事求是的历史唯物主义者，是反对照搬教条的马克思主义者。他一向反对简单地喊口号、唱高调，而是坚持实事求是，"不搞争论"，鼓励人们求真务实，埋头苦干。他充满务实精神地指出，在社会主义初级阶段，既要讲集体主义，讲共同理想，也要尊重、保护和发展个人利益。那种将为人民服务和争取个人利益简单对立起来的观点是别有用心的，也是不可持续的。邓小平语重心长地指出："不讲多劳多得，不重视物质利益，对少数先进分子可以，对广大群众不行，一段时间可以，长期不行。革命精神是非常宝贵的，没有革命精神就没有革命行动。但是，革命是在物质利益的基础上产生的，如果只讲牺牲精神，不讲物质利益，那就是唯心论。"[②] 因此，必须按照统筹兼顾的原则，把崇高理想和现实追求

---

① "判断的标准，应该主要看是否有利于发展社会主义社会的生产力，是否有利于增强社会主义国家的综合国力，是否有利于提高人民的生活水平。"（《邓小平文选》第3卷，人民出版社，1993，第372页）

② 《邓小平文选》第2卷，人民出版社，1994，第146页。

结合起来，正确处理个人利益与集体利益、国家利益之间的关系，特别是通过政策调整，通过集体和国家的发展，最大限度地保障和满足人民群众的利益。例如，邓小平立足中国的具体国情，切实关注人民利益和人民疾苦，以人民的实际生活水平为指标，做出了"三步走"的战略部署，使人民的实际生活水平由"温饱"到"小康"再到"比较富裕"，最终目标是实现"共同富裕"。并且，他将这一科学构想付诸中国特色社会主义实践，促进了人民生活水平的实质改善，得到广大人民群众的热烈欢迎和衷心拥戴。这也为中华民族的和平崛起、"中国梦"的实现奠定了坚实的基础。

从邓小平关于群众路线、为人民服务价值观的精辟论述中，我们不难发现，他实现了从领导人民"翻身得解放"到为人民谋福利、"共同富裕"的重大转变，实现了从侧重于思想观念方面启蒙和争取人民到从物质文化方面满足人民需要的重大转变。这无疑是一场真正的"革命"，其中蕴含着一种深刻的思想和观念变迁，即摒弃简单的与资本主义"对着干"的"斗争思维"，摒弃依靠穷人闹革命的"以穷为荣"、安于贫穷的价值观，转变为立足人民群众的利益，通过改革和发展的方式，实实在在为人民群众谋福利，在相当程度上实现了从"破坏性"的"革命哲学"向"建设性"的"建设哲学"的转变。毕竟，革命年代的"为人民服务"，与中国共产党执掌政权后及建设年代的"为人民服务"语境不同、条件不同、使命不同，因而具体的要求与做法也不同，必须解放思想，实事求是，与时俱进，务求实效。一切的一切，重点中的重点，是必须围绕推动中国特色社会主义建设，只争朝夕地促进中国的发展、增进人民的幸福，让中国人民不仅无比骄傲地"站起来"，而且尽快摆脱贫穷"富起来"，过上丰衣足食且有尊严的幸福生活。

（三）江泽民"代表中国最广大人民群众的根本利益"价值观

随着苏东剧变特别是中国改革开放和社会主义市场经济建设的深入，世情、国情、党情发生了深刻而广泛的变化，出现了许多新情况、新问题。特别是在中国特色社会主义实践中，中国社会的经济成分、组织形式、就业方式、利益关系和分配方式日益多样化，新的利益群体和社会阶层不断涌现，"人民"的内涵和"服务"的内容随之不断发生变化。置身于这一新的时代背景下，围绕"建设一个什么样的党，怎样建设党"的时代主题，江泽民提出了"三个代表"重要思想，丰富和发展了为人民服务的价值观。

江泽民在庆祝建党八十周年大会上的讲话中指出："总结八十年的奋斗历程和基本经验，展望新世纪的艰巨任务和光明前途，我们党要继续站在时代前列，带领人民胜利前进，归结起来，就是必须始终代表中国先进生产力的发展要求，代表中国先进文化的前进方向，代表中国最广大人民的根本利益。"① 按照"三个代表"重要思想，必须把全心全意为人民服务作为中国共产党和全体党员的价值观。

（1）首肯人民群众的主体地位。江泽民坚持人民群众是历史的创造者这一唯物史观的基本观点："我国是社会主义国家，人民是国家的主人，中国共产党的执政地位、社会主义国家的一切权力都是来自于人民的，领导干部手中的权力说到底都是人民赋予的。"② 他相信，人民群众是先进生产力和先进文化的代表，是推动社会历史前进的决定性力量："人民群众是先进生产力和先进文化的创造主体，也是实现自身利益的根本力量。不断发展先进生产力和先进文化，归根到底都是为了满足人民群众日益增长的物质文化生活需要，不断实现最广大人民的根本利益。"③

（2）代表最广大人民群众的根本利益。江泽民指出："我们党来自人民，植根于人民，服务于人民。建设有中国特色社会主义全部工作的出发点和落脚点，就是全心全意为人民谋利益。共产党员要倾听群众呼声，关心群众疾苦，为群众办实事、办好事。"④ "我们党的最大政治优势是密切联系群众，党执政后的最大危险是脱离群众。在任何时候任何情况下，都必须坚持党的群众路线，坚持全心全意为人民服务的宗旨，把实现人民群众的利益作为一切工作的出发点和归宿。"⑤ "我们党始终坚持人民的利益高于一切。党除了最广大人民的利益，没有自己特殊的利益。党的一切工作，必须以最广大人民的根本利益为最高标准。"⑥ 中国共产党数十年革命和建设的历史昭示：只有坚持不懈地为人民谋利益，坚定不移地去实现人

① 《江泽民文选》第3卷，人民出版社，2006，第272页。
② 《江泽民文选》第3卷，人民出版社，2006，第420页。
③ 《江泽民文选》第3卷，人民出版社，2006，第281页。
④ 《江泽民文选》第2卷，人民出版社，2006，第45页。
⑤ 《江泽民文选》第3卷，人民出版社，2006，第572页。
⑥ 《江泽民文选》第3卷，人民出版社，2006，第280页。

民的根本利益，共产党的群众基础才能够稳固，也才会有未来。而要实现最广大人民的根本利益，就要求我们"制定和贯彻党的方针政策，基本着眼点是要代表最广大人民的根本利益，正确反映和兼顾不同方面群众的利益，使全体人民朝着共同富裕的方向稳步前进"①。

（3）坚持立党为公，执政为民。江泽民说："全心全意为人民服务，立党为公，执政为民，是我们党同一切剥削阶级政党的根本区别。任何时候我们都必须坚持尊重社会发展规律与尊重人民历史主体地位的一致性，坚持为崇高理想奋斗与为最广大人民谋利益的一致性，坚持完成党的各项工作与实现人民利益的一致性。"② 真正做到立党为公，执政为民，清正廉洁，诚心诚意地为人民群众谋利益，这是中国共产党受到广大人民群众拥护、领导人民群众夺取社会主义革命和建设事业胜利的奥秘之所在。"只有把关心群众、服务群众的工作切实做好了，我们才能始终保持同人民群众的血肉联系，才能无往而不胜。"③ 当然，对于广大人民群众的"利益"，我们不能简单化地加以理解，而应该实事求是，既注重整体，又注重具体。因为，广大人民群众的"利益"是由各个方面的具体利益构成的一个复杂系统。党和国家的一切路线、方针、政策和措施，都必须正确地反映不同阶层、不同方面群众的利益，统筹兼顾，让最广大的人民群众切实得到实惠。

（4）坚持群众观点和群众路线。江泽民指出："八十年的实践启示我们，必须始终紧紧依靠人民群众，诚心诚意为人民谋利益，从人民群众中汲取前进的不竭力量。始终保持同人民群众的血肉联系，是我们党战胜各种困难和风险、不断取得事业成功的根本保证。在任何时候任何情况下，与人民群众同呼吸共命运的立场不能变，全心全意为人民服务的宗旨不能忘，坚信群众是真正英雄的历史唯物主义观点不能丢。必须始终把体现人民群众的意志和利益作为我们一切工作的出发点和归宿，始终把依靠人民群众的智慧和力量作为我们推进事业的根本工作路线。"④

（5）不断提高中国共产党的领导水平和执政水平。在新的历史时期，

---

① 《江泽民文选》第3卷，人民出版社，2006，第540页。
② 《江泽民文选》第3卷，人民出版社，2006，第279页。
③ 《江泽民文选》第3卷，人民出版社，2006，第280页。
④ 《江泽民文选》第3卷，人民出版社，2006，第271页。

面对执政为民的条件和环境的深刻变化，要完成好"执政为民"的历史任务，要实现好广大人民的根本利益，必须不断提高领导水平和执政水平。江泽民强调："要完善深入了解民情、充分反映民意、广泛集中民智、切实珍惜民力的决策机制，推进决策科学化民主化。"① "提高党的执政水平和领导水平，一个重大问题是不断巩固和加强党同人民群众的血肉联系。有了这种联系，我们的改革和建设就有了胜利之本，就有了吸取智慧和力量的最深厚源泉，就有了正确决策、减少和防止失误的可靠保证。"②

（6）树立正确的权力观，提高拒腐防变和抵御风险的能力。要使党的路线、方针、政策全面反映人民的根本利益和时代发展的要求，必须树立正确的权力观，提高领导水平和执政水平，提高拒腐防变和抵御风险的能力。江泽民指出："我们的干部必须时刻记住，自己手中掌握的权力是人民赋予的，只能用来为人民谋利益，决不能用来为个人或小团体捞好处，不能损害人民的利益。"③ 要端正党风和政风，坚决反对官僚主义、形式主义、奢侈腐化等歪风邪气。"艰苦奋斗，事业必成；贪图享受，自毁前程。要发扬党的优良传统，使勤俭建国、勤俭办一切事业在全党全社会蔚然成风。实干兴邦，空谈误国。要大力倡导说实话、办实事、求实效，尽心尽责，坚决反对和抨击做官当老爷、搞形式主义、搞花架子的坏作风。"④

（7）满足人民日益增长的物质文化需要，实现人民的自由全面发展。在建设中国特色社会主义的历程中，我们所做的一切工作，既要着眼于人民群众现实的物质文化生活需要，又要着眼于促进人民群众素质和能力的提高，促进人民群众的自由全面发展，即要在发展社会主义物质文明和精神文明的基础上，不断地推进人自身的自由全面发展。江泽民指出："推进人的全面发展，同推进经济、文化的发展和改善人民物质文化生活，是互为前提和基础的。人越全面发展，社会的物质文化财富就会创造得越多，人民的生活就越能得到改善，而物质文化条件越充分，又越能推进人的全面发展。"中国共产党执政为民的各项事业，一切工作都要以实现人民的全面发展为价值目标，为实现人民的自由全面发展创造条件。

① 《江泽民文选》第3卷，人民出版社，2006，第556页。
② 《江泽民文选》第1卷，人民出版社，2006，第359页。
③ 《十四大以来重要文献选编》（中），人民出版社，1997，第1194页。
④ 《江泽民文选》第3卷，人民出版社，2006，第197~198页。

（四）胡锦涛的"以人为本"价值观

胡锦涛秉持中国共产党全心全意为人民服务的宗旨，把"以人为本"作为科学发展观的核心，坚持立党为公、执政为民的执政理念，着力解决人民最关心、最直接、最现实的利益问题，不断实现好、维护好、发展好最广大人民的根本利益。这些论述进一步深化了为人民服务的思想。

（1）发展为了人民，发展依靠人民，发展成果由人民共享。胡锦涛在中国共产党十七大报告中指出："必须坚持以人为本。全心全意为人民服务是党的根本宗旨，党的一切奋斗和工作都是为了造福人民。要始终把实现好、维护好、发展好最广大人民的根本利益作为党和国家一切工作的出发点和落脚点，尊重人民主体地位，发挥人民首创精神，保障人民各项权益，走共同富裕道路，促进人的全面发展，做到发展为了人民、发展依靠人民、发展成果由人民共享。"① 坚持以人为本，就要坚持人民群众在建设中国特色社会主义事业中的主体地位，就要不断实现好、维护好、发展好最广大人民的根本利益；就要正确反映和兼顾不同地区、不同部门、不同方面人民群众的利益，妥善协调、处理各种具体利益和内部矛盾；就要在全国人民根本利益一致的基础上，关心每一个人的利益要求，体现社会主义的人道主义和人文关怀，满足人们的发展愿望和多样性的需求，切实尊重和保障人权；就要关注人的价值、权益和自由，关注人的生活质量、发展潜能和幸福指数，最终实现人的全面发展。

（2）党的根基在人民、血脉在人民、力量在人民。相信谁、为了谁、依靠谁，是否站在最广大人民的立场上，是唯物史观和唯心史观的分水岭，也是判断是否为马克思主义政党的试金石。胡锦涛在《在"三个代表"重要思想理论研讨会上的重要讲话》中指出："对于马克思主义执政党来说，坚持立党为公、执政为民，实现好、维护好、发展好最广大人民的根本利益，充分发挥全体人民的积极性来发展先进生产力和先进文化，始终是最紧要的。全国各族人民是建设中国特色社会主义事业的主体，人民群众积极性创造性的充分发挥是我们事业成功的保证，不断实现最广大

---

① 《十七大以来重要文献选编》（上），中央文献出版社，2009，第12页。

人民的根本利益是我们党全部奋斗的最高目的。"① 如果一个政党不能保持同广大人民群众的血肉联系，不能得到广大人民群众的衷心支持和拥护，就会失去群众基础和生命力，至于先进性就更谈不上了。中国共产党的根基在人民、血脉在人民、力量在人民。历史证明，中国共产党注意保持同人民群众的血肉联系，是中国共产党无往不胜的法宝，也是中国共产党始终保持先进性的法宝。

（3）尊重人民的主体地位，发挥人民的首创精神。胡锦涛在《在全党深入学习实践科学发展观活动总结大会上的讲话》中指出，"实践证明，推动科学发展，一定要尊重人民主体地位，紧紧依靠人民群众"②，从人民群众中汲取智慧和力量。"深入贯彻落实科学发展观，必须把实现好、维护好、发展好最广大人民根本利益作为一切工作的出发点和落脚点"③，诚心诚意为人民谋利益，"使贯彻落实科学发展观的过程成为不断为民造福的过程，最大限度地把人民群众的智慧和力量凝聚到推动科学发展上来"④。要密切联系群众，始终相信群众，紧紧依靠群众，最充分地调动广大人民群众的积极性、主动性和创造性，最大限度地集中全社会、全民族的智慧和力量，最广泛地动员和组织亿万人民群众投身中国特色社会主义伟大事业。要团结一切为祖国富强贡献力量的社会各阶层人们，鼓励其创业精神，维护其合法权益，表彰其中的优秀分子，从而把全社会、全民族的意志、智慧和力量都凝聚到中国特色社会主义伟大事业中来。

（4）权为民所用、情为民所系、利为民所谋。胡锦涛在西柏坡考察学习时感触颇深。他郑重提出，全党同志要牢记"两个务必"，坚持深入基层、深入群众，倾听群众呼声，关心群众疾苦，坚持做到"权为民所用、情为民所系、利为民所谋"，带领人民群众创造自己的幸福生活。坚持权为民所用，就是要牢固树立正确的权力观，正确行使人民赋予的权力，绝不搞权力滥用和权力寻租；坚持情为民所系，就是要切实解决对人民群众

---

① 《十六大以来重要文献选编》（上），中央文献出版社，2005，第369页。
② 胡锦涛：《在全党深入学习实践科学发展观活动总结大会上的讲话》，人民出版社，2010，第13页。
③ 胡锦涛：《在全党深入学习实践科学发展观活动总结大会上的讲话》，人民出版社，2010，第12页。
④ 胡锦涛：《在全党深入学习实践科学发展观活动总结大会上的讲话》，人民出版社，2010，第13页。

的认识、态度和感情等问题，做到亲民、恤民、爱民，和人民群众做到心心相印、鱼水情深；坚持利为民所谋，就是要实现人民的愿望、满足人民的需要、维护人民的利益，真心实意为人民办实事、办好事。

（5）实现好、维护好、发展好最广大人民群众的根本利益。党的各级领导干部要把为人民服务作为最高追求，在任何时候、任何情况下，都要把最广大人民群众的根本利益放在首位，实现好、维护好、发展好最广大人民群众的根本利益。"坚持用人民拥护不拥护、赞成不赞成、高兴不高兴、答应不答应来衡量我们的一切决策"①，把发展的目的真正落实到满足人民需要、实现人民利益、提高人民生活水平上。"努力使科学发展取得的各方面成果体现在不断提高人民的思想道德素质和科学文化素质上，体现在不断提高人民群众的生活质量和健康水平上，体现在充分保障人民群众享有的经济、政治、文化、社会等各方面权益上，让发展成果惠及广大人民群众。"② 群众利益无小事。要做到心里装着群众，凡事想着群众，工作依靠群众，一切为了群众，时刻把人民群众的安危冷暖放在心上，深怀爱民之心，恪守为民之责，善谋富民之策。要从群众最关心、最迫切需要解决的实际问题入手，急群众之所急，想群众之所想，办群众之所需，倾听群众呼声，体察群众情绪，反映群众诉求，关心群众疾苦，为群众诚心诚意办实事，尽心竭力解难事，坚持不懈做好事。

综上可见，为人民服务作为中国共产党人一脉相承、一以贯之的价值观，具有非常深刻的内涵和十分重要的意义。当然，中国共产党及其领袖关于为人民服务价值观的论述，仍然在不断的深化、发展之中，对它的认识和实践是一个日积月累、永无止境的历史过程。例如，以习近平同志为核心的新一届领导集体，继续高扬毛泽东、邓小平等倡导的为人民服务价值观，并在新的时代背景下，以实现中华民族伟大复兴的"中国梦"为目标，以深入开展党的群众路线教育实践活动为抓手，深化了对它的认识和理解，对广大人民特别是党员干部提出了进一步的要求。习近平明确重申："为人民服务是我们党的根本宗旨，也是各级政府的根本宗旨。不论政府职能怎么转，为人民服务的宗旨都不能变。要坚持以人为本、执政为

---

① 胡锦涛：《在"三个代表"重要思想理论研讨会上的讲话》，人民出版社，2003，第19页。

② 《十七大以来重要文献选编》（上），中央文献出版社，2009，第600页。

民，接地气、通下情，想群众之所想，急群众之所急，解群众之所忧，在服务中实施管理，在管理中实现服务。要加强公务员队伍建设和政风建设，改进工作方式，转变工作作风，改变门难进、脸难看、事难办现象，纠正老爷作风、衙门习气，杜绝吃拿卡要那一套，提高工作效率和服务水平，提高政府公信力和执行力。"① 他还指出，在改革开放新时期，衡量一名共产党员、领导干部是否具有共产主义远大理想，是否合格，是有客观标准的，即要看他能否坚持全心全意为人民服务的根本宗旨，能否做到吃苦在前、享受在后，能否做到勤奋工作、廉洁奉公，能否为了理想而奋不顾身地去拼搏、去奋斗，献出自己的全部精力乃至生命。在为人民服务的问题上，一切迷惘迟疑的观点，一切及时行乐的思想，一切贪图私利的行为，一切无所作为的作风，都是要不得的。习近平反复强调："领导干部是人民的公仆，必须始终牢记宗旨、牢记责任，自觉把权力行使的过程作为为人民服务的过程，自觉接受人民监督，做到为民用权、公正用权、依法用权、廉洁用权。"② 必须牢固树立艰苦奋斗、勤俭节约的思想，切实改进工作作风，深入实际、深入基层、深入群众，同时，坚决反对大手大脚、铺张浪费，力戒奢靡之风，以实际行动践行全心全意为人民服务的根本宗旨。习近平进一步提出："检验我们一切工作的成效，最终都要看人民是否真正得到了实惠，人民生活是否真正得到了改善，这是坚持立党为公、执政为民的本质要求，是党和人民事业不断发展的重要保证。"③ 十八大以来，党中央决定，要围绕党的先进性和纯洁性，深入开展以为民、务实、清廉为主要内容的群众路线教育实践活动，坚决"反对形式主义、官僚主义、享乐主义和奢靡之风"，使为人民服务价值观形成制度、落到实处、产生实效，令人民共和国风清气正、繁荣昌盛、长治久安，让广大人民群众得到实惠、扬眉吐气、生活幸福。

① 习近平：《在党的十八届二中全会第二次全体会议上的讲话》，载中共中央文献研究室编《论群众路线——重要论述摘编》，中央文献出版社、党建读物出版社，2013，第137页。
② 习近平：《在广东考察工作时的讲话》，载中共中央文献研究室编《论群众路线——重要论述摘编》，中央文献出版社、党建读物出版社，2013，第127页。
③ 习近平：《全面贯彻落实党的十八大精神要突出抓好六个方面工作》，《求是》2013年第1期。

二 "为人民服务"价值观的基本内涵

为人民服务是一种以广大人民为最高价值主体和评价主体，以广大人民的利益和需要为最高价值标准、以广大人民的实践为最高评价标准的价值观。根据价值观的内在结构，结合社会主义核心价值体系的内容，特别是结合毛泽东、邓小平的相关论述，我们可以从如下方面对之进行专业化解读。

1. 以人民为价值主体

在一个价值观念体系中，价值主体居于基础性、决定性的地位。以谁为价值主体，包括以谁为价值主体和评价主体、以谁的利益和需要作为价值标准，决定了价值观体系的性质和其他方面。以谁为价值主体，就以符合他们的根本利益为客观的价值标准；以谁为评价主体，就以符合他们的需要和意愿为主观评价的依据。古往今来，世界上各种价值观念体系之间的根本区别，归根到底都集中地体现在这一点上。

在中国长期的封建等级制之中，以"君王"为代表的地主阶级占据着统治地位，广大人民不过是如草芥般的被统治者，封建等级秩序神圣不可侵犯。作为这种秩序所反映的意识形态，无论是理论观念，还是世俗心理，都弥漫和融贯着一种尊崇圣贤、敬畏权力、贬低人民、漠视人民需求的倾向。辛亥革命虽然推翻了封建君主专制制度，但广大人民依然处于被"三座大山"压迫的凄惨境地。以毛泽东为代表的共产党人，经过艰苦卓绝的奋斗，付出了巨大的牺牲，不仅领导中国人民推翻了"三座大山"，颠覆了几千年的传统秩序，让"中国人民站起来"了，而且通过认定"人民是历史的创造者"，"人民，只有人民，才是创造世界历史的动力"① 等，在理论上第一次将人民视为国家的主人和唯一的价值创造主体，在实践中力图实现人民群众当家作主，从而将"颠倒了的历史"重新颠倒了过来。

"人民是历史的创造者"，这是马克思主义的一个基本原理，也是社会主义核心价值体系的基本内容。毛泽东曾经动情地强调："群众是真正的英雄，而我们自己则往往是幼稚可笑的，不了解这一点，就不能得到起码

---

① 《毛泽东选集》第 3 卷，人民出版社，1991，第 1031 页。

的知识。"① 人民群众中蕴含着无穷无尽的智慧和力量，只要依靠人民，相信人民，和人民群众打成一片，任何困难都能克服，任何敌人最终都压不倒我们，而只能被我们所压倒。至于领导中国革命和建设的中国共产党和人民的关系，毛泽东曾用"鱼水"之类关系比喻，反复强调党在根本上来自人民群众，生存于人民群众之中，一刻也不能脱离人民群众，因而必须相信人民群众，依靠人民群众，调动人民群众的积极性，并接受人民群众的监督和判决。毛泽东甚至在晚年犯了错误的时候，依然具有浓厚的"人民情结"，始终相信人民群众是和他站在一起的。② 毛泽东的这一人民主体思想，后来一直为中国共产党的各代领导集体所遵循，并努力在中国特色社会主义实践中加以落实。

2. 以人民利益为价值目标

作为共产党人，自然有自身的理想和目标。马克思主义反映和代表的是无产阶级的根本利益和需要，其使命和目标就是要推翻私有制，消灭剥削，消灭压迫，实现全人类的彻底解放。

具体到社会主义革命和建设时期的中国，价值理想和目标就聚焦到了中国人民的解放、中国人民的利益和幸福之上。毛泽东主张，一切从人民的利益出发，全心全意地为人民谋福利，把人民利益作为最根本的目标。毛泽东多次指出，为人民服务，是共产党和共产党领导的军队、政权的唯一的最高宗旨。"我们这个队伍完全是为着解放人民的，是彻底地为人民的利益工作的。"③ "全心全意地为人民服务，一刻也不脱离群众；一切从人民的利益出发，而不是从个人或小集团的利益出发；向人民负责和向党的领导机关负责的一致性；这些就是我们的出发点。"④ 中国共产党的事业本质上是、也只能是为人民的利益而奋斗的事业，如果偏离了人民和人民的利益，党的性质就会改变，党的合法性和领导地位就会丧失。除了人民的利益之外，共产党人没有任何私利可图，也没有任何东西不可舍弃。"以中国最广大人民的最大利益为出发点的中国共产党人，相信自己的事

---

① 《毛泽东选集》第 3 卷，人民出版社，1991，第 790 页。
② 李德顺教授将毛泽东的价值观直接解读为"人民主体论"。参见李德顺《毛泽东的价值观——人民主体论初探》，《哲学研究》1993 年第 6 期。
③ 《毛泽东选集》第 3 卷，人民出版社，1991，第 1004 页。
④ 《毛泽东选集》第 3 卷，人民出版社，1991，第 1094～1095 页。

业是完全合乎正义的，不惜牺牲自己个人的一切，随时准备拿出自己的生命去殉我们的事业，难道还有什么不适合人民需要的思想、观点、意见、办法，舍不得丢掉的吗？"① 无数革命先烈为了人民的利益，为了民族的解放，为了建设一个崭新的中国，牺牲了他们的生命，他们是为人民利益而死的，死得其所，比泰山还重；而那些替法西斯卖力，替剥削人民和压迫人民的人去死的人，就比鸿毛还轻。

在长期的社会主义革命和建设实践中，保证胜利和成功的根基，是坚定地维护广大人民的利益，得到广大人民的支持和参与。基于不同历史阶段的形势和任务，毛泽东为党制定了不同的大政方针和策略，努力推动现实社会的改造和利益关系的调整，维护广大人民群众的根本利益。也正是因为如此，他经常告诫全党加强党性修养和锻炼，警惕被资产阶级的"糖衣炮弹"打倒，防止在和平年代蜕化变质；他一贯坚决反对任何旨在谋取个人或小集团利益的行为，反对高高在上、脱离群众的官僚主义作风，严厉打击贪污腐败等各种损害人民群众利益的犯罪行径。对不正之风、特权和腐败的痛恨、防治和惩处，依然是今天广大人民群众最为怀念毛泽东的方面。这确实意味深长，也彰显了今天群众路线教育实践活动的意义。

3. 革命功利主义的价值取向

不同的价值取向实际上代表着不同阶级的价值目标。在长期的私有制社会中，一切剥削阶级都把个人的、小集团的或本阶级的私利作为根本的价值取向，因此，历来就有所谓"天下熙熙，皆为利来；天下攘攘，皆为利往"之说。那么，广大人民群众和共产党人是否也讲利益呢？毛泽东明确指出，人民群众也有自己的利益，"马克思列宁主义的基本原则，就是要使群众认识自己的利益，并且团结起来，为自己的利益而奋斗"②。例如，在土地革命时期，毛泽东深知农民的利益聚焦于土地之上，因而坚定地"打土豪，分田地"，实现"耕者有其田"，从而赢得了广大农民的衷心拥护和全力支持。

更进一步，共产党人不仅讲利益，而且还是功利主义者，只不过追求的不是一己之私利或小集团的利益，而是广大人民群众的利益。共产党人

---

① 《毛泽东选集》第 3 卷，人民出版社，1991，第 1096~1097 页。
② 《毛泽东选集》第 4 卷，人民出版社，1991，第 1318 页。

以人民群众的利益为出发点，将争取人民群众最大的利益作为根本的价值取向，是"无产阶级的革命的功利主义者"，"唯物主义者并不一般地反对功利主义，但是反对封建阶级的、资产阶级的、小资产阶级的功利主义，反对那种口头上反对功利主义、实际上抱着最自私最短视的功利主义的伪善者。世界上没有什么超功利主义，在阶级社会里，不是这一阶级的功利主义，就是那一阶级的功利主义。我们是无产阶级的革命的功利主义者，我们是以占全人口百分之九十以上的最广大群众的目前利益和将来利益的统一为出发点的，所以我们是以最广和最远为目标的革命的功利主义者，而不是只看到局部和目前的狭隘的功利主义者"①。

4. 以人民群众的利益和好恶态度为标准

在资本主义社会里，核心价值是依照资本的逻辑，以金钱和财富的多寡来衡量的。一般而言，一个人占有的金钱和财富越多，他在这个社会上的地位就越高，价值也就越大；反之，他在社会上的地位就越低，价值也就越小。这正如恩格斯所指出的，在资本主义社会里，"金钱确定人的价值：这个人值一万英镑，就是说，他拥有这样一笔钱。谁有钱，谁就'值得尊敬'，就属于'上等人'，就'有势力'，而他所做的，在他那个圈子里就是举足轻重的"②。这种评价标准，是以个人主义、利己主义思想为核心的，是由资本主义的商品交换关系决定的，实际上就是资产阶级专门追逐个人利益的阶级意识的表现。与资产阶级相反，无产阶级价值观强调的是自己肩负的历史使命，看重的是个人对社会的历史进步的责任和贡献。马克思指出："过去的一切运动都是少数人的或者为少数人谋利益的运动。无产阶级的运动是绝大多数人的、为绝大多数人谋利益的独立的运动。"③为绝大多数人谋利益，还是为个人或少数人谋私利，是无产阶级与剥削阶级的本质区别。

中国共产党作为无产阶级政党，始终把人民的利益作为最高的价值标准，把是否全心全意为人民服务、是否为广大人民谋利益作为最高的评价标准，作为衡量一切工作是否正确的唯一尺度。毛泽东说："为群众服务，

---

① 《毛泽东选集》第3卷，人民出版社，1991，第864页。
② 《马克思恩格斯文集》第1卷，人民出版社，2009，第477页。
③ 《马克思恩格斯选集》第1卷，人民出版社，1995，第283页。

这就是处处要想到群众，为群众打算，把群众的利益放在第一位。"① 他还曾说过一句后来广为传诵的名言："共产党人的一切言论行动，必须以合乎最广大人民群众的最大利益，为最广大人民群众所拥护为最高标准。"② 毛泽东反复地强调，人民群众的利益、需要是客观的价值标准，而人民群众的态度和要求则是主观评价的标准。只有既符合人民群众的利益和需要，又得到人民群众的赞成和拥护，达到客观的价值标准和主观的评价标准的有机统一，才是中国共产党及其领导的全部事业的宗旨，才是衡量与评判路线、方针、政策和一切工作的"规矩"、指南。③ 改革开放以来，邓小平更是将之具体化为"人民拥护不拥护"、"人民赞成不赞成"、"人民高兴不高兴"、"人民答应不答应"，作为观察现实、思考问题、决策管理、具体实施的根本出发点和标准。在新时期，中国共产党又将之发展为"以人为本"的价值理念，并将之作为科学发展观的灵魂，深刻地影响了共产党领导的人民政府的执政和施政过程。

立足广大人民群众的立场，从广大人民群众的利益出发，那么今天中国社会主义建设实践中，必须要制定社会公德、职业道德以及婚姻家庭道德等相应的规范。这具体地表现为与广大人民群众生活密切相关、以"八荣八耻"为内容的道德规范。当然，这些规范是否合理、是否需要调整，那就必须以人民群众的利益为标准加以衡量，与时俱进地加以考虑，通过改革和创新加以更新。

5. 以人民群众的社会实践作为检验标准

为人民服务不仅是一种理论观念，更是一种实践形式。为人民服务的价值观不仅规定了它的价值主体和价值标准的内容，而且包含了价值标准的社会检验形式，这就是人民群众的社会实践。

毛泽东以其特有的群众观点和群众路线，将人民群众的社会实践视为检验认识之真理性的标准。他指出："在我党的一切实际工作中，凡属正确的领导，必须是从群众中来，到群众中去。这就是说，将群众的意见（分散的无系统的意见）集中起来（经过研究，化为集中的系统的意见），

---

① 毛泽东：《论合作社》，载《毛泽东著作专题摘编》（下），中央文献出版社，2003，第1883页。
② 《毛泽东选集》第3卷，人民出版社，1991，第1096页。
③ 参见李德顺《毛泽东的价值观——人民主体论初探》，《哲学研究》1993年第6期。

又到群众中去作宣传解释，化为群众的意见，使群众坚持下去，见之于行动，并在群众行动中考验这些意见是否正确。然后再从群众中集中起来，再到群众中坚持下去。如此无限循环，一次比一次地更正确、更生动、更丰富。"① "只有千百万人民的革命实践，才是检验真理的尺度。"②

毛泽东不仅将人民群众的实践视为检验认识真理性的标准，而且将之视为检验一切工作之价值的标准："中国一切政党的政策及其实践在中国人民中所表现的作用的好坏、大小，归根到底，看它对于中国人民的生产力的发展是否有帮助及其帮助之大小，看它是束缚生产力的，还是解放生产力的。"③ 1992 年，邓小平在"南方谈话"中更是将之创造性地发展，具体化为判断一切是非成败的"三个有利于"价值标准。这为改革开放、中国特色社会主义建设事业取得成功提供了持续而有力的保证。

特别是，在毛泽东看来，作为检验认识真理性的标准的社会实践，和作为检验一切工作之价值的标准的社会实践，是人民群众的同一个社会实践过程，两个标准之间具有内在的一致性或统一性。在人民群众的社会实践活动中，通过共产党人基于人民立场对人民利益的调节，真理标准和价值标准是可以而且应该统一起来的。这正如毛泽东指出的："共产党人必须随时准备坚持真理，因为任何真理都是符合于人民利益的；共产党人必须随时准备修正错误，因为任何错误都是不符合于人民利益的。"④ 如果割裂人民利益和真理之间的辩证统一关系，那么，就可能会犯侵犯人民利益或唯意志论之类错误，给人民的事业带来无法弥补的损失。

三 "为人民服务"价值观与社会主义的本质特征

实际上，为人民服务不仅是共产党人的价值观，也是体现社会主义（包括中国特色社会主义）精髓的本质特征，是社会主义意识形态和价值观的核心。

① 《毛泽东选集》第 3 卷，人民出版社，1991，第 899 页。
② 《毛泽东选集》第 2 卷，人民出版社，1991，第 663 页。
③ 《毛泽东选集》第 3 卷，人民出版社，1991，第 1079 页。
④ 《毛泽东选集》第 3 卷，人民出版社，1991，第 1095 页。

根据马克思主义的基本原理，人民群众是历史的创造者，是历史发展的动力，是一切价值的创造主体，也是一切价值的享用主体。社会主义与封建主义、资本主义制度截然不同，它是广大人民当家作主的政治制度，它使广大人民真正成为社会的主人和价值的主体，成为社会主义各项事业的根本宗旨和依归。因此，作为全体人民的共同价值观，作为国家社会的主导价值观，社会主义价值观的核心内容和最高原则只能是以人民为主体，全心全意为人民服务，而绝不应该有丝毫偏离，更不允许发生背离。否则，就将危及社会主义（共产主义）的本质，背弃中国特色社会主义共同理想。

当然，为人民服务是具体的、历史的。在社会主义革命和建设的不同阶段，为人民服务的具体内容和形式不会一成不变，而应该随着历史发展而不断发展。如果说在夺取政权的革命战争年代，"为人民服务"主要是一小部分最先进、最有远见、富有献身精神人士的自觉价值观，也因此属于个人崇高的品德表现的话，那么，在中国共产党取得政权、中国人民站起来了、建立了人民当家作主的社会主义制度后，"为人民服务"则具有了全新的性质和形式，它必须成为整个国家的一切制度设计、政策制定和政府运作的根本原则，成为党和政府的全部事业和人们的行为的宗旨。这也就是说，比起推翻旧制度来，在社会主义建设过程中，为人民服务不能只是停留在思想观念层面，而必须普遍地贯彻于社会的经济、政治、文化和社会的方方面面，落实到社会各个领域的基本制度、体制、管理的程序和规范中去，成为各项事业的动力源泉、有效机制，成为各项事业的共同性质和目标，成为衡量一切工作得失成败的标准，成为社会实践的普遍特征。要言之，为人民服务价值观必须成为社会主义社会的"本质特征"。

令人遗憾的是，虽然社会主义制度在中国的建立已逾半个世纪，但不少人至今还不善于或者是不懂得要从整体和全局的高度，深刻把握为人民服务价值观与社会主义的本质、社会主义根本原则之间的内在联系，而是对它产生了种种表面化、简单化甚至庸俗化的误解。其主要表现是：仍然把"为人民服务"完全当作一个个体化、道德化的概念和现象，如把"为人民服务"只当成纯粹个人的高尚道德行为，与所谓古代的"仁爱之心"联系在一起，说成似乎是某种无缘无故的施舍或牺牲，或者以为它只是意味着要求人们（特别是党员干部）去多做一些额外的"好事"，甚至以为它就是要人们都去付出无偿的劳动，等等，并且以为它是可以不区分对象、不界定范围，不加区别地向一切人发出一个一般性号召。此外，还有人把它仅仅看作对领导干部工作作风的要求，仅仅视为"联系群众"的一个必要理由和手段等。概而言之，他们完全从个人的思想境界、行为表现以及政治化、道德化评价的角度理解和解释为人民服务，从而模糊、淡化甚至无视它与社会主义本质之间的内在联系。这种倾向不仅在理论上混淆了许多重大是非的界限，在实践上更将导致对社会主义建设极为不利的局面。①

当然，我们并不是说不应该向广大人民群众宣传"为人民服务"，而是说，这仅仅是问题的表面，绝不应该停留于此，遗漏、遮蔽了更为根本性的方面。直面人们思想上对为人民服务的误解、现实中对之的反讽，笔者认为有必要正本清源，理性地、深入地反思和讨论如下几点。

（1）谁是人民？人民不是一个抽象、空洞的字眼，而是一个动态的、历史的范畴，是现实的、具体的、历史的人们的一定集合体，是历史地承担着社会发展历史任务的所有人的集合体。毛泽东特别重视分清敌友，明确"谁是人民"。他指出："应该首先弄清楚什么是人民，什么是敌人。人民这个概念在不同的国家和各个国家的不同的历史时期，有着不同的内容。拿我国的情况来说，在抗日战争时期，一切抗日的阶级、阶层和社会集团都属于人民的范围，日本帝国主义、汉奸、亲日派都是人民的敌人。在解放战争时期，美帝国主义和它的走狗即官僚资产阶级、地主阶级以及代表这些阶级的国民党反动派，都是人民的敌人；一切反对这些敌人的阶级、阶层和社会集团，都属于人民的范围。在现阶段，在建设社会主义的时期，一切赞成、拥护和参加社会主义建设事业的阶级、阶层和社会集团，都属于人民的范围；一切反抗社会主义革命和敌视、破坏社会主义建设的社会势力和社会集团，都是人民的敌人。"② 他还说："人民是什么？在中国，在现阶段，是工人阶级，农民阶级，城市小资产阶级和民族资产阶级。这些阶级在工人阶级和共产党的领导之下，团结起来，组成自己的

---

① 参见李德顺、孙伟平《为人民服务：有中国特色社会主义价值观的核心》，《学习·研究·参考》2001 年第 9 期。
② 《毛泽东文集》第 7 卷，人民出版社，1999，第 205 页。

国家，选举自己的政府。"① 也就是说，凡是站在历史前进方向一边，矢志推动历史发展，占人口 90% 以上的人们，就是人民；而站在对立面，成为革命对象和历史进步障碍的人们，则是人民的敌人。②

（2）为人民服务是为谁服务？社会主义的标志是人民当家作主、成为国家的主人翁。这意味着国家、社会的事业也是人民自己的事业，人民群众的个人利益、集体利益与全体人民的共同利益以及国家利益之间，是根本一致、相互依存和相互联系着的，不应再具有分裂甚至对立的性质。人民的事业依靠人民自己来实现，全体人民参加劳动，劳动成为社会中光荣而普通的职责；社会分工也不应再有高低贵贱的差别，不再是类似封建主义、资本主义制度中人的异化的形式。在这一前提下，全体人民既是自食其力的劳动者、服务者，又是一切社会服务的对象，即享有者，两种身份走向高度统一：人人既是服务者，又是服务对象，"为人民服务"从根本上具有了人民群众"自我服务"的性质，即全体人民通过社会分工和相互服务而实现共同的利益，满足共同的需要。人民在总体上占有和享用社会劳动的成果，与人民通过自己的劳动服务来提供这些成果，两者之间是互为前提、相互统一的。如果没有这种统一，就没有人民当家作主、人民作为价值创造者和享用者相统一的社会主义。在这种意义上，一般地号召普通群众为人民服务，虽然没有什么不妥，但应该说并不是问题的实质和关键。因为在本质上，人民群众从来都是自我服务者，为人民服务并不是单向地为"他人"服务。广大人民群众充分认识到自己的根本利益，就一定会对"为人民服务"产生强烈的自觉要求和愿望，这是"当家做主人"的应有意识和基本职责。

（3）谁应该为人民服务？既然"为人民服务"是人民群众"自我服务"，那么，这里的服务主体当然是全体人民，即各行各业的所有职业岗位及岗位上的"服务人员"。话虽如此，这里却不可以"眉毛胡子一把抓"，不做任何重点与非重点的区分。实际上，"为人民服务"是有重心的，重心指向的是国家的公职部门和公职人员，即广大的"公仆"们。因为，为人民服务是"公仆"们的特殊职责：他们手中握有属于全体人民的

① 《毛泽东选集》第 4 卷，人民出版社，1991，第 1475 页。
② 参见李德顺《毛泽东的价值观——人民主体论初探》，《哲学研究》1993 年第 6 期。

宝贵资源，握有全体人民托付的神圣权力，并享受着人民给予的相应待遇，他们的职责就是"全心全意为人民服务"。公仆们完成了本职工作，完成了相应岗位所要求的为人民服务的职责，但并不表示他们因此就更加高尚，更加了不起，更加卓尔不群。因为，没有任何公仆可以"自给自足"、不享受他人提供的任何服务；公仆们的服务只是社会分工中他们理应承担的一部分，仍然属于人民自我服务的范畴，并不是纯粹为群众、为"他人"、为社会奉献无偿劳动，做出额外的牺牲。也正因为如此，他们也无权要求某种特权和超额的回报，更无权以"我也是人民中的一员"为理由，把手中的公共资源据为私有，以权谋私。否则，从逻辑的角度看，这是一种典型的诡辩；从政策、法律的角度看，则是不称职，是工作作风有问题，甚至是可耻的犯罪。

（4）怎样落实为人民服务？实现广大人民当家作主，广大人民"主人意识"与"服务意识"的切实统一，是牢固树立为人民服务价值观的集中体现。在现实中，这种统一并不仅仅是一种精神觉悟和道德要求，它需要落实体现社会主义责、权、利相统一的制度设计、管理体制和规范，要求有充分的法制、政策和措施作为其基础保证。[①] 典型的，如果一些政府部门及"公仆"拒绝站在广大人民群众的立场上，提供各种信息和服务，只是一味地想着"领导"和"管理"人民；如果服务业窗口单位和从业人员认为提供服务低人一等，态度消极蛮横，经常偷工减料，以次充好；如果公检法部门不能依法办事，为普通百姓主持公道，只是威严有加地吓唬百姓，甚至警匪一家，为害一方；……那么，"为人民服务"不仅将成为一纸空文，成为人们茶余饭后的笑谈，而且可能变成广大人民群众避之唯恐不及的利刃。所以毛泽东告诫我们："人们的工作有所不同，职务有所不同，但是任何人不论官有多大，在人民中间都要以一个普通劳动者的姿态出现。决不许可摆架子。一定要打掉官风。"[②]

总之，我们必须从广大人民群众出发，在社会主义本质的层面上，联系共产党的宗旨和目标，完整、准确、全面、深刻地理解和诠释为人民服务。如果能够"拨乱反正"，正本清源，正确地理解为人民服务，那么我

[①] 参见李德顺、孙伟平《为人民服务：有中国特色社会主义价值观的核心》，《学习·研究·参考》2001年第9期。
[②] 《毛泽东文集》第7卷，人民出版社，1999，第355页。

们会发现，为人民服务是平实的、普通的，它既不那么高不可攀，难以践行，也并非那么方便随意，易于做到。如果仔细分辨，那么，"为人民服务"实际上有不同的层次、不同的境界。如果只是坚守自己的岗位，做好自己的本职工作，这是一个基本的层次，做到这一点并不困难，就是有困难，也必须自己想办法加以克服；但如果要做到"全心全意"地"为人民服务"，自觉地、严格地要求自己，多做奉献，不怕牺牲，那么就属于一个高的层次，就不那么容易了。在这里，需要社会的先进分子，特别是具有高尚共产主义精神的共产党员、领导干部，经常地反躬自省，自我锻炼，在中国特色社会主义实践中不断提升自己的境界，为实现"国家富强、民族振兴、人民幸福"的"中国梦"做出应有的贡献。

四 与时俱进的"为人民服务"价值要求

如何真正做到为人民服务？这是一个需要人们用心思考、巧妙实施的时代课题，在不同的时代、不同的条件和环境下，往往会有不尽相同的标准和要求。但是，如下几方面是一般所要求的。

第一，必须始终站在广大人民群众的立场上，对人民群众始终怀有真挚、深厚的感情。毛泽东早在七大时就明确提出，共产党人要"紧紧地和中国人民站在一起，全心全意地为中国人民服务"[1]。邓小平则满怀深情地说："我是中国人民的儿子，我深情地爱着我的祖国和人民。"正是与祖国和人民站在一起，正是这份血浓于水的深情，支撑着邓小平在临近生命的终点，依然在为人民的事业奔走呼号，把自己的一生都奉献给了人民，受到全国各族人民的真心爱戴。邓小平要求，"党的组织、党员，都要永远站在人民一边，同人民在一起，了解他们的要求，倾听他们的呼声，采取各种办法保护和争取他们的利益"[2]。一个不与人民群众站在"同一条战壕"里，对祖国、对人民没有真挚感情的人，是不可能真正做到为人民服务的，有时甚至会自觉或不自觉地脱离人民群众，甚至在工作中出现分歧、冲突时，把人民群众当作自己的对立面，从而无耻地沦为人民群众的

---

① 《毛泽东选集》第3卷，人民出版社，1991，第1039页。
② 《邓小平年谱（1975—1997）》（上），中央文献出版社，2004，第685页。

敌人。

第二，必须坚持人民群众是历史的创造者的观点，落实人民群众的价值主体地位。人民群众是历史的创造者是唯物史观的基本观点，人民当家作主是社会主义民主政治的本质特征。一切权力属于人民，这是社会主义中国的国家制度的核心内容和根本准则。国家机关及其工作人员与人民群众的关系是"从属关系"，他们只是"人民的公仆"或"人民的勤务员"。国家机关固然受人民的授权，掌握并行使一定的权力，但是，这只是具体权力的授权，而绝不是治理国家主体资格的授权。政府的权力如此，执政党的权力亦然。任何党员、干部对此都应该有清醒的认识。

第三，必须坚持以人为本和人民利益高于一切，以合乎最广大人民群众的最大利益作为最高价值标准。人民的利益、愿望、要求与历史发展的必然性是相一致的，能否代表人民的根本利益，得到人民的拥护，是国家兴衰成败的关键。毛泽东指出："应该使每个同志明了，共产党人的一切言论行动，必须以合乎最广大人民群众的最大利益，为最广大人民群众所拥护为最高标准。"① 因此，要把人民的利益、意志、愿望、要求作为党和国家制定路线、方针、政策的出发点和归宿，在任何时候、任何条件下，都必须一切从人民利益出发，全心全意地为人民服务。"我们共产党人区别于其他任何政党的又一个显著的标志，就是和最广大的人民群众取得最密切的联系。全心全意地为人民服务，一刻也不脱离群众；一切从人民的利益出发，而不是从个人或小集团的利益出发；向人民负责和向党的领导机关负责的一致性；这些就是我们的出发点。"② 邓小平一再强调，党在不同历史时期所面临的环境、所承担的具体的任务会发生变化，但坚持全心全意为人民服务的宗旨永远不会变。全心全意为人民服务，最重要的就是要把"人民拥护不拥护"、"人民赞成不赞成"、"人民高兴不高兴"作为各项方针、政策的出发点和归宿。

第四，以人民群众的利益为重，切实维护人民群众的根本利益。邓小平指出："按照历史唯物主义的观点来讲，正确的政治领导的成果，归根结底要表现在社会生产力的发展上，人民物质文化生活的改善上。如果在

① 《毛泽东选集》第3卷，人民出版社，1991，第1096页。
② 《毛泽东选集》第3卷，人民出版社，1991，第1094~1095页。

一个很长的历史时期内，社会主义国家生产力发展的速度比资本主义国家慢，还谈什么优越性？我们要想一想，我们给人民究竟做了多少事情呢？我们一定要根据现在的有利条件加速发展生产力，使人民的物质生活好一些，使人民的文化生活、精神面貌好一些。"① 正如胡锦涛指出的：要不断深化对中国特色社会主义的规律性认识，更加注重以人为本，坚持从最广大人民的根本利益出发谋发展、促发展，做到发展为了人民，发展依靠人民，发展成果由人民共享。群众利益无小事。在当前社会主义市场经济条件下，共产党员、领导干部特别要正确处理国家、集体和个人三者之间的利益关系。当个人价值与集体价值、个人利益与集体利益发生冲突的时候，必须坚持集体主义原则，以人民群众的整体利益为重，必要的时候，为了人民群众的利益应该牺牲个人利益。毛泽东指出："一个共产党员，应该是襟怀坦白，忠实，积极，以革命利益为第一生命，以个人利益服从革命利益；无论何时何地，坚持正确的原则，同一切不正确的思想和行为作不疲倦的斗争，用以巩固党的集体生活，巩固党和群众的联系；关心党和群众比关心个人为重，关心他人比关心自己为重。这样才算得一个共产党员。"② 毛泽东历来提倡个人利益服从人民群众的整体利益，眼前利益服从人民群众的长远利益，坚决反对那种自私自利的个人主义。江泽民也强调："共产党人的高尚情操，是由党的宗旨所决定的。作为一名共产党员理应有更高的思想境界，在个人利益与国家、人民利益发生矛盾时，应该自觉地牺牲自己的利益，他的工作出发点不是为了金钱，而是为人民服务。"③

第五，不断深化对中国特色社会主义的规律性认识，提高为人民服务的本领。为人民服务仅仅有良好的愿望、高尚的情操是不够的，还必须与时俱进，自觉提高自身的素质和能力，练就过硬的本领。当前，有些干部也有为人民服务的愿望，但由于本领欠缺，不能很好地为人民服务，甚至事与愿违，好心办坏事。如一些领导干部对科学发展观理解不透，为发展而发展，结果要么破坏了生态环境，要么激化了社会矛盾；一些地方的领

① 《邓小平文选》第 2 卷，人民出版社，1994，第 128 页。
② 《毛泽东选集》第 2 卷，人民出版社，1991，第 361 页。
③ 江泽民：《切实加强党的建设，增强党的凝聚力吸引力战斗力》，《党建》1989 年第 7～8 期合刊。

导干部有发展开放型经济的良好愿望，一心想招商引资，但由于缺乏相应的知识和能力，结果效果平平，甚至上当吃亏，交了许多不该交的学费；等等。因此，领导干部尤其要有"本领恐慌"的危机感，在学习型党组织和学习型社会建设中，认真通过学习经典、深入思考、实践锻炼，积累经验，增长才干，更好地履行自己的职责，为人民群众服务。

第六，要坚持一切从实际出发，要有求真务实、务求实效的态度。毛泽东在《为人民服务》中说："因为我们是为人民服务的，所以，我们如果有缺点，就不怕别人批评指出。不管是什么人，谁向我们指出都行。只要你说得对，我们就改正。你说的办法对人民有好处，我们就照你的办。"① 这要求我们，要敢于说真话、道实情，坚持一切从实际出发，不唯书、不唯上，只唯实。坚持求真务实，是马克思主义科学世界观和方法论的本质要求。"求真"，就是认识事物的本质属性，把握事物发展变化的规律；"务实"，则是要在这种规律性认识的指导下，去实践、去真抓实干。要做到"求真"，就要求领导干部经常深入基层、深入群众，了解人民群众的所思、所想、所需、所盼，要学会"解剖麻雀"，把决策和工作建立在客观实际之上；就要求领导干部广泛吸纳民智民意，虚心接受各方面的意见，为人民的利益坚持好的，为人民的利益改正错的。要做到"务实"，就要求我们设身处地地为人民着想，为人民办实事，在各自的工作岗位上尽职尽责，高质量、高效率地工作，以人民满意、高兴为目的。

最后还应该强调，共产党人、领导干部作为社会的先进分子，为人民服务不能停留在普通群众的认识水平和行动方式上，而是要"全心全意"，心无旁骛，努力做到大公无私，毫不利己，专门利人。毛泽东指出："共产党就是要奋斗，就是要全心全意为人民服务，不要半心半意或者三分之二的心三分之二的意为人民服务。"② 毛泽东在延安文艺座谈会上谈到鲁迅的时候，要求一切共产党员、一切革命家以鲁迅为榜样，做无产阶级和人民大众的"牛"，鞠躬尽瘁，死而后已。虽然一个人的能力有大小，但只要具有大公无私、毫不利己、专门利人、全心全意为人民服务的精神，在自己的岗位上对社会、对人民做出了贡献，就是有价值的，就值得人们尊

① 《毛泽东选集》第3卷，人民出版社，1991，第1004页。
② 《毛泽东文集》第7卷，人民出版社，1999，第285页。

重。咀嚼历史，我们可以想到为人民服务的光辉典范——"毫不利己，专门利人"的国际共产主义战士白求恩，为人民的利益而死、人生价值重于泰山的张思德，舍己为人、大公无私、勤勤恳恳，"把有限的生命投入到无限的为人民服务之中去"的雷锋，等等，这些英雄和楷模已经交出了一份令人民感动、让人民满意的答卷，也给广大共产党员、领导干部乃至广大人民群众指明了努力的方向！

五 "为人民服务"价值观的理论与现实意义

在社会主义市场经济背景下，在改革（特别是政治体制改革）和中国特色社会主义建设（特别是民主政治建设）过程中，"为人民服务"价值观绝对没有过时。结合现时代中国的具体情况来看，在中国特色社会主义核心价值体系建设中，充分落实人民的主体地位，践行"为人民服务"，特别是增强服务观念，改进服务质量，提升服务效率，还存在许许多多问题，需要从理论上进行反思、在实践中不断改进。这也凸显了落实人民的主体地位、践行"为人民服务"的重要理论与现实意义。

第一，落实人民的主体地位，践行"为人民服务"价值观，有利于我们增进对社会主义本质的理解。

社会主义是广大人民群众当家作主的政治制度。那么，应该怎么理解和落实广大人民"当家作主"？这就必须从制度上、思想上落实人民群众的主体地位，防止将人民群众"弱化"、"边缘化"，防止人民群众"被代表"、"被决定"。毛泽东对此认识深刻，见解独到。他谆谆告诫党员干部："如果把自己看作群众的主人，看作高踞于'下等人'头上的贵族，那末，不管他们有多大的才能，也是群众所不需要的，他们的工作是没有前途的。"①

更进一步，必须将"为人民服务"落实到经济、政治、文化和社会的方方面面，作为衡量一切工作得失成败的标准。为人民服务在社会中实践的方式如何，效果怎样，是直接确证和检验社会主义的尺度，它关系到社会主义事业的兴衰成败，关系到社会主义制度的生死存亡。苏东剧变、共产主义运动遭受的挫折和中国改革开放以来成功的经验，就从不同角度深

① 《毛泽东选集》第3卷，人民出版社，1991，第864页。

刻地诠注了这一点。

第二，在社会主义初级阶段，在中国特色社会主义建设过程中，能否真正落实人民的主体地位，践行"为人民服务"价值观，对于保持共产党的合法性、先进性，具有基础性、决定性意义。

按照马克思主义理论，共产党来自人民群众，是由其中的先进分子组成的，是代表广大人民群众及其利益的。在夺取政权、建立社会主义国家后，其执政地位和权力不是天赋的，也不能"自封"，仍然只能由广大人民群众"赋权"，即代表人民群众掌握和行使权力。这就要求共产党真正把握和代表人民群众的利益。列宁指出："在人民群众中，我们毕竟是沧海一粟，只有我们正确地表达人民的想法，我们才能管理。否则共产党就不能率领无产阶级，而无产阶级就不能率领群众，整个机器就要散架。"①

人民群众才是"真正的英雄"，才是决定历史发展的真正力量，民心、民意才能论证共产党的合法性、先进性。如果中国共产党在执政过程中，不能切实落实人民的主体地位，充分实现人民当家作主，充分体现人民的利益和意志，坚持"全心全意为人民服务"的宗旨，特别是，如果凌驾于广大人民群众之上，只是为特定的小集团或特殊群体服务，那么，就不必说共产党的先进性了，就是其合法性也将受到强烈的质疑和冲击。如果这样做，那么后果将是不堪设想的，黄炎培所谓的"历史周期率"② 必将无情地上演。广大人民群众一定会觉悟起来，令背离人民群众的统治者付出代价，甚至毫不留情地推翻其统治。

第三，落实人民的主体地位，切实践行"为人民服务"，对于落实主人意识与服务意识的统一，普遍地提高人们的思想觉悟和职业道德水平，端正行业风气，具有重要意义。

因为，在社会主义制度下，广大人民群众成为国家的主人和建设者，虽然人们的社会分工有所不同，所从事的劳动在形式上千差万别，但是，包括党的领袖、各级干部在内，无论具体从事什么职业，都是社会的需

---

① 《列宁选集》第4卷，人民出版社，1995，第695页。

② 1945年7月，民主人士黄炎培访问延安，同毛泽东在窑洞进行了一场著名的谈话。黄炎培说，希望将来中国共产党建立的政权能够找出一条新路，跳出"其兴也浡焉"、"其亡也忽焉"的"历史周期率"的支配。毛泽东对曰：我们已经找到了一条新路，能够跳出这一周期率。这条新路就是民主。只有让人民来监督政府，政府才不敢松懈；只有人人起来负责，才不会人亡政息。这就是著名的意味深长的"窑洞对"。

要、组织的需要，在人格上没有高低贵贱之分，都是"人民的勤务员"，即"人人既是服务者，又是服务对象"。从根本上说，"为人民服务"就是广大人民群众"自己为自己服务"或者"自我服务"，即实现了"服务者与服务对象一体化"。

而"服务者与服务对象一体化"意味着，"为人民服务"的价值观具有最广泛的群众基础。这也是使中国共产党的先进意识变为人民群众普遍意识的客观根据，是广泛性和先进性相统一的现实基础。因为既然是"自己为自己服务"，那么每一个人都应该对"为人民服务"具有自觉的愿望和强烈的要求。深刻地认识到这一点，对于人们普遍地提高思想觉悟，提高"爱岗敬业"的职业道德水平，端正和改进行业风气，无疑是极具启迪意义的。

第四，明确"人民"一词的含义，落实主人意识与服务意识的统一，对于将"以人为本"、"为人民服务"落到实处，具有重要意义。

在践行"全心全意为人民服务"的过程中，我们经常会看到这样一种现象：许多人嘴里喊得震天响，但是言行脱节，没有采取任何实际行动。即使是领导干部，即使是窗口服务人员，情况也不容乐观。我们过去经常看到这样的情形：在"为人民服务"牌匾高悬的机关、医院、学校、商场等，当有人向他们寻求服务时，哪怕完全是他们职责范围内的事，不少人也会情绪消极、态度生硬，甚至振振有词地"训斥"服务对象："为人民服务，又不是为你服务！"这种将"人民"抽象化、与具体的历史的个人相割裂的思维方式，彻底地将"为人民服务"空洞化、虚幻化了！从逻辑上说，他们玩弄了混淆概念和偷换概念的游戏；从现实方面考量，暴露出他们只愿做"主人"，只想尽可能索取，根本不想提供任何服务的意图。这些人甚至觉得，"服务"是低人一等、"没有面子"的事情，因而能拖就拖、能赖就赖，实在不得已时，也是极不情愿甚至怨气冲天，感觉做了一点服务工作就"亏了"、"赔了"。

正因为如此，真正需要服务的广大人民群众，特别是底层群众、弱势群体，根本享受不到应有的服务，有时即使遭遇了不公正待遇，受了委屈、受了迫害，也投诉无门，只能祈望老天开眼，"青天降临"。有人无奈地调侃说，"人民"就像"上帝"一样，在现实生活中，"越想越伟大，越找越没有"。如果不改变这种思维方式和行为方式，如果不改变这种言行不一、言行脱节的现象，切实将主人意识与服务意识相统一，将劳动者和人民群众的责、权、利相统一，那么，"以人为本"、"为人民服务"必将沦为没有任何约束力的空谈。

第五，落实人民的主体地位，践行"为人民服务"，对于加强社会主义制度建设，改进领导方式和干部作风，具有重要意义。

在任何体制、机制中，都存在领导干部和普通群众的分工。领导干部手中虽然握有广大群众托付给他们的权力，但是，领导干部并不是凌驾于普通群众之上的特殊群体，而是责、权、利相统一的普通一员。毛泽东指出："我们一切工作干部，不论职位高低，都是人民的勤务员，我们所做的一切，都是为人民服务。"① "人们的工作有所不同，职务有所不同，但是任何人不论官有多大，在人民中间都要以一个普通劳动者的姿态出现。决不许可摆架子。一定要打掉官风。"② 邓小平更是简明扼要地指出："什么叫领导？领导就是服务。"③ 这实际上还不是要求领导干部的觉悟都普遍高尚，只知"无私奉献"，完全没有索取，完全不享受他人提供的服务。由于领导干部也是人，也是广大人民群众中的一员，因而这实际上往往是做不到的。"领导就是服务"只是说，领导岗位作为社会分工中的一个有机组成部分，其工作职责就在于以包括决策、管理在内的各种方式，"负责任"地为广大人民群众提供各种服务。领导干部服务的内容虽然与普通群众的工作有所不同，但也只是全部制度安排中的一部分，任何领导都绝对没有资格高高在上，态度粗暴，没有资格"门难进、脸难看、事难办"，没有资格拈轻怕重、推三阻四，没有资格"不作为"、拒绝"服务"，没有理由看不起人民、"卡人民脖子"，特别是没有理由以权谋私、腐化堕落。

第六，落实人民的主体地位，践行"为人民服务"价值观，对于中国政治民主建设，特别是对于改进作风、反腐倡廉，具有重要意义。

坚持人民群众的主体地位和"为人民服务"，无论是制度设计，还是具体的社会治理理念，无论是政府机构，还是广大干部队伍，都必须从人民群众出发，以人民群众的利益为重，做到"立党为公，执政为民"，"权为民所用，情为民所系，利为民所谋"。当然，做到这一切并不容易。虽

① 《毛泽东文集》第3卷，人民出版社，1996，第243页。
② 《毛泽东文集》第7卷，人民出版社，1999，第355页。
③ 《邓小平文选》第3卷，人民出版社，1993，第121页。

然"领导就是服务",领导干部应该"全心全意为人民服务",但毋庸置疑的是,目前一些领导干部的思想观念、治理能力和工作作风与此存在明显的差距。官僚主义、形式主义、享乐主义、党八股、不作为、奢靡之风,等等,既十分严重,又特别顽固。甚至在领导干部队伍中,一些为权力所异化的腐化堕落者将自己视为手中权力的特殊"主人",全然忘记了自己所承担的"服务"职责和义务,或者把自己和小团体的利益置于人民群众的利益之上,只是用权力为自己和小圈子服务,甚至只是"为人民币服务",把对共产主义信念的追求,变成了对金钱、货币的追求,最终庸俗化为"一切向钱看":"理想理想,有利才想;前途前途,有钱就图。"一些党员、干部价值观念中对理想、精神、荣誉、道德等不能带来物质利益的东西不感兴趣了,甚至喊出"荣誉多少钱一斤"、"良心多少钱一斤"之类的口号,对崇高、良善、正义的东西公开进行讽刺和解构。这割裂和颠倒了"公仆"与主人的关系,完全违背了"全心全意为人民服务"的宗旨,甚至自觉地站到了广大人民的对立面。如果听任官僚主义、形式主义特别是特权、腐败现象发展下去,党就会失去群众、失去民心,走向自我毁灭。针对这种状况,邓小平、江泽民、胡锦涛、习近平等一再强调,反腐败斗争是关系党心民心、关系党和国家前途命运的严重政治斗争;党风廉政建设和反腐败工作,是党和国家的重要工作,也是党的建设工程的重要组成部分。

全心全意为人民服务是检验廉政建设的重要尺度。树立全心全意为人民服务的思想并落实到行动上,不仅是实现廉政的关键和前提,而且还是衡量廉政、勤政建设的根本尺度。检验是不是实现廉政,最重要的就是看工作人员特别是领导干部是否坚持人民当家作主、是否真正地"全心全意为人民服务",最基本的,要看其是否坚持一切从人民的利益出发,以人民的利益为重,做好了自己的本职工作,特别是,绝不"卡人民的脖子",不因自己分内的服务索取额外的"报酬"。如果连这一基本要求都做不到,还要斤斤计较、讨价还价,甚至用权力寻租,那么就可能已经走向了人民的对立面,成了千夫所指的特权和腐败分子,甚至成了人民群众的公敌。

总之,切实落实人民的主体地位,自觉践行"为人民服务"价值观,事关中国共产党的先进性和执政的合法性,事关社会主义的本质和中国特色社会主义的共同理想,也关系到马克思主义中国化和中国特色社会主义的建设进程。全心全意为人民服务是中国共产党及其领导的人民政权区别于一切剥削阶级政党及其政权的显著标志之一。当前中国特色社会主义核心价值体系建设的关键，是结合新时代的历史条件，结合社会各个行业的特点，从理论和实践上更加深入全面地贯彻、体现人民当家作主、"全心全意为人民服务"的宗旨，真正使为人民服务化为人们的自觉意识和习惯性行动。

第九章
"尊重差异，包容多样"与
凝聚社会主义核心价值观共识

在全球化、信息化时代，在中国社会主义初级阶段和社会主义市场经济背景下，多样化、差异化价值观的存在，是一个毋庸置疑、非常正常的客观事实，也是社会主义核心价值体系建设的现实基础。一方面，如果无视这一事实，一味地要求广大人民群众"狠斗私字一闪念"，甚至强求广大人民群众"心往一处想"，则是天真而非实事求是的。另一方面，只有解放思想，实事求是，凝聚和确立适应时代发展、科技进步和社会发展的社会主义核心价值观，才能抵制各种愚昧、腐朽、落后的价值观的侵蚀，使人们的思想和行为合乎时代和社会发展的要求，稳步推进中国特色社会主义建设事业，推进人与社会的自由、全面、和谐发展。

一　"尊重差异，包容多样"

价值观毕竟是人的思想观念，具有鲜明的属人性和主体性。无论是世界，还是中国，多样化、差异化价值观都是毋庸置疑的历史和现实存在。放眼世界，从空间论，有东方文化价值观、西方文化价值观以及其他地域的文化价值观；从时间论，有古代文化价值观、近代文化价值观、现代文化价值观等；从文化价值观的谱系论，有科技价值观、经济价值观、政治价值观、法律价值观、道德价值观、宗教价值观、文学价值观、艺术价值观、军事价值观、教育价值观、社会价值观等；此外，从主体论，还有不同民族的价值观、不同宗教的价值观、不同阶级（阶层）的价值观、不同国家的价值观、不同地区的价值观、不同行业的价值观、不同企业的价值观、不同个人的价值观；等等。既然多样化、差异化价值观是一种历史的和现实的客观存在，那么，我们有必要从理论上分析其存在的理由或根据，分析其存在的意义与局限性，并讨论其在全球化、信息化、市场化背景下，在中国特色社会主义建设实践中的发展状况与命运。

（一）多样化、差异化价值观存在的根据

价值观是人们在社会生活实践中，基于生存、发展和享受的需要，通过对各种各样的价值进行评价而形成的观点和看法，是人们的价值信念、信仰、理想、标准和具体价值取向的综合体系。价值观作为社会意识，是人们的文化积淀和生活实践的产物，是人们的利益、需要等在心理、思想和行为取向上的反映。由于价值是属人的、主体性的范畴，因而价值观不是在人之外、独立于人的某种观念，而总是一定主体（人）的观念，根本不存在什么抽象的、"无主体的"价值观念。它存在于人们的历史与现实生活之中，体现在人们的生存、生活、发展方式之中，体现在人们的精神活动和思想态度之中。人既是价值观的创造者和发起者，又是价值观的载体和承担者。历史与现实中出现的多样化、差异化价值观，其产生、存在和变化的内在根据，归根到底也在于这种价值观的主体，必须运用主体性思维加以分析。

由于人的主体形态总是多样化、多层次性的，加之这些主体在生存环境、经济发展、意识形态等方面的差别和对立，以及文化传统、生活方式、行为习俗等方面的不同，因此，他们彼此之间在生存和发展的条件、方式、目的、利益、需要、素质和能力等方面都有各自的特征，从而构成了"主体多样化"的现实。

例如，不同的自然环境条件，即主体不同的生存、生活环境，可能导致主体产生差异。著名的"地理环境决定论"认为，社会文化的一切都是由地理环境决定的。诚然，这是一种片面、极端的观点，但我们也不能因此全然否定地理环境对人及其文化的影响。其实，自然环境与生产方式等因素相结合，一直对人们的活动、文化等产生着影响。例如，中华民族发源地黄河流域属于大陆性自然环境，适宜农业生产，先祖们便发展了发达的甚至早熟的农业文明，并比较完整地保留了宗法家族制度。中国文化中安土重迁、安贫乐道、和合宁静、注重伦理道德等大陆型价值取向，都与这种环境和条件息息相关。而古希腊则不同。巴尔干半岛和爱琴海的地貌

不可能产生发达的农耕文明，地中海的环境（亚非欧三洲交界，周边民族众多，宗教成分复杂，是多个文明的发源地）却有利于发展航海业、手工业和商业贸易。这样的自然环境培养了古希腊人海洋型的价值品格，进而随着希腊文化的扩散，影响和塑造了许多西方民族。

又如，人们具体的、历史的生活实践经验的差异往往也会导致主体产生差异。人的品质、性格、脾气等既不是先天预定的，也不是抽象而千篇一律的，而是人们在自己后天的生活实践中逐步形成的，在工作、学习、创造、交往过程中逐渐塑造的。由于不同人的成长环境和生活实践经历各不相同，因而不同人的品质、性格、脾气也可能迥然有异，所谓"官场习气"、"商人习气"、"土匪习气"，所谓"诗人气质"、"学者气质"、"艺术家气质"，所谓"官僚作风"、"军阀作风"、"军人作风"，等等，就具体而生动地诠注了这一点。而人的品质、性格、脾气等的不同，直接导致人自身千姿百态，各具特色。这正如俗语所谓"人上一百，形形色色"。

可见，由于客观环境、条件和主体文化传统、具体经历等方面的原因，现实的主体形态、主体性质是不尽相同的。并且，具体、多元的主体形态、主体性质自身，也并不是固定不变的，它一直处于动态的塑造、变化、发展过程之中。这也正如俗语所说，"人是会变的"，"士别三日"，往往"当刮目相看"。

肯定现实社会中具体主体的主体形态、主体性质的差异和多样性，肯定他们具有不尽相同的现实利益和需要，肯定他们在经济发展、政治要求、宗教信仰、风俗习惯以及个性方面的多样化，必然会"自然而然地"得出主体现实价值关系多样性的结论。也就是说，面对具体的现实社会情形，不同的主体与客体可能"结成"实际上不尽相同的价值关系，甚至可以说，有多少不同的主体，就可能有多少种不同的价值关系，它们之间不可能完全"重合"，不可以相互代替，即主体的现实价值关系呈现"因人而异"的特点。而且，这种多样化的价值关系并不是僵死的，不是固定不变的，而是"因时而异"、"因人的发展之不同而不同"的，同一主体在不同的时间、条件下，在不同的发展程度和状态下，往往所表现出的价值关系也是不断变化着的，具有不尽相同的价值内涵。

正是具体主体的多样化（包括多层次性）、主体现实利益和需要的多样化、主体现实价值关系的多样性与动态性等基本事实，决定了不同主体的社会价值理想、价值标准不可能完全统一，价值取向、价值选择不可能绝对趋同。换言之，人们的社会价值理想、价值标准和具体价值取向必然随主体不同、随主体发展状况之不同而呈现多向化、多维化、多层次、立体化、动态化的面貌。也可以说，有多少不同的主体，就可能有多少种不同的价值观，这些价值观之间不可能完全"重合"，不可能相互代替。例如，各个不同的民族有其自身的文化传统和风俗习惯；各种不同的宗教有其各具特色的信仰信念和规范戒律；各个不同的社会阶层有其自身的现实利益和价值追求；各个不同的地区要求有符合其具体情况的发展道路和模式；各个不同的行业有其具体的职业特点和关注重心；……各种不同的社团组织、社会群体也有其独特的价值旨趣和要求，如环境保护主义者（绿色和平组织等）疾呼环境保护的急迫性，要求维护生态平衡，保护大自然、动物和植物的权益；女权主义者反对一切性别歧视，主张妇女解放和全面平等，要求维护妇女的正当权益；甚至一些边缘性的社会群体，如挑战权威、倡导软件自由化运动的"黑客"（不包括网络黑客）等，也努力发出自己的声音，推广自己的价值理念。不同的个人更是会随着自己的信念、利益、需要、兴趣、条件、能力的不同，选择不同的社会职业，追求相应的生活样式，培养不同的兴趣和爱好，与不同的朋友交往娱乐，从而表现出自己独特、丰富的个性。甚至，同一个人也经常在各种不同的社会环境中扮演不同的社会角色，展现不同的价值追求。例如，一个人在家里可能是家长，承担着家庭的重负，必须行使家长的权力，同时也要履行家长的义务；在工作单位则可能是一位普通职员，必须恪守职责，完成自己的本职工作；在商场或游乐场所，则是一位顾客，可以在付费之后，享受相应的服务；……随时随地的角色转换，使人们可能最大限度地发掘自己的潜能，"展现不同的自我"。

可见，人们的价值观的这种个性化、多样性、差异化现象，是有其客观根据的，是一个不可否认的客观的事实。在社会主义核心价值体系建设过程中，弘扬主旋律，凝聚全社会的核心价值观共识，只能以这幅多姿多彩、色彩斑斓的画卷作为前提与基础。如果我们无视这种个性、多样性、差异性，不从这种个性、多样性、差异性的价值观出发，那么，真正的社会核心价值观共识也就如同空中楼阁，绝对没有什么实现的希望。而如果能够充分理解价值观的独特性、多样性、差异性，那么，社会核心价值观共识的追寻将走上一条现实的道路。而且，认识到这一点，从世界层面说，对于揭露形形色色的文化霸权主义，包括亨廷顿"文明的冲突"之类臆断，避免无谓的价值矛盾和冲突，对于认同不同文化价值观念的人们学会相互尊重、和睦相处、存异求同，具有重要的现实意义。我们甚至可以说，只有与独特性、个性、多样性、差异性相对应，只有建立在独特性、个性、多样性、差异性基础之上，社会核心价值观共识才是合乎逻辑、具有进步意义的。

（二）多样化、差异化价值观的意义

多样化、差异化价值观不仅是统一思想、凝聚社会核心价值观共识的前提和基础，而且对于凝聚社会主义核心价值观共识，它本身也具有存在的理由和发展的意义。

首先，个性、独特性、差异性是一种文化价值观之魂，是其长期存在和不可替代的理由与根据。

人是世界上最宝贵的价值性存在。如果一个人没有任何价值（当然，这是不可能的），其存在便是荒谬的。而人的价值性存在的意义，在于其在社会历史中的独一无二性，在于其与众不同，在于其不可替代，换言之，在于其丰富多样及与众不同的个性、独特性、差异性。马克思曾经指出："人是一个特殊的个体，并且正是他的特殊性使他成为一个个体，成为一个现实的、单个的社会存在物。"① 因此，一个人以其自身特有的个性、方式而存在着、生活着，这是一个人作为"人"不可剥夺的基本权利；追求个性化、多样化、差异化，表现其与众不同和不可替代性，是一个人具有自主的主体地位和独立人格的体现。

众所周知，文化即"人化"，它与人自身具有同一性。对于任何文化价值观来说，道理也是类同的。如果一个民族、国家、地区、企业的文化价值观只是追随、模仿其他文化，只是单纯地引进和追随其他文化价值观，而没有真正的实质性的创新，没有自己独特的内涵，没有自己个性化的品格和特色，那么，它不过是其他文化价值观的"跟班"或附属品而已，甚至不过是其他文化价值观的"复制品"或"克隆品"而已。这样的

───────────────

① 《马克思恩格斯全集》第42卷，人民出版社，1979，第123页。

文化价值观缺乏长期存在的理由，至少其存在的理由已经大打折扣了，其折扣率与其个性、独特性、创新程度等呈反向关系。应该说，近年来，在工业化、西方化、全球化浪潮中消失或濒临消失的文化价值观，大多数都是缺乏个性、独特性和实质创新的文化价值观。

其次，多样性、个性化、差异化追求是社会发展的基本动力，也是文化价值观创新、进步的源泉。

现代工业文明（或曰"机器文明"）对世界的"改造"或塑造，很重要的一个方面在于标准化、批量化、规模化，或者说单一化、同质化、模式化。它对于人与文化的个性、多样性的改造和异化前所未有，这已经引发了广泛的思考，也引发了强烈的质疑和严厉的批评。马尔库塞认为，它将人变成没有个性、畸形发展的"单向度的人"，将社会变成兴趣单一、片面和病态发展的"单向度的社会"。人们越来越认识到这种单质"大一统"的潜在的和现实的威胁，同时，也越来越认识到，多样性、个性是文化价值观不可替代的一种品质。允许多样性、个性的存在和发展，就意味着允许创新和发展；而遏制多样性、个性的存在和发展，扼杀创造的权利，必然将文化价值观导向因循守旧、墨守成规，变成一潭波澜不惊的死水。因此，只有每一种文化价值观以其自身特有的方式、个性存在着，整个社会才可能丰富多彩，才可能充满盎然的生机和巨大的创造活力。

如第六章所述，世界正在快速信息化，正在迈进信息时代和信息社会。而信息时代是一个多样性、个性得以充分彰显的时代，是个性化气质、个性化产品大行其道的时代。这主要是因为，信息社会对于多样性、个性价值的彰显，具有前所未有的巨大的实践需求。由于工业社会对人的同质化塑造，特别是高新科学技术以及工业自动化令人意想不到的快速发展，标准化、批量化的产品可以大量地、大大超出市场需求地生产出来，因而它们在市场上将因为成本控制而比较廉价，相关企业又因为竞争激烈而生存艰难。而那些富有创意、能够满足个性化需求的产品，由于信息技术特别是网络在产品设计、生产管理、市场营销等方面的作用，其设计与生产将会变得相对容易实现；同时，信息社会管理将逐渐弱化，权力、权威的统一化、同质化影响日益缩小，教育和环境也将日益鼓励个性与创新，这对人们的个性自由发展提出了新的要求，也为其自由发挥提供了前所未有的空间。只有"与众不同"、富于创造性的产品，只有能够满足特定顾客差异化、个性化需求的产品，才可能最贴近市场的需要，才可能受到市场的热烈欢迎，因而也才最具价值，最受鼓励。社会存在决定社会意识。在这样一个全新的历史时代，只有高扬多样化、个性化的大旗，勇于坚持多样性、个性和独特性，文化价值观才有存在的理由和发展的希望。

再次，任何一种文化价值观的存在都不是孤立的，其发展、创新都必须从其他文化价值观中汲取营养，获取资源。

个性化、独特性的文化价值观是一种资源，具有不可替代的价值。不同文化价值观之间的互相学习、借鉴，多种文化价值观的交汇、融合，是人类文化价值观发展、创新的源泉。当一种文化价值观汲取了另一种文化价值观的合理成分后，往往会派生出许多新的品质、新的形式，令自身的内涵更加丰富，创造活力更强。咀嚼世界文化史，或许可以将之归纳为一部世界文化价值观交流、互动的历史。英国哲学家罗素早就指出："不同文化之间的交流过去已被多次证明是人类文明发展的里程碑。希腊学习埃及，罗马借鉴希腊，阿拉伯参照罗马帝国，中世纪的欧洲又摹仿阿拉伯，而文艺复兴时期的欧洲则仿效拜占庭帝国。"[①] 例如，从利玛窦的《天主实义》中，我们可以看到天主教与中国文化传统的结合，尤其是与先秦哲学中"天"、"天命"、"上帝"等理念的结合。

在世界文化价值观的交往、交流和互动中，不同文化价值观之间的差异乃至对立，经常诱发人们的灵感和创造力，从而导致创新；没有多样化和差异，没有相互之间的竞争，就可能没有人类文化价值观的进步。人们可能已经注意到，那些具有生命力的文化价值观总是十分注意在交往、交流中汲取营养，在双方或多方的互动之中寻求启迪之源，寻求创新的灵感。近年来，基督教的某些派别已直接把中国的气功、印度的瑜伽融合到其修持体系之中，佛教的禅宗、唯识论正在与西方心理学说相融合……迈入全球化、信息化时代，全球文化交往日渐频繁、深入，东西方思想文化前所未有地交融汇合，这一切正在谱写一部新的人类文化思想史。

最后，世界文化价值观系统是一个庞大、复杂的"生态系统"。任何个性化、独特性的文化价值观的消亡，都可能是整个生态系统巨大的、无

---

① 〔英〕罗素：《中西文化之比较》，转引自《一个自由人的崇拜》，胡品清译，时代文艺出版社，1988，第8页。

可挽回的损失。

孟子曰:"夫物之不齐,物之情也。"① 世界文化价值观就像一个种类繁多、色彩缤纷的"百花园"。在"百花园"中,再灿烂、再绚丽的一花独放,也会显得单调,缺乏生气,甚至有一种萧条、肃杀的感觉。而真正富有意义、令人欣喜的繁荣,必须是百花竞放,各呈丰姿,争奇斗艳。如果某种文化价值观唯我独尊、唯我独存,一心想遏制、剿灭其他文化价值观,那么,就难免扼杀文化乃至社会发展的生机与活力,"大力推进"世界文化的"沙漠化"。这在世界文化史上并不缺乏先例。仅仅在中国,秦始皇"焚书坑儒"、董仲舒"罢黜百家"、"文化大革命""破四旧"……都可以说是其典型表现。

实际上,在世界文化价值观的生态系统之中,任何文化形态、文化价值观都有着不容替代的意义和魅力。面对全球化、信息化的快速推进,面对西方强势文化的高歌猛进,各种文化价值矛盾日益凸显、冲突日益加剧。尤其是那些原始部落、落后地区、发展中国家,面对强势的西方资本主义文化价值观的入侵、挤压、殖民,充满了对于民族文化传统流失、日益沦落为西方资本主义文化之附庸的深切忧虑。因此,在当今世界,在强势的西方资本主义文化价值观尚未彻底剿灭多样化的弱势文化价值观之前,有必要对各民族、各国家、各地域丰富的文化传统、文化价值观进行抢救性的发掘保护,将其中的优秀成分、独特基因转化为具有全球意义的文化价值资源。

总之,与社会核心价值观共识相对而言的个性、多样性、差异性、独特性是十分珍贵的,具有恒久存在的理由和价值。一方面,它能够彰显不同文化价值主体的历史、特质、利益和需要,彰显不同文化价值主体的权利、责任和义务,为社会主义核心价值观共识的追求提供宝贵的价值资源;另一方面,也能够在文化价值观生态方面改善各种中心主义、霸权主义造成的不合理状况,有利于世界文化、文明相互借鉴,有利于一个社会走出单调、片面发展的困境,获得平衡、健康、合理发展的生机与活力。

(三)"尊重差异,包容多样"

中国是一个历史悠久、传统深厚、民族众多、宗教复杂、地域广阔、

---

① 《孟子·滕文公上》。

阶层分化严重的"超复杂社会"，在历史与现实中，一直存在多样化、差异化的文化价值观。在中国特色社会主义核心价值体系建设实践中，必须充分了解和把握国情，充分理解文化价值观的复杂性、多样性、动态性，从而解放思想，实事求是，在意识形态、文化价值观等领域选择恰当的政策和对策，采取明智、果断而有针对性的行动。

当代中国正处于一个非常特殊、非常关键的历史时期——国际共产主义运动低潮背景下的"社会主义初级阶段"，以改革开放方式建设中国特色社会主义、实现中华民族伟大复兴"中国梦"的历史时期。当代中国面临的现实国情、民情，包括思想文化领域的复杂现状，决定了在社会主义核心价值体系的建设中，必须实事求是，充分考虑如下两方面的事实情况。一方面，中国特色社会主义的建设主体是多样化、多层次性的。56 个民族、具有不同信仰的宗教、多种社会阶层、发展程度不同的地区、利益诉求不尽相同的各行各业、各种社会团体乃至不同的个人等，构成了小康社会建设的主体力量。在剥削阶级作为阶级被消灭以后，必须破除过去的"左"的传统和思维方式，从而调动全社会的积极性。不能以财产、职业等为尺度，将诸如在社会变革中出现的民营科技企业的创业人员和技术人员、受聘于外资企业的管理技术人员、个体户、私营企业主、中介组织的从业人员、自由职业人员等社会阶层排除在社会主义的建设者之外。另一方面，不同建设主体的"主体状况"和"主体尺度"是存在明显差异的，是多样化的。在一定社会历史条件下，不同的人文化传统不同，生存发展条件不同，生活实践的方式和经历不同，特别是，人们的社会角色、立场、利益、需要以及素质和能力也不尽相同。并且，伴随着社会历史发展的进程，每一主体及其主体状况、尺度都并非固定不变，而是处在动态发展的过程之中。也正因为如此，多样化、多层次主体的现实价值关系是多样化、动态发展的。

由于不同主体的现实价值关系不尽相同，"因人而异"、"因时而异"、"因人的发展之不同而不同"，因而在中国特色社会主义建设过程中，人们的社会价值理想、价值标准和具体价值取向也不可能完全一致、简单趋同，而必然随主体和主体发展状况之不同，呈现开放性、差异性、多样化、动态化的面貌。如前所述，各个不同的民族有其自身的文化传统和风俗习惯；各种不同的宗教有其各具特色的信仰信念和规范戒律；各个不同的社会阶层有其自身的现实利益和价值追求；各种不同的行业有其具体的职业特点和关注重心；发展不平衡的各个地区要求有符合其具体情况的发展道路和模式；……不同的个人甚至同一个人在社会主义市场经济大潮中，也会随着自己信念、利益、需要、兴趣、条件、能力的不同，追求"展示自我"、"实现自我"的不同方式，发掘自己多方面的潜能，表现自己独特丰富的个性。

在社会存在多样化文化传统、多样化生存条件的情况下，在不同人之间存在多样化活动方式、多样化利益差别、多样化角色分工等的情况下，价值观的差异与多样化是一种不可避免的现象，也是一种普遍、正常的客观现实。对此，我们在导论、第六章第二节中，已经根据价值观调研的结果进行过扼要的说明和讨论。①

在这样的客观实际情况面前，建设中国特色社会主义这一空前伟大的事业要求我们立足现实，尊重和承认一切合理的价值观，从中总结和概括先进的社会价值导向的内容；必须尊重差异，包容多样，杜绝简单地"强求一律"和强加于人，然后给予科学的说明和正确的引导。在坚持马克思主义指导地位和中国特色社会主义共同理想不动摇的前提下，"尊重差异，包容多样"有利于人们自觉地认识自己的地位和使命，增强自己的自主、独立、责任意识，在共同社会生活中相互协作，存异求同；有利于充分落实"以人为本"的要求，调动最广大人民群众的责任感和积极性，以实现大众创造力的充分涌流；有利于充分挖掘和鼓励不同阶层、不同群体所蕴含的积极向上的思想精神，最大限度地形成价值共识，凝聚力量，齐心协力建设中国特色社会主义；同时，也有利于教育管理工作者解放思想，确立应对多样化现实的健全心态，自觉地保持科学、严谨、宽容、求实的作风，创造性地构建充满生机与活力的社会主义和谐社会。

在中国革命和建设时期的相当长的时间里，特别是在新中国成立后"以阶级斗争为纲"的"左"倾时期，由于我们不能正确地理解价值的这种丰富的个性、多样性、动态性，不能宽容地对待、认可人们多样化、动态化的价值理想、价值标准和价值取向，曾经追求过、倡导过、实践过许

① 对此，还可参见孙伟平主编《当代中国社会价值观调研报告》，中国社会科学出版社，2013。

多简单化、极端化的观念和做法。例如，对毛泽东搞个人崇拜，"毛主席的话句句是真理"，"毛主席的话一句顶一万句"，完全盲从领导人的价值标准和价值取向；或完全盲从他人的价值理想和价值标准，如有人过分崇洋媚外，以为"外国的月亮也比中国的圆"；或简单拒斥他人的价值标准和价值取向，如提出"宁要社会主义的草，不要资本主义的苗"、"凡是敌人拥护的我们就要反对，凡是敌人反对的我们就要拥护"之类令人啼笑皆非的口号，简单地不加分析地拒斥西方文化价值观；或将"越穷越革命"、"越穷越光荣"、"越穷越是依靠力量"等价值观念和价值标准强加于整个社会，甚至要求人们"喜欢"过衣难遮体、食难果腹的穷苦日子；甚至，在整个社会中，一味地突出政治，强行推行"政治挂帅"、"以阶级斗争为纲"等"最高的"价值标准，鼓动人们"与天斗，与地斗，与人斗"……这种强制人们在观念、思想上趋同、统一的做法，导致整个社会文化环境极其"左"倾，将历史上博大厚重的中华文化推向了"文化沙漠化"的境地，并造成了许多人为的价值矛盾和冲突，造成了许多令人心酸、痛彻心扉的人间惨剧。

历史证明，在社会主义初级阶段，这种试图消灭一切个性、多样性，从而让利益不尽相同、需要各具特色的具体主体"整齐划一"、强制趋同的做法，如同在自然界消灭生物的多样性从而导致生态灾难一样，是非常愚蠢而有害的。它在很大程度上否定了不同阶层、不同群体的独立的价值主体地位、健全的价值主体意识，消融了不同阶层、不同群体的自主、创造和责任意识，其结果往往是"一统就死"，使社会发展失去应有的竞争与活力，使人们的生活失去它本来的丰富多彩本性。更严重的是，强制地推行还会制造和加剧各种社会矛盾、社会冲突，造成诸如"反右"扩大化以及"文化大革命"之类灾难性后果。

应该说，"尊重差异，包容多样"，是解放思想、实事求是思想路线的要求，是不同价值主体相互尊重、相互宽容、和平共处的要求，也是我们驾驭复杂形势自信心增加的体现。因此，在今后的中国特色社会主义建设实践中，必须解放思想，实事求是，充分尊重和确立多样化、多层次人民群众的主体地位，肯定人们现实利益、需要的差别与对立，保护广大人民群众的合法权益和创业精神，始终倡导和坚持价值理想、价值标准、价值取向的开放性、多样化，"放手让一切劳动、知识、技术、管理和资本的活力竞相迸发，让一切创造社会财富的源泉充分涌流"，以最宽容的心态，以最务实的态度，全力营造支持改革、发展、创新的社会氛围，营造鼓励人们干事业、支持人们干成事业的社会氛围，让一切有利于中国特色社会主义建设的力量得到充分释放、施展的空间。

二 价值导向与价值共识

"解放思想，实事求是"是我们思考问题、做出决策的思想路线和方法论原则。建设社会主义核心价值体系，必须"尊重差异，包容多样"，在此基础上有针对性地创造性地去做。这既是对价值观进行学理分析得出的必然性结论，也是对中国过去的历史经验的深刻总结，而且，还是对当前形势进行科学分析后形成的明智的战略决策。因此，在社会主义核心价值体系的建设中，自然而然地形成了一个建设的重点：如何对多样化、差异化的价值观进行引导，是否可能以及如何凝聚社会核心价值观共识。

（一）多样化价值观与价值导向

如前所述，在全球化时代人类社会存在多样化文化传统、多样化生存条件的情况下，在社会转型时期不同人之间存在多样化活动方式、多样化利益差别、多样化角色分工等的情况下，价值观的差异与多样化是一种不可避免的现象，也是一种普遍的客观现实。过去在意识形态、价值观问题上，我们曾经犯过自我封闭、简单化的错误，不仅与西方资本主义价值观壁垒分明、势不两立，而且在自己阵营内部也不断进行大批判、"大清洗"，旨在建设"纯而又纯"的社会主义价值观。结果事与愿违，不但窒息了人民大众的思想，也削弱了国家发展的生机和活力。因此，必须立足现实，承认和利用一切合理的价值观，从中总结和概括先进的社会价值导向的内容；必须尊重差异，包容多样，杜绝简单地"强求一律"和强加于人，然后给予科学的说明和正确的引导。

然而，"尊重差异，包容多样"，并不意味着一切多样化、差异化甚至互相对立的价值观都是正确的，都是合理的，都有着相同的前途和命运，并不意味着"价值无争辩"、"公说公有理，婆说婆有理，天下无公理"之类价值相对主义。如果我们具体地进行分析，那么不难发现，有些人的价值信念、价值信仰是违背自然和社会历史发展规律的，如迷信与邪教就背离了基本的科学原理和科学精神；有些人的价值标准和价值取向是非理性、自私自利的，如拜金主义、享乐主义和极端利己主义就是人的私欲和贪欲膨胀的结果；还有些人的价值观是反社会、不文明的，典型的如各类社会破坏分子和恐怖分子的价值观；等等。这类愚昧、腐朽、落后的价值观是逆历史潮流的，是没有生命力的，它终将受到广大人民群众的批判和唾弃。

因此，我们不能因为客观存在的价值观多样化、差异化事实，就放弃应有的主体立场和责任意识，对那些愚昧、腐朽、落后的价值观不加干预，听之任之，对宣传和倡导科学、合理、先进的价值观缺乏热情，丧失信心。相反，应该坚定共产主义信念和中国特色社会主义共同理想，旗帜鲜明地批判各种愚昧、腐朽、落后的价值观，确立先进的社会主义核心价值观的主导地位。

在世界范围内，多样化的价值观集中体现了不同民族、宗教、国家、阶级、阶层、行业等价值主体的经济、政治、文化倾向，反映了不同价值主体在经济模式、政治体制、文化观念方面的差别与对立。不同价值观之间的比较、交流与融合，也只有在符合一定价值主体客观利益的基础上才能进行。坚持和弘扬代表自己根本利益的价值观，与维护一个民族、宗教、国家、阶级、阶层、行业等的立场和地位密切相关，与一个民族、宗教、国家、阶级、阶层、行业等的前途与命运密切相关。多样化、差异化的文化价值观之间的竞争，往往是不同民族、国家、宗教、阶级等的经济、政治之争的继续，是相互之间竞争的更为深层、更为本质的表现。

在社会历史发展过程中，一切进步的价值主体总是会坚持改革、开放的态度，站在时代前列，顺应历史潮流，变革那些已经陈腐过时、僵化保守、"拖历史后腿"的价值观念，引导整个社会确立代表先进社会生产力发展要求、代表先进文化发展方向、代表广大人民群众根本利益的核心价值观，并使自己的价值观具有开放性，能够与时俱进，长久地保持旺盛的生命力。倡导和弘扬这样的社会主义核心价值观，合理地指导和规范人们的行为，是社会主体导向原则的体现，也是文明社会的权力、责任与义务。由于社会主导价值观往往是占统治地位的统治阶级的价值观，因而社会价值观的变革往往要依靠本阶级的先进思想家进行总结和概括，并不断进行探索与创新，然后运用各种方式做好群众的宣传教育工作，从而革命地改造世界，不断引导社会向前发展。

共产主义价值观是一套以无产阶级和广大人民群众为主体、以全世界最终建立"自由人联合体"为目标的先进价值观，是代表人类发展方向和光明前途、最富有生命力的价值观。作为一个社会的进步的价值导向，它要求人们树立共产主义价值信念、信仰、理想，无情地批判和彻底地变革这个世界。具体地说，就是要消灭剥削，消灭压迫，实现全人类的彻底解放；全体人民当家作主，成为平等、自由和人格独立的社会主人；消除旧式分工，劳动成为自主的活动和人们的"第一需要"，人们"各尽所能，按需分配"；每一个人都获得自由而全面的发展，并且"每个人的自由发展是一切人的自由发展的条件"①。共产主义价值信念、信仰和理想，是共产党人的最高使命和奋斗目标。

当然，共产主义价值观作为人类最先进的社会价值导向，它的实现有一个历史过程，需要人们实事求是，分阶段地逐步地进行落实和建设。在今天全球化、信息化时代，在社会主义初级阶段，在互相竞争的多样化价值观面前，在日益普遍的价值矛盾和冲突面前，特别是面对各种愚昧、腐朽、落后的价值观，建设中国特色社会主义的伟大事业要求中国人民坚定共产主义信念，站在时代前列，顺应历史潮流，建立一套与中国特色社会主义实践相适应的先进的主导价值观。②并且，要使这套核心价值观具有时代感和现实针对性，具有一定的"弹性"或开放性，能够与时俱进，帮助人们走出转型和变革时期的迷惘和困惑，凝聚全国人民的目标和意志，最大限度地唤起全国人民的热情，团结激励全国人民积极投身这一事业。

无疑，建设中国特色社会主义核心价值观是一项十分艰巨的任务。它必须随着中国特色社会主义建设的深入，在总结具体的、历史的实践经验的基础上，不断地创造性地加以充实和完善、丰富和发展。《中共中央关于构建社会主义和谐社会若干重大问题的决定》提出的"马克思主义指导

---

① 《马克思恩格斯选集》第 1 卷，人民出版社，1995，第 294 页。

② 其中，首要的是通过中国特色社会主义实践，提炼出适合中国的文化传统和中国的具体实际，以中国百姓喜闻乐见的方式表达的具体价值信仰和理想。这是与封建社会的"权本位"、资本主义社会的"钱本位"根本不同的价值信仰和理想，至于具体地通过什么方式表达，则需要进一步研究。

思想，中国特色社会主义共同理想，以爱国主义为核心的民族精神和以改革创新为核心的时代精神，社会主义荣辱观"，构成了中国特色社会主义核心价值体系的基本内容，为核心价值观建设提供了建构原则和思想资源。中国共产党十八大报告提出的"倡导富强、民主、文明、和谐，倡导自由、平等、公正、法治，倡导爱国、敬业、诚信、友善，积极培育和践行社会主义核心价值观"，则进一步为核心价值观的提炼与培育划定了范围、指明了方向。

无论是社会主义核心价值体系，还是核心价值观，都是社会主义初级阶段具有指导和导向意义的先进价值观。我们应该以之为基础，引领社会主义改革（包括经济、政治和文化体制改革），推进经济、政治、文化、社会和生态建设，开创中国特色社会主义道路；应该坚持把它融入国民教育和精神文明建设的全过程，并贯穿于现代化建设的各个方面，成为全体人民的精神支柱，从而逐渐地酝酿、提炼全民族、全体人民的价值观共识。

在这一建设和落实过程中，重点和关键则在于以爱国主义、集体主义和社会主义为基础，将"全心全意为人民服务"化为全体人民（特别是领导干部、公职人员）的思想认识和实际行动。毛泽东指出："共产党人的一切言论行动，必须以合乎最广大人民群众的最大利益，为最广大人民群众所拥护为最高标准。"① 邓小平指出："中国共产党员的含意或任务，如果用概括的语言来说，只有两句话：全心全意为人民服务，一切以人民利益作为每一个党员的最高准绳。"② 江泽民指出："建设有中国特色社会主义全部工作的出发点和落脚点，就是全心全意为人民谋利益。"③ 习近平指出："为人民服务是我们党的根本宗旨，也是各级政府的根本宗旨。不论政府职能怎么转，为人民服务的宗旨都不能变。"④ 毕竟，"人民群众是历史的创造者"，是文化价值观的创立者和建设者。只有真正确立广大人民群众的主体地位，始终站在广大人民群众的立场上，坚持一切为了人民的原则，切实做到全心全意为人民服务，为人民群众做实事、做好事，才能

---

① 《毛泽东选集》（合订本），人民出版社，1969，第997页。
② 《邓小平文选》第1卷，人民出版社，1994，第257页。
③ 《江泽民文选》第2卷，人民出版社，2006，第45页。
④ 习近平：《在党的十八届二中全会第二次全体会议上的讲话》，载中共中央文献研究室编《论群众路线——重要论述摘编》，中央文献出版社、党建读物出版社，2013，第137页。

得到人民群众的支持和拥护，与人民群众"结同心"、"同呼吸"、"共命运"，共同推动社会主义核心价值体系和核心价值观建设取得实效。

（二）凝聚社会价值观共识的必要性

理解和追求社会核心价值观共识，如同理解和追求价值的差异性、多样性一样，也必须从明确价值概念及其基本特性入手。

所谓价值，并不是指任何对象客体的存在及其属性本身，而是在人的生活实践中，客体与一定主体发生关系时所产生的作用、效果的特定质态。价值最鲜明的特性是主体性、相对性。理解价值的主体性或相对性，是我们理解和把握价值观（包括社会核心价值观共识）的关键和突破口。

由于价值和价值观具有鲜明的主体性，因而当我们讨论社会核心价值观共识的时候，不仅必须指明是"什么事物或对象的价值"，而且更重要的是要明确"对于谁的价值"、"满足谁的需要的价值"。从理论上说，所谓社会核心价值观共识，应是指事物对于"共同主体"（民族、国家等社会共同体，以及统一主体，如全人类）所具有的价值，即普遍的或超越了多元具体主体（相对民族、国家的具体主体包括阶级、宗教、党派、团体、地区、企业以及具体个人等）界限的基本价值信念、价值理想、价值标准和价值取向。当然，由于在历史与现实中，在不同历史发展阶段，在不同场合和条件下，"共同主体"的形成和状况是历史的、具体的、多样化的，因而社会核心价值观共识也就是相对于该具体主体的核心价值，或其普遍认同的核心价值观。例如，我们这里着力讨论的社会主义核心价值体系，或者当代中国的社会核心价值观，就是以当代中国或中华民族为主体，为当代中国人民普遍接受、认同的核心价值观。

应该说，自迈入全球化时代以来，对于社会核心价值观共识的孜孜追求是人类的一个激动人心的梦想。当然，这一梦想并非现代人的"专利"，历史上并不乏类似的天才设想。在中国，古代先哲孔子2000多年前就提出了"人类大同"思想；在西方基督教之《圣经》中，也有一个关于"巴比伦塔"的故事，揭示了人类由于语言（文化）的分隔而造成的极大痛苦和不幸。然而，古人们的"大同"梦并没有实现。今天，以"社会核心价值观共识"形式提出的类似理想，其命运又会如何呢？为了弄清这一问题，有必要针对社会核心价值观共识存在的理由与根据，进行比较系统的可能性论证。

如前所述，价值的根本特性在于主体性。社会核心价值观共识存在可能性的理由与根据，实际上也在于价值主体自身，即各价值主体之间的一致性、统一性。

人是一种"类存在物"。人以其自觉自由的劳动活动，在"物种关系"方面把人从动物界中提升出来，使人成为世界上一个特殊的类——"人类"。不论一个人属于什么宗教、种族、民族、国家、地区、阶级、阶层，不论一个人具有什么样的肤色、性别、信仰、文化、利益、需要、能力，都属于"人类"的一分子。作为"人类"大家庭的一个成员，作为拥有共同名称和种属——"人"——的一种动物，所有人不容否认地因为属于共同的物种而具有共同的"尺度"，因为生存和实践的基本方式相同、历史演进基本一致而具有一些基本的共同点。例如，凡是那些涉及物种的生存繁衍和进化发展、涉及人类的尊严和特征的东西，包括基本的适宜于居住的自然环境、维持人类生存发展的社会物质生产、塑造和提升人类自己的精神文化生产（诸如知识、技术、艺术、某些道德准则）、要求把人当人看的基本原则和规范，等等，对所有的人（主体）都是一样基本而有价值的。类似这样的价值共识基于人类个体、群体、共同体之间的基本共同点，它是自人类出现以来就一直存在着的。只不过，人们过去在竞争性发展中，并未充分地注意这一点，有时甚至片面夸大了价值主体之间的分歧与冲突。

而且，这种基于人类共同目的、利益、需要的普遍的基本的价值共识，绝不是主观随意的。也就是说，这类价值共识并不如某些学者所说的，仅仅是主体的主观欲望、兴趣、情绪、情感、态度、意志等的表达或宣泄，而是有其客观性的。一个事物、对象对特定的主体是否有价值，有正价值还是负价值，具体有多大的价值，并不是该主体可以随心所欲地决定的，它具有一定的确定性、必然性。

对于任何特定的个人主体来说，基于个体自身的立场、目的、利益和需要，都只能有一种真正适合于他的价值标准和价值取向，而不可能同时兼容各种不同的甚至自相矛盾的价值标准、价值取向。对于一定的人群共同体（例如民族、国家）、人类社会来说，虽然构成它的个人或群体（包括各个地区、行业、阶层、民族、宗教等）是多样化、差异化的，具有不同的目的、利益、需要和能力，不同的个性和气质，但是，许多事关共同体、社会整体的基本价值是存在的，是绝不容随意否认的。诸如生态失衡、能源危机、"人对人是狼"、人的物化和异化，等等，有些人可以"视而不见"，也可以或可能没有意识到它的存在，但是，它的客观存在是"不以人们的意志为转移的"，它对于人们的价值（主要是负价值）也是基本确定的。人们只要足够"健康"、"正常"，只要理性地听从自己的真正目的、利益和需要的召唤，就不能对此视而不见、无动于衷。当然，事实上也存在这样的"异常"情况：因为愚昧无知、急功近利，或受人蒙蔽、受人胁迫，因而有人对一定价值之客观存在、大小、正负认识不清，从而"是非颠倒"、"善恶不分"、"美丑不辨"、"不知好歹"，"自己为害自己"，"自己为自己掘墓"。这种逆潮流而动、自我异化、自我毁灭的行为，只能造成事后"追悔莫及"、无法挽回的悲惨结果。如果他具有独立的主体地位、健全的主体自我意识，具有相应的主体素质和能力，事实上是只能认同或者说应该认同那种真正适合于他的价值观的。主体自我分裂、自己与自己对抗、"自己与自己过不去"的情形，毕竟只是一种不正常的状况。

更进一步，人的本性在于社会性。马克思指出："人的本质不是单个人所固有的抽象物，在其现实性上，它是一切社会关系的总和。"① 只有在一定的社会依存关系中，人们才能生存、生活、发展，得以实现种的延续。因此，马克思指出："人是类存在物，不仅因为人在实践上和理论上都把类——他自身的类以及其他物的类——当作自己的对象；而且因为——人把自身当作现有的、有生命的类来对待，因为人把自身当作普遍的因而也是自由的存在物来对待。"② "只有在共同体中，个人才能获得全面发展其才能的手段，也就是说，只有在共同体中才可能有个人自由。"③

近代资本主义自产生以来，就一直在促使人们日益超越民族和国家的狭隘限制，"民族历史"正在转变为"世界历史"。"民族历史"向"世界历史"的转变，使当代人类作为一个有机的整体而生存、活动和发展，作为共时态意义上的类主体面对自然、治理社会和正视自身。在这种相关、相似甚至共同的生活实践经验的基础中，有些局部利益也正在整合为人

① 《马克思恩格斯选集》第1卷，人民出版社，1995，第56页。
② 《马克思恩格斯选集》第1卷，人民出版社，1995，第45页。
③ 《马克思恩格斯选集》第1卷，人民出版社，1995，第119页。

类、社会的共同利益。特别是近年来，伴随科学技术的迅速发展特别是经济社会的全球化运动，世界日渐成为一个"地球村"。人们的交往范围不断扩大，交往深度不断拓展，正在越来越多地具有共同的经验；各价值主体的相互依存度不断增加，相互渗透性日益加强，许多从前的"主体性问题"越来越具有了"社会性"、"国际性"；不同价值主体的文化价值观日益与其他文化价值观相关联，并受到其他文化价值观乃至这一时代的基本价值的影响和制约。例如，罗马俱乐部的研究报告表明，目前世界经济的指数增长速度将导致全球资源在 100 年内枯竭，从而造成地球生态系统的全面瓦解，地球将不再适合人类居住；如果维持世界上现有的人口增长率和消耗速度不变，那么，由于粮食短缺，或者资源枯竭，或者污染严重，世界工业生产能力将发生突然的和无法控制的崩溃，可持续发展的梦想将不再可能成真。此外，还存在在毁灭性的核危机、放射性污染、恐怖主义、"文明的冲突"，等等……而且，问题的关键是，在信息、科技、市场等都正在全球化的今天，已经没有哪一个地区、国家能够独立地解决这类问题，也没有哪一个地区、国家的可持续发展不与其他地区和国家相联系。

生存环境、生存状况特别是相互交往的这种社会化、全球化，极大地突破了人们的狭隘视野、地方意识和封闭情结，突出了人类文化精神中的"类意识"、整体精神，突出了不同文化价值观的相关性和互动性，要求属于不同民族、文化的不同群体、个人，摆脱既有的各种限制，真正作为"社会人"、"世界公民"、"价值共识的主体"思考问题。这要求各价值主体全面考察和审视"他者"的文化价值观，客观地反省与批判自己个性化的文化价值观，并基于自身的立场、目的、利益和需要，唤起整合各种分散的、孤立的甚至是互相冲突的文化价值观的欲望与冲动。

在这种情况下，人们之间的封闭意味着落后，对抗意味着代价，而开放、合作则可能意味着双赢、共赢。人们在相互交往过程中，必须超越民族、宗教、地区、阶层、职业等的不同，超越具体主体的个性化需要和多样性利益诉求，在诸多共同的、统一的目的、利益和需要导引下，从整体、全局的视角来看待问题，特别注意相互之间关系的协调一致。如果无视主体（包括社会共同体和个人等）共同的处境、共同的利益、共同的需要、共同的生存与发展难题，从而一味放纵自己的利益和欲望，一味强调自己的个性和特殊性，随意践踏基本的观念共识、法律规范和道德戒律，那么，必然使社会处于混乱、无序甚至战争状态，结果可能是谁的利益都得不到保障，社会也不可能达到有利于发展的和谐局面。因此，在开放性、多样化的具体主体的价值信念、价值标准、价值取向之间，也必然存在社会的、历史的统一性或一致趋势。

可以预见，随着全球化、信息化进程的日渐深入，随着人类实践能力、交往范围的不断拓展，随着不同价值主体的共同目的、利益和需要的凸显，一定社会共同体甚至全世界的共同的价值信念、价值理想、价值标准和价值取向，一定会逐步成为相应价值主体的普遍需要、实际行动。社会核心价值观共识正从过去年代的美好梦想，逐渐变成今天人类社会生活中的现实。

（三）多样化价值观与社会核心价值观共识的辩证关系

在全球化、信息化背景下，在社会主义初级阶段，"尊重差异，包容多样"，与坚持先进的社会主义核心价值观导向、确立社会主义核心价值体系的主导地位不是对立和割裂的，而是相互联系、相辅相成、辩证统一的。

首先，社会主义核心价值体系、核心价值观是建立在全体中国人民多样化的价值观的基础之上的。普遍存在于特殊之中，一般存在于个别之中。与人们的多样化、差异化价值观相脱离的抽象的价值观共识，既没有意义，也没有市场。

同时，社会价值共识又影响和制约着个人的价值观。人的本质在于"社会性"。大众的价值观的内容、性质和形式大都来源于他所生活的社会，特别是来自他所属的那些群体，是文化传统、生产方式、生活方式、风俗习惯、社会舆论等因素长期濡染的结果。一个社会可以通过多种方式和途径，例如家庭和学校教育、社会舆论、经济制裁、道德与法律规范等，要求人们对社会价值导向有所认同，并不断地在社会活动中加以调整和矫正。此外，人们的价值观的作用，也往往需要在具体的、历史的社会环境中，通过与他人、集体的协商与合作，以一定的社会化的方式（包括共事或开展共同的工作）得以发挥。如果没有一定的价值观共识，人与人之间的沟通、合作也往往无从谈起，更不用说一起"干一番大事业"了。

其次，强调价值观的多样化、差异化，"尊重差异，包容多样"，并不一定绝对排斥价值观的统一性或共识，并不意味着不需要或不可能实现任何意义上的价值观的对话和统一。

事实上，价值一元论或人类价值理想的统一性，人类不懈追求价值标准、价值取向的先进性与合理性，也是一种基本的社会现实。这种事实也有其社会的和思想的根据。如同价值标准、价值取向的开放性、多样化一样，它的可能性根据及判断标准也在于价值主体，在于价值主体自身的根本利益和需要。表面看来，在具体的价值标准和价值追求上，现实中总是存在不同价值主体之间的差异和冲突。然而，辩证法揭示，差异和冲突之所以存在，恰恰是因为有更基础性的统一性、有共同的价值前提。在全然不相干的事物之间，无所谓差异与冲突。也正因为如此，在现实生活实践中，往往是在有差异、冲突的各方之间，才最需要寻求共同点，寻求对话、交流、沟通和合作的可能。而且，冲突各方基于自身的利益、合作的需要，往往也能够通过确认共同点，通过沟通、对话甚至相互妥协，从而缓和或化解冲突，以避免导致两败俱伤甚至共同毁灭的结果。而这种寻求共同点和进行交往、对话、沟通、合作的意识和行动，就是对社会主义核心价值观共识的具体追求。

再次，追求社会主义核心价值观共识，在目标上绝非旨在消灭一切价值矛盾、差异和冲突，消灭一切层面上的价值个性和多样性，达到"抽象、同质的大一统"，达到绝对的整齐划一。

在全球化、信息化时代，不同价值主体（例如不同的民族、宗教、地区、企业和个人等）基于不同的经济发展水平和历史文化传统，基于发展水平和自身认识能力的差异，会产生不尽相同的利益和需要诉求，会形成各种不同的文化发展模式和文化价值观。这是寻求社会核心价值观共识的真实基础和出发点。但寻求社会核心价值观共识不是一个以普遍性取代个性、特殊性的过程，相反，它是在承认和尊重个性、特殊性的基础上，逐步寻求共性、普遍性的过程。所谓的价值共识，只是基于各价值主体根本利益和需要一致，而追求价值原则、价值标准、价值取向的"共性"或协调一致。

即使是在追求社会主义核心价值观共识的手段和方式上，也绝不能粗暴地强求一律，甚至以武力相威胁，强加于人，而只能在具体主体的现实交往和实践活动中，通过相互学习和沟通，通过求同存异（或者说求大同、存小异），通过相互协商、协调，自觉、逐步地走向一致。在这里，绝不能无视各价值主体的尊严和人格，绝不能漠视各价值主体的基本利益和需要，绝不能抹杀各价值主体的个性和创造性；相反，各价值主体合理的利益和需要、丰富的个性和别出心裁的创造性，才是追寻社会主义核心价值观共识的可靠前提和基础，才是社会实现统一的有效手段和资源。

可见，在社会主义核心价值观共识与人们的个性化、多样化、差异化价值观之间，在社会历史的一元化价值理想、价值标准、价值取向和价值理想、价值标准和具体价值取向的开放性、多样性、动态化之间，并不存在绝对对立的紧张关系。它们既相互矛盾、相互对立、相互排斥，又相互依存、相互表现、相互作用。在改革开放和社会转型时期，鉴于它们之间的这种辩证统一关系，我们应该在两极之间保持必要的张力，而不能执其一端，片面地加以简单化、绝对化、极端化。

对于具体的价值主体来说，坚持文化价值观的个性、多样性，确立应对多样化现实的健全心态，是自觉地认识自己的地位和使命，增强自己的自主、独立和责任意识，自觉地把握自己那"一元"的选择和追求的一种方式，也是在全球化、信息化过程中，实事求是地探索社会核心价值观共识、寻求最终达成共识、走向和谐的一种途径。而坚信先进必将战胜落后，进步必将战胜腐朽，代表人类社会光明前途的价值理想、价值标准和价值取向，最终必将成为主导的和普遍的价值选择，则是主导这一动态过程的自主、自觉力量。

因此，在中国特色社会主义核心价值体系建设中，自觉的、科学的态度应该是：将"尊重差异，包容多样"和"弘扬主旋律"、"统一思想，凝聚共识"结合起来，即在各价值主体充分发展的个性和多样性基础上，明确各自的根本利益、基本需要和基本条件；然后在长期的交往实践活动中，相互尊重，相互宽容，通过脚踏实地、富于创造性的沟通与探索，实事求是地协调解决各种价值矛盾和冲突，自觉寻求和建立交流、理解、合作的机制，逐步达到所谓"多样化的统一"、"多样化的和谐"，构建充满生机与活力的社会主义和谐社会。

三　社会主义核心价值观共识的提炼

在全球化、信息化浪潮席卷世界，世界的相互依存度不断提升的今天，虽然多样化、差异化价值观的存在与彰显是基本事实和必然趋势，但是，在中国特色社会主义建设实践中，以之为基础提炼社会主义核心价值观共识，却是人们生活实践、交往合作的基础。当然，社会主义核心价值观共识并不以牺牲人们多样化、差异化的价值追求为前提，它实际上只是在尊重主体个性、多样性基础上，基于人们共同的生活实践、共同的利益和需要而达成的有限度的价值一致。

（一）提炼社会主义核心价值观的原则

在提炼中国特色社会主义核心价值观、寻求价值共识时，不能随意选取一些美好的价值概念。实际上，世界上存在许多值得人们珍视、追求的重要价值，但是，并不是所有这些价值都能够与中国特色社会主义内在关联，从而成为社会主义核心价值理念。能否成为社会主义核心价值理念，必须从历史、现实和理论的角度加以研究和确认。那些未被确认、提炼的价值理念，也许并不是因为它们不重要，也不是因为它们不值得珍视，而是因为它们所体现的价值原则、所反映的生活实际不符合相关的要求。

提炼中国特色社会主义核心价值观，有一些基本的常识性的要求，例如，要主题鲜明、简洁明快、凝练厚重，让人们易懂、易记、易交流；要得到广大人民群众的公认，形成共识，不能"自说自话"，孤芳自赏；等等。此外，如下一些基本的原则也尤其重要。

首先，作为意识形态的精髓，一个国家的核心价值观必须体现国家的指导思想，体现社会制度的要求。具体而言，这包括如下两方面的要求。

一方面，必须以中国化的马克思主义为指导。这是由中国社会主义革命和建设的性质、使命决定的，同时，也是对几十年革命和建设的历史经验和现实要求的深刻总结。马克思主义是无产阶级和广大人民群众的思想武器。作为一个社会主义国家，中国共产党是中国特色社会主义事业的领导核心，马克思主义是中国共产党的根本指导思想，并由党的指导思想进一步上升为全社会的指导思想。这一基本国情决定了马克思主义是社会主义意识形态的旗帜和灵魂，是提炼中国特色社会主义核心价值理念的基础和前提。当然，马克思主义不是抽象的、僵死的教条，而是历史发展着的、与时俱进的理论，必须坚持把马克思主义基本原理与中国具体实际相结合，用不断发展着的中国化马克思主义的最新成果（包括中国特色社会主义理论,尤其是"中国梦"思想)指导文化价值观建设。任何背离马克思主义"中国化"的企图,都必将给中国的发展带来损失,并将社会主义核心价值观建设导入歧途。

另一方面,必须体现社会主义制度的要求。在资本主义革命初期,新兴的资产阶级在反抗封建主义统治时,提出了"自由、平等、博爱"的制度性价值承诺,动员各个阶层的人民在欧洲范围内推翻了封建主义统治。随着资产阶级夺取统治权,确立资本主义制度,在社会主义实践和工人阶级运动的压力下,资产阶级逐渐把资本主义的核心价值观嬗变为"自由、民主、人权",并将之包装成"普适价值"在全世界推广,由此在比较长的时期内掌握着话语权,占领了道德制高点,发挥出巨大的文化软实力。社会主义革命以人民解放和建立人民当家作主的国家为目标,这激发了世界人民对社会主义的向往,社会主义革命一度令资本主义世界惊慌失措、节节败退。遗憾的是,由于社会主义运动在理论和实践中的失误,特别是由于苏东剧变,共产主义运动陷入了相对低潮。中国作为世界上硕果仅存的社会主义大国,需要重新认识社会主义,探索具有中国特色的社会主义道路,因而迫切需要重新提炼真正反映共产主义价值理想、反映社会主义制度本质的核心价值观。这是一项意义深远的理论建设工程。

其次,核心价值观念必须是具有一定超越性的观念,可以凝聚人心、振作精神、引领方向,具有强大的吸引力和感召力。

任何主体的发展都是以一定的价值观为基础和导向的。而主体自我提炼的价值观是否立意高远,是否目标远大,是否超脱了当下的物质樊篱,是否具有先进、高尚的精神追求,即是否具有一定的超越性,对于相应主体的长远发展至关重要。从世界范围看,提炼和推销自身核心价值观最成功的,目前当推美国。美国向来推崇实用主义,讲究实际利益,从来都是"以美国利益为重",不择手段地攫取财富,追求舒适、安逸的生活。但是,务实的美国却高调标榜超越具体物质利益的"自由、民主、人权",利用各种手段冠冕堂皇地到处推销,并赢得了许多国家的"尊重"和令人望尘莫及的"巧实力"。而改革开放后,中国开放搞活,采行社会主义市场经济,一样追求发展、富裕和强盛,但以美国为首的西方世界极尽挑剔之能事,异口同声地辱骂和"妖魔化"中国,说中国人只知道"赚钱"、"发财",不愿意承担国际责任,缺少道德和精神层面的追求……出现这种反差的原因是多方面的，但与中国过去不重视文化价值观建设、缺乏具有一定超越性的社会主义核心价值观息息相关。

美国虽然非常虚伪和势利，但拥有十分强大的文化"软实力"，目前中国在为解决温饱和发展问题而不懈奋斗，却在"国际社会"屡屡挨骂，被肆无忌惮地"妖魔化"。这一切告诉人们，价值观建设很重要，不能忽视提炼核心价值观共识，而且，所提炼的核心价值观共识必须具有一定的超越性，显示精神文化方面的品位和追求。也正因为如此，我们不宜把"富裕"（rich）、"强大"（strong）之类不做具体解释地作为核心价值观念，否则，难免落入西方的"话语圈套"，难以明确超越西方的"道德水平"和文化软实力。因为，"富裕"、"强大"甚至"共同富裕"，在一定程度上都可能与庸俗的"物质主义"相联系，似乎中国和中国人民只关注"物质利益"，甚至只关注本国本民族的物质利益。有人甚至恶意攻击中国正在非洲、东南亚等第三世界搞"经济殖民"。这一切不利于在国内阻止消费主义、拜金主义、享乐主义的泛滥，不利于凝聚人心、振作精神、引领社会发展方向，特别是不利于改善和塑造中国在"国际社会"中的形象，不利于在世界上占领道义高地，强化中国的文化软实力。

再次，核心价值观念必须是代表历史发展方向、具有世界意义的观念，体现一个民族、国家的文化软实力。

目前，人类已经迈入了全球化、信息化时代，迈入了马克思所谓的"普遍交往时代"。在这一新的时代背景下，提炼社会主义核心价值观必须考虑时代变迁和新的时代精神，考虑历史发展的趋势和方向，必须具有"全球意识"和世界意义。因为，只有反映时代精神、代表历史发展方向、具有"全球意识"和世界意义的观念，才可能是先进的、合理的、有前途的，才可以用来凝聚全国人民的意志，赢得全国人民乃至世界人民的认同和向往，树立中国的文明形象并增强文化软实力。

而为了体现时代性、先进性和世界性，中国特色社会主义核心价值观念的提炼就要处理好民族化与世界化的关系，既要继承前人的历史文化遗产，也要虚心学习世界先进文化。文化传统连着我们的"根"，渗透在我们的血液中，潜移默化地影响着我们的思想、观念和行为。中国特色社会主义核心价值观念的提炼不能抛弃既有的文化传统，相反，它必须立足悠久、丰富的文化传统，尽可能汲取传统价值观之精华，并依据现时代的实际有所创新。同时，中国特色社会主义价值观不是与世隔绝、自我封闭的价值观，不是拒绝和排斥人类的基本价值的价值观，而是全球化时代中国适应和创造现代文明的价值理念，是中国以传统文化价值观为基础探索现代文明的共同价值理想、价值取向。它反对"为特殊而特殊"，要求在传统与现代之间保持必要的张力，以世界或中国经验证明了的普遍的、基本的价值观为基础。

最后，核心价值观念必须是"元层次"的理念，即必须是目的性而非工具性、手段性的价值，是基本的而非次生性的价值，是恒久性的而非短暂性、过程性的价值。

核心价值观念必须是目的性的价值，而不能是工具性、手段性的价值。工具性、手段性的价值只是为了实现目的性的价值，是从属性的，不能谓之"核心"。例如，公正、幸福、和谐都是目的性的价值观念，是人与社会矢志追求的目标。而民主则比较特别。民主的程序具有工具性、手段性，但"人民当家作主"则是目标性的价值。为了实现民主，必须实行法治，法治是为了实现"人民当家作主"这一目标而采取的手段和途径，是一种工具性、手段性的价值。

核心价值必须是基本的价值，而不能是派生出来的次生性的价值。有些价值是基本的，具有很强的包容性和解释力，而不是包含在其他价值之中的价值。而有些价值是次生的，可以由其他价值加以解释或内含在其他价值之中。例如，就民主和法治两个范畴来说，民主是基本的价值，而法治则包含在民主制度之中，是次生性的价值。因为法治是实现民主的途径和手段，一个建立了民主制度、真正实行人民民主的社会，必定是一个比较健全的法治社会。

核心价值必须是恒久性的价值，而不能是短暂性、过程性的价值。就此而言，核心价值观必须是成熟的、经受了考验的、比较稳定的价值观念。虽然观念的东西需要随着生活实践的发展而发展，但是，它一旦提炼出来、确定下来，就具有了相对的稳定性、持久性，不可以随意更换、调整。如果一个民族、国家经常更换、调整自己的核心价值观念，那么，只能说明该民族、国家尚未清醒地意识到自己的理想和使命，还没有梳理、掌握自己真正的核心价值观，而把一些暂时性的、阶段性的、过程性的价值观念当成了核心价值观念。这可以说是一个民族、国家尚不成熟的表征。[①]

（二）社会核心价值观共识过程论

社会核心价值观共识是一个富于时代感的历史范畴、一个过程性范畴。它的内涵绝不是僵死、固定、一成不变的，而是随着社会主义实践的发展而不断发现、不断丰富、不断深化的。我们完全可以说，它"在路上"，而且将一直"在路上"。

当人类社会处于野蛮或蒙昧时期，或者当不同主体尚处于"老死不相往来"的封闭、分裂状态时，社会核心价值观共识处于一种被遗忘、被忽视或无法实现的境地。随着时代的发展，随着人类实践方式的进化，随着人类交往的普遍化和"即时化"，随着人类认识和实践能力的提高，整个世界逐渐成为一个相互影响、休戚相关的"地球村"，逐步走向开放、合作和统一，社会核心价值观共识的追求才逐渐提上日程。如果说，过去人类交往的拓展只是使社会核心价值观共识的要求得到了关注的话，那么可以说，当今突飞猛进的全球化、信息化进程，特别是人类"普遍交往时代"的到来，才真正构成了形成社会核心价值观共识的现实语境。

由于全球化、信息化本身也是人类社会不断跨越时空障碍，在全球范围内沟通、联系、交流与互动的一种自然历史进程，因此，社会核心价值观共识的追寻不可能一蹴而就，而相应地表现为一个不断冲破既有的限度，将潜在的可能性积累成现实的可能性的创造性过程。也正因为如此，我们必须摒弃形而上学的思维方式，从而动态地、历史地理解社会核心价值观共识。

由于价值具有属人性、主体性，因而在全球化、信息化进程中，社会核心价值观共识只能在具体价值主体的历史的和现实的交往实践活动中，在基本的、共同的利益和需要之上，通过求同存异（特别是求大同、存小异）、相互协调才能形成。由于主体性质和主体状态的多样性、差异性、动态性，由于利益和需要的多变性和难以整合，也由于沟通、协调与合作存在许多现实的困难，因此，这必将是一个漫长的、艰苦的历史过程，需要各具体的价值主体（如民族、国家、地区、宗教、阶层、团体、企业、

[①] 参见韩震《社会主义核心价值观五讲》，人民出版社，2012，第39~46页。

个人等）在充分的个性和能力基础上，自觉地、清醒地共同参与、共同建设。

在各价值主体的利益多元化、冲突普遍化、能力发展并不平衡的现阶段，有人提出诸如"底线伦理"、普遍价值的"最小化原则"，是有一定合理性的，也是有理性、比较务实的体现。在生活实践中，这也确实是很有启示意义的理论建构。它们都是对社会核心价值观共识有限性的一种自觉意识，以及基于这种自觉意识的一种自觉选择。而与之相反，当今世界上那些自以为是的国家（其中多为西方强势的资本主义国家），那些不可一世、"指点江山"的霸道的政客和学者，总是急功近利、急于求成，希望立即由自己主导确定全球伦理、普遍价值的全部内容。有些国家（特别是以美国为首的西方资本主义国家）甚至不惜将自己的价值观（如"自由、民主、人权"等）包装成"普适价值"，强加于人，在全世界强行推广。这种做法在理论上是极其荒谬的，而在实践中则值得警惕，特别是值得社会主义中国警惕。①

在当今世界，由于各具体的价值主体的历史文化传统不同，自身发展历程和自身的成熟程度不同，各自的利益、需要并不趋同，各自的力量或能力并不均衡，甚至相去甚远，因此，社会核心价值观共识的追求不应该操之过急，不应该人为地急功近利地强求"大一统"。② 展望未来，那种最终意义上的、以全人类为主体的核心价值观共识，只有当社会高度发展，人类真正形成了一个休戚与共、需要基本一致的实质共同体，每一主体都自觉地作为这一共同体的有机组成部分之时，才具有现实的可能性。这是一个目前看来还十分遥远的目标。各具体主体（如不同的宗教、民族、国家、地区、政党、企业等）过去和现在虽然曾在一定程度上达到过类似的

---

① 或许，从具体操作的角度说，社会核心价值观共识的追寻并不排斥人为的主观设计，特别是政治家、思想家、学者们的主观构造，甚至也不绝对排斥某些发达国家、民族凭借自身势力的感染、说服、"推销"。但是，这里必须确立一个基本的前提，即任何人为的主观设计或"推销"，都只能是一种外在的方式或手段，它必须得到相关价值主体自主的普遍认同，即在理论与实际中均符合各具体价值主体的目的、利益、需要以及现实条件。

② 我们还认为，在当今世界分裂加剧、复杂动荡的情势下，也许应该在如何达成社会核心价值观共识的出发点、程序、途径、方法上，优先寻求共识，寻求"普遍"和一致。这种程序上的社会共识虽然还不是实质内容上的全球化、普遍化，但是，它可以基本保证社会核心价值观共识的大方向不致走向极端，不致偏离人民大众的意愿太远，更不致滑向完全相反的方向。

价值统一，但显然是局部的、阶段性的一致，有时甚至是在强权之下达到的"虚假的统一"。至少在未来可见的日子里，那种最终意义上的全人类的完整统一的核心价值观共识，也许只是全人类共同努力的一个方向，一种可以为之孜孜奋斗的神圣理想。①

　　具体就中国特色社会主义实践过程中凝聚社会主义核心价值观共识而言，应该说，需要在广泛的调查研究的基础上，开展大量深入、具体、细致的工作。一方面，在社会主义初级阶段，在社会主义改革过程中，人们的价值主体地位尚待进一步确立，价值主体意识尚待进一步觉醒；特别是，不同社会阶层和社会群体的具体条件和利益诉求不尽一致，认知水平和思想意识差异明显，观念层面的整合难度很大，需要立足共同的生活实践，坚持以社会主义核心价值体系引领社会思潮，尊重差异，包容多样，求同存异，最大限度地形成社会思想共识。另一方面，建设社会主义核心价值体系，提炼和培育社会主义核心价值观，并将之内化为广大民众的自觉价值意识，更是需要付出长期、艰苦的努力。此外，有必要根据社会主义市场经济的发展规律和要求，利用舆论导向、利益机制的调整以及建立健全合理的社会约束机制等，对人们多样化、差异化的价值观加以引导和调节，利用一切合理有效的手段，逐步提升人们对社会主义核心价值观的认同度。

　　无论如何，超越西方资本主义"自由、民主、人权"的社会主义核心价值观共识的追求和确立，必然是一个需要付出艰苦努力的过程，一个循序渐进的历史过程，甚至是一个非常困难、非常漫长的历史过程。如果不顾客观历史条件，不考虑人民大众的真实意愿，操之过急，期待毕其功于一役，不仅是不现实的，在实践中还可能欲速则不达，产生意料之外、事与愿违的结果。历史上无视客观规律、唯意志论的"左"倾教训，如极"左"年代强制性的思想"大一统"给我们留下的教训，需要我们用心记取。过去的"学费"不能白交，前车之鉴值得我们时刻警惕！

─────────

① 　当然，这并不是低估现实的全球化运动中任何寻求社会核心价值观共识的努力的意义。社会核心价值观共识的形成总是从局部向整体拓展的，是一个不断成长着的不可逆转的历史趋势。也许在目前的情形下可能取得的进展十分有限，甚至微不足道，但是，任何倾心的向往、相互的学习、真诚的行动——包括各价值主体（社会共同体和个人）彼此之间的交流、宽容、尊重、理解、对话、合作，以及像"全球伦理"之类的具体探索，都无疑是向着目标迈出的有意义的一步。

结　语

　　建设社会主义核心价值体系，是十六大以来中国共产党的重大理论创新之一，是中国共产党深刻总结历史经验、科学分析新时期新形势做出的一项重大决策。如何深入开展社会主义核心价值体系研究，并在实践中践行社会主义核心价值体系，培育社会主义核心价值观，是我们面临的一项长期、艰巨的思想理论课题。

一　研究的基本结论和创新点

　　社会主义核心价值体系是社会主义意识形态的本质呈现，在中国特色社会主义理论体系中处于统摄、支配和主导地位。社会主义核心价值体系是立足于社会主义市场经济基础之上的价值系统，是"立国之基"和"兴国之魂"，决定着中国特色社会主义的性质和发展方向。深入开展社会主义核心价值体系研究，积极培育和践行中国特色社会主义核心价值观，适应了全球化、信息化时代社会主义市场经济发展要求、社会主义民主政治要求、社会主义先进文化建设要求和社会主义思想道德建设要求，具有重要的理论价值和实践意义。

　　为了深入研讨社会主义核心价值体系，本书着力厘清了价值、价值观、价值体系、核心价值观、核心价值体系、社会主义核心价值观、社会主义核心价值体系等基本概念；对社会主义核心价值体系建设的资源和基础——中国传统价值观、西方资本主义价值观、马克思主义价值观及其中国化发展，进行了全面的梳理和深入的剖析，阐释了它们与社会主义核心价值体系的关系。同时，本书对社会主义核心价值体系的研究状况进行了总结和归纳，并分析了既有的研究中存在的诸多不足，如研究视野还比较狭窄，往往依凭单一学科（如哲学、社会学、政治学等）背景解读社会主义核心价值体系，欠缺求索社会主义核心价值体系自身所蕴含的独特整体性的研究；对社会主义核心价值体系的学理基础的深层次系统研究较少，而浸染着政治宣讲色彩的浮泛性的零散论述较多；理论研究与实践研究相割裂，两者之间缺乏必要的合理的沟通、互补；如何吸收和借鉴人类所创造的一切优秀文明成果，提炼超越资本主义"自由、民主、人权"的社会主义核心价值观，尚待实质性突破；等等。明确认识到这些问题，对于进一步开展社会主义核心价值体系研究具有前提性、基础性意义。

应该清醒地认识到，改革开放 30 多年来，伴随社会主义市场经济建设的不断深入，当代中国价值观的基本状况是极其复杂、多变的，当前至少同时存在中国传统的价值观念、从西方传入的价值观念、过去"左"的一套价值观念，以及在改革开放实践中形成的新型价值观等。如果我们立足价值观的基本结构进行清理，可以发现其中呈现的深层特征和发展趋势：随着改革的深入，人们的价值主体意识普遍性地逐步觉醒，各层次价值主体的主体地位逐步确立，并发生了从单一主体向多层次主体转变的趋势；人们的价值取向从单一化走向多样化、立体化，从虚幻走向务实，强调革命、奉献、牺牲、服务的理想价值观与追求物欲满足、追求感官享受的世俗价值观相互交织；封建主义价值体系的"权本位"和资本主义价值体系的"钱本位"仍然拥有一定市场，社会主义具有普遍号召力的具体价值信念、信仰、理想尚待确立；价值评价、导向机制正在重组、变革过程中，从单一走向多样化、从封闭走向开放是其趋势。当代中国社会价值观的这些基本表现、深层特征和发展趋势，是建设社会主义核心价值体系的现实基础。

在全球化、信息化背景下，面对如此复杂的状况和情势，如何建设中国特色社会主义核心价值体系？这首先关系到一个原则性问题，即建设的战略和路径问题。在探索过程中，越来越多的人日益清楚地认识到，一个民族、国家，特别是像中国这样历史悠久、拥有独特文化的社会主义大国，是根本不可能简单照搬世界上任何一种现成的发展模式的。中国特色社会主义核心价值体系建设是一项前无古人的开创性事业，照搬西方现代化模式和价值理念的"西化论"，保守主义的简单复兴传统价值观的"传统复兴论"，都是不负责任并且不可能有任何出路的。我们必须立足中国具体的文化传统和实际情况，立足中国特色社会主义实践，切实解放思想，发挥当代中国人民的主体性，将马克思主义、西方先进文明与中国自身实际（包括优良传统文化）相结合，"古为今用"，"洋为中用"，在借鉴人类一切优秀文化成果的基础上，创建中国特色社会主义核心价值体系和核心价值观。在富于时代感的建设过程中，我们所面对的一切重大问题都没有"现成的答案"，都必须以改革、创新的方式加以解决。这要求我国从执政党到普通民众特别是思想理论界自立自强，意识到自己肩负的伟大历史责任，具有强烈的自主创新意识，以中国特色社会主义实践为基础，建设一种以马克思主义为指导、以人类基本价值为基础、与中国传统价值观相结合的中国特色社会主义核心价值观。

社会主义核心价值体系的"创建"虽然是一个困难的课题，但仍然是有章可循的，它必须紧紧围绕其基本内容富有逻辑地加以展开。马克思主义的指导思想（灵魂）、中国特色社会主义共同理想（主题）、以爱国主义为核心的民族精神和以改革创新为核心的时代精神共同构筑的"中国精神"（精髓）与社会主义荣辱观（基础），构成了层次分明、内在贯通的铸魂、强质、健体、明用的有机统一整体。就指导思想而言，必须旗帜鲜明地坚持马克思主义的指导地位，坚持以中国化的马克思主义为指导，正确处理好马克思主义指导思想与社会思想观念多样化之间的关系，坚定不移地走中国特色社会主义道路。就"中国特色社会主义共同理想"的主题而言，它既反映了历史发展与革命建设实践的必然性，又充分体现了构建社会主义核心价值体系中理论创新与逻辑发展的必然性。这一共同理想本身具有包容性、阶段性及共有性等特征，准确理解需要把握理想与现实、个人与社会及最高理想与共同理想的关系，"中国梦"就是对它的集中凝练而又通俗形象的表达。就这一体系的"精髓"而言，它是以爱国主义为核心的民族精神和以改革创新为核心的时代精神构筑成的新时代的"中国精神"，民族精神和时代精神相融相生、相辅相成，密不可分。弘扬和培育时代精神与民族精神需要涤荡"灵魂"、明确"主题"及打牢"基础"。就社会主义荣辱观作为这一体系的"基础"而言，它集中体现了社会主义基本道德规范的本质，明确了指导当代中国人民的最基本的价值取向和行为准则，具有很强的思想性、指导性和现实针对性。"八荣八耻"具有科学性、整合性及先进性，形式鲜明，易被群众接受，便于践行。在全社会大力倡导和弘扬社会主义荣辱观，筑牢社会主义价值体系的基础，就需要夯实社会主义荣辱观形成的经济基础，营造相应的社会氛围并建立健全相应的保障机制。从既有联系又有区别的社会主义核心价值体系的灵魂、主题、精髓与基础内在贯通的四项基本内容，到社会主义核心价值观从国家、社会、公民层面有机统一的"三个倡导"，符合历史、合乎实践，贴近民情、顺乎民意，具有广泛的感召力、强大的凝聚力和持久的引导力，从而增强本民族的文化自信，构筑起当代中国人的共同精神家园，必将从整体上极大地推动社会主义核心价值体系建设。加强社会主义核心价值体系建设的过程是一个把党的主张、国家意志、社会发展和人民意愿统一起来，通过社会主义核心价值观的"三个倡导"把政治与伦理、追求与目标、理想与现实等结合起来，汇聚正能量实现"中国梦"的过程。

那么，在具体的、历史的生活实践中，应该如何切实落实社会主义核心价值体系和社会主义核心价值观？我们通过梳理中国社会主义革命和建设的理论史，并通过对一些颇有见识的专家学者①的调研，在分析、研讨的基础上认为，无论是社会主义核心价值体系，还是党的十八大倡导的社会主义核心价值观，都应该具体落实到毛泽东、邓小平等提出和倡导的"为人民服务"价值观之上。"为人民服务"是中国共产党及其领导的军队、政府乃至整个革命队伍的价值观，是一种以广大人民为最高的价值主体和评价主体，以广大人民的利益、要求和实践为最高的价值标准和评价标准的价值观。在广泛存在社会分工的条件下，"为人民服务"就是人们"互相服务"，具有"自我服务"的含义；而"全心全意为人民服务"则是社会先进分子（如共产党员、领导干部）的思想境界和行为准则。"全心全意为人民服务"是社会主义核心价值体系和社会主义核心价值观的"核心"，具体、鲜活、生动地体现着社会主义（包括中国特色社会主义）的本质特征。在社会主义市场经济背景下，在改革（特别是政治体制改革）和中国特色社会主义建设（特别是民主政治建设）过程中，"为人民服务"价值观绝对没有过时。在当前的建设实践中，必须结合新时代的历史条件，结合社会各个行业的特点，从理论和实践上更加深入全面地贯

---

① 近年来，我们曾经就"为人民服务价值观"的问题，以不同方式咨询过王伟光、李景源、赵凤岐、李德顺、马俊峰、刘进田、崔秋锁、李佑新、江畅等学者，或者与他们进行过讨论，颇受启迪。

彻、体现人民当家作主、"全心全意为人民服务"的宗旨，真正使为人民服务化为人们的自觉意识和习惯性行动。这关系到中国共产党的先进性和执政的合法性，关系到社会主义的本质和中国特色社会主义的建设进程。

应该注意的是，在中国特色社会主义初级阶段，在社会上存在多样化文化传统、多样化生存条件的情况下，在不同人之间存在多样化活动方式、多样化利益差别、多样化角色分工等情况下，价值观的差异与多样化是一种不可避免的现象，也是一种普遍的客观现实。这是社会主义核心价值体系建设的现实环境。在中国特色社会主义建设实践中，必须解放思想，实事求是，充分尊重和确立多样化、多层次人民群众的主体地位，肯定人们现实利益的差别与对立，保护他们的合法权益和创业精神，始终倡导和坚持价值理想、价值标准、价值取向的开放性、多样化，"放手让一切劳动、知识、技术、管理和资本的活力竞相迸发，让一切创造社会财富的源泉充分涌流"，以最宽容的心态，以最务实的态度，全力营造支持改革、发展、创新的社会氛围，营造鼓励人们干事业、支持人们干成事业的社会氛围，让一切有利于中国特色社会主义建设的力量得到充分施展才华的空间。

当然，"尊重差异，包容多样"，并不意味着一切多样化、差异化甚至互相对立的价值观都是正确的，都是合理的，都有着相同的前途和命运，并不意味着"价值无争辩"、"公说公有理，婆说婆有理，天下无公理"之类价值相对主义。我们不能因为客观存在的价值观多样化、差异化事实，就放弃应有的主体立场和责任意识，对那些愚昧、腐朽、落后的价值观不闻不问，听之任之，对宣传和倡导科学、合理、先进的价值观缺乏热情，丧失信心。相反，应该坚定共产主义价值理想，旗帜鲜明地批判各种愚昧、腐朽、落后的价值观，确立先进的社会主义核心价值体系、核心价值观的主导地位，从而引领社会思潮，尊重差异，包容多样，最大限度地形成社会思想共识，并且以之为基础，凝聚全国人民的目标和意志，推动社会主义改革（包括经济、政治、文化体制改革）和经济、政治、文化、社会、生态建设，努力实现"国家富强、民族振兴、人民幸福"的"中国梦"。

二　如何践行社会主义核心价值体系

迈入全球化、信息化时代，置身于改革开放、社会主义市场经济建设的洪流中，当前中国社会价值观的基本状况是空前复杂的，也是空前"暴露"的。虽然无数善良勤劳的干部和群众作为"社会的脊梁"，恪尽职守，默默奉献，虽然见义勇为、扶正祛邪的英雄人物、道德楷模不断涌现，虽然反对贪腐、反对堕落、重建良善与正义的价值秩序的呼声一浪高过一浪，但同时不容否认，中国社会也出现了不少腐败堕落的贪官污吏，出现了"救命索要救命钱"、恩将仇报的无耻败类，出现了唯利是图、"有奶就是娘"之类现象，国人在国外的不文明行为（公共场所高声喧哗、排队时插队、随地吐痰、在文物上乱写乱画等）也常常成为媒体炒作的焦点……至于利益纷争明朗化、不满情绪普遍化、人际关系冷漠化，甚至对他人和社会怀有敌意的事件常常见诸媒体，人们更是已经习以为常，并多少有些麻木了。人们经常能够看到这样的现象：有人遇险，他人避之唯恐不及；有人落难，旁观者冷漠地只做看客；相互之间稍有摩擦，有人动辄恶语相向，诉诸武力；孩子出门，父母总是千叮咛万嘱咐："千万别管闲事！"……曾经的"礼仪之邦"出现如此混乱不堪、令人不齿的状况，实在是让国人五味杂陈、颜面扫地、忧心忡忡。

　　置身于汹涌的社会变革大潮之中，在互相竞争的多元价值观面前，在日益普遍的价值矛盾和冲突面前，许多人感到一片茫然、无所适从、不知所措，在价值信仰、价值理想、评价标准、价值取向方面一度陷入迷惘和困惑。特别是，直面社会上经常出现的挑战人类良知、冲击"道德底线"的事例，有些人灰心丧气，觉得世界一片黑暗，觉得中国没有希望了，觉得看不到任何出路……在这样一幅色彩斑斓的价值观图景面前，无论是党的十六届六中全会提出的社会主义核心价值体系建设，还是党的十八大报告提出的"倡导富强、民主、文明、和谐，倡导自由、平等、公正、法治，倡导爱国、敬业、诚信、友善，积极培育社会主义核心价值观"，不仅是扭转党风、政风和社会风气的"及时雨"，而且是具有变革和建设意义的划时代方略。对于这一点，我们在导言中已经扼要地讨论过了。

　　那么，在如此复杂的国际、国内环境和条件下，我们又应该从哪些方面着手进行建设呢？

　　毫无疑问，这是一个宏大而复杂、需要付出艰苦努力的社会系统工程。这一系统工程的前提和重心，是坚持以中国化的马克思主义为指导，在吸收中外优秀文化价值观成果的基础上，建设社会主义核心价值体系，提炼适合中国文化和国情、超越西方资本主义"自由、民主、人权"的社会主义核心价值观。然后以此为基础,深化和创新中国特色社会主义理论,规范和指导中国特色社会主义实践,努力实现中华民族伟大复兴的"中国梦"。

应该注意的是,这一提炼、创新和建设的过程与社会主义核心价值体系、核心价值观发挥作用的过程是相互联系、有机统一的,绝不可以将之人为地割裂开来。

第一,应该将中国特色社会主义核心价值体系、核心价值观内化为国民信仰。信仰是人生的"主心骨",在人的精神活动中居于统摄地位,是人的意识活动的调节中枢。人不能没有信仰,一个人缺失信仰,就如同没有灵魂一样。如果人处在"没有信仰的状态,精神上会感到空虚,他对真理、理性和大自然必然感到失望"①。当然,信仰也有自觉与不自觉、科学与不科学、先进与落后之分。方志敏说:"敌人只能砍下我们的头颅,决不能动摇我们的信仰,因为我们信仰的主义,乃是宇宙的真理!"而不科学、落后的信仰,则会造成人生道路和社会发展的方向性错误。共产党人是无神论者,中国是社会主义国家,因此,当代中国既不能用封建主义价值观,也不能用资本主义价值观,更不能用各种各样的宗教作为全社会的共同思想基础和精神支柱。建设社会主义核心价值体系,培育社会主义核心价值观,其最终目标就是要以之作为国民的信仰,作为广大人民团结奋斗的共同思想基础和精神支柱。

第二,用社会主义核心价值体系、核心价值观引领、指导社会主义制度改革和制度设计。经过 30 多年的探索,当前中国的改革已经进入了"深水区"和"攻坚阶段",这将是利益深刻调整、社会急剧转型的关键时期,应该将社会主义核心价值体系、核心价值观融入并引导社会主义市场经济体制、政治体制、文化体制改革,从而设计和确立体现共产主义理想、超越资本主义制度的先进、合理、高效的体制机制。从经济体制看,中国实现了从计划经济向社会主义市场经济的转轨,正在努力探寻"社会主义"基本制度与"市场经济"对接和互动的规则,推动社会主义市场经济体制的建立、健全和完善。从政治体制看,社会主义核心价值观包括政

---

① 《马克思恩格斯全集》第 1 卷,人民出版社,1956,第 648 页。

治层面的价值诉求和期待，要在政治体制改革过程中将这种诉求和期待制度化、规范化，凸显社会主义制度的人民性和相对于资本主义制度的优越性。从文化体制看，要确立社会主义先进文化的发展方向，深化文化体制改革，推进文化强国战略，推动社会主义文化大发展大繁荣，从而满足人民群众日益增长的精神文化需求，提升中华民族的文化软实力。

　　第三，社会主义核心价值体系、核心价值观是社会主义意识形态的核心，要旗帜鲜明地确立其主导地位，以之引领和规范各种社会思潮。由于人们所继承的文化传统不同，生存发展条件不同，各自的生活实践方式不同，阶级立场、社会地位、生存方式、生活经历以及利益、需要和能力不同，因而价值观的差异与多样化是一种不可避免的现象，也是一种正常、普遍的客观现实。在这种新的社会条件下，必须"尊重差异，包容多样"，避免简单地强求一律，杜绝粗暴地强加于人。当然，承认人们的价值观的个性、差异和多样化，只是我们的工作的出发点和基础。毕竟，并非一切个性化、多样化甚至互相对立的价值观都是正确的和合理的，都具有光明的前途。实际上，如前所述，当前人们的价值观十分混乱，几乎令人眼花缭乱。例如，有些人"信仰缺失"，没有什么不敢干的，连起码的道德底线都没有，胡作非为；有些人的价值信念、信仰是违背科学和社会历史发展规律的，诸如封建迷信沉渣泛起，各种邪教兴风作浪，它们就明显背离了科学原理和科学精神；有些人认同资本主义社会的拜金主义、享乐主义和极端利己主义等非理性、自私自利的价值观，沦为"金钱的奴隶"，追求穷奢极欲、花天酒地的生活方式；更有一些社会破坏分子和恐怖分子，彻底走到了人民的对立面，他们的价值观是反社会、反人类的，他们的行为是对社会秩序和人民生命的巨大威胁；等等。诸如此类的价值观是愚昧、腐朽、落后、反动的，绝不能听之任之，任其为所欲为。因此，要将"尊重差异，包容多样"和弘扬主流价值观结合起来，通过舆论导向、利益机制的调整以及建立健全合理的道德和法律约束机制等，对人们个性化、多样化的价值观加以引导和调节，对愚昧、腐朽、落后、反动的价值观进行坚决的抵制和批判，从而在全社会确立社会主义核心价值体系、核心价值观的主导地位。

　　第四，把社会主义核心价值体系、核心价值观融入国民教育和精神文明建设的全过程，贯穿于现代化建设的各个方面。在马克思主义理论研究和建设方面，将社会主义核心价值体系建设置于马克思主义中国化、创造"中国特色、中国风格、中国气派的马克思主义"新形态中，作为其中的一个有机组成部分进行建设。在思想路线上，将社会主义核心价值体系作为统摄精神文化领域的纲领、思想政治工作的灵魂，切实加以贯彻、落实。特别是，要把党政各部门、社会各方面的力量充分调动起来，把各种组织和全体人民的积极性充分发挥出来，系统推进社会主义核心价值体系、核心价值观建设。当然，在具体的推进过程中，不能"走过场"，搞"一刀切"，也不应该搞"群众运动"，而是要注重针对性，讲究方式、方法，对不同社会阶层、社会群体分别提出要求。例如，可以考虑发挥现代教育体系在核心价值观的教育与传播中的主渠道作用，促进可塑性强的青少年群体对核心价值观的接受和认同；发挥现代传媒和大众文化在塑造人的观念世界和生活方式方面的作用，使核心价值观能够借助现代传媒渗透在大众文化中，潜移默化地影响和规范人们的言行；发挥党员干部以及先进典型的模范带头作用，将"全心全意为人民服务"与其本职工作结合起来，通过实际行动产生良好的引领和示范效应，带动社会风气的改变；等等。

第五，在全球化、信息化的背景下，社会主义核心价值体系、核心价值观不仅需要在中国特色社会主义实践中得到认同，而且需要在国际范围内极大地提升影响力。这既是提升国家文化软实力的要求，也是彰显社会主义核心价值观相对于资本主义核心价值观的优越性的要求。面对西方资本主义国家的"价值观结盟"、"价值观外交"和"为价值观而战"，面对资本主义"自由、民主、人权"之类"普适价值"的严峻挑战，必须以文化上的"自觉、自信与自强"，超越资本主义核心价值观的视野和境界，彰显社会主义在应对资本主义"现代性危机"和回应"全球化浪潮"中的优越性，凸显社会主义核心价值观的中国特色及其"世界历史意义"；必须推动核心价值观的内容和形式创新，加强国家文化传播力建设，更新全球化、信息化时代的文化传播途径和手段，有针对性地、生动有效地、注重实效地进行传播与宣传，从而树立中国和中国人民在世界上的良好形象，彰显社会主义核心价值观的影响力、感召力和引领力，提升社会主义核心价值观的国际话语权和中国的文化软实力。

当然，受时代的急剧变迁和国际、国内多方面因素的影响，特别是受当代中国特色社会主义实践的艰辛历程以及中国人民自身素质和能力状况的制约，这一切都将是一个渐进性的历史过程，甚至是一个比较曲折、漫长的历史过程。在这一过程中，必须坚定地依靠当代中国人民，必须拿出中华民族的达观、自信和坚韧，必须坚决摒弃官僚主义和形式主义，采取实事求是、注重实效的行动，从而在具体的、历史的建设过程中，在"中国梦"的追寻过程中，系统、整体地推进社会主义核心价值体系、核心价值观的理论和实践创新。由于价值观是文化的灵魂和核心，因而这一过程也是建设社会主义文化强国、提升中国文化软实力的历史过程。

参考文献

一　著作

《马克思恩格斯选集》（1～4卷），人民出版社，1995。

《马克思恩格斯全集》第1卷，人民出版社，1995。

《马克思恩格斯全集》第3卷，人民出版社，2002。

《马克思恩格斯全集》第19卷，人民出版社，1972。

《马克思恩格斯全集》第20卷，人民出版社，1972。

《马克思恩格斯全集》第30卷，人民出版社，1995。

《马克思恩格斯全集》第27卷，人民出版社，1972。

《马克思恩格斯全集》第40卷，人民出版社，1982。

《马克思恩格斯全集》第42卷，人民出版社，1979。

《马克思恩格斯全集》第46卷，人民出版社，1980。

《马克思恩格斯文集》第1、2、3、9、10卷，人民出版社，2009。

马克思：《资本论》第1、3卷，人民出版社，2004。

马克思、恩格斯：《德意志意识形态》（节选本），人民出版社，2003。

《列宁选集》第1、2、3、4卷，人民出版社，1995。

《列宁全集》第1卷，人民出版社，1984。

《列宁全集》第55卷，人民出版社，1990。

《毛泽东选集》第1、2、3、4卷，人民出版社，1991。

《毛泽东文集》第2卷，人民出版社，1995。

《邓小平文选》第2卷，人民出版社，1994。

《邓小平文选》第3卷，人民出版社，1993。

《邓小平年谱（1975—1997）》（下），中央文献出版社，2004。

《江泽民文选》（1~3卷），人民出版社，2006。

胡锦涛：《在纪念党的十一届三中全会召开30周年大会上的讲话》，人民出版社，2008。

胡锦涛：《坚定不移沿着中国特色社会主义道路前进 为全面建成小康社会而奋斗》，人民出版社，2012。

《中共中央关于全面深化改革若干重大问题的决定》，人民出版社，2013。

《十六大以来重要文献选编》（下），中央文献出版社，2008。

《十七大以来重要文献选编》（上），中央文献出版社，2009。

十八大报告文件起草组：《十八大报告辅导读本》，人民出版社，2012。

中共中央宣传部编《社会主义核心价值体系学习读本》，学习出版社，2009。

中共中央宣传部编《论文化建设——重要论述摘编》，学习出版社，2012。

《李大钊全集》第2卷，人民出版社，2006。

袁贵仁：《价值学引论》，北京师范大学出版社，1991。

袁贵仁：《价值观的理论与实践——价值观若干问题的思考》，北京师范大学出版社，2006。

李德顺：《价值论——一种主体性的研究》，中国人民大学出版社，2013。

李德顺、孙伟平：《道德价值论》，云南人民出版社，2005。

李景源：《李景源自选集》，学习出版社，2013。

冯契：《人的自由和真善美》，华东师范大学出版社，1996。

李泽厚：《中国古代思想史论》，天津社会科学院出版社，2004。

程麻：《中国文化视角与世界文明前景》，清华大学出版社，2012。

俞可平主编《全球化时代的"马克思主义"》，中央编译出版社，1998。

陈新汉、邱仁富：《坚持核心价值体系的人民主体性》，东方出版中心，2011。

陈新汉、冯溪屏主编《现代化与价值冲突》，上海人民出版社，2003。

韩震：《我们的"主心骨"：大力建设社会主义核心价值体系》，人民出版社，2008。

韩震：《社会主义核心价值观五讲》，人民出版社，2012。

孙正聿：《哲学通论》，辽宁人民出版社，1998。

孙正聿：《理想信念的理论支撑》，吉林人民出版社，2014

贺来：《有尊严的幸福生活何以可能》，中国社会科学出版社，2013。

吴向东：《重构现代性——当代社会主义价值观研究》，北京师范大学出版社，2006。

陈亚杰：《建设社会主义核心价值体系》，人民出版社，2007。

宋惠昌：《社会主义核心价值观专题解读》，中共中央党校出版社，2010。

杨思远等：《荣辱观——社会主义荣辱观研究》，河北人民出版社，2008。

王琴：《筑牢中华民族精神支柱——建设社会主义核心价值体系研究》，人民出版社，2010。

陈志军：《社会主义核心价值体系融入大学生思想政治教育全过程研究》，光明日报出版社，2009。

周玉清、王少安：《社会主义核心价值体系引领大学文化建设论纲》，人民出版社，2011。

杨晓慧：《社会主义核心价值体系融入大学生思想政治教育全过程的基本问题研究》，人民出版社，2011。

胡懋仁：《大学生理论热点问答——社会主义核心价值体系建设丛书》，人民出版社，2012。

梅荣政、杨军：《社会主义核心价值体系与社会思潮析评》，中国社会科学出版社，2010。

宁先圣、石新宇：《社会主义核心价值体系与当代社会思潮》，社会科学文献出版社，2011。

吕忠梅：《强学而力行》，中共党史出版社，2012。

邹利华、张翔：《武警官兵树立当代革命军人核心价值观研究》，中国社会科学出版社，2010。

王长江：《政党现代化论》，江苏人民出版社，2004。

孙伟平：《信息时代的社会历史观》，江苏人民出版社，2010。

孙伟平：《价值论转向——现代哲学的困境与出路》，安徽人民出版社，2008。

孙伟平：《价值哲学方法论》，中国社会科学出版社，2008。

孙伟平：《价值差异与社会和谐——全球化与东亚价值观》，湖南师范大学出版社，2008。

孙伟平、张明仓：《"人化"与"化人"——现代视野中的新文化》，黑龙江教育出版社，2010。

孙伟平、张传开主编《改革开放与社会主义核心价值体系建设》，安徽师范大学出版社，2012。

孙伟平等：《现时代的精神境遇》，黑龙江教育出版社，2013。

（宋）朱熹：《四书章句集注》，中华书局，1983。

（清）顾炎武：《日知录》，上海古籍出版社，1985。

梁漱溟：《中国文化要义》，上海人民出版社，2003。

李学勤主编《孟子注疏》，北京大学出版社，1999。

苗力田编译《黑格尔通信百封》，上海人民出版社，1985。

冯平主编《现代西方价值哲学经典》（经验主义路向、先验主义路向、心灵主义路向、语言分析路向），北京师范大学出版社，2009。

〔古希腊〕亚里士多德：《政治学》，吴寿彭译，商务印书馆，1983。

〔古希腊〕亚里士多德：《尼各马科伦理学》，苗力田译，中国人民大学出版社，2003。

〔法〕卢梭：《论人类不平等的起源》，高修娟译，上海三联书店，2014。

〔法〕卢梭：《社会契约论》，何兆武译，商务印书馆，1979。

〔德〕康德：《道德形上学探本》，唐钺译，商务印书馆，2012。

〔德〕康德：《道德形而上学奠基》，杨云飞译、邓晓芒校，人民出版社，2013。

〔德〕黑格尔：《哲学史讲演录》第1卷，贺麟等译，商务印书馆，1995。

〔德〕黑格尔：《历史哲学》，王造时译，上海世纪出版集团，2006。

〔德〕黑格尔：《法哲学原理》，范扬、张企泰译，商务印书馆，1982。

〔德〕黑格尔：《小逻辑》，贺麟译，商务印书馆，2009。

〔法〕雅克·德里达：《马克思的幽灵》，何一译，中国人民大学出版社，1999。

〔法〕吉尔·利波维茨基、〔加〕塞巴斯蒂安·夏尔：《超级现代时间》，谢强译，中国人民大学出版社，2005。

〔美〕托克维尔：《论美国的民主》，董果良译，商务印书馆，1988。

〔德〕曼海姆：《文化社会学论集》，郑也夫等译，辽宁教育出版社，2003。

〔美〕萨义德：《东方学》，王宇根译，三联书店，2007。

〔美〕塞缪尔·亨廷顿：《文明的冲突和世界秩序的重建》（修订版），周琪等译，新华出版社，2010。

〔美〕塞缪尔·亨廷顿、劳伦斯·哈里斯主编《文化的重要作用——价值观如何影响人类进步》，程克雄译，新华出版社，2002。

〔英〕哈耶克：《自由宪章》，杨玉生、冯兴元、陈茅等译，中国社会科学出版社，1999。

〔德〕哈贝马斯：《现代性的哲学话语》，曹卫东译，译林出版社，2004。

〔德〕哈贝马斯：《公共领域的结构转型》，曹卫东等译，学林出版社，1999。

〔美〕罗尔斯：《正义论》，中国社会科学出版社，1988。

〔美〕诺奇克：《无政府、国家和乌托邦》，姚大志译，中国社会科学出版社，2008。

〔美〕斯特劳斯：《自然权利与历史》，彭刚译，三联书店，2003。

〔英〕柏林：《自由论》，胡传胜译，译林出版社，2003。

〔英〕汤普森：《意识形态与现代文化》，高铦等译，译林出版社，2012。

〔英〕大卫·麦克里兰：《意识形态》，吉林人民出版社，2005。

〔德〕韦尔默：《后形而上学现代性》，应奇、罗亚玲编译，上海译文出版社，2007。

〔美〕奚恺元：《中国十大城市幸福度调查》，经济学俱乐部，2006。

〔法〕弗朗索瓦·佩鲁：《新发展观》，华夏出版社，1987。

〔匈〕卢卡奇：《历史与阶级意识》，商务印书馆，1996。

〔美〕列文森：《儒教中国及其现代命运》，中国社会科学出版社，2000。

〔美〕罗兰·罗伯森：《全球化——社会理论和全球文化》，梁光严译，上海人民出版社，2000。

〔西〕曼纽尔·卡斯特：《网络社会的崛起》，夏铸九、王志弘等译，社会科学文献出版社，2003。

〔西〕曼纽尔·卡斯特主编《网络社会——跨文化的视角》，周凯译，社会科学文献出版社，2009。

〔美〕约翰·希利·布朗、保罗·杜奎德：《信息的社会方面》，王铁生、葛立成译，商务印书馆，2003。

〔美〕约翰·奈斯比特：《大趋势——改变我们生活的十个新趋向》，

孙道章等译，新华出版社，1984。

〔美〕约翰·奈斯比特：《大挑战——21世纪的指南针》，朱生坚等译，上海远东出版社，1999。

〔德〕维尔纳·桑巴特：《为什么美国没有社会主义》，赖海榕译，社会科学文献出版社，2014。

〔英〕阿尔布劳：《全球时代》，高湘泽等译，商务印书馆，2001。

R. B. Perry, *General Theory of Value: Its Meaning and Basic Principles Construed in Terms of Interest*, Longmans, Green and Company 55 Fifth Avenue, New York, 1926.

MacIntyre, Alasdair, *After Virtue: A Study in Moral Theory*, China Social Sciences Publishing House, 1999.

Kaletsky, Anatole, *Capitalism 4.0: The Birth of a New Economy*, New York: Bloomsbury Publishing PLC, 2010.

A. Giddens, *The Consequences of Modernity*, Stanford, Ca: Stanford University Press, 1990.

Tim Hayward, *Political Theory and Ecological Values*, Cambridge, UK: Polity Press, 1998.

Emmanul G. Mesthene, *Technological Change: Its Impact on Man and Society*, New York: New American Library, 1970.

Bremmer, Ian, *The End of the Free Market: Who Wins the War Between States and Corporations?* New York: Penguin Group, 2010.

二 论文

毛泽东：《纪念孙中山先生》，《人民日报》1956年11月12日。

胡锦涛：《在全国宣传思想工作会议上的讲话》，《人民日报》2003年12月6日。

胡锦涛：《牢固树立社会主义荣辱观》，《求是》2006年第9期。

胡锦涛：《在纪念中国科协成立50周年大会上的讲话》，《人民日报》2008年12月16日。

胡锦涛：《坚持不懈地学习中国革命史　发扬光大党的光荣革命传统——在中共中央政治局第三十三次集体学习时的讲话》，新华社，2006

年 7 月 25 日。

习近平：《紧紧围绕坚持和发展中国特色社会主义 学习宣传贯彻党的十八大精神——在十八届中共中央政治局第一次集体学习时的讲话》，2012 年 11 月 17 日。

李长春：《在全国宣传部长会议上的讲话》，《十六大以来重要文献选编》（下册），中央文献出版社，2008。

刘云山：《深入推进社会主义核心价值体系建设 巩固全党全国人民团结奋斗的共同思想基础——在建设社会主义核心价值体系研讨会上的讲话》，《党建》2008 年第 8 期。

云杉：《文化自觉 文化自信 文化自强——对繁荣发展中国特色社会主义文化的思考》，《红旗文稿》2010 年第 15、16、17 期。

张岱年：《中国文化的历史传统及其更新》，载《文化与哲学》，教育科学出版社，1988。

王伟光：《大力推进社会主义核心价值体系建设》，《光明日报》2012 年 3 月 15 日。

袁贵仁：《十七大精神笔谈：建设社会主义核心价值体系》，《中国社会科学》2008 年第 1 期。

李慎明：《大力推进社会主义核心价值体系建设》，《理论前沿》2007 年第 21 期。

叶小文：《社会主义核心价值体系贵在践行》，《中央社会主义学院学报》2010 年第 5 期。

张峰：《如何应对西方价值体系的冲击？》，《前进论坛》2011 年第 8 期。

李景源：《核心价值体系与中国发展道路》，《马克思主义研究》2010 年第 5 期。

李德顺：《价值论研究的现实意义》，《学术探讨》2009 年第 4 期。

李德顺、孙伟平：《为人民服务：有中国特色社会主义价值观的核心》，《学习·研究·参考》2001 年第 9 期。

李德顺、孙美堂：《马克思主义价值论发展探析》，《中国特色社会主义研究》2013 年第 6 期。

孙正聿：《"说中国话"的马克思主义哲学》，《学习与探索》2012 年第 8 期。

颜晓峰：《促进社会主义核心价值体系的实践转化》，《党建》2007 年第 6 期。

李崇富：《建设社会主义核心价值体系从观念到现实的思考》，《江西社会科学》2007 年第 2 期。

侯惠勤：《我国意识形态建设的第二次战略性飞跃》，《马克思主义研究》2008 年第 7 期。

韩震：《民主、公平、和谐——论社会主义核心价值理念》，《中国特色社会主义研究》2011 年第 2 期。

侯才：《"中国梦"与"中国现代性"的塑造》，《理论视野》2013 年第 6 期。

马俊峰：《富裕、民主、公正、和谐：中国特色社会主义的核心价值理念》，《湖北大学学报》（哲学社会科学版）2011 年第 3 期。

任平：《中国特色社会主义的文化矛盾与马克思主义文化领导权》，《马克思主义研究》2009 年第 5 期。

韩庆祥：《论建设社会主义核心价值体系的现实意义》，《中国党政干部论坛》2007 年第 10 期。

张雷声：《马克思主义与社会主义核心价值体系》，《高校理论战线》2011 年第 5 期。

张雷声：《论社会主义社会主流意识形态》，《马克思主义研究》2008 年第 4 期。

吴潜涛：《准确理解社会主义核心价值体系的科学内涵》，《人民日报》2007 年 2 月 12 日。

吴潜涛：《社会主义核心价值体系的科学内涵》，《道德与文明》2007 年第 1 期。

陈新汉：《社会主义核心价值体系——从价值哲学的角度看》，《哲学研究》2008 年第 1 期。

陈新汉：《论核心价值体系》，《马克思主义研究》2008 年第 10 期。

陈新汉：《论社会主义核心价值体系的人民主体性》，《哲学研究》2011 年第 1 期。

吴向东：《论价值观的形成与选择》，《哲学研究》2008 年第 5 期。

吴向东：《价值观：社会主义本质之维》，《马克思主义研究》2007 年第 12 期。

吴向东:《略论社会主义社会的公平正义》,《政治学研究》2008 年第
4 期。

吴向东:《社会主义核心价值体系:社会主义本质的彰显》,《教学与
研究》2009 年第 7 期。

江畅:《西方近现代主流价值文化构建的启示》,《人民论坛·学术前
沿》2012 年第 14 期。

江畅:《论中国特色社会主义核心价值理念》,《社会科学战线》2012
年第 10 期。

江畅:《我国主流价值文化构建的三个问题》,《光明日报》2012 年 6
月 21 日。

孙伟平:《全面建设小康社会的价值观》,《哲学研究》2003 年第 2 期。

孙伟平:《论中国特色社会主义核心价值理念》,《湖北大学学报》
(哲学社会科学版)2011 年第 3 期。

孙伟平:《老庄道家价值观论纲》,《中国人民大学学报》2012 年第
3 期。

孙伟平:《佛教价值观的六个基本要义》,《河北学刊》2013 年第 6 期。

戴木才等:《论社会主义核心价值体系与核心价值观》,《中国党政干
部论坛》2007 年第 2 期。

戴木才、田海舰:《社会主义核心价值体系建设需要深化研究的若干
理论问题》,《马克思主义研究》2009 年第 9 期。

田海舰:《社会主义核心价值体系的基本特征》,《思想政治工作研究》
2007 年第 6 期。

韩振峰:《社会主义核心价值体系几个深层次问题探析》,《科学社会
主义》2010 年第 5 期。

韩振峰:《简论社会主义核心价值体系的基本特征》,《攀登》2010 年
第 6 期。

姜建成:《论建设社会主义核心价值体系的重大地位、作用与意义》,
《江南社会学院学报》2007 年第 4 期。

姜建成:《促进人的全面发展:经济社会发展的价值依归》,《社会科
学战线》2009 年第 2 期。

郭建新：《论核心价值体系道德认同的依据和路径》，《马克思主义研究》2009 年第 11 期。

冯平、汪行福等：《"复杂现代性"框架下的核心价值建构》，《中国社会科学》2013 年第 7 期。

罗文东、谢松明：《马克思主义是社会主义核心价值体系的灵魂》，《思想理论教育导刊》2008 年第 1 期。

李佃来：《社会主义核心价值体系的马克思主义基础》，《学习与实践》2012 年第 11 期。

张传开：《建设社会主义核心价值体系的方法论思考》，《求是》2007 年第 20 期。

梅荣政：《马克思主义指导思想是社会主义核心价值体系的灵魂》，《高校理论战线》2007 年第 3 期。

龚群：《论人的尊严与社会主义核心价值体系的内在关系》，《教学与研究》2010 年第 9 期。

廖小平：《改革开放以来我国价值观变迁的基本特征和主要原因》，《科学社会主义》2006 年第 1 期。

廖小明、冯颜利：《论社会主义核心价值体系建设的三个向度》，《哲学动态》2009 年第 11 期。

陈章亮：《文明：社会核心价值与社会和谐的统一》，《红旗文稿》2007 年第 6 期。

李前进：《社会主义核心价值体系提出的社会历史条件论析》，《前沿》2010 年第 4 期。

江传月：《论建设社会主义核心价值体系》，《兰州学刊》2008 年第 7 期。

杨学博：《为中国特色社会主义事业提供强大精神支撑》，《人民日报》2009 年 12 月 1 日。

罗哲：《社会主义核心价值体系的基本特征》，《光明日报》2007 年 11 月 27 日。

罗容海：《核心价值观塑造民族魂——学习贯彻党的十八大精神系列述评之五》，《光明日报》2012 年 11 月 23 日。

刘苍劲：《论社会主义核心价值体系与唯物史观》，《马克思主义与现实》2007 年第 3 期。

乔法容、赵增彦：《论社会主义核心价值体系的功能》，《马克思主义研究》2007 年第 9 期。

郑杭生：《关于指导思想和共同理想的几点思考——从社会学视角分析社会主义核心价值体系》，《学术研究》2006 年第 12 期。

吴倬：《关于社会主义核心价值观问题的理论思考》，《教学与研究》2008 年第 6 期。

焦国成：《试论社会主义核心价值体系的基本理念》，《道德与文明》2007 年第 1 期。

陈秉公：《论社会主义核心价值体系引领社会思潮的规律性》，《江汉论坛》2009 年第 11 期。

邱仁富：《论社会主义核心价值体系认同的可行性及其建构》，《学术论坛》2008 年第 3 期。

邱仁富：《"全国社会主义核心价值体系高层学术研讨会"综述》，《哲学动态》2010 年第 12 期。

李忠杰：《构建中国特色社会主义核心价值观》，《科学社会主义》2005 年第 2 期。

杨业华：《建设社会主义核心价值体系的关键》，《科学社会主义》2007 年第 5 期。

周和义：《建设社会主义核心价值体系的政治学解读》，《学校党建与思想教育》2007 年第 12 期。

王永明：《社会主义核心价值体系的基本特征》，《重庆社会科学》2008 年第 9 期。

庄锡福：《论社会主义核心价值体系的基本特征》，《社会主义研究》2008 年第 5 期。

朱天奎：《社会和谐是中国特色社会主义的核心价值》，《社会主义研究》2006 年第 1 期。

胡军良：《社会主义核心价值体系的三重理性向度》，《社会主义研究》2007 年第 5 期。

张利华：《试析中国特色社会主义核心价值体系的结构与内涵》，《中国特色社会主义研究》2007 年第 4 期。

周家荣、廉永杰：《社会主义核心价值体系的价值生成：前提、动因与途径》，《河南社会科学》2007 年第 6 期。

高静文：《社会主义核心价值体系的哲学本质及其社会功能》，《新疆社科论坛》2007 年第 4 期。

袁立新：《论社会主义核心价值体系的哲学基础》，《滁州学院学报》2007 年第 5 期。

余源培：《何以建设社会主义核心价值体系》，《探索与争鸣》2007 年第 5 期。

谢勇军：《历史唯物主义视域中的社会主义核心价值体系建设》，《鸡西大学学报》2010 年第 5 期。

陆秋林：《对社会主义核心价值体系概念的解析》，《金陵科技学院学报》2007 第 3 期。

江文清：《浅析社会主义核心价值体系之概念构架》，《理论建设》2009 年第 6 期。

林尚立：《当代中国的核心价值观》，《理论参考》2007 年第 3 期。

赵存生：《牢固树立社会主义核心价值体系》，《思想理论教育》2007 年第 1 期。

干成俊：《论社会主义核心价值体系的鲜明特色》，《安徽师范大学学报》2008 年第 1 期。

金显跃：《简论社会主义核心价值体系的辩证特性》，《滁州学院学报》2007 年第 2 期。

谢松明：《试析当代中国社会主义核心价值体系的基本特征》，《三明学院学报》2009 年第 1 期。

陈晓英：《社会主义核心价值体系建设研究》，《沈阳师范大学学报》2010 年第 5 期。

巩建华：《论社会主义核心价值体系的结构》，《学习与实践》2008 年第 8 期。

赵曜：《大力推进社会主义核心价值体系建设》，《湖湘论坛》2007 年第 4 期。

杨云龙：《提高文化软实力与建设社会主义核心价值体系》，《中共太原市委党校学报》2008 年第 1 期。

龙静云、熊富标:《社会主义核心价值体系研究综述》,《学校党建与思想教育》2009 年第 14 期。

罗卫东:《跨学科社会科学研究:理论创新的新路径》,《浙江社会科学》2007 年第 2 期。

张志丹:《国内关于社会主义核心价值体系研究综述》,《马克思主义研究》2009 年第 11 期。

刘峰:《社会主义核心价值体系研究综述》,《中南林业科技大学学报》2008 年第 3 期。

张荣生:《建设社会主义核心价值体系研究综述》,《西安政治学院学报》2008 年第 6 期。

何涛:《社会主义核心价值体系研究综述》,《政工研究动态》2008 年第 17 期。

梁玉春:《社会主义核心价值体系研究综述》,《社会主义研究》2009 年第 3 期。

杨义芹:《社会主义核心价值体系研究综述》,《徐州师范大学学报》2010 年第 3 期。

段华明:《建设社会主义核心价值体系研究的进展》,《经济与社会发展》2010 年第 4 期。

程刚、裴学进:《社会主义核心价值体系研究综述》,《浙江师范大学学报》2011 年第 3 期。

李建华、孙彤:《社会主义核心价值体系的基本属性》,《道德与文明》2009 年第 2 期。

李晓娟:《社会主义核心价值体系的内在逻辑及其特征》,《重庆社会科学》2008 年第 1 期。

陈留根:《社会主义核心价值体系的内涵、特征及功能》,《安徽理工大学学报》(社会科学版)2012 年第 1 期。

倪荫林:《试论社会主义核心价值体系的结构及其特性》,《岭南学刊》2008 年第 5 期。

白海若:《社会主义核心价值体系的特征探析》,《人民论坛》2011 年第 24 期。

黄钧儒:《社会主义核心价值体系特征研究》,《贵州社会科学》2008

年第 12 期。

张兴祥：《价值、核心价值与社会主义核心价值体系建设》，《江淮论坛》2008 年第 3 期。

邓伯军：《社会主义核心价值体系的政治哲学解读》，《河南科技学院学报》2010 年第 1 期。

李隽隽：《构建社会主义核心价值体系刍议——基于价值观念的经济功能视角》，《求实》2008 年第 2 期。

罗诗钿：《论文化自觉机制的三重意蕴与社会主义核心价值体系建构》，《内蒙古社会科学》（汉文版）2013 年第 2 期。

邹小华、胡伯项：《构建社会主义核心价值认同的日常生活世界》，《南昌大学学报》（人文社会科学版）2013 年第 1 期。

赵元明：《试析社会主义核心价值体系的实践指向》，《人民论坛》2013 年第 20 期。

石开斌：《社会主义核心价值体系的解释学建构》，《党政论坛》2009 年第 8 期。

高军：《论社会主义核心价值体系建设与党的执政基础建设》，《思想政治教育研究》2010 年第 4 期。

章剑锋：《政治学视阈下社会主义核心价值体系大众化的社会心理基础研究》，《中国青年研究》2012 年第 3 期。

张卫、王振卯：《社会主义核心价值体系的社会学向度——兼论当前主要社会群体的价值取向》，《江海学刊》2007 年第 6 期。

邹国振：《社会主义核心价值体系认同的生成机制探析——以社会心理学的态度理论为分析工具》，《毛泽东思想研究》2012 年第 2 期。

王伦光：《社会主义核心价值体系实践路径研究——基于价值自觉视角》，《浙江社会科学》2012 年第 12 期。

陈延斌：《社会主义核心价值体系寓于大学生思想道德教育实效性论略》，《道德与文明》2009 年第 6 期。

李爱军：《中国特色社会主义共同理想研究述评》，《中共贵州省委党校学报》2013 年第 1 期。

黄斌：《人的全面发展与社会主义价值体系的当代构建》，《社会主义研究》2006 年第 5 期。

钟明华、黄荟：《社会主义核心价值观内涵解析》，《山东社会科学》2009 年第 12 期。

吴佩芬、杨永志：《推进对社会主义核心价值体系的认同》，《中国国情国力》2013 年第 9 期。

后　记

　　本书是国家社会科学基金重点项目"建设社会主义核心价值体系研究"（08AZX011）的结项成果，鉴定结论为"优秀"。

　　项目由我主持，参与者有江畅、周丹、熊进、曾祥富等人。李德顺、孙美堂、戴茂堂、秦廷国、周俊勇、张红安等以不同方式，为项目研究和写作做出了贡献。

　　具体分工如下。

　　孙伟平：负责项目的总体设计，写作导论、第一章、第三章、第四章（第三、四节）、第六章、第七章（第一节）、第八章、第九章、结语。

　　周丹：写作第二章。

　　江畅：写作第四章第一、二节。

　　孙伟平、曾祥富：写作第五章。

　　熊进：写作第七章第二、三、四、五节。

　　秦廷国参与过项目的前期工作和第二章初稿的写作，周丹参与过第七章的写作。

　　主持人负责全书的修改、统稿和定稿。周丹、曾祥富协助主持人做了一些具体工作，包括全书的校对。

　　项目的研究得到了李景源、崔唯航、吴向东、李文阁、张传开、贾红莲、陈德中、霍桂桓等人的大力支持。感谢中国社会科学院相关专家不嫌成果粗糙，将本书纳入创新工程资助项目。感谢社会科学文献出版社王绯、周琼、单远举、丁萌为本书出版所做的大量艰苦细致的工作。

孙伟平

2015 年 6 月 1 日

图书在版编目（CIP）数据

创建"中国价值"：社会主义核心价值体系研究/孙伟平等著.
—北京：社会科学文献出版社，2015.10
（中国社会科学院文库·哲学宗教研究系列）
ISBN 978 - 7 - 5097 - 8017 - 6

Ⅰ.①创… Ⅱ.①孙… Ⅲ.①社会主义建设 - 价值论 - 研究 -
中国 Ⅳ.①D616

中国版本图书馆 CIP 数据核字（2015）第 208957 号

中国社会科学院文库·哲学宗教研究系列

创建"中国价值"
　　——社会主义核心价值体系研究

著　　者 / 孙伟平 等

出 版 人 / 谢寿光
项目统筹 / 周　琼
责任编辑 / 单远举

出　　版 / 社会科学文献出版社·社会政法分社（010）59367156
　　　　　地址：北京市北三环中路甲 29 号院华龙大厦　邮编：100029
　　　　　网址：www. ssap. com. cn
发　　行 / 市场营销中心（010）59367081　59367090
　　　　　读者服务中心（010）59367028
印　　装 / 北京季蜂印刷有限公司

规　　格 / 开　本：787mm × 1092mm　1/16
　　　　　印　张：23.25　字　数：378 千字
版　　次 / 2015 年 10 月第 1 版　2015 年 10 月第 1 次印刷
书　　号 / ISBN 978 - 7 - 5097 - 8017 - 6
定　　价 / 96.00 元